Töchter des Buddha

Töchter des Buddha

Leben und Alltag spiritueller Frauen im Buddhismus heute

Herausgegeben von
Karma Lekshe Tsomo

Aus dem Englischen
vom Sakyadhītā-Übersetzerinnenteam

Diederichs

Die Originalausgabe erschien unter dem Titel
Sakyadhītā: Daughters of the Buddha
bei Snow Lion Publications

Die Deutsche Bibliothek – CIP-Einheitsaufnahme
Töchter des Buddha : Leben und Alltag spiritueller Frauen im Buddhismus heute / Karma Lekshe Tsomo (Hrsg.). Aus dem Amerikan. vom Übersetzerinnen-Team des Tibetischen Zentrums in Hamburg. – München : Diederichs, 1991
ISBN 3-424-01064-2
NE: Tsomo, Karma Lekshe [Hrsg.]

Umschlaggestaltung: Ute Dissmann, München
unter Verwendung eines Fotos von Irmtraut Wäger
Produktion: Tillmann Roeder, München
Satz: Jönsson Satz & Grafik, München
Druck und Bindung: Ebner Ulm

ISBN 3-424-01064-2

Printed in Germany

Inhalt

Vorwort zur deutschen Ausgabe

Dank der engagierten Zusammenarbeit von Frauen können die Beiträge der Ersten Internationalen Konferenz Buddhistischer Nonnen im Jahre 1987 nun auch in deutscher Sprache erscheinen. Dies geschieht am Vorabend einer zweiten internationalen Konferenz buddhistischer Frauen in Thailand, wo der Faden der Beziehungen zwischen den Frauen in aller Welt und den Traditionen, in denen sie leben und wirken, weitergesponnen werden wird.

Zum besseren Verständnis der Pāli- und Sanskrit-Begriffe und einiger buddhistischer Ausdrücke wurde dieser Ausgabe ein Glossar hinzugefügt sowie eine leicht verständliche Erklärung zu deren Aussprache. Außerdem findet sich im Anhang ein Literaturverzeichnis deutschsprachiger Bücher über Frauen im Buddhismus.

Alle Namen von Sutras, Schriften und Bücher wurden kursiv gesetzt, Fremdwörter nur beim ersten Mal.

Die Übersetzung der Eröffnungsansprache und des Interviews Seiner Heiligkeit des Dalai Lama wurde teilweise aus dem Tibetischen neu übersetzt. Unser besonderer Dank dafür geht an den Ehrwürdigen Geshe Thubten Ngawang und Bhikṣu Jampa Gyatso (Christof Spitz) im Tibetischen Zentrum, Hamburg.

Übersetzt haben Ulla Bernsmann, Bhikṣuṇī Thubten Chodroen, Susanne Faßmer, Karin Hegman, Eva Hookway, Ehrw. Ayya Khema, Connie Krause, Gabriele Küstermann, Kathrin Ronnefeldt, Sabine Stalmann, Sylvia Wetzel und Christel Winter.

Ihnen und allen nicht namentlich genannten Helfern und Helferinnen im Tibetischen Zentrum sowie den Lektorinnen des Diederichs Verlags möchte ich für ihre Geduld und Unterstützung bei der Herausgabe dieses Buches herzlich danken. Ganz besonderer Dank geht an meine Ordensschwester Bhikṣuṇī Thubten Chodroen (Lydia Muellbauer), ohne deren unermüdlichen Einsatz bei der Überarbeitung und Koordination der Übersetzungen dieses Buch nicht zustandegekommen wäre.

Hamburg, 1991 *Bhikṣuṇī Jampa Tsedroen*
Sakyadhītā-Repräsentantin in Deutschland

Vorwort der Herausgeberin

Dieses Buch ist im wesentlichen eine Dokumentation der Internationalen Konferenz buddhistischer Nonnen, der ersten weltweiten Zusammenkunft dieser Art, die jemals stattgefunden hat. Vorträge, Diskussionen und Gespräche wurden während der Konferenz in Bodhgaya (Indien) auf Tonbandkassetten aufgenommen. Abgeschrieben, getippt und überarbeitet wurden sie dann in Dharamsala, einem kleinen Gebirgsort in den Ausläufern des Himalaya, der zugleich tibetische Flüchtlingssiedlung und Wohnsitz Seiner Heiligkeit des Dalai Lama ist.

Als die Pläne für die Konferenz entstanden, tauchten vom ersten Augenblick an bis zur Fertigstellung des Buches mit erstaunlicher Regelmäßigkeit Hindernisse auf: Krankheiten, Diebstähle, vier erfolglose Versuche, die Rede Seiner Heiligkeit des Dalai Lama bei der Eröffnungszeremonie aufzunehmen, Ausfall von Wasser und Strom, Monsunüberschwemmungen, Nagetiere, Skorpione, Unfälle und andere Herausforderungen in den verschiedensten Variationen. Aber auch ungezählte Glücksfälle und kleine Wunder gab es. Nun erstreben die Konferenzteilnehmer und alle, die zu diesem Buch beigetragen haben, nichts Geringeres als das geistige Erwachen der einen Hälfte der Menschheit – also Frauenbefreiung im wahrsten Sinne des Wortes –, da dürfen ein paar Stolpersteine nicht überraschen.

Da in diesem Buch die Ansichten vieler Personen wiedergegeben sind, weichen Stil und Darstellungsweise der Beiträge weitgehend voneinander ab. Einige Vorträge waren sehr sorgfältig vorbereitet, die meisten wurden jedoch aus dem Stegreif gehalten. Die Sprecherinnen und Sprecher sind sowohl Laien als auch Nonnen und vertreten jeweils die buddhistische Tradition ihres Landes. Für viele war es der erste Aufenthalt auf dem indischen Subkontinent, so mußten sie sich zunächst an all das Fremdartige und Wunderbare, aber auch an manche Unbequemlichkeit gewöhnen. Die Konferenz diente ausdrücklich dazu, den buddhistischen Nonnen Gelegenheit zu Begegnung und freiem Meinungsaustausch zu geben, ungeachtet der voneinander abweichenden Einstellungen. Nach den Diskussionen stellte es sich heraus, wie wichtig weitere Maßnahmen zur Unterstützung buddhistischer Frauen sind.

Bettelnonnen befinden sich am Ende des zwanzigsten Jahrhunderts buchstäblich im Niemandsland und streben nach Anerkennung ihres religiösen Weges. Das geistige Potential der Frauen zu untersuchen, ist ein Abenteuer auf wenig erforschtem Gebiet, auf einem Pfad, dem keine Grenzen gesetzt sind. Heutzutage stehen Menschen, die sich mit nicht-materiellen Zielen befassen, mehr Hilfsmittel und Kenntnisse zur Verfügung. Wir haben größere Möglichkeiten als zu jedem früheren Zeitpunkt in der Geschichte, Gutes in der Welt zu bewirken, vorausgesetzt, wir schreiten mit positiver Motivation voran.

Ich freue mich über die Gelegenheit, meine Erfahrungen mit anderen zu teilen und eine internationale Versammlung spiritueller Freundinnen zu erleben, die einberufen wurde, um die Möglichkeiten buddhistischer Frauen auszuschöpfen. Ich hoffe, daß ein wenig von der dabei empfundenen Freude die Leserinnen und Leser erreichen wird.

Dharamsala, 1987 *Bhikṣuṇī Karma Lekshe Tsomo*

Einleitung

Wenn es je eine schweigende Minderheit unter den buddhistischen Praktizierenden gegeben hat, so sind es die Nonnen. Viele Menschen wissen nicht einmal, daß es sie gibt. Selbst in den traditionellen buddhistischen Ländern scheinen die Nonnen mehr oder weniger unsichtbar zu sein. Wenn nicht die buddhistischen Frauen in den westlichen Ländern begonnen hätten, sich für sie zu interessieren, würde sehr wahrscheinlich alles beim alten bleiben. Wachsende Aufmerksamkeit richtet sich auf die nur helfende, oftmals zweitrangige Stellung, welche die Nonnen den Mönchen gegenüber einnehmen. Ermutigt durch feministische Gedanken, beginnen nun asiatische und auch westliche buddhistische Schwestern, sich selbst in einem neuen Licht zu sehen.

Das vorliegende Buch sammelt die Ideen und Erfahrungen von Frauen, die an der Konferenz buddhistischer Nonnen in Bodhgaya teilgenommen oder auf andere Weise einen Beitrag dazu geleistet haben. Die Themen stehen in erster Linie im Zusammenhang mit der geistigen Entwicklung buddhistischer Ordensfrauen und ihrer Rolle in der buddhistischen und weltlichen Gesellschaft, doch haben sie auch für Mönche und Laien Bedeutung, da sie wichtige Aspekte des buddhistischen Lebens im Osten wie im Westen betreffen. So erforschen wir unter anderem den Sinn und Wert des Zölibats für die innere Entwicklung und diskutieren die Rolle von Frauen in der Religion in einer Zeit sozialen und kulturellen Wandels.

Es ist sinnvoll, daß die erste internationale Zusammenkunft buddhistischer Nonnen in Indien abgehalten wurde, dem Geburtsort des Buddhismus und einem Land, das für die Entstehung religiöser Gedanken von zentraler Bedeutung ist. Zur Zeit des Buddha nahmen unzählige Frauen Armut, Gefahr und Einsamkeit auf sich, wenn sie ihr Heim verließen, um dem Pfad des Erleuchteten zu folgen. Seither hat das Ziel der Befreiung Generationen von Frauen in Indien und anderen Ländern zu einem Leben der Entsagung inspiriert. Heute gibt es kaum ein Dutzend buddhistische Nonnen indischer Abstammung und diese leben auch noch weit verstreut und ohne Klöster, Unterweisung oder Unterstützung. Trotzdem kann man überall in Asien Gemeinschaften buddhistischer Nonnen finden. Und sogar in Ländern wie Polen, Neuseeland, Norwegen und Brasilien leben einzelne Nonnen.

Wenn man die Vielfalt der Konferenzthemen betrachtet, scheint es zweckmäßig, die grundlegenden Ideen dieses Buchs kurz vorzustellen. Erstens: Da Menschen nach Glück streben, sollten sie selbstverständlich daran interessiert sein, Erleuchtung zu erreichen, den befreiten, erwachten Zustand des Geistes, der leidlos ist und uns befähigt, andere aus dem Leiden herauszuführen. Zweitens: Frauen sind gleichermaßen wie Männer dazu bestimmt und vielleicht sogar besonders veranlagt, einen erleuchteten Seinszustand zu verwirklichen. Wenn man davon ausgeht, daß die Lebewesen im Laufe ihrer Evolution unzählige Formen annehmen, so ist es auch wichtig zu erkennen, daß eine Person in verschiedenen Leben sowohl als Frau wie auch als Mann Fortschritte in Richtung auf die Erleuchtung machen kann. Ferner kann eine an Erleuchtung interessierte Person, unabhängig davon ob Frau oder Mann, im allgemeinen wirksamer auf dieses Ziel hinarbeiten, wenn sie unbelastet von den Ablenkungen des Familienlebens ist. Und schließlich sind Frauen und Männer, die sich für ein Leben ohne eigene Familie entschieden haben, zu voller Ordination berechtigt. Die Gesellschaft als Ganzes profitiert davon, wenn sie als *Bhikṣuṇīs oder Bhikṣus* auftreten, das heißt als vollordinierte Nonnen oder Mönche. Zur Zeit haben Frauen nicht überall dieses Recht, obwohl der Buddha es ursprünglich gewährt hat.

Der Buddhismus ist sehr umfassend und birgt in sich viele Ideen und Standpunkte. Wenn Menschen in der einen Tradition nicht das finden, wonach sie suchen, steht es ihnen frei, andere Traditionen zu erforschen. Es ist alarmierend, wie viele Personen sich von der buddhistischen Lehre mit der Begründung abwenden, daß die Frau darin diskriminiert würde. Diese Reaktion ist verständlich, doch heutzutage gibt es im Westen ein weites Spektrum buddhistischer Traditionen. Mit Sicherheit läßt sich nicht in allen eine Benachteiligung von Frauen feststellen, und wo diese vorhanden ist, kann es geändert werden.

Heutzutage sind Buddhisten nicht mehr unbedingt durch ihre Herkunft an eine bestimmte Tradition gebunden, sondern können ihre Lehrerinnen und Lehrer wie auch die Richtung, der sie folgen wollen, frei wählen. Diese Tatsache wird die bestehenden Schulen in ihrer Haltung gegenüber Frauen und in der Bewertung ihrer geistigen Fähigkeiten vorurteilsfreier werden lassen. Die Traditionen, die aufgeschlossen und für Gleichberechtigung sind, werden erfolgreich sein. Diejenigen, die an Vorurteilen bezüglich des Geschlechts festhalten, werden Schwierigkeiten haben zu überleben.

Der Kernpunkt ist, daß geistige Entwicklung eine im wesentlichen persönliche Angelegenheit ist. Institutionen können die Teilnahme von Frauen im gesellschaftlichen Bereich einschränken, doch ihre innere Entwicklung kann niemand begrenzen. Geistige Wandlung geschieht im Inneren. Diese Wandlung ist ein intensives persönliches Erlebnis und hängt nicht ausschließlich von äußeren Bedingungen ab. Niemand kann eine Person daran hindern zu meditieren, selbst im Gefängnis nicht. Viele vermeintliche Begrenzungen, sowohl innere wie äußere, sind von uns selbst erzeugt.

Trotzdem wird ein Merkmal der weiblichen Natur häufig als der hauptsächliche Nachteil einer Wiedergeburt als Frau herausgestellt: Die Schwangerschaft und damit die erzieherische Verantwortung, die auf der Mutter lastet. Es kann nicht geleugnet werden, daß die Meditationspraxis einer Frau, die Kinder und Familienpflichten hat, in gewisser Weise für einen Zeitraum von fünfzehn bis zwanzig Jahren oder sogar noch länger eingeschränkt ist. Für verantwortungsbewußte Väter gilt dies übrigens genauso. Es gibt viele Frauen und Männer auf der Welt, die aufgrund solcher Verantwortung ihr spirituelles Leben praktisch »auf Eis legen« mußten.

Zeit und Freiheit für religiöse Praxis sind der Hauptvorteil eines ordinierten Lebens. Wenn wir berücksichtigen, daß die Frauen in den meisten Kulturen bei der Erziehung der Kinder die größere Rolle spielen, ist die Ordination für Frauen offensichtlich noch vorteilhafter als für Männer. Asiatische buddhistische Nonnen sind sich dessen sehr bewußt und sagen offen: »Wir haben Glück, Nonnen zu sein. Wir müssen keine Kinder haben.«

Für Frauen unseres Zeitalters ist die Mutterschaft glücklicherweise zu einer Sache der freien Entscheidung statt zu einer Verpflichtung geworden. Es ist eine Entscheidung, der sich Frauen ehrlich stellen müssen. Wenn man die Lehre des Buddha praktiziert, nachdem man Kinder bekommen hat, erlebt man viele Situationen, in denen man keine Wahlmöglichkeit mehr hat. Selbst wenn solche Situationen viel zum inneren Wachstum beitragen mögen, läßt sich doch nicht leugnen, daß das Familienleben sowohl zeit- als auch kräfteraubend ist. Daß man vor dem Kinderkriegen eine größere Entscheidungsfreiheit hat als nachher, ist nicht nur eine Ansicht von Mönchen und Nonnen, sondern wird auch wohl allgemein akzeptiert. Es ist eine persönliche Angelegenheit, welche Entscheidung wir bezüglich unseres Lebensstils treffen; wichtig ist nur, daß wir uns über unsere Wahl im klaren sind.

Der Versuch, Geschichte und Theorie mit der zeitgenössischen gesellschaftlichen Realität zu verbinden, gehört zu den guten Seiten der modernen Erziehung. Und eine gesellschaftliche Realität ist, daß mehr als die Hälfte der Weltbevölkerung Frauen sind. Da die Frage des Geschlechts fast alle Aspekte des menschlichen Seins durchdringt, wird es Zeit, sich offen damit zu beschäftigen. Das Thema der religiösen Erfahrungen von Frauen ist besonders faszinierend und verdient, aufmerksam untersucht zu werden, speziell von denjenigen, die direkt davon betroffen sind. Wir hoffen, daß wir hier die Vergangenheit, Gegenwart und Zukunft von Frauen im Buddhismus erforschen können, wobei wir besonders die Stellung betrachten wollen, die ordinierte Frauen innehaben, und die sie in bezug auf ihr inneres Wachstum und ihre Fähigkeit, anderen zu helfen, künftig einnehmen könnten.

Man sollte sich hüten, die Probleme weder zu übertreiben noch zu leugnen, denen sich Nonnen eines alten Ordens in der modernen Zeit gegenübersehen. In den religiösen Hierarchien vieler buddhistischer Länder gibt es starke konservative Elemente, die es den Frauen nicht erlauben, voll am religiösen Leben teilzunehmen. Ordinierte Frauen bekommen diesen Ausschluß aus den religiösen Institutionen besonders stark zu spüren: sie widmen ihr ganzes Leben der buddhistischen Praxis und erhalten dennoch keinen Zugang zu dem grundlegenden Rüstzeug ihres Berufes, wie Kenntnis der Schriften und gute Bedingungen für die Meditation. Außerhalb der religiösen Machtstrukturen und oft allzu demütig lebend, ist es schwer für sie, echte Fortschritte zu erzielen. Den Möglichkeiten zur geistigen Entfaltung der Frauen dagegen sind theoretisch keinerlei Begrenzungen gesetzt.

Der Buddha selbst hat bei der Diskussion des Ziels der menschlichen Vervollkommnung keine geschlechtsspezifischen Unterscheidungen gemacht. Er hat sogar ausdrücklich festgestellt, daß Frauen vollkommen fähig sind, *Nirvāṇa* (die Befreiung aus dem Kreislauf unfreiwilliger Wiedergeburt) zu erreichen. Zu seiner Zeit gab es viele befreite Frauen und Männer. Erst nach seinem Ableben dominierten patriarchalische Gedanken und Strukturen. Das anfängliche Zögern des Buddha, Frauen zum Orden zuzulassen, hatte mit den damals herrschenden sozialen Umständen und nicht mit den Fähigkeiten der Frauen in bezug auf Erleuchtung zu tun. Auch für die Vorschriften, die von den Nonnen verlangen, sich den Mönchen unterzuordnen, waren die zu jener Zeit vorherrschenden gesellschaftlichen Beschränkungen verantwortlich. Die Tatsache, daß Nonnen eine größere Anzahl von Regeln einhalten sollen als Mönche, dient oft als Beweis für ein Vorurteil bezüglich des Geschlechts, läßt sich aber historisch leicht erklären. Als der Nonnenorden fünf Jahre nach dem Mönchsorden eingerichtet wurde, übernahm er die Regeln, die bereits für den Mönchsorden festgelegt worden waren. Die Zahl der Regeln, die dann auf der Grundlage des Fehlverhaltens einer Nonne aufgestellt worden sind, ist nur etwa halb so groß wie die Zahl derjenigen, die aufgrund des Fehlverhaltens eines Mönches festgelegt wurden.

Wenn man das Frauenbild der buddhistischen Literatur untersucht, muß man den sozialen und kulturellen Rahmen, in dem die Lehren verbreitet wurden, vor Augen haben. Die Originaltexte selbst zeigen eine Reihe von einander abweichender Darstellungen, da die Lehrreden jeweils an ein anderes Publikum gerichtet waren. Man muß berücksichtigen, daß viele dieser frühen Texte auch dazu dienten, im Zölibat lebenden Männern dabei zu helfen, ihr Verlangen nach dem weiblichen Körper zu überwinden. Wenn der Buddha im Zölibat lebende Frauen angesprochen hätte, wären die Unvollkommenheiten des männlichen Körpers genauso hervorgehoben worden. Das vermeintliche Vorurteil aufgrund des Geschlechts hätte sich dann anders dargestellt.

Die Abschnitte in den frühen buddhistischen Texten, die scheinbare Vorurteile in bezug auf das Geschlecht aufweisen, sind in anderen Werken bereits gründlich behandelt worden.[1] Will man das Vorhandensein solcher Textstellen begründen, muß man den von Männern dominierten kulturellen und gesellschaftlichen Hintergrund sehen. Das vorherrschende gesellschaftliche System war durch und durch patriarchalisch und kastenorientiert.

Andererseits sind auch Textänderungen durch spätere Verfasser, die alle männlich waren, in Erwägung zu ziehen. Eine Spanne von fünfhundert Jahren liegt zwischen Entstehung und Niederschrift der Lehrreden. Die Möglichkeit, daß sich in der Zwischenzeit frauenfeindliche Elemente eingeschlichen haben, kann nicht ausgeschlossen werden. Erst wenn wir diese Faktoren insgesamt betrachten, können wir den radikalen Grundsatz der Gleichheit, den der Buddha vertrat, voll würdigen, nämlich, daß Frauen gleiche Fähigkeiten besitzen. Der Buddha gründete außerdem einen unabhängigen Nonnenorden. Diese Neuerungen hoben sich deutlich von dem alles durchdringenden, institutionalisierten Sexismus jener Zeit ab. Aus Mitgefühl schuf der Buddha diese alternative Gemeinschaft für Frauen, die sie von den familiären Verpflichtungen freistellte und sie ermutigte, einen religiösen Weg einzuschlagen.

Es ist außerordentlich wichtig, daß die Frauen heutzutage ein Gefühl für ihre Identität und Würde entwickeln. Dabei müssen wir zugleich verstehen, daß nach buddhistischer Ansicht die Wesen in verschiedenen Leben verschiedene Körper annehmen. Auch wenn wir in dieser speziellen Wiedergeburt einen weiblichen oder einen männlichen Körper haben, ist dies keinesfalls ein Dauerzustand. Eine starke Identifizierung mit dem einen oder anderen Geschlecht kann auf einer Gewöhnung aus früheren Leben beruhen oder im Zusammenhang mit gewissen Erfahrungen in früher Kindheit gerechtfertigt sein. Es ist jedoch nur ein weiteres Beispiel dafür, wie das Ego seine Hoheitsansprüche geltend macht. Im wesentlichen besteht kein großer Unterschied zwischen dem Verfangensein in weiblichem oder männlichem Chauvinismus. All diese Voreingenommenheiten sind in falschen Auffassungen begründet. Bei der Identitätsfindung betrachtet man die Grundlage (den eigenen Körper und Geist) fälschlicherweise als etwas Beständiges, obwohl sie in Wirklichkeit unbeständig ist. Solche fehlgeleiteten Identifikationen führen zu zahllosen Problemen.

Eine wachsende Anzahl von Frauen – wie auch einige Männer – ist andererseits versucht, die Erleuchtung als etwas spezifisch Weibliches anzusehen. Ich lehne jedoch die Vorstellung ab, daß Erleuchtung in irgendeiner Weise kategorisiert oder mit einem Geschlecht identifiziert werden kann. Es scheint oberflächlich und einschränkend zu sein, in Hinblick auf die höchste aller menschlichen Erfahrungen von männlich oder weiblich zu sprechen. Auch logisch ist das unhaltbar. Erleuchtung ist eine Eigenschaft des Geistes und nicht des Körpers. Es ist ein Bewußtsein, frei von Verblendungen und frei von Unwissenheit. Wie kann ein solches Bewußtsein männlich oder weiblich sein? Wir können eine Verstrickung in Vorurteile, die das Weibliche überbetonen, genauso wenig akzeptieren, wie eine Überbewertung des Männlichen. Ein Vorurteil durch ein anderes zu ersetzen, nützt niemandem.

Wir müssen also untersuchen, ob und in welchem Ausmaß eine Identifizierung mit dem männlichen oder weiblichen Geschlecht für die geistige Entwicklung relevant ist. Wird nicht die Identifikation mit einem persönlichen Selbst, das endgültig existiert, von der buddhistischen Anschauung entschieden abgelehnt? Es stimmt zwar, daß jeder von uns ein individuelles Bewußtsein besitzt, das zur Erleuchtung fähig ist, aber warum muß dieses mit einem speziellen Geschlecht gleichgesetzt werden? Warum sollte der Geist so intensiv mit einer körperlichen Form wie den Geschlechtsorganen verbunden sein? Ist dies philosophisch haltbar? Ist dies psychologisch vertretbar?

Der Buddha hat uns gelehrt, bei der Suche nach einer Grundlage für das Konzept eines »Ich« alle fünf *Skandhas*[2] zu prüfen, um zu sehen, ob das »Ich« mit einem davon identifiziert werden kann. Die Untersuchung zeigt, daß das »Ich« in der Tat keines davon ist. Es ist auch nicht aus allen fünf zusammengesetzt. Wenn wir logisch analysieren, erkennen wir also, daß es ein Fehler ist, sich selbst mit einem Teilbereich seines Körpers zu identifizieren. Gleichermaßen läßt sich die Vorstellung einer männlichen und weiblichen Mentalität untersuchen. In der buddhistischen Lehre, die den Begriff der Seele nicht verwendet, befassen wir uns grundlegend mit dem Geist.

Religiöse Entwicklung bedeutet geistige Entwicklung. Vollkommene Bewußtheit wird durch Reinigung des Geistes von Verwirrungen und Verblendungen erreicht. Religiöse Vervollkommnung heißt Vervollkommnung des eigenen Geistes. Während des Prozesses der geistigen Läuterung erlangt man spontan Erkenntnisse. Erleuchtung ist keine Erfahrung, bei der alle Phänomene zu einer Masse zerfließen oder in einem gewaltigen kosmischen Vakuum ausgelöscht werden. Der erleuchtete Geist nimmt Formen nicht nur wahr und unterscheidet sie, sondern er nimmt sie präzise wahr und unterscheidet sie exakt. Dieses reine und unverfälschte erwachte Bewußtsein ist jedoch jenseits von Anhaftung und Abneigung gegenüber Körperlichem und daher auch gegenüber Rasse, Geschlecht usw. Wenn wir diesem Gedankengang folgen, können wir mit Bestimmtheit sagen, daß der erleuchtete Geist die Frage des Geschlechts transzendiert.

An einem Punkt jedoch kann man die Haltung des Buddhismus gegenüber der Geschlechtsfrage zu Recht in Zweifel ziehen. Es ist die Unvereinbarkeit der in buddhistischen Texten dargestellten theoretischen geistigen Gleichheit von Männern und Frauen einerseits mit der institutionalisierten Ungleichheit in einigen buddhistischen Gesellschaften andererseits. Doch selbst hier müssen wir uns davor hüten, diesen Umstand überzubewerten oder solche Ungleichheiten als unveränderlich anzusehen. Wenn Ungleichheiten einmal erkannt sind, können sie mittels konstruktiver, wohlüberlegter Änderungen ausgeglichen werden.

Natürlich kamen auf der Konferenz Unstimmigkeiten und Ungleichheiten in der buddhistisch-religiösen Hierarchie zur Sprache, und es wurden verschiedene Vorschläge und Ideen zur Lösung dieser Probleme vorgetragen. Wenn einige davon für westliche Leser ziemlich konservativ klingen, darf man doch nicht vergessen, daß die überragende Mehrheit der buddhistischen Frauen Asiatinnen sind. So stammen zum Beispiel heute von den mehr als sechzigtausend buddhistischen Nonnen nur einige hundert aus dem Westen.[3] Deshalb sind wir bemüht, Lösungen zu finden, die auch unseren asiatischen Schwestern zugutekommen. In Asien ist es oft vorteilhaft, in Übereinstimmung mit den bestehenden Institutionen und unter Beachtung der örtlichen Empfindlichkeiten zu arbeiten.

Diese Vorgehensweise ist mit dem buddhistischen Ideal, soziale Harmonie zu fördern, verträglich und wird auf lange Sicht wahrscheinlich am effektivsten sein. Eine für New York oder London angemessene Methode könnte jedoch für Shittagong oder Rangun nicht geeignet sein oder würde vielleicht nicht gerade mit Begeisterung aufgenommen werden. Forderungen und Proteste in einem asiatischen Land können der Frauenfrage sogar ernsthaft schaden, anstatt ihr zu nützen. Sich Menschen in der bestehenden religiösen Machtstruktur zu Feinden zu machen, indem man zu schnell und zu viele Änderungen betreiben will, kann den Prozeß in der Tat verlangsamen. Solche Methoden sind von einigen westlichen Nonnen mit bedauerlichen Ergebnissen ausprobiert worden.

Die Zustimmung und Unterstützung der asiatischen Buddhistinnen und Buddhisten, besonders der Mönche, ist für einen starken, organisierten Nonnenorden notwendig. Um Reformen erfolgreich zu machen, ist es wichtig, das richtige Augenmaß zu behalten und stetig und geduldig auf verbesserte Bedingungen hinzuarbeiten. Wir müssen unsere Ziele vorsichtig formulieren, gestützt auf gründliche Forschung und Kenntnis der tatsächlichen gegenwärtigen Situation der Nonnen. Dann sollten wir uns geschickt für diese Ziele einsetzen und sie offenlegen, so daß jeder mit diesen Fragen vertraut werden kann. Zur gleichen Zeit ist es wichtig, die Nonnen selbst einzubeziehen und sie anzuleiten, für ihre eigene Entwicklung zu arbeiten. Einige der Sachverhalte, die auf den folgenden Seiten dargestellt werden, können zu Kontroversen führen. Es gibt zum Beispiel Länder, in denen allein schon der Begriff der vollen Ordination für Frauen wie Zündstoff wirkt.

Sachinformationen zum Thema Bhikṣuṇīs zur Verfügung zu stellen und den Ansporn zu einer vernünftigen Auseinandersetzung mit dieser Frage zu geben, war eines der Ziele der Konferenz in Bodhgaya. Weit davon entfernt, irgendwelche Spaltungen[4] zu verursachen, diente die Konferenz der Sache der internationalen buddhistischen Harmonie, indem sie einen Ort zur Begegnung von buddhistischen Frauen – und Männern – aus der ganzen Welt schuf. Buddhistische Frauen können bei der Förderung des ökumenischen Verständnisses der verschiedenen Traditionen untereinander eine wertvolle Rolle spielen, wenn sie versuchen, die wesentliche Übereinstimmung, die alle Buddhisten vereinigt, zu betonen. Da die Ordensdisziplin grundlegend und allen buddhistischen Traditionen gemeinsam ist, kann die Gemeinschaft der Nonnen bei der Erweiterung der Kommunikationsbasis zwischen diesen Traditionen eine wichtige Rolle spielen, indem sie das strikte Befolgen der Verhaltensregeln des *Vinaya* (Ordensrecht der Mönche und Nonnen) fördert. Im Verlauf der Konferenz wurde klarer, daß der Nonnenorden als vereinigende Kraft der Buddhisten aller Welt dienen kann.

Obwohl wir uns selbst im weitesten Sinne als buddhistische Frauen und nicht nur als Nonnen verstehen und eine starke Verpflichtung fühlen, für das Wohlergehen der Menschheit zu wirken, haben wir bewußt die Sache der Nonnen aufgegriffen, weil wir fanden, daß diese zu lange übersehen, mißverstanden und unterbewertet worden sind. In größeren Versammlungen tendieren sie dazu, das Scheinwerferlicht zu meiden und sich in den Schatten zu stellen. Da sie selten eine Chance haben, frei über Themen zu sprechen, die sie selbst betreffen, hielten wir die Zeit für gekommen, ihnen durch diese Konferenz besondere Beachtung zu schenken.

Bestimmte Aspekte des Buddhismus machen Buddhisten für die Frage der Stellung der Frauen in der religiösen Hierarchie besonders aufgeschlossen: Zum einen stützt sich der Buddhismus auf Logik. Wenn korrekte Begründungen benutzt werden, um gleiche Möglichkeiten für die geistige Entwicklung der Frauen zu schaffen, so wird man dieses Bestreben allmählich verstehen und akzeptieren. Dokumentationen, die beweisen, daß Frauen den Männern ebenbürtige Fähigkeiten und Vervollkommnungen auf religiösem Gebiet haben, werden uns helfen, unser Anliegen klarzustellen und für unsere Ziele Unterstützung zu finden. Zum zweiten ist der Buddhismus eine pragmatische Religion. Wenn der praktische Nutzen der Anerkennung von gleichen Rechten und gleichem Status für Frauen überzeugend dargelegt wird, werden diese Ziele breite Unterstützung erfahren. Für westliche Frauen mag die Notwendigkeit gleicher Rechte und Verantwortung selbstverständlich erscheinen, doch für viele Menschen sind solche Ideen völlig neu. Deshalb müssen wir bereit sein, die Vorteile aufzuzeigen, die sich ergeben, wenn Frauen in ihrer geistigen Entwicklung ermutigt und ihnen dazu die notwendigen Mittel bereitgestellt werden.

Buddhistische Mönche sind wahrheitsliebend und widmen ihr Leben dem Wohlergehen aller fühlenden Wesen. Sie sind sicherlich in der Lage, Logik anzuwenden und einzusehen, welche praktischen Vorzüge es hat, wenn den Frauen ein besserer Zugang zu den Lehren des Buddha *(Dharma)* gewährt wird. Sie müssen erkennen, daß für ein Gedeihen des Dharma in der modernen Welt, speziell im Westen, die aktive Teilnahme von Frauen wie auch von Männern notwendig ist.

Daß Änderungen in den bestehenden Institutionen gerechtfertigt sind, wird sich im Laufe der Zeit erweisen. Berichte aus einigen Ländern zeigen deutlich die Notwendigkeit einer stärkeren Mitwirkung der Frauen an bestehenden buddhistischen Institutionen und an Einrichtungen, in denen sie sich auf eine solche Mitarbeit vorbereiten können. Da man erkannt hatte, wie wichtig es ist, den Frauen einen Platz in der religiösen Landschaft zu sichern, wurden auf der Konferenz viele Vorschläge gemacht, wie man Änderungen am besten durchführen könnte. Einige Personen äußerten die Meinung, daß es zwar wichtig sei, einen Platz für Frauen in bestehenden Institutionen zu garantieren, es jedoch auch gleichermaßen wichtig sei, unabhängige Einrichtungen zu schaffen, die speziell dazu geeignet sind, den geistigen Bedürfnissen von Frauen entgegenzukommen. Sie brachten zur Sprache, daß sich Frauen bei der Bereitstellung von besseren Ausbildungsmöglichkeiten, Klöstern und Lebensbedingungen nicht auf Männer stützen sollten und traten dafür ein, daß die Verantwortung dafür grundsätzlich bei den Frauen liegen müßte. Die Einrichtungen und Institutionen, die von Frauen selbst ins Leben gerufen werden, kommen ihren eigenen Bedürfnissen wohl besser entgegen.

Die Umgestaltung buddhistischer Institutionen muß mit einer grundsätzlichen Änderung der Einstellung der Gesellschaft beginnen, denn sie neigt dazu, Frauen strenger zu beurteilen als Männer. Dies erklärt teilweise, warum Frauen ein so schlechtes Bild von sich haben. Die Neigung vieler Frauen, sich auf Männer zu verlassen, um ihre Bedingungen zu verbessern, folgt aus der Gewohnheit, von ihnen abhängig zu sein, die oftmals auf einem Gefühl der Unterlegenheit beruht. Besonders Nonnen neigen dazu, in den Hintergrund zu treten und bis zur Selbstverleugnung demütig und zurückhaltend zu sein. Ein Mangel an Vertrauen in ihre eigenen Fähigkeiten hält sie oft davon ab, Dinge zu erreichen, deren sie sehr wohl fähig wären.

Jeder Versuch, den Nonnen zu helfen, muß auch von ihnen selbst unterstützt werden; deshalb ist es notwendig, alles zu tun, was einerseits ihre Begabungen fördert und andererseits ihr Selbstvertrauen und eigenes Wertgefühl stärkt. Mangelnde Selbstachtung und die Gewöhnung daran lassen sich nicht über Nacht ändern, sondern erfordern von seiten aller sensible Handhabung und große Geduld. Wenn wir einmal eingesehen haben, daß den Frauen keine andere Wahl bleibt, als an der Verbesserung ihrer Bedingungen zu arbeiten, erkennen wir, wie wichtig dabei die Unterstützung anderer Frauen ist.

Der Begriff der Unbeständigkeit, ein zentraler buddhistischer Gedanke, beinhaltet, daß alle zusammengesetzten Phänomene vergänglich sind und dem Wandel unterliegen. Erfreulich ist aber, daß sie sich zum Besseren wandeln können. Wenn Frauen ihre eigenen guten Eigenschaften schätzen lernen, können sie diese Qualitäten steigern und für das Wohl anderer einsetzen. Gerade heutzutage in einer Zeit der Uneinigkeit und des moralischen Niedergangs können Frauen eine starke Kraft sein, um die Flut von Unaufrichtigkeit, Pessimismus, schamloser Anhäufung von Reichtum und anderen unzulänglichen Verhaltensweisen einzudämmen.

Frauen können die Führung übernehmen, wenn sie unerschütterlich an den humanitären Prinzipien der Wahrhaftigkeit, des reinen Herzens und der liebevollen Zuwendung festhalten und andere durch ihr Beispiel ermutigen, dasselbe zu tun. Lassen Sie uns nun einen positiven Weg einschlagen und sehen, was buddhistische Philosophie, Psychologie und kontemplative Praxis den Frauen zu bieten haben.

1
Die Erste Internationale Konferenz Buddhistischer Nonnen

Der Plan, eine internationale Konferenz buddhistischer Nonnen einzuberufen, entstand durch den Briefwechsel voneinander weit entfernt lebender Frauen. Wir wollten uns näher kennenlernen und in größerem Rahmen unsere Erfahrungen als Ordensfrauen austauschen. Solch ein Treffen hatte es bislang nicht gegeben.

Buddhistische Nonnen waren Jahrhunderte lang völlig isoliert, denn für einen internationalen Dialog hatte es ihnen an Gelegenheiten und Sprachkenntnissen gefehlt. Im Verhältnis zu ihrer Anzahl waren sie daher bei den weltweiten buddhistischen Versammlungen unterrepräsentiert. Nonnen zogen es vor, öffentliches Auftreten zu meiden und sich auf die spirituelle Praxis zu konzentrieren. Unserer Meinung nach könnte ein Treffen von Buddhistinnen aus aller Welt, das die Möglichkeit gibt, untereinander direkten Kontakt aufzunehmen, von einander zu lernen und gegenseitiges Verständnis zu entwickeln, auch unser spirituelles Leben vertiefen.

Alle Buddhisten haben ein gemeinsames Ziel – den Lebewesen bei der Befreiung aus dem Leiden zu helfen. Wir halten es für die besondere Aufgabe der Nonnen und Laien-Buddhistinnen, die Lehre des Buddha an Frauen weiterzugeben. Wir denken, daß durch gegenseitige Hilfe die notwendige Kraft und Ermutigung entsteht, um anderen besser nützen zu können. Ferner hoffen wir, daß Frauen mit vereinten Kräften eine aktivere Rolle bei der Aufrechterhaltung und Anwendung des Dharma sowie bei seiner Anpassung an die Bedürfnisse der modernen Gesellschaft spielen. Die Konferenz sollte sich einerseits auf buddhistische Nonnen konzentrieren, andererseits jedoch auch andere Menschen einbeziehen – Frauen und Männer aus Ost und West, Ordinierte und Laien aus den verschiedenen buddhistischen Traditionen.

Wir haben Bodhgaya als Tagungsort ausgewählt, weil es im Herzen der buddhistischen Welt liegt und große religiöse und historische Bedeutung hat. Seitdem der Buddha dort seine Erleuchtung erlangte, gilt dieser Ort als Sinnbild der Befreiung. War die Erleuchtung des Buddha ein Anfang für sein Wirken zum Wohle der Lebewesen, so ist unsere Konferenz ein erster Ausdruck des wachsenden Selbstbewußtseins buddhistischer Nonnen und Laienfrauen.

Die Konferenzthemen und Diskussionen konzentrierten sich darauf, was es bedeutet, eine Nonne oder eine buddhistische Frau zu sein, sich in westlichen Ländern einer »asiatischen« Religion anzuschließen und in der modernen Welt einem religiösen Pfad zu folgen.

Die Referentinnen und Referenten wurden nicht nur nach akademischen Qualifikationen, Ansehen oder Redegewandtheit ausgewählt, sondern insbesondere nach ihren Lebenserfahrungen. Wir waren bemüht, den Repräsentanten der verschiedenen Traditionen und Nationalitäten, sowohl der Ordinierten wie der Laien, die Möglichkeit zur ausführlichen Äußerung zu geben. Besonderen Wert legten wir darauf, daß Frauen, die nie zuvor in der Öffentlichkeit gesprochen hatten, die Gelegenheit bekamen, ihre Meinung darzustellen. Leider sprechen jedoch nur wenige asiatische buddhistische Nonnen fließend unsere Konferenzsprache Englisch. Am Ende erschien uns eine Woche viel zu kurz für all das, was wir sagen wollten.

Die Konferenz wurde am 11. Februar 1987 mit einem *Saṅgha dāna* eröffnet. Für über hundert Nonnen und Mönche, einschließlich der Äbte und Mönche aller Tempel in Bodhgaya, sowie für die Delegierten aus allen Teilen der Welt wurde ein Mittagessen angeboten, das mit Gebeten in verschiedenen Sprachen eingeleitet wurde. Hunderte von Buddhisten aus vielen Ländern versammelten sich, um Seine Heiligkeit den Dalai Lama zu sehen, der bei seiner Ankunft mit weißen Glücksschleifen, Weihrauch, Blumen und dem Klang tibetischer Hörner (*Gyaling*), von tibetischen Nonnen geblasen, empfangen wurde. Während die Laien fröhlich draußen unter Planen picknickten, nahmen die Nonnen und Mönche ihr Mahl schweigend ein. Diese Stille entsprach der in buddhistischen Klöstern geübten Disziplin. Daß vollordinierte Nonnen und Mönche gemeinsam am Saṅgha dāna teilnahmen, war ein günstiges Vorzeichen für eine zukünftige Zusammenarbeit des *Bhikṣu-* und *Bhikṣuṇī-Saṅgha*.

Nach dem Mittagessen wechselte der Schauplatz zum nahegelegenen Kālacakra Tempel, in dem tibetische Zeremonienhörner die Ehrengäste der Eröffnungsfeierlichkeiten begrüßten. Der Ehrwürdige Gyan Jagat, Vorsitzender des Bodhgaya Temple Management Committee, leitete vor über tausendfünfhundert Menschen die auf Pāli rezitierte Zeremonie der Zufluchtnahme. Viele legten dabei das Laiengelübde ab. Danach begrüßte Bhikṣuṇī Karma Lekshe Tsomo die versammelten Gäste und erklärte den Ausgangspunkt und die Ziele der Konferenz. Sie stellte den Hauptredner, Seine Heiligkeit den Dalai Lama, vor, der eine informative und ermutigende Ansprache über die Rolle der Frauen im Buddhismus hielt. Helen Wilder (jetzt Schwester Nyāṇasiri) verlas eine Botschaft des Ehrwürdigen Nyāṇaponika aus Sri Lanka und Abhaya Weerakoon, der Beauftragte für buddhistische Angelegenheiten der Regierung von Sri Lanka, übermittelte Worte des Willkommens und der Unterstützung. Nach dem Tee hörten wir von der Ehrw. Ayya Khema einen Vortrag über die Bedeutung der Ordination zur buddhistischen Nonne.

Am Abend trafen wir uns unter dem berühmten Bodhi-Baum. Eine große Gruppe von Delegierten aus Sri Lanka hatte dort farbenprächtige Blumen, Lampen und viele andere Opfergaben aufgereiht. Die Nonnen in ihren orangefarbenen und braunen Roben leiteten die klangvollen Pāli-Rezitationen, denen sich die weiß gekleideten Laien mit Hingabe anschlossen. Die dadurch angesammelten Verdienste wurden dem Wohle aller Lebewesen gewidmet. Das Treffen mit Buddhisten aus so vielen Ländern und Traditionen an diesem heiligen Ort war für alle ein bewegendes Erlebnis.

Zu den Aktivitäten der folgenden Tage fanden sich mehr als siebzig Ordinierte und über achtzig Laien ein, darunter viele tibetische Nonnen, für die alles ins Tibetische übersetzt wurde. Der Tag begann mit einer Gruppenmeditation im Kālacakra Tempel, die jeweils von Nonnen einer anderen Tradition geleitet wurde. Auf diese Weise bekamen wir einen guten Einblick in die verschiedenen Meditationspraktiken. In zwei Sitzungen wurden die Lebensumstände von Nonnen in *Theravāda*- und *Mahāyāna*-Ländern beschrieben. Diese Darstellungen gaben den Teilnehmern die Möglichkeit, aus erster Hand Interessantes über den Lebensstil und die Dharmapraktiken von Frauen in den verschiedenen buddhistischen Traditionen zu erfahren. Täglich wurden Fragen, die Frauen direkt betreffen, diskutiert, wie z. B. Ausbildungsmöglichkeiten, ethische Disziplin, Dienst an der Gemeinschaft und die Aussichten auf Einführung der vollen Ordination in Ländern, in denen diese zur Zeit noch nicht möglich ist.

Den Vorträgen und Symposien schlossen sich Diskussionen in kleinen Gruppen an, in denen die Teilnehmer ihre persönlichen Vorstellungen und Erfahrungen austauschten. Diese lebhaften Gespräche fanden in harmonischer Atmosphäre statt, in der jede Nonne die Tradition der anderen respektierte. Alle wurden ermutigt, sich am Gespräch zu beteiligen. Viele interessante Gedanken wurden zunächst von den einzelnen Gruppen notiert und später allen versammelten Konferenzteilnehmern vorgestellt. Diese Zusammenkünfte zeugten von der Stärke und Flexibilität der Lehre Buddhas in der heutigen Zeit.

Jeden Abend bei Sonnenuntergang, trafen wir uns zur Rezitation und Meditation am Mahābodhi Stūpa. Dort stellten jeweils Nonnen einer anderen Tradition die bei ihnen üblichen Opfergaben auf und rezitierten *Sūtras* (Lehrreden) und Gebete. Neugierige Touristen und Pilger aus aller Welt blieben stehen, fasziniert von den vielfältigen Formen der buddhistischen Praxis. Burmesische, kambodschanische, chinesische, japanische, koreanische, nepalesische, thailändische, tibetische und vietnamesische Traditionen waren dabei vertreten. Die sanfte Intonation der burmesischen und nepalesischen Nonnen, die melodiöse Rezitation des Namens von Amitabha bei der feierlichen Prozession der chinesischen Nonnen, und die tibetischen Nonnen, die bei Bittgebeten an Māhākala Becken, Hörner und Trommeln ertönen ließen, waren in Bodhgaya eindrucksvolle Praktiken, die normalerweise dort nur von Mönchen durchgeführt werden. Während der abschließenden gemeinsamen Meditation wurde die Einheit der buddhistischen Lehren – trotz vielfältiger Formen – besonders spürbar.

In den Abendstunden fanden Videovorführungen über das Leben in den Nonnenklöstern verschiedener Länder statt. Wir sahen tibetische Nonnen in Dharamsala beim Debattieren philosophischer Texte und eine Bhikṣuṇī-Ordinations-Zeremonie von Hunderten chinesischer Nonnen in Taiwan. Dann diskutierten wir wieder über Themen wie die persönliche Entwicklung als Nonne, Kommunikation zwischen dem Saṅgha und der Laienschaft, sowie Gründung von Klöstern im Westen. Wir waren beeindruckt von der Tatsache, daß Frauen aus so vielen Kulturkreisen endlich eine Gelegenheit fanden, offen über geistige Themen zu sprechen.

Das erste Mal seit fast tausend Jahren und dem Erlöschen des Nonnenordens in Indien versammelten sich in der Vollmondnacht des zwölften Mondmonats zehn Bhikṣuṇīs verschiedener Traditionen und Nationalitäten zum Bekenntnis von Verfehlungen und zur Rezitation des *Bhikṣuṇī-Prātimokṣa-Sūtra.* Zwölf Novizinnen bekannten vor ihren vollordinierten Schwestern unangemessene Handlungen.

Ein konkretes Ergebnis der Konferenz war die Gründung von *Sakyadhītā,* der International Association of Buddhist Women, am 17. Februar 1987. *Sakyadhītā* will als Netzwerk für buddhistische Frauen dienen und die Praxis des Dharma fördern. Der Einsatz für die Bereitstellung von Ausbildungs- und Forschungsmöglichkeiten soll Frauen ermöglichen, sich als Lehrerinnen ausbilden zu lassen. Sie will Frauen unterstützen, die ordiniert werden möchten, und langfristig darauf hinwirken, daß die volle Ordination für Buddhistinnen in allen Ländern eingeführt wird.

Eine Konferenz mit Frauen unterschiedlicher Herkunft, verschiedener Berufe, Altersgruppen und Traditionen durchzuführen, war an sich schon ein außergewöhnliches und inspirierendes Erlebnis. Die anschließende Reise zu den wichtigsten buddhistischen Pilgerstätten verstärkte die freundlichen Beziehungen der achtzig Teilnehmerinnen untereinander und bot Gelegenheit, geistige Erfahrungen zu vertiefen. Unsere Pilgerfahrt rief ein Gefühl der Verbundenheit mit dem zu Lebzeiten des Buddha existierenden Saṅgha hervor. Daß sie trotz der zahlreichen Beteiligung in einer Atmosphäre der Zusammengehörigkeit, Herzlichkeit und Harmonie verlief, beweist, wie gut Frauen miteinander arbeiten und welche Leistungsfähigkeit sie entwickeln können, wenn sie sich mit dem Ziel vereinigen, Dharma auszuüben.

Die Konferenz war außerordentlich bedeutsam. Sie hat weittragende Konsequenzen, die sich sowohl auf persönlicher als auch gesellschaftlicher Ebene auswirken. Angespornt durch die größere Anerkennung gleicher Rechte und Möglichkeiten für Frauen gewinnen Buddhistinnen Mut, für das Gedeihen des Dharma eine aktive Rolle zu spielen. Sie erkennen die Notwendigkeit, aufrichtig, geduldig und gewissenhaft im Einklang mit den buddhistischen Grundsätzen zu leben, um die geistige Entwicklung von Frauen und Männern zu fördern.

Grußbotschaft von Bhikkhu Nyāṇaponika

Da ich nicht persönlich bei Ihnen sein kann, möchte ich Ihnen einige Grußworte und gute Wünsche senden. Ich spreche nur für mich als Theravāda-Mönch ohne irgendeinen besonderen Status.

Es ist sehr begrüßenswert, daß Nonnen und Laienfrauen aus vielen buddhistischen Traditionen und Ländern zu dieser internationalen Konferenz buddhistischer Nonnen zusammengekommen sind, um darüber zu beraten, wie buddhistische Nonnen am besten dem *Sāsana* (der Religion) dienen können. Dem buddhistischen Sāsana dienen, heißt der Menschheit dienen. In kritischen Zeiten wie der unsrigen sollten wir uns auf das konzentrieren, was uns alle miteinander verbindet.

Wir sollten den unterschiedlichen Doktrinen und Formen der Ordination mit gegenseitigem Respekt begegnen, da wir sie verehrungswürdigen Lehrern der Vergangenheit verdanken. An erster

Stelle denken wir dabei an das, was uns zu einer Familie vereint, die Hingabe an die Drei Juwelen (*Triratna*): Buddha, *Dhamma* (die Lehre), *Saṅgha* (die geistige Gemeinschaft).

Diese Konferenz kommt genau zur richtigen Zeit. Wir können heute nicht auf den großen Beitrag buddhistischer Frauen für das Gute in der Welt verzichten und erst recht nicht auf die Entsagung buddhistischer Nonnen, ein Potential, das allzuoft infolge von Gleichgültigkeit oder Vorurteilen vernachlässigt oder ignoriert wurde. Eine große und lobenswerte Aufgabe ist es nun, über Wege und Mittel zu beratschlagen, die die Situation aller buddhistischen Nonnen, ihre Ausbildung und ihren geistigen Fortschritt verbessern.

Als Theravāda-Mönch möchte ich meine volle Unterstützung für dieses wichtige Vorhaben zum Ausdruck bringen und dazu viel Erfolg wünschen. Ich hoffe, daß Sie sich nicht mit dem Anhören von Vorträgen oder dem Formulieren von Manifesten zufriedengeben, sondern sich auch zu Taten entscheiden. Dies sind keine müßigen Zeiten, wir können uns keinen Aufschub mehr leisten, sondern müssen zum Handeln entschlossen sein.

Möge die Botschaft des Buddha von Weisheit und Mitgefühl in uns allen verwirklicht werden, und mögen Sie sein Wort überall dort verbreiten, wo es vonnöten ist. Ich sende Ihnen den Segen der Drei Juwelen. Mögen Sie alle sehr glücklich sein.

Eröffnungsvortrag Seiner Heiligkeit des Dalai Lama

Ich verneige mich vor dem Buddha,
Der das Fangnetz der Begriffe beseitigt,
Der unermeßliche und unergründliche Körper besitzt
Und das Licht des Bodhisattva Samantabhadra
in allen Himmelsrichtungen leuchten läßt!

Den Bemühungen der Bhikṣuṇī-Anhängerschaft des Erhabenen Buddha haben wir es hauptsächlich zu verdanken, daß wir uns in

Bodhgaya, diesem ganz besonderen Ort, versammeln können, um die Internationale Konferenz buddhistischer Nonnen abzuhalten.

Zuerst möchte ich Sie alle persönlich mit dem Grußwort »Tashi Deleg« willkommen heißen. Obwohl ich diesen Gruß selbst übermittle, glaube ich, daß indirekt unser gütiger Lehrer Buddha Śākyamuni und viele hochverwirklichte Wesen mit großer Freude von der unsichtbaren Sphäre des *Dharmakāya* liebevoll auf uns herabblicken.

Ich möchte all denjenigen danken, die seit vielen Monaten aktiv an den Vorbereitungen für das heutige Ereignis beteiligt waren. Gleichermaßen spreche ich Ihnen allen meinen Dank aus, die Sie sich heute dank Ihrer Entschlossenheit und ungeachtet vieler Unzulänglichkeiten hier eingefunden haben. Wann immer ich Bodhgaya besuche, bekomme ich eine schlimme Erkältung, aber dieses Mal – als ob durch den Segen, der auf dieser Konferenz ruht – hat sich keine eingestellt.

Wie in den Einleitungsworten bereits erwähnt, gibt es heutzutage viele Umstände in der Welt, die sehr reale Befürchtungen und Ängste auslösen und menschliche Probleme schaffen. Gleichzeitig finden bedeutende Fortschritte und große Veränderungen statt. Vielen Entwicklungen sollten wir Beachtung schenken – zum Beispiel, daß der Wissensstand der Menschen beträchtlich angestiegen ist.

Heute haben wir Gelegenheit, über die Rechte der Frauen zu diskutieren und ihr Potential in der Religion und insbesondere im Buddhismus als einer der Weltreligionen zu erforschen. Im großen und ganzen sind durch den ungeheuren materiellen Fortschritt zahlreiche Probleme beseitigt worden. Gleichzeitig leben wir jedoch in einer Zeit großer Furcht und Unruhe und sind nicht glücklich. In einer solchen Welt hat die Lehre des Buddha eine wichtige Aufgabe, und ihre Botschaft gewinnt immer mehr an Bedeutung und Nutzen. Unter denen, die an dieser Botschaft Interesse zeigen, befinden sich viele Frauen.

Die Frau hat allgemein in der Gesellschaft eine sehr bedeutende Funktion. Zum Beispiel gilt die Mutter in der buddhistischen Praxis als die Hauptperson, die wir uns vergegenwärtigen, wenn wir an die Güte aller Lebewesen denken. Wenn wir von Müttern sprechen, sprechen wir von Frauen, und diese Mütter haben innerhalb der

Familie eine sehr wichtige Aufgabe. Es gibt zwar Fälle, in denen sich die Beziehung zwischen einer Mutter und ihrem heranwachsenden Kind problematisch gestaltet, aber im allgemeinen fühlt sich ein Kind von Anfang an mit der Mutter am engsten verbunden. Die Worte »Mama« und »Papa« gibt es in vielen Sprachen.

Ob das Kind einen gesunden Körper und einen gesunden, voll entfalteten und ausgeglichenen Geist entwickelt, hängt sehr stark von der Liebe und Zuneigung seiner Mutter ab. Vom religiösen Standpunkt aus gesehen, kann eine Mutter die Erziehung ihres Kindes entscheidend beeinflussen, wenn sie selbst wirklich religiös und verständig ist, auch wenn die Bildung des Kindes vor allem von seiner schulischen Ausbildung abhängig ist. Sowohl hinsichtlich der persönlichen Entwicklung wie der Gesellschaft überhaupt ist die Mutter unersetzlich.

Hiermit sind wir an einem wichtigen Punkt angelangt: Was müssen Frauen für die Rechte der Frauen tun? Wie bereits ausgeführt wurde, ist es richtig, für die eigenen Rechte zu kämpfen, nicht mit Stolz oder Eifersucht, sondern in dem Bewußtsein, ein Mensch zu sein, der in der menschlichen Gesellschaft eine große Verantwortung trägt. Im weitesten Sinne sprechen wir eigentlich vom Weltfrieden. Ich selbst bringe immer wieder zum Ausdruck, daß Weltfrieden durch inneren, geistigen Frieden zustande kommt. Das ist meine persönliche Überzeugung, und darum bemühe ich mich selbst. Ich glaube, daß die Mutter in dieser Hinsicht eine höchst wichtige Aufgabe erfüllt.

Als nächstes möchte ich kurz über die Rolle der Frauen im Buddhismus allgemein sprechen. Nach dem Vinaya wird die Frage, ob die Sūtra-Belehrungen des Buddha bestehen oder nicht, danach entschieden, ob die Rituale der sogenannten »drei Grundlagen« (Bekenntnis-Zeremonie und Beginn- und Abschluß-Zeremonie der Sommerklausur) existieren oder nicht. Wenn in diesem Zusammenhang von einem »Zentralen Land« und einem »Abgelegenen Land« gesprochen wird, kann man dies auf zweierlei Art interpretieren, einerseits im geographischen, andererseits im religiösen Sinn. Hier sind die Begriffe »zentral« und »abgelegen« im religiösen Sinne zu verstehen. In einem »Abgelegenen Land« sind die vier Kategorien von Anhängern nicht vorhanden. Es gibt zwei Auslegungen dieser

Kategorien. Einmal sind es: 1. Bhikṣus 2. Bhikṣuṇīs 3. *Śrāmaṇeras* (Novizen) und 4. *Śrāmaṇerikās* (Novizinnen), zum anderen: 1. Bhikṣus, 2. Bhikṣuṇīs 3. *Upāsakas* (Laienanhänger) und 4. *Upāsikās* (Laienanhängerinnen). Ob wir uns nun an die erste oder die zweite Interpretation halten, erfüllt zum Beispiel Tibet im religiösen Sinne nicht alle Kriterien eines Zentralen Landes, weil es dort keine Bhikṣuṇīs gibt. Tibet ist zwar aufgrund seiner Bhikṣus als ein Zentrales Land angesehen worden, aber genau genommen müßte es dort auch Bhikṣuṇīs geben. Daraus läßt sich erkennen, welch außerordentlich wichtige Rolle Bhikṣuṇīs spielen.

Nach der Schriftabteilung der *Bodhisattvas* wird bei der Bodhisattva-Praxis und der Ausübung der Sechs Vollkommenheiten kein Unterschied gemacht, ob ein Praktizierender männlich oder weiblich ist. Männer und Frauen sind gleichgestellt. So gibt es zum Beispiel männliche Bodhisattva-Gottheiten wie Maitreya, Mañjuśrī und Ārya Avalokiteśvara, aber ebenso wichtige weibliche Bodhisattva-Gottheiten wie Tārā und Sarasvatī.

Nach der Schriftabteilung des *Tantra* und besonders im *Anuttarayoga-Tantra* wird dem Weiblichen große Bedeutung beigemessen. Es gilt zum Beispiel als Verstoß, wenn Tantra-Praktizierende sich bei ihrer gewohnten Ausübung des Yoga (in der Meditation) nicht vor Frauen verbeugen oder sie umschreiten. In den verschiedenen buddhistischen Schulen gibt es konkrete historische Bezüge: Zu Lebzeiten des Buddha trugen viele Nonnen genau wie die Mönche dazu bei, die buddhistischen Lehren zu verbreiten. Unter den *Arhats* (aus dem Daseinskreislauf Befreite) befanden sich sowohl Mönche als auch Nonnen. Im allgemeinen genossen beide als Menschen, die für edles Verhalten vorbildlich waren, das gleiche Ansehen, in diesem Sinne auch gleiche Rechte. Um es an einem Beispiel aufzuzeigen: unter den vielen Mönchen, deren Verhalten die Aufstellung der 253 Mönchsregeln nötig machte (wie in der *Mūlasarvāstivāda*-Schule aufgeführt), tat sich besonders eine Gruppe von sechs Mönchen, wie Udāyin usw. hervor. Unter den Nonnen war es eine Gruppe von zwölf, einschließlich Sthūlanandā, deren fehlerhaftes Benehmen Anlaß für die Vorschriften war. Somit waren sie auch in dieser Hinsicht gleichberechtigt. Es heißt, daß eine Gruppe von sechs Mönchen und eine entsprechende Gruppe von zwölf

Nonnen jeweils die Präzedenzfälle schufen, welche die Aufstellung der Mönchs- bzw. Nonnenregeln veranlaßten. Mönche und Nonnen wurden für ihr gutes Verhalten geachtet wie auch für ihr schlechtes Verhalten getadelt.

Gleichermaßen finden wir sowohl Männer als auch Frauen unter den Praktizierenden des Bodhisattva-Pfades. Es ist wohlbekannt, daß sich unter den vierundachtzig *Mahasiddhas* vier *Yoginīs* befanden. Auch wenn wir die berühmte Übertragungslinie des tausendarmigen Mahākaruṇa (Avalokiteśvara) betrachten, stellen wir fest, daß sie von einer Frau ausgeht – Gelongma Palmo (Bhikṣuṇī Kamala).[5] Neben der Übertragungslinie der Sechs Yoga-Praktiken des Naropa existiert die sehr kostbare Übertragungslinie der Sechs Yoga-Praktiken der Yoginī Niguma, die wahrscheinlich eine Verwandte von ihm war. Tibet hat viele natürliche Yoginīs (*Rang-byung rNal-sbyor-ma*) wie diese hervorgebracht. Ein anderes Beispiel stellt Machik Labdrönma dar, eine natürliche Yoginī, die in Tibet durch ihre »Abschneide-Praxis«[6] sehr berühmt wurde. Es gab viele natürliche Yoginīs wie diese. Als ich jung war, lebte in der Nähe von Lhasa eine Yoginī namens Shugseb Jetsünma, die mehr als einhundert Jahre alt gewesen sein soll. Unter den Frauen Indiens und Tibets befanden sich eine ganze Reihe solcher heiligen Praktizierenden, die der Lehre einen echten Dienst erwiesen haben und entweder in der überlieferten Literatur der verschiedenen Schulen genannt werden oder tatsächlich in Erscheinung traten.

Dennoch wird in gewissen buddhistischen Texten, zum Beispiel im Vinaya, den Bhikṣus allgemein eine höhere Position als den Bhikṣuṇīs eingeräumt. Ähnlich wird auch (in der *Vaibhāṣika*-Schule) gelehrt, daß ein Bodhisattva in einem männlichen Körper wiedergeboren werden muß, wenn er sicher ist, bald die Buddhaschaft zu erreichen. Jedoch ist es unerläßlich, daß er nach drei Perioden unzähliger Zeitalter, in denen er Verdienst und Weisheit angesammelt hat, noch das *Karma* entwickelt, aus dem die körperlichen Merkmale eines Buddha heranreifen. Viele solcher Ausführungen entstanden unter besonderen zeitlichen, örtlichen und sozialen Verhältnissen und waren höchstwahrscheinlich nicht der eigentliche Sinn des Dharma. In den Texten des Anuttarayoga-Tantra wird zum Beispiel erklärt, daß erfahrungsgemäß die volle Erleuchtung innerhalb eines Lebens auch im Körper einer Frau erlangt werden kann. Diese Dinge ergeben sich aus den gesellschaftlichen Verhältnissen.

Generell ist es völlig falsch, Unterschiede zwischen Kasten zu machen und von einigen Menschen so zu sprechen, als seien sie von Natur aus erhaben oder minderwertig. Jedoch ist wohlbekannt, daß es zu der Zeit, als der Buddha in der höchsten Ausstrahlungsform (*Nirmāṇakāya*) in dieser Welt erschien, Kasten gab, die hochgeschätzt wurden und andere, die verachtet wurden. In Anbetracht der sozialen Umstände der damaligen Zeit, in der die königliche Kaste am meisten respektiert wurde, wählte Buddha Śākyamuni daher für seine Geburt eine Adelskaste. Wenn in Zukunft, wie in den Sūtras erwähnt, der Erhabene Buddha Maitreya in dieser Welt erscheint, wird die Kaste der Brahmanen die höchstgeachtetete sein, demzufolge wird er in dieser geboren werden. So wird deutlich, daß diese Ereignisse in Übereinstimmung mit den Ansichten und gesellschaftlichen Normen in bestimmten Gebieten entstanden sind, da der bestmögliche Nutzen für die Menschen erreicht werden sollte.

In manchen Texten, wie zum Beispiel im *Eintritt in das Leben eines Bodhisattvas (Bodhicaryāvatāra)* von Śāntideva und im *Kostbaren Rosenkranz* (*Ratnāvalī*) von Nāgārjuna, gibt es einige Wunschgebete dafür, nicht in einem weiblichen Körper wiedergeboren zu werden. Wunschgebete dieser Art wurden jedoch lediglich aufgrund der sozialen Umstände in Gesellschaften gemacht, in denen eine Geburt als Frau allgemein als minderwertig galt. Wäre die Situation umgekehrt, also wenn eine männliche Geburt als niedriger eingestuft und eine weibliche Geburt von der Gesellschaft als die beste Voraussetzung angesehen würde, dann sprächen wir das Gebet genau im entgegengesetzten Sinn, nämlich nicht in einem männlichen Körper wiedergeboren zu werden.

Im *Bodhicaryāvatāra* wird erklärt, man solle sich bemühen, die Verhältnisse in der Welt zu verstehen und entsprechend alles vermeiden, was sich in der Gesellschaft unvorteilhaft auswirkt. Praktizierende sollten ihrer eigenen Gesellschaft in Übereinstimmung mit den dort herrschenden Normen dienen. Es wäre wenig sinnvoll, in Widerspruch zu der Gesellschaft zu handeln, nicht wahr? Damit werden die Gedankengänge hinter diesen Aussagen klar veranschaulicht. Ein Grundsatz der Lehre des Buddha, auf den er in seinen Unterweisungen ausdrücklich hingewiesen hat, ist, daß weder Rassen- noch Kastenzugehörigkeit wichtig sind, sondern die Ausübung des Dharma. Für viele Menschen in den niedrigen Kasten Indiens ist dies auch heute noch von großer Bedeutung. Demzufolge gibt es zwischen Männern und Frauen keinerlei Unterscheidung bezüglich der Dharma-Praxis.

Um nun speziell zu dem heutigen Thema der Bhikṣuṇīs zu kommen: Ursprünglich gab es vier Vaibhāṣika-Schulen, die sich später in achtzehn aufteilten. Die Überlieferungslinie der Gelübde, die nach Tibet gelangte, war die der Mūlasarvāstivāda-Schule, in der Bhikṣus 253 Regeln einzuhalten haben. Entsprechend dieser Schule sind zweiundzwanzig Personen notwendig, um die Bhikṣuṇī-Ordination zu erteilen: eine Bhikṣuṇī, die als Äbtissin der Ordination vorsteht (*mKhan-mo*), eine Bhikṣuṇī, die das Ordinations-Ritual leitet (*Las-kyi-slob-dpon*), zehn begleitende Bhikṣuṇīs (*Kha-bskong*) und zusätzlich zehn Bhikṣus.

Nonnen war es nicht möglich, nach Tibet zu kommen, weil das Reisen in früheren Zeiten sehr schwierig war. Und da das Bhikṣuṇī-Gelübde nicht nach Tibet überliefert worden ist, bestand für die Mönche auch nicht die Gefahr, ihre Regeln in bezug auf die Bhikṣuṇīs zu übertreten. Dies ist der Vorteil, den wir Mönche in Tibet hatten. Heutzutage finden wir in einigen Teilen der Welt Bhikṣuṇī-Überlieferungslinien, wie zum Beispiel die chinesische. Um persönlich als tibetischer Buddhist zu sprechen: Wenn eine authentische Bhikṣuṇī-Überlieferungslinie wie diese in der tibetischen Tradition eingeführt werden könnte, wäre das wahrlich begrüßenswert.

Von den vielen Vinaya-Schulen wird in Sri Lanka und Thailand das Theravāda praktiziert. In diesem System wird das *Prātimokṣa-Sūtra* auf Pāli rezitiert, und es werden 228 eigentliche Regeln eingehalten. Da es verschiedene Schulen des Vinaya gibt, liegt es nahe, daß sich die Ordinations-Rituale unterscheiden. Es ist für uns wichtig, auf diesen Gebieten Nachforschungen anzustellen, und von tibetischer Seite aus tun wir das bereits. In diesem Zusammenhang wird auch die Frage der Überlieferungslinie behandelt. Ich hoffe, daß es möglich ist, immer mehr solcher Konferenzen wie diese zu organisieren, bei denen Bhikṣus und Bhikṣuṇīs aus verschiedenen

Ländern zusammenkommen können, um sich darüber auszutauschen.

Einen Punkt möchte ich hier hervorheben: Sie, Bhikṣuṇīs und andere Nonnen, haben bis jetzt auf diesem Gebiet Interesse gezeigt und Verantwortung übernommen. Dabei halte ich es für sehr wichtig, daß Sie mehr Verbindungen zu den verschiedenen Traditionen herstellen, wie zu Sri Lanka, Thailand, Burma usw.

Wichtig ist vor allem auch, daß Sie sich als Bhikṣuṇīs oder Novizinnen aktiv den buddhistischen Studien widmen. In der Vergangenheit gab es in Tibet Nonnenklöster mit guten Studienprogrammen. Seitdem wir Flüchtlinge sind, habe ich alle, die in den jetzt wiederaufgebauten Nonnenklöstern in Indien leben, immer wieder angespornt und ermahnt, sich unter allen Umständen mit den Studien zu befassen.

Vom Standpunkt der Bewahrung und Verbreitung der Lehre des Buddha bedeuten gleiche Rechte auch gleiche Pflichten. Dies wird dadurch erreicht, daß man einerseits die Lehre gut studiert, so wie ich es zuvor erklärt habe. Das Studium ist der Dienst zur Bewahrung und Verbreitung der schriftlichen Lehre. Den inneren Gehalt der Lehre dann zu praktizieren, dient der Bewahrung und Verbreitung der erkenntnismäßigen Lehre.

Zum Schluß bete ich dafür, daß Sie im Verlauf der Konferenzseminare erfolgreich einiges zur Lehre des gütigen Erhabenen Buddha beitragen können. Ich freue mich über Ihre Bestrebungen!

Mögen wir durch diese Verdienste den Zustand des Allsehenden erreichen,
Den Feind, unsere Fehler, bezwingen,
Und die Wesen aus dem turbulenten Meer des Daseinskreislaufs befreien,
In dem sie wie Wellen von Alter, Krankheit und Tod hin- und hergeworfen werden.

Der Buddha ist in der Welt erschienen,
Die Lehren sind klar erhellend wie Sonnenlicht
Mögen die Aufrechterhalter der Lehre in brüderlicher Harmonie leben,
Möge sich das Glück eines langen Bestehens der Lehre ergeben!

Möge es hier Scharen Safrangekleideter geben,
Mit den drei Schulungen versehen,
Die sich immerwährend bis ans Ende des Daseinskreislaufs
Der Tätigkeit des Lehrens und Praktizierens widmen
Für das Glück der Verbreitung der Lehre Buddhas
In alle zehn Himmelsrichtungen!

Die Bedeutung der Konferenz

Bhikṣuṇī Jampa Tsedroen

Warum hat diese Internationale Konferenz buddhistischer Nonnen in Bodhgaya soviel Aufmerksamkeit erregt? Ein Grund dafür ist sicherlich, daß sie die erste Konferenz buddhistischer Nonnen war, die seit 2500 Jahren, also seit Buddha Śākyamunis Lebzeiten, in Indien stattgefunden hat.

Es ist zwar bekannt, daß die Mönche nach Buddhas endgültigem Nirvāṇa zu mehreren Konzilen zusammenkamen, aber es gibt keinen Hinweis dafür, daß Nonnen während dieser Konzile irgendeine Rolle spielten. Buddha Śākyamuni lehrte jedoch, daß alle Lebewesen das gleiche Potential zur Erleuchtung besitzen. Die Frauen von heute haben mehr Freiheit denn je, dieses Potential zu entdecken und zu entfalten.

In Indien herrschte zur Zeit des Buddha ein sehr strenges Kastenwesen, er selbst lehnte aber darauf beruhende hierarchische Strukturen – einschließlich der Diskriminierung Frau – konsequent ab. Für damalige Verhältnisse war das revolutionär. Er gründete einen Nonnenorden, der mit den gleichen Rechten ausgestattet war wie der Mönchsorden. Den Nonnen war es erlaubt zu lehren, ihre Klöster mit Hilfe von Äbtissinnen selbständig zu leiten und Ordinationen durchzuführen, obwohl letztere allerdings vom Mönchsorden noch einmal bestätigt werden mußten.

Über die Stellung der Frauen im frühen Buddhismus kursiert eine breite Palette von Meinungen, die realistischste Ansicht ist jedoch, daß die Aussagen des Buddha über Frauen auf dem gesellschaftlichen Hintergrund der damaligen Zeit zu betrachten sind. Die Frauen in Indien waren zu jener Zeit nicht daran gewöhnt, ihre Entscheidungen selbst zu treffen, sondern sie orientierten sich am Standpunkt des Mannes und suchten seinen Schutz und seine Anleitung. Von daher betrachtet ist es nur natürlich, daß Frauen traditionell eine dem Manne untergeordnete Rolle einnahmen. Eine sofortige völlige Eigenständigkeit wäre somit nicht praktikabel gewesen und hätte die Gemeinschaft der Nonnen sehr leicht angreifbar gemacht.

Unter den gegebenen Umständen bot das Leben einer Nonne ungewöhnlich viel Freiheit. Der Orden hatte eine lange Blütezeit und häufig waren es Töchter von Königen und anderen hochstehenden Persönlichkeiten, die den Nonnenorden förderten. Auch Frauen, die dem Orden nicht beitreten konnten, jedoch fest entschlossen waren, ihr Leben dem Buddhadharma zu widmen, hatten all die Jahrhunderte hindurch die Möglichkeit, als sogenannte Upāsikās, Laienfrauen mit fünf Regeln, zu praktizieren.

Der Buddha sorgte dafür, daß der Nonnenorden vor Angriffen von außen geschützt war. Er richtete es so ein, daß die Nonnen in regelmäßigem Kontakt mit dem Mönchsorden standen und somit praktische Kenntnisse, Rat und Inspiration von ihren Ordensbrüdern erhalten konnten. Vielleicht hat er dabei auch die Möglichkeit in Betracht gezogen, daß die Mönche ihrerseits durch den Kontakt mit ungewöhnlich fähigen und selbständigen Frauen ebenso inspiriert werden könnten. Trotz dieser Vorsichtsmaßnahmen konnte der Nonnenorden in den Theravāda-Ländern nicht überdauern. In den Mahāyāna-Traditionen Chinas, Koreas und Vietnams dagegen existiert er noch heute. Aufgrund politischer Unruhen sind die Nonnen dort gegenwärtig teilweise sogar stärker vertreten als die Mönche. Tibet nimmt unter den buddhistischen Ländern eine Sonderstellung ein. Bedingt durch die geographische Lage war der Marsch von Tibet nach Indien und zurück für die meisten Frauen zu beschwerlich. Geschichtsbücher und Erzählungen lassen darauf schließen, daß dieser Tatbestand dazu beitrug, die Entstehung eines Bhikṣuṇī-Ordens zu verhindern. Einige Novizinnen, die versuchten, nach Indien zu gelangen, um dort die volle Ordination zur Bhikṣuṇī zu empfangen, starben unterwegs oder blieben nach Bewältigung des schwierigen Weges im Anschluß an ihre Ordination in Indien. Sporadisch werden Bhikṣuṇīs in den Schriften erwähnt, doch waren es nie genug für eine Ordensgründung. Dennoch gab es viele Nonnenklöster in Tibet, in denen keine vollordinierten Nonnen, sondern Novizinnen (Śrāmaṇerikās) lebten, die ihre Ordination von vollordinierten Mönchen empfingen. Und in der tibetischen Geschichte finden wir überall Berichte geistig begnadeter und hochverwirklichter Frauen, die sogar mitunter als Lehrerinnen für Mönche im Rahmen des buddhistischen Tantras tätig waren.

Da eine Bhikṣuṇī-Ordination nur von vollordinierten Nonnen und Mönchen durchgeführt werden kann, und es in vielen Ländern keine Bhikṣuṇīs mehr gibt, hatten sich inzwischen viele Mönche, Laien und ein großer Teil der Nonnen, die acht oder zehn Regeln einhalten, mit dem Fehlen des Bhikṣuṇī-Ordens abgefunden. Doch nun am Ende des 20. Jahrhunderts scheint eine Wende einzukehren. Der Buddhismus breitet sich seit einigen Jahrzehnten auch im Westen aus. In Ländern, in denen der Nonnenorden nicht existiert, stoßen westliche Frauen auf ihrer Suche nach Unterweisung und Hilfe für die Ausübung des Buddhadharma auf große Hindernisse. Einige resignieren, andere halten durch.

Der Nutzen der Konferenz ist noch nicht in seiner vollen Tragweite abzusehen, doch läßt er sich bereits an vielen Zeichen erkennen. Viele Nonnen, die ihren Weg als Nonne mit nur geringer oder gar keiner Unterstützung eines Klosterverbandes gingen und seit Jahren völlig auf sich allein gestellt praktizierten, nahmen an der Konferenz teil. Gespräche, Erfahrungsaustausch, Diskussionen, Workshops, gemeinsame Meditationen und Gebete (*Pūjās*) ließen ein starkes Gefühl der Gemeinsamkeit entstehen und gaben den Nonnen Kraft, Hoffnung und Selbstvertrauen. Die Probleme, denen sich Nonnen in einigen Ländern gegenübergestellt sehen, kamen auch zur Sprache. Ob diese beiden Phänomene nun direkt miteinander verbunden sind oder nicht, fest steht, daß Nonnen in den Ländern, in denen es keine Bhikṣuṇī-Ordination gibt, weitaus mehr Probleme haben. Gibt es keine ausgebildeten Bhikṣuṇīs, dann gibt es keine ausreichend qualifizierten Dharma-Lehrerinnen und somit auch niemanden, der für eine intensive Ausbildung der Nonnen verantwortlich ist. Wird jedoch die Anleitung der Novizinnen nicht von gut ausgebildeten Nonnen übernommen, ist das Bildungs- und Schulungsniveau sehr gering, und demzufolge werden sie nicht besonders ernstgenommen. Somit setzte sich die Meinung durch, daß Nonnen – und den Frauen allgemein – die nötige Begabung und Qualifikation zum Lehren und zur administrativen Leitung innerhalb der religiösen Hierarchie fehle. Aufgrund derartiger Benachteiligungen treten in diesen Ländern Frauen, die einer höheren sozialen Schicht entstammen und über eine gute Schulbildung verfügen, nur selten dem Orden bei.

Doch nun, inspiriert durch die offensichtlich konkreten Vorteile einer besseren Ausbildung, gewannen die benachteiligten Nonnen während der Konferenz ein tieferes Verständnis für ihre zukünftigen Aufgaben. Zuerst ist ein großes Defizit an Kenntnis der buddhistischen Lehre aufzuholen. Als zweites ist zu hoffen, daß neue Bhikṣuṇī-Orden überall dort gegründet werden, wo es bisher keine gab. Zudem werden sich auf der Grundlage gleicher Ausbildung und gleicher Stellung sicherlich viele praktische Verbesserungen einstellen.

Es wurde allen deutlich, daß ein Erfahrungsaustausch zwischen Frauen verschiedener buddhistischer Traditionen von hohem Stellenwert ist. So erfuhren die Teilnehmerinnen und Teilnehmer beispielsweise, daß viele Bhikṣuṇīs in Taiwan, Korea, Vietnam sowie in westlichen Ländern in der Regel nicht eher ins Kloster gehen, bevor sie zumindest einen höheren Schulabschluß haben. Diese Bildung ermöglicht ihnen Studium und Praxis auf einem höheren Niveau und eventuell eine Lehrtätigkeit. Bhikṣuṇīs in jenen Ländern tragen dadurch sehr wesentlich zur Aufrechterhaltung und Verbreitung des Dharma bei, und dies in einer Form, wie der Buddha sie beabsichtigt hat: Seite an Seite mit den Mönchen.

Westlichen Nonnen wurde im Laufe der Gespräche klar, daß – nachdem sie dem Orden beigetreten sind – es in ihrer Verantwortung liegt, sich nicht nur einer Ausbildung auf allen Gebieten des Buddhismus zu unterziehen, sondern auch das Fundament für die Gründung westlicher Nonnenklöster vorzubereiten und hilfsbedürftige Nonnenklöster im Osten zu unterstützen.

Novizinnen sowie einige vollordinierte Nonnen der tibetischen Tradition studieren neuerdings in Einrichtungen wie dem Buddhist School of Dialectics (Institut für Höhere Buddhistische Dialektik) in Dharamsala und dem Institute of Higher Buddhist Studies (Institut für Höhere Buddhistische Studien) in Sarnath (Indien). Auch wurden in tibetischen Nonnenklöstern Lehrprogramme buddhistischer Philosophie eingerichtet, die denen in buddhistischen Mönchsklöstern gleichen. Dank der offenen und verständnisvollen Einstellung Seiner Heiligkeit des Dalai Lama haben Nonnen der tibetischen Tradition bereits begonnen, große Fortschritte zu machen. Durch seine jahrelange Erfahrung mit westlichen Menschen hat der Dalai Lama erkannt, wie wichtig es ist, Mönche und Nonnen zu unterstützen und sie besonders in Hinblick auf die Verbreitung des Dharma im Westen zu ermutigen.

Um den begonnenen Dialog zwischen Nonnen und Laienanhängerinnen verschiedener Traditionen fortzusetzen, ist eine zweite Konferenz geplant. Zu dieser Konferenz sollen auch Mönche, insbesondere Vinaya-Experten aller Traditionen, eingeladen werden, um die Möglichkeiten und Komplikationen einer Wiederbelebung des Bhikṣuṇī-Ordens in der buddhistischen Welt zu diskutieren. Die Nonnen drückten den Wunsch aus, in dieser Angelegenheit eine allen gerechte Verständigung zu erzielen, so daß der Nonnenorden in Harmonie mit dem Mönchsorden wachsen und tätig sein kann. Die Nonnen baten die Mönche, bei der Wiederbegründung des Bhikṣuṇī-Ordens, wie er einst zu Buddhas Lebzeiten existierte, behilflich zu sein.

Einfach wird dieser Weg nicht werden. Tiefverwurzelte Gewohnheiten und Vorurteile werden den Nonnen den Weg erschweren. In vielen Ländern sind ihren Bemühungen kulturelle und soziale Grenzen gesetzt. Einerseits sind alle darauf bedacht, in Übereinstimmung mit der Lehre des Buddha vorzugehen. Andererseits müssen dringend Umstände verbessert werden, die seit Jahrhunderten unangetastet blieben. Um diese lohnenden Ziele zu verwirklichen, werden viel Geschicklichkeit, Geduld, Toleranz und gegenseitiges Vertrauen notwendig sein. Trotz der vielen sichtbaren Schwierigkeiten hat die Konferenz viel Hoffnung und Optimismus in uns geweckt. Seine Heiligkeit der Dalai Lama versicherte, daß viele Buddhas und Bodhisattvas die Konferenz beobachten, und wir sind davon überzeugt, daß sie unsere Bemühungen in Zukunft lenken werden. Wir sind voller Zuversicht, daß sich die notwendigen günstigen Bedingungen ergeben werden, um unser Ziel – die Verbreitung der buddhistischen Lehre zum Wohle der Menschheit – in die Tat umsetzen zu können.

2
Ordination als buddhistische Nonne

Ehe wir untersuchen, was es bedeutet, eine buddhistische Nonne zu werden, müssen wir darüber sprechen, was eine Nonne überhaupt ist. Wie uns jedes Lexikon sagt, ist eine Nonne eine Frau, die ein Keuschheitsgelübde abgelegt hat, und deshalb der Definition nach ledig lebt. Sie kann daneben noch andere Gelübde einhalten, aber das Keuschheitsgelübde ist für das klösterliche Leben ausschlaggebend. Selbst bei dem Ausdruck »Laiennonne«, den Christen für eine Nonne verwenden, die außerhalb eines Klosters lebt und herkömmliche Kleidung trägt, handelt es sich immer um eine Frau, die sexuelle Beziehungen meidet; andernfalls würde sie »Laienfrau« genannt werden. Eine Frau ohne Keuschheitsgelübde als Nonne zu bezeichnen, ist sowohl für sie selbst wie für die Öffentlichkeit irreführend. Das gleiche gilt im Fall eines Mönches.

Buddhistische Nonnen werden offiziell in drei Kategorien unterteilt: Novizin (Śrāmaṇerikā), Probe-Anwärterin (Śikṣamāṇā) und vollordinierte Nonne (Bhikṣuṇī). Da die Überlieferungslinie der vollen Ordination für Nonnen in manchen Ländern erloschen ist oder nie vorhanden war, gibt es eine große Zahl von Frauen, die zwar das Leben einer Nonne führen, aber zu keiner dieser drei Kategorien gehören. Von den heute auf sechzigtausend geschätzten buddhistischen Nonnen in der Welt sind ungefähr fünfzehntausend Bhikṣuṇīs, fünftausend sind Novizinnen, und bei den anderen handelt es sich um Frauen, die ohne eine dieser drei Ordinationen als Nonnen leben.

Bhikṣuṇīs findet man in der chinesischen, koreanischen und vietnamesischen Tradition, Śrāmaṇerikās in der chinesischen, koreanischen, tibetischen und vietnamesischen. Nonnen, die acht, neun oder zehn Regeln befolgen, ohne formell eine der eben genannten Ordinationen erhalten zu haben, gibt es in den Theravāda-Traditionen von Burma, Kambodscha, Laos, Nepal, Thailand und Sri Lanka. Die japanischen Nonnen erhalten Bodhisattva-Regeln, aber formell keine der drei oben erwähnten Ordinationen. Nonnen, die Śikṣamāṇā-Regeln einhalten, sind heute in kaum einer Tradition anzutreffen.

Man wird Nonne mittels sehr exakt festgelegter Rituale und indem man – normalerweise für das ganze Leben – bestimmte Verpflichtungen auf sich nimmt. Eine Nonne lebt nach den Regeln des *Prātimokṣa*[7], dem buddhistischen Kodex klösterlicher Disziplin. In einigen Traditionen werden diese Regeln als Gelübde im Sinn eines Versprechens oder eines Eides angesehen, in anderen als Schulungsvorschriften bezeichnet, womit man eine Reihe von Regeln meint, denen eine ordinierte Person ihrem Status entsprechend unterliegt – wobei der Begriff »Regeln« sinngemäß für das eine wie auch für das andere verwendet werden kann.

Nimmt man als Nonne oder Mönch die Regeln auf sich, so geht man im allgemeinen eine lebenslange Verpflichtung ein; Thailand bildet in dieser Beziehung eine Ausnahme. Unter besonderen Bedingungen kann man die Ordination aufgeben[8] und ins Laienleben zurückkehren, wenn man seine Absicht einer Person bekanntgibt, die des Sprechens und Verstehens fähig ist; ein Aufgeben wird jedoch nicht gefördert. Da Nonne oder Mönch zu werden, wie erwähnt, üblicherweise eine Bindung für das ganze Leben nach sich zieht, ist es wichtig, diesen Schritt vorher sorgfältig zu überlegen.

Das Leben im Zölibat

Eine der Hauptverpflichtungen der Ordination ist das Leben im Zölibat. Der Buddha sah zweifellos das Zölibat als eine tugendhafte und heilsame Art der Lebensführung an. Immer wieder empfahl er ein Leben der Entsagung. In den Pāli-Texten verweist er auf »das glorreiche reine Leben« eines Ordinierten und in den Mahāyāna-Sūtras nennt er es »das perfekte Fundament für das große Fahrzeug und allem anderen überlegen«[9]. Zu Lebzeiten des Buddha und Jahrhunderte danach, haben unzählige Millionen von Menschen die

Fesseln der Familienbindung abgelehnt und die Freiheit des hauslosen Lebens vorgezogen.

Um zu verstehen, wie wichtig das Zölibat ist, müssen wir nüchtern abschätzen, was normalerweise in einer engen Beziehung zweier Personen vor sich geht. Das Problem der Beziehung ist – gleich ob zwischen Frauen und Männern, Frauen und Frauen oder Männern und Männern – im Prinzip das gleiche: Sich-Anklammern, unerfüllte Erwartungen, das Leid der Trennung und ähnliches. Häufig passiert es, daß der anfänglichen Faszination Enttäuschung folgt. In buddhistischem Sprachgebrauch ist dies ein klassisches Beispiel für das »Leid des Wandels«. Ebenso typisch werden enge Beziehungen von endlosen hintergründigen oder offenkundigen Machtkämpfen begleitet. Das Verlangen nach einem Gefährten ist oft Ausdruck des Wunsches, die einem selbst fehlenden oder unterentwickelten Eigenschaften ergänzen zu wollen. Manchmal tendiert man dazu, diese Eigenschaften dem Partner zuzuschreiben, was zu einem problematischen Kreislauf von Erwartungen und Frustrationen führen kann. Selbst im besten Fall sind kräfteraubende Bemühungen der gemeinsamen Entscheidungsfindung, tägliches Manövrieren und das Wahren des äußeren Scheins häufig nicht zu umgehen.

Das Zölibat ist eine Entscheidung, sich mehr auf sich selbst zu verlassen. Es ist ein Versuch, unabhängig von der Reaktion anderer sein inneres Gleichgewicht zu finden. Man ist nicht nur frei von den Komplikationen der Beziehungen, sondern auch von der dualistischen Sichtweise, die auf der einen oder anderen Ebene vierundzwanzig Stunden am Tag andauert. Engen Beziehungen wohnt die Tendenz inne, eigene Erfahrungen des Sehens, Hörens und Wissens mit der des anderen zu verbinden, d. h. eine Synthese wird geschaffen, der die Frische der unabhängigen Wahrnehmung fehlt. Für den einen oder anderen Partner ergibt sich daraus ein unter Umständen hohes Maß an zwiespältigem Denken.

Die unabhängige Frau fällt Entscheidungen ohne den unsichtbaren Schutz einer Partnerschaft und ohne das unaufhörliche Sich-anpassen-müssen. Wenn sie ledig bleibt, ist sie frei, das Leben direkt zu erfahren und mit ungeteilter Aufmerksamkeit voll und ganz daran teilzunehmen. Der so entstehende ungestörte geistige Freiraum kommt der Meditation und dem Wachstum des gesamten Wesens zugute.

Das Leben im Zölibat ist jedoch weit entfernt von Egoismus. Wenn der achtsame Geist sich selbst und äußere Phänomene leidenschaftslos beobachtet, ohne durch den Dualismus einer Zweierbeziehung begrenzt zu werden, wird man frei, aufrichtig und offen auf seine Mitmenschen und Umgebung zu reagieren. Dadurch hat man mehr Muße, um sich den Bedürfnissen der leidenden Wesen zu widmen. Statt die eigene Zeit und Energie hauptsächlich für die nächsten Familienangehörigen zu verwenden, kann man beides für wertvolle Projekte benutzen und sich um das Wohl und Wehe der Lebewesen allgemein kümmern.

Obwohl das Zölibat die Hauptentscheidung für einen Ordinierten darstellt, wird es keineswegs als Unterdrückung eines positiven, natürlichen und aus menschlicher Zuneigung geborenen Triebes angesehen. Das Zölibat hat einen sehr viel tieferen Sinn, der es wert ist, in Betracht gezogen zu werden: Der Buddha hat gelehrt, daß sexuelle Bindung die Hauptkraft ist, die die Wesen von einer Wiedergeburt zur nächsten treibt. Um von den wiederholten Geburten im Daseinskreislauf frei zu werden, ist es daher notwendig, diese sexuelle Bindung zu überwinden. Wenn wir realistisch über die Probleme nachdenken, die enge Beziehungen und Familienleben mit sich bringen, beginnen wir die Dinge aus einer neuen Perspektive heraus zu sehen. Diejenigen, die ernsthaft an einer geistigen Entwicklung interessiert sind, fangen unvermeidlich an, Liebesbeziehungen als überbewertet zu erkennen. Selbst für Menschen, die in der Familie leben, ergibt sich normalerweise das Zölibat als natürliches Resultat religiöser Praxis. Seit dem Aufkommen von Aids ist sexueller Kontakt darüber hinaus zu einer lebensbedrohenden Aktivität geworden. Es ist an der Zeit, öffentlich über die Vorzüge des Zölibats zu diskutieren. Die Entscheidung, im Zölibat zu leben, ist für Frauen besonders bedeutungsvoll. Sie ist die betonte Zurückweisung eines Lebens als Sexobjekt, ein Symbol der Unabhängigkeit von der festgelegten Rolle, die Frauen nur als Gehilfen von Männern sieht oder als zu nichts Besserem denn Partnerbeziehungen fähig. Frauen haben sich jahrhundertelang in diese Rolle gefügt und werden jetzt nur mit nahezu übermenschlicher Anstrengung von dieser Prägung loskommen. Einmal getroffen, läuft die Entscheidung für ein Leben im Zölibat auf eine positive Umkehr von wiederholter, oftmals zwanghafter Verwicklung in Beziehungen hinaus und signalisiert eine neue Ära unabhängigen Denkens. Es bedeutet, aus dem »Körpermarkt« auszuscheiden und zu etwas Sinnvollerem fortzuschreiten. Im Falle einer ordinierten Person wird dieses Signal durch die Gelübde und Roben verstärkt, die einerseits als Schutz und zum anderen als Mahnung an den eigenen Entschluß dienen.

Zugegeben, ein solches Leben bringt die Übernahme großer individueller Verantwortung mit sich und ist für Kleinmütige nicht geeignet. Wenn wir in eine Beziehung verwickelt sind, haben wir immer etwas, woran wir unsere Unzulänglichkeiten aufhängen können: »Wenn ich bloß keinen Mann und keine Kinder hätte, könnte ich wirklich mit der Praxis vorankommen.« »Alles, was ich brauche, ist ein bißchen Spielraum, dann könnte ich mich selbst sammeln.« Es ist doch so menschlich, die Ursache des Problems außerhalb von uns selbst zu suchen, aber wenn wir allein sind, wird es schwieriger, etwas zu finden, was wir für unsere Probleme verantwortlich machen können. So sehr wir uns auch darum bemühen, alles weist zurück nach innen. Wir suchen verzweifelt nach einem Ersatz, einem Sündenbock – Ernährung, Beruf, Menschen, das Wetter. Es ist erstaunlich, mit welcher Verschlagenheit der Geist sich der Verantwortung für das eigene Wohlbefinden zu entziehen versucht. Nimmt man diese Verantwortung auf sich, kann das unabhängige Leben ungeheure Einsicht und innere Stärke erwecken.

Wir als Frauen, die normalerweise den Hauptteil der familiären Verantwortungen tragen, können am meisten gewinnen, wenn wir eine eheliche Gemeinschaft zugunsten einer zölibatären Lebensweise vermeiden. Das Leben einer Nonne, oder zumindest ein keusches Leben, ist eine positive Alternative für Frauen, die eine geistige Entwicklung anstreben und Beziehungen als einengend und problematisch empfinden. Geeint durch ihre gemeinsame Entschlossenheit, sich auf religiöse Ziele zuzubewegen, haben gleichgesinnte Frauen die Möglichkeit, eine echte Schwesternschaft zu bilden.

Viele Menschen sind neugierig, aus welchen Gründen heraus eine Frau es wünschen könnte, eine buddhistische Nonne zu werden.

Sie überlegen, was zu einer solchen Entscheidung motiviert und welche Bedingungen dazu beitragen mögen. Viele stellen sich vor, daß das Leben als Nonne eine Art von Flucht ist, die bedeutet, sich von allen menschlichen Kontakten und Verwicklungen mit der »äußeren Welt« loszusagen. Etwas Mystisches und Seltsames wird mit der Idee der Entsagung verbunden. Die Vorstellung erscheint sowohl attraktiv als auch erschreckend.

Warum sich ordinieren lassen?

Menschen lassen sich aus verschiedenen Gründen ordinieren. Mancherlei Faktoren können die Entscheidung beeinflussen. In buddhistischen Ländern, in denen eine Ordination als äußerst verdienstvoll angesehen wird, nimmt man an, daß bei der Entscheidung, Nonne oder Mönch zu werden, eine Neigung infolge positiver Taten in früheren Leben eine große Rolle spielt. In diesen Ländern wird allgemein angenommen, daß man nie die Chance erhielte, ein ordiniertes Leben zu führen, wenn man nicht in vorherigen Existenzen die entsprechenden heilsamen Ursachen dafür gesetzt hätte. Es wird darauf hingewiesen, daß bei kleinen Kindern Sympathie für Nonnen, Mönche und Klöster eine Vertrautheit mit dem klösterlichen Leben in früheren Inkarnationen beweist. Solche Neigungen können als Faktor bei der Entscheidung, die Ordination anzustreben, mitwirken.

Andere Faktoren mögen mehr weltlicher Natur sein. Auch Krankheit, Armut, Tod einer geliebten Person, Enttäuschung in der Liebe, Versagen in der Schule oder im Beruf und ähnliche Frustrationen können bei dem Entschluß eine Rolle spielen. In manchen Ländern wird, offengesagt, die Ordination als eine über dem Durchschnitt liegende berufliche Möglichkeit angesehen. Das Leben mag bestimmte Härten mit sich bringen, aber es bietet zumindest für Mönche eine gewisse Sicherheit. Es gibt Beispiele von Kindern aus armen Familien, die aus diesem Grunde von ihren Eltern in Klöstern untergebracht werden. Außerdem dienen die Klöster manchmal als Waisenhäuser. Trotzdem ist letztlich die Entscheidung für das Gelübde eine freiwillige, die von den Kindern erst dann selbst getroffen wird, wenn sie volljährig geworden sind.[10]

In den letzten Jahren haben wirtschaftliche Faktoren bei der Belegung von Klöstern eine geringere Rolle gespielt, weil der Lebensstandard in den buddhistischen Ländern gestiegen ist. Tatsächlich entspricht eine Verringerung der Neuaufnahmen in einem gewissen Grade den verbesserten wirtschaftlichen Verhältnissen. Es sollte darauf hingewiesen werden, daß Nonnen im allgemeinen geringere Gaben erhalten als Mönche. Da die Ordination für sie materiell weniger vorteilhaft ist, spielen wirtschaftliche Erwägungen bei der Entscheidung einer Nonne, sich ordinieren zu lassen, eine kleinere Rolle.

Auf jeden Fall ist die Entscheidung, ein zölibatäres Leben zu führen, bei den meisten Menschen in erster Linie von dem ernsten Wunsch motiviert, ihre ganze Zeit der Praxis der Lehren Buddhas zu widmen. Das erfordert Mut und grundsätzliche Ehrlichkeit. Es heißt, die Ordination sei die ideale Bedingung für eine intensive Ausübung des Dharma, vorausgesetzt man könne die damit verbundenen Schwierigkeiten auf sich nehmen. Zum anderen habe die Entscheidung, sich ordinieren zu lassen, von Anfang an eine sehr positive Einwirkung auf den Geist. Buddhistisch ausgedrückt, ist die Ordination eine tugendhafte Handlung, die einen heilsamen Eindruck im Bewußtseinsstrom erzeugt. Wer das Gesetz von Ursache und Wirkung akzeptiert, glaubt, daß derartige tugendhafte Handlungen sowohl in diesem als auch in zukünftigen Leben positive Resultate hervorbringen. Somit wird es bereits als an sich heilsam angesehen, das Gelübde strikt einzuhalten, da hiermit von einem Augenblick zum anderen Verdienste angesammelt werden. Man glaubt sogar, daß dies den Verwandten in sieben vergangenen und zukünftigen Generationen Nutzen bringt. Zudem sollen Gelübde[11] im Bewußtseinsstrom den Wert jeder weiteren entwickelten Tugend erhöhen. Aus diesen und anderen Gründen hat der Buddha gelehrt, daß die Ordination die beste Voraussetzung für die Dharma-Ausübung bildet. Auch von einem praktischen Gesichtspunkt aus wird die Ordination als förderlich angesehen. Die bereitwillig akzeptierten Regeln sind sehr nützliche Orientierungshilfen für das tägliche Verhalten. Sie bewahren nicht nur davor, unheilsame Taten zu begehen, sie schränken auch unnötige weltliche Aktivitäten ein, die zu solchen führen könnten. Die Regeln helfen, das Leben einfacher zu gestalten und dienen als ständige Erinnerung an den hauptsächlichen Grund für die Ordination, nämlich das Bemühen, den Dharma auszuüben. Geschützt durch die Klosterregeln muß man sich nicht mehr mit Entscheidungen hinsichtlich Alkohol, Drogen, Beziehungen und ähnlichen Verwicklungen beschäftigen. Der Tagesablauf ist unkompliziert, und der Geist hat die Chance, zielgerichteter zu werden.

Die Ordination ist ein Symbol der Entsagung. Wenn wir hier von Entsagung sprechen, meinen wir jedoch nicht den Verzicht auf Schokolade und Parties. Wir sprechen davon, den unendlich lästigen Prozeß von fortgesetzter Wiedergeburt und Tod, der als Daseinskreislauf (*Saṃsāra*) bekannt ist, aufzugeben. Da unheilsame Handlungen die Ursachen sind, die uns in den Komplex von Geburt und Tod verwickeln, hilft die Ordination unmittelbar dabei, uns aus diesem Prozeß herauszulösen, weil sie uns achtsam bleiben läßt. Die Regeln dienen dazu, uns vom Saṃsāra zu befreien, indem sie uns von negativen Handlungen abhalten. Unter Berücksichtigung dieser logischen Überlegung halten es Buddhisten für vorteilhafter, eine größere Anzahl von Regeln einzuhalten – je mehr wir davon haben, umso geringer ist die Versuchung, negatives Karma zu erzeugen, folglich werden wir in der Zukunft weniger Leid erfahren müssen.

Einige Menschen sehen die Ordination im wesentlichen als eine Flucht an, als einen feigen Rückzug aus der täglichen Realität. Sie verstehen Entsagung als Suche nach einem leichten Ausweg von den Problemen der Welt – eine von Grund auf ichbezogene Lösung. Obwohl dies für einige Menschen zutreffen mag, sollte klargestellt werden, daß Entsagung nicht so einfach ist, wie sie aussieht. Es ist viel bequemer, seine Zeit mit weltlichen Aktivitäten auszufüllen, als dem Dilemma menschlicher Existenz direkt die Stirn zu bieten. Trotz des nagenden Gefühls der Unzufriedenheit, das vom größten Teil der Menschheit empfunden wird, ziehen es die meisten Menschen vor, ihre Aufmerksamkeit von einer weltlichen Angelegenheit zur nächsten zu lenken, statt sich zu bemühen, ihre Gedanken zu bändigen und nach einem tieferen Sinn des Lebens zu suchen.

Es erfordert Mut, sich hinzusetzen und auch nur für einen Augenblick die eigene Gedankentätigkeit zu beobachten. Ist es doch soviel einfacher, sich von weltlichem Ehrgeiz leiten zu lassen, als zu versuchen, ihn aufzugeben; denn eine Preisgabe wäre ja nicht nur gegen die Erwartungen der Umgebung gerichtet, sondern auch gegen die eigenen natürlichen Instinkte, Vergnügen zu begehren. Dies soll nicht heißen, daß nur Nonnen und Mönche nach einem Sinn des Lebens suchen. Ich glaube, daß jeder Mensch eine große Sehnsucht nach einem spirituellen Leben hat, einen aufrichtigen Wunsch nach innerem Frieden und einer ungetrübten Lebensführung. Vielleicht ist die Unfähigkeit, mit dieser schwer faßbaren »tieferen Bedeutung« in Berührung zu kommen, für einen großen Teil der Sinnlosigkeit und der Verzweiflung in der heutigen Welt verantwortlich.

Andere Leute wieder betrachten das Zölibat und das Alleinsein als selbstsüchtig und fragen, was geschähe, wenn alle Menschen beschlössen, Einsiedler zu werden und fortzugehen, um zu meditieren. Es bliebe niemand übrig, um die Felder zu bestellen und niemand, um für den Fortbestand der Erdbevölkerung zu sorgen. In einer Welt von Zölibatären würde die Menschheit ausgelöscht werden und Hungers sterben.

Die Antwort hierauf ist natürlich, daß dies nie geschehen wird. Im Zölibat zu leben stand jedem vom Anbeginn der Zeiten frei, doch nur sehr wenige Menschen haben diese Gelegenheit genützt. Christliche Klöster sind jahrhundertelang tätig gewesen, ohne jemals von Aufnahmeanträgen überschwemmt zu werden. Die gewaltige Zahl tibetischer Mönche kam durch eine Kombination sozialer Umstände zustande (einschließlich der Tatsache, daß die Klöster als Schulen dienten,) und nicht allein durch die religiösen Bestrebungen der dort untergebrachten jungen Mönche. Das Leben in den Klöstern ist sowohl im alltäglichen als auch im religiösen Bereich mit Härten verbunden. Allen Schwierigkeiten außerhalb der Klöster zum Trotz, ist aber das Leben draußen in der Welt immer von der großen Mehrheit bevorzugt worden. Es gibt keinen Grund anzunehmen, daß sich dieser Trend umkehrt, besonders heutzutage, da sich die Medien unentwegt bemühen, den Geist einzufangen und ihn mit Reklame-Kampagnen zu weltlichen Vergnügungen zu verlocken.

Manchmal empfinden die Menschen den Klerus als eine Belastung für die Wirtschaft und kritisieren ihn, weil er nicht materiell zur Gesellschaft beiträgt. Eine Antwort darauf ist, daß alle Dienstleistungsberufe zwar materiell nichts produzieren, aber dennoch einen bedeutenden Beitrag für die Menschheit leisten. Außerdem hatte die religiöse Praxis zu allen Zeiten in den Augen vieler ihren eigenen, inneren Wert. Weit entfernt davon, eine Last für die Gesellschaft zu sein, sind Nonnen und Mönche traditionell von den Buddhisten als ein Gewinn für das religiöse Leben der Allgemeinheit angesehen worden. Auch eine Person, die selbst nicht in der Lage ist, dem religiösen Leben nachzugehen, findet Trost in der Tatsache, daß andere es können. Und es ist wohl tröstlich zu wissen, daß der Saṅgha sich ganz den Lehren Buddhas widmet – studierend und unterweisend –, Tätigkeiten ausübend, für die man bei einem Familienleben nicht in ausreichendem Maße Zeit findet. Buddhistische Laien empfinden es als beruhigend, an die Entsagenden zu denken, die in der Stille dem religiösen Leben nachgehen und freuen sich über ihre tugendhaften Bemühungen. Sie halten es für wichtig, Menschen zu haben, an die sie sich um Rat wenden können, wenn sie mit Problemen des weltlichen Lebens konfrontiert werden. Ebenso empfinden sie es als wertvoll, daß Menschen in ihrer Gesellschaft die Regeln einhalten. Im buddhistischen Konzept werden Bhikṣuṇīs und Bhikṣus, die als Lehrer wirken und den buddhistischen Laienfrauen und Laienmännern die Ordination erteilen, für unverzichtbar gehalten.

Kann man auch als Laie praktizieren?

Trotz aller obengenannten Verdienste eines ordinierten Lebens sollen diese Beobachtungen auf keinen Fall dahingehend verstanden werden, daß das Leben im Zölibat das einzige wirkungsvolle Mittel zu innerem Wachstum darstellt oder daß Laien die Lehre nicht erfolgreich ausüben können. Es hat immer sehr ernsthaft Praktizierende gegeben, die in engeren menschlichen Beziehungen lebten, und in höchstem Grade verwirklichte Menschen, die nicht ordiniert waren. Die Möglichkeiten für Laien sind heute besser als je zuvor. Höherer Lebensstandard, vermehrte Freizeit und unabhängiger Lebensstil können geradezu ideale Bedingungen für die Religionsausübung bieten, auch ohne daß man einem Kloster beitritt.

In den modernen westlichen Gesellschaften als alleinstehende Laienperson zu praktizieren, ist eine attraktive Angelegenheit. Im Gegensatz dazu existierte in den traditionellen asiatischen Gesellschaften kein durchführbarer mittlerer Weg – man war entweder verheiratet oder Einsiedler. Es gab keine dritte Möglichkeit. Selbst heute ist in asiatischen Gegenden der Status eines Junggesellen zweideutig; der einer unverheirateten Frau ist noch zweifelhafter. In solchen Gesellschaften hat das Kloster immer eine willkommene Alternative zu arrangierten Ehen und tyrannischen Verwandtschaften geboten. Viele asiatische Nonnen lassen sich ordinieren, weil sie nicht verheiratet werden wollen. Heutzutage ist Ehelosigkeit im Westen eine praktische Alternative sowohl zur Ordination als auch zum Familienleben. Sie ist ein immer häufiger gewählter Lebensstil, der von der Gesellschaft akzeptiert wird und dabei freie Zeit für eine intensive geistige Praxis läßt.

Es ist zwar möglich, anonym im Zölibat zu leben, doch hat das Tragen der Robe zum Beispiel den Vorteil, die eigene Entscheidung den anderen klarzumachen. Wenn man Laienkleider trägt, mögen die Leute die Entschlossenheit einer Person, im Zölibat zu bleiben, noch anzweifeln, was zu einigen verfänglichen Situationen führen kann. Frauen scheinen in dieser Beziehung leichter mißverstanden zu werden als Männer.

In den meisten Kulturen hat man die Frauen in eine Schablone gezwängt. Man hält sie für stärker mit dem »Eros-Prinzip« verbunden, mehr mit dem Körper und dem Familienleben befaßt, der romantischen Liebe, den Beziehungen und Begierden des Fleisches stärker zugeneigt, ja sogar als sexuell unkontrollierbar. Ich weise diese Klischees mit allen ihren Konsequenzen völlig zurück. Trotzdem muß man einräumen, daß das Bild, das sich Frauen von sich selbst machen, durch kulturelle Konditionierung und die Massenmedien weitreichend beeinträchtigt worden ist. Es wird einige Zeit dauern, ehe wir eine neue Generation von Frauen sehen, die von solcher Beeinflussung vollständig frei ist. In der Zwischenzeit müssen Frauen ihre Interessen und Neigungen objektiv prüfen, um zu beurteilen, welches ihre wahre Natur und was anerzogenes Vorurteil ist. Wir brauchen eine Chance, uns als innerlich ausgeglichene Persönlichkeiten zu entwickeln, ohne durch Vorurteile aufgrund des Geschlechts belastet zu werden. Vom buddhistischen Standpunkt aus geht es nicht allein darum, eine männliche Vorherrschaft zu vermeiden, sondern darum, überhaupt nicht von Vorurteilen beherrscht zu werden.

Viele Gesellschaften respektieren den Entschluß als Zölibatär den Dharma zu praktizieren – aber nur bei Männern. Warum diese Unterscheidung? Die untergeordnete Position, die den Nonnen in einer patriarchalischen Gesellschaft zugewiesen wird, ist nicht nur symptomatisch für die allgemeine Abwertung der Bemühungen von seiten der Frauen, sondern scheint auch die gesellschaftliche Mißbilligung von Frauen, die ihre übliche Rolle als Sexobjekte ablehnen, widerzuspiegeln. Man neigt häufig dazu, dem Status eines buddhistischen Mönches einen hohen Wert beizumessen, doch Nonne zu sein ist häufig verdächtig, bedrohlich, lächerlich oder nicht beachtenswert. Die Vorstellung eines der Religion verpflichteten Bettelmönchs läßt eine gewisse Ehrfurcht und Respekt entstehen, während das Bild, das man sich von Nonnen macht, meistens unklar und bestenfalls zwiespältig ist. Einige westliche Frauen ziehen es vor, sich als »Mönch« zu bezeichnen, wohingegen die Idee, daß Mönche sich »Nonne« nennen wollten, undenkbar ist. Als Kind wäre ich sehr gerne Mönch geworden, erst viele Jahre später söhnte ich mich damit aus, Nonne zu werden. Wir sollten darüber nachdenken, warum die beiden Worte so unterschiedliche geistige Reaktionen hervorrufen.

Sich ordinieren zu lassen ist ein Versuch, über persönliche Ideen und gesellschaftliche Vorurteile hinauszugehen. Doch man muß sich erst mit dem Gedanken, ordiniert zu sein, auseinandersetzen. Ein Problem, dem Nonnen und Mönche gegenüberstehen, ist die Tatsache, daß andere Menschen häufig unrealistisch hohe Erwartungen an sie stellen. Menschen neigen zu einer festgefahrenen Ansicht über eine ideale Nonne bzw. einen idealen Mönch und erwarten, daß man ihrem Bild entspricht. Auch wenn dies gewöhnlich einem echten Respekt vor Mitgliedern der Ordensgemeinschaft entspringt, ist der Versuch schwer genug, seinen eigenen Idealen gemäß zu leben, ohne auch noch die Erwartungen anderer erfüllen zu müssen. Ganz gleich, wie sehr Ordinierte sich bemühen, in Übereinstimmung mit dem Dharma zu leben, kommt es vor, daß sie kritisiert werden. Mitunter erzeugt der Versuch, den Erwartungen zu entsprechen, eine starke Belastung. Manchmal überbewertet, manchmal unterbewertet, einmal idealisiert, einmal geschmäht, selten wird man als gewöhnlicher Mensch betrachtet, der ganz darin aufgeht, den Weg zur Erleuchtung zu beschreiten. Zum Teil liegt das an ungenügender Information über die Bedeutung der Ordination. Wir versuchen hiermit, diese Lücke zu füllen.

Die Bedeutung der Ordination als buddhistische Nonne

Ehrwürdige Ayya Khema

Als buddhistische Nonne ordiniert zu werden, ist ein schwerwiegender Schritt im Leben einer Frau, dessen Bedeutung man sich voll bewußt sein sollte, bevor man ihn unternimmt.

Bis zu dem Moment der Ordination kann man sich kein Bild davon machen, was es mit sich bringt, Nonne zu sein, weil bisher ja nur der Laienstand erlebt wurde. Natürlich hat man Erwartungen, Hoffnungen und Ansichten, von denen die meisten nach und nach berichtigt werden müssen. Man könnte es mit einer Heirat vergleichen, vor der man auch so manche unrealistische Vorstellungen hat. Ein starkes Gefühl von Liebe und Zusammengehörigkeit jedoch läßt uns den Schritt tun, unbekümmert von Befürchtungen und Sorgen. Wenn dann die Jahre vergehen, wenn Liebe, Bindung, Verstehen und Hingabe schwächer werden, leidet die Ehe, verschlechtert sich und bricht möglicherweise auseinander.

Dasselbe gilt, wenn man Nonne wird und bleibt. Obgleich es auch anfangs einen Rausch von Erregung und Vorfreude geben mag – wenn Liebe, Hingabe, Bindung und Verstehen nicht fortwährend kultiviert werden, bis sie wirkliche Qualitäten des eigenen Herzens geworden sind, wird der Nonnenstand nicht als voll befriedigend erlebt und wird sich schließlich in Enttäuschungen und Unzufriedenheiten verlieren oder zur Rückkehr in das Laienleben führen. Es gibt einen entscheidenden Unterschied zwischen dem Leben als Laienfrau und dem als Nonne, der große Bedeutung für die Ordinierten hat. Ich spreche nicht über Status oder Wichtigkeit innerhalb der Gesellschaft. Ich spreche über meine eigene Erfahrung als praktizierende Laienfrau in der Vergangenheit und jetzt als Nonne. Es ist eine Frage der Priorität und Verbundenheit. Als Laienfrau kann man gewiß meditieren, gemäß den Tugendregeln leben und sich in Großzügigkeit üben. Man kann mancherlei tun, aber das tägliche Leben ist mit so vielen anderen Pflichten und Verantwortlichkeiten durchsetzt, daß die Praxis, wie ich es selber erlebt habe, sehr oft darunter leidet. Der Tag hat nur eine begrenzte Anzahl an Stunden, und jeder muß schlafen, essen, waschen und aufräumen. Viele wichtige Dinge scheinen den eigenen Geist und auch die eigene Zeit zu bedrängen, so daß sich die Energie, die der religiösen Praxis zukommen sollte, sehr verringert.

Wenn die Zeit gekommen ist, da man deutlich erkennt, daß es nichts Wichtigeres gibt, als den Weg des Buddha zu gehen, um *Dukkha* (Unbefriedigtsein) für immer zu eliminieren, dann kommt auch der Moment, wo die Ordination als der einzig mögliche Schritt erscheint. Das bedeutet sicherlich nicht, daß alles Dukkha verschwindet, aber es sollte einem nunmehr bewußt sein, daß die Priorität, das Hauptziel der täglichen Aktivitäten, die Praxis des Dhamma (der Lehre) ist. Wenn einem das klar ist, muß man achtgeben, seine Zeit nicht in einer Art und Weise zu benutzen, die diese Priorität stören würde. Im Pāli nennen wir das *Saṃvega* (Dringlichkeit): sich jeden Tag daran zu erinnern, warum wir diese Roben angelegt haben, nämlich um zu praktizieren.

Es ist ebenfalls wichtig klarzustellen, was Praxis bedeutet. In der Theravāda-Tradition besteht sie aus zweierlei: Studium und Meditation. Wenn wir erkennen, daß diese beiden am wesentlichsten sind, so heißt das nicht, daß wir nachts nicht schlafen, kein Essen zu uns nehmen oder unsere Kleidung nicht waschen. Es gibt natürlich Situationen, wo Essen gekocht, Gehwege gefegt und Fußböden gesäubert werden müssen. Oftmals hören wir Frauen, die sagen: »Das ist keine Dhamma-Arbeit.« Sie wollen nur spirituelle Arbeit tun. Das ist eine irrige Ansicht. Wenn wir praktizieren, dann können wir bei jeder Aktivität Dhamma-Arbeit leisten, dürfen jedoch nicht ein Überhandnehmen erlauben, das uns keine Zeit mehr für Studium und Meditation läßt.

Dieser Balanceakt wird häufig als sehr schwierig empfunden. Darum braucht man am Anfang des Nonnen-Daseins einen erfahrenen Lehrer, der einem sagt, was zu tun ist und dessen Anweisung man ergeben folgen sollte.

Ein anderer Aspekt des Nonnenlebens ist, darin »professionell« zu werden. Die Roben sollten nicht einfach eine spezielle Tracht sein, sondern anzeigen, daß wir Dienerinnen der Menschheit sind. In unserer Tradition nennt man dies *Anatta* (Nicht-Selbst) – wir versuchen nicht, etwas zu sein. Wir bemühen uns, »selbst-los« zu werden. Das Tragen der Roben bedeutet im wesentlichen, öffentlich kundzutun, daß man versucht, absolut »niemand« zu werden.

Wie wir alle wissen, gibt es viele Hindernisse auf diesem Weg. Ein großes Handikap ist es, Lehrerin zu sein. Entweder lieben dich die Menschen und denken, du seist wunderbar oder sie hassen dich und halten dich für schrecklich. Weitere Erschwernisse sind Klöster zu errichten und auf Reisen zu gehen. Und das größte Hindernis ist der Geist selber. Aber macht euch nichts daraus, Hindernisse sind dazu da, um überwunden zu werden. Das einzige, was zählt, ist zu wissen, warum wir die Roben tragen und was wir dabei tun.

Oft habe ich Frauen in Roben als Dhamma-Kämpferinnen betrachtet. Eine erfolgreiche Armee muß die besten Waffen haben. Welches sind die wichtigsten Waffen, mit denen diese Dhamma-Armee ausgerüstet sein könnte? Es ist ein weibliches Vorrecht und manchmal auch eine weibliche Schwäche, emotionell zu reagieren. Diese Gefühle können geläutert werden, um wirklich *Mettā*, »liebende Güte«, zu sein, über die der Buddha gesprochen hat. Mettā ist die nützlichste und wirksamste Waffe, die wir haben können. Die Welt, wie wir sie kennen und in der wir leben, bringt viel Furcht, Haß, Unglück, Angst und Feindseligkeiten in die zwischenmenschlichen Beziehungen. Wenn wir wahre Jünger des Buddha sein wollen, dann ist es unsere Aufgabe, in unserem eigenen Herzen eine Liebe zu entwickeln, die überhaupt keine Unterschiede kennt. Die meisten Menschen der Welt suchen jemanden, der sie liebt. Wir müssen lernen, liebende Güte im eigenen Herzen zu entwickeln und sie anderen zu geben. Dies ist die eigentliche Praxis.

Warum sollte man dazu als Laienfrau nicht in der Lage sein? Es gibt keinen Grund, es sei denn, wir haben Familie, an die wir uns klammern und an der wir anhaften. Das Tragen der Robe ist der Beginn eines Entsagungsprozesses, der eines Tages mit *Nibbāna* (Befreiung) enden kann und wird. Lebt man als Nonne in einem Nonnenkloster, wird die eigene Familie zu einem Teil der gesamten Menschheit. Damit ist ein Schritt getan, dem Ergreifen und Anhaften zu entsagen. Dann haben wir die Möglichkeit, unser Herz für alle Wesen zu öffnen, nicht weil sie Liebe brauchen, geliebt werden wollen oder liebenswert sind, sondern weil das Herz nichts anderes tun kann. Diese Übung kann eine der bedeutsamsten unserer Entsagung sein. Nachdem wir auf Haare, Kleider, Schmuck und Besitz verzichtet haben, ist als nächstes die besonders Frauen vertraute Bindung an den uns nahestehenden und liebsten Menschen aufzugeben.

Die Roben werden das Banner der *Arahats* (Befreiten) genannt. Auch wenn wir vielleicht nicht alle Arahats sind, so hissen wir dennoch ihre Fahne. Sich dieses Banners bewußt zu werden, ist ein Schritt vom laienhaften zum »professionellen« Nonnendasein. Ein anderer Aspekt, der einen Profi kennzeichnet, ist Wissen. Wissen bedeutet hier Kenntnis: die Kenntnis der eigenen Tradition, ihrer Geschichte, ihrer Bedeutung und ihrer Praxis.

Der wichtigste Punkt ist, dieses Wissen dann in Weisheit zu verwandeln, das heißt, den meditativen Pfad zu beschreiten und im Herzen zu erfahren, was der Kopf weiß. Ich nenne es »die verstandene Erfahrung«.

Wenn wir so praktizieren, stellen wir fest, daß wir in uns Buddhas Worte als wahr erfahren können. Dann kommt der Zeitpunkt, an dem wir tatsächlich der Dhamma sind, statt ihn nur zu lesen oder zu hören.

Der Hauptunterschied zwischen dem Tragen von gewöhnlicher Kleidung und von Nonnenroben ist das vorrangige Anliegen, das totale Bestreben, den Dhamma in sich selbst zu verwirklichen. Der Buddha sagte: »Wer mich sieht, sieht den Dhamma; wer den Dhamma sieht, sieht mich.« Dieses Sehen ist ein innerliches Schauen der Lehre, das eine andere Wirklichkeit ist als die, in der wir im Alltag leben. Diese andere Wirklichkeit zu schauen, diesem anderen

Trommler zuzuhören, gibt dem Leben eine weitaus tiefere innere Stärke.

Viel vom Wert des Nonnendaseins liegt darin, vollkommen von spirituellem Bestreben erfüllt und anderen Frauen ein Beispiel für weibliche Unabhängigkeit von männlicher Billigung und Macht zu sein. Wenn eine Nonne Frieden und Glück in ihrer Berufung findet und etwas davon anderen vermitteln kann, dann trägt sie auf wertvollste Weise zu einer besseren Menschheit bei und kann wahrlich die Lebensqualität vieler Menschen verändern.

Persönliche Entwicklung als Nonne

Bhikṣuṇī Sangye Khandro

Alle Lehren Buddhas haben die persönliche Entwicklung zum Ziel. Sie sind ein Pfad, auf dem wir uns als Menschen entwickeln können, ein Mittel, alle unsere positiven Fähigkeiten und Anlagen zu entfalten. Das ist die Essenz des Buddhismus.

Diejenigen unter uns, die Nonnen wurden, sind so von der Lehre Buddhas inspiriert, daß sie dieser Lehre ihr Leben widmen, um sich als Menschen weiterzuentwickeln. Das ist keine leichte Aufgabe, denn es gibt viele Schwierigkeiten auf dem Weg.

Ein Problem ist für alle, die sich für das Nonnenleben entschieden haben, übermäßig idealistisch zu sein. Das weiß ich aus meiner eigenen Erfahrung und den Erfahrungen anderer. Manchmal treffen wir Nonnen und Mönche und merken, daß sie friedvoll, glücklich und sehr ausgeglichen sind. Wir möchten gerne ebenso sein und nehmen daraufhin das Gelübde auf uns. Später stellen wir fest, daß es nicht so einfach ist, wie wir dachten, und daß es wirklich eine Menge Arbeit an sich selbst erfordert, inneren Frieden zu erlangen.

Es ist natürlich ein leichtes, Kleider zu wechseln, die Nonnentracht anzulegen, die Haare abzuschneiden und einen neuen Namen anzunehmen. Sehr schwierig ist es dagegen, unsere Geisteshaltung zu ändern. Leider erkennen wir das oft erst nach der Ordination.

Dann beginnt die eigentliche Arbeit. Wenn man kein realitätsbezogener und in sich gefestigter Mensch ist, kann es mitunter gefährlich sein, einen solchen Entschluß zu fassen, nur weil man von anderen Nonnen und Mönchen inspiriert oder von Buddha und seinen Lehren begeistert ist.

Ich habe es als Schock erfahren, als ich erkannte, daß ich nach der Ordination noch immer dieselbe Person war wie vorher. Wir tragen unsere alten Gewohnheiten, Probleme und Anhaftungen mit uns, auch nach einer Ordination. Stolz, Zorn, Egoismus, Faulheit – alles, was vorher da war, bleibt weiterhin bei uns. Wir müssen viel an uns arbeiten, um diese Gewohnheiten abzubauen – aber das ist auch der Grund, warum man Nonne oder Mönch geworden ist.

Wenn man am Anfang sehr idealistisch ist, kann ein anderes Problem auftreten – Enttäuschung. Nachdem man die Robe angelegt und über einige Monate oder Jahre hinweg meditiert, studiert und praktiziert hat, mag das Gefühl aufkommen, daß nichts passiert ist. Man hat immer noch Bindungen, wird immer noch zornig, gereizt, und findet andere Menschen schwierig. Einige Ordinierte sind dann so enttäuscht, daß sie aufgeben und ihre Robe wieder ablegen, was wirklich bedauerlich ist.

Wieder ein anderes Problem ist die Einsamkeit. Menschen sind gesellige Wesen. Viele haben einen Partner und Kinder, zum Teil, weil sie nicht allein sein mögen. Das Leben einer Nonne oder eines Mönchs bedeutet zwar nicht, daß man allein ist, aber man beschreitet doch einen Weg, auf dem man hauptsächlich an sich selbst arbeitet. Man lebt weder mit einem Partner noch in einer Familie. Einsamkeit kann zu einem großen Problem werden, wenn man ordiniert ist, selbst wenn man in einer Gemeinschaft mit vielen Nonnen lebt. Das ist etwas, womit wir uns auseinandersetzen müssen.

Verbunden mit diesen Schwierigkeiten ist, wie wir uns anderen Menschen gegenüber verhalten, wenn wir die Gelübde abgelegt haben. Als Nonne müssen wir gemäß den Vinaya-Regeln leben. Aber wie sollen wir mit Familie und Bekannten umgehen? Wir müssen lernen, Menschen auf sachlicher Ebene zu begegnen, besonders denjenigen, die uns nahestehen. Einerseits möchten wir eine gute Nonne sein und die Regeln einhalten, andererseits auch warmherzig und freundlich zu unseren Mitmenschen sein.

Ausgewogenheit ist wichtig in unserer Entwicklung als Menschen, ob Frauen oder Nonnen. Hauptsächlich müssen wir ein Gleichgewicht schaffen zwischen den verschiedenen Seiten unseres Seins – dem Intellekt, dem Gefühl und der Intuition.

Einige Menschen sind sehr intellektuell veranlagt. Sie lernen eine Menge, lesen viele Bücher und hören sich viele Belehrungen an. Sie wissen viel über Buddhismus und können lange darüber reden, aber haben ihn nicht wirklich in ihre Herzen aufgenommen. Sie haben nicht gelernt, ihn auf sich selbst anzuwenden.

Andere Menschen sind vielleicht im umgekehrten Sinne nicht ausgewogen – sie sind zu gefühlvoll. Sie mögen eine große Hingabe zu ihren geistigen Lehrern verspüren und haben starkes Vertrauen in Buddha und die Lehre, aber es fehlt ihnen an Wissen und Weisheit. Manchmal können sie nicht einmal die einfachsten Dharma-Fragen beantworten. So muß jeder für sich in seiner Entwicklung all diese verschiedenen Aspekte ins Gleichgewicht bringen – Wissen und Intellekt, Gefühle und Emotionen. Gleichfalls gilt es, unsere Zeit ausgewogen zu nutzen. Wir müssen selbst herausfinden, wieviel davon wir auf Meditation und auf den Umgang mit Menschen verwenden möchten. Auch hier verlieren einige Leute das rechte Maß, bleiben allein und verlernen, wie man lächelt, lacht, freundlich ist und mit Menschen kommuniziert. Andere mögen in die entgegengesetzte Richtung gehen und sich so sehr mit Menschen beschäftigen, daß sie vergessen zu meditieren. Wir neigen dazu, zwischen diesen Extremen hin und her zu schwanken. Im Laufe unserer Entwicklung als Nonne ist es wichtig, zwischen diesen verschiedenen Faktoren das Gleichgewicht zu finden.

Funktion und Bedeutung von Gelübden

Sylvia Wetzel

Wir sind schnell bei der Hand mit der Aussage , es sei wichtiger, den Sinn der Gelübde zu bewahren als dem Buchstaben zu folgen und beziehen das auf alle Arten von Gelübden, Regeln, Vorschriften oder Gesetzen. Den eigentlichen Sinn von Gelübden herauszufinden, erfordert allerdings viel Zeit und Erfahrung. Wenn es uns als Anfängerinnen oder Anfänger schwerfällt, Gelübde einzuhalten, vernachlässigen wir gern ihre wörtliche Bedeutung und geben vor, dennoch ihren eigentlichen Sinn bewahren zu können. Wir sollten aber damit sehr vorsichtig sein und versuchen, unsere Vorstellungen über die Auslegung von Gelübden mit älteren Mitgliedern der Ordensgemeinschaft und Lehrern zu besprechen. Ihre Erfahrungen und Erklärungen können unser Verständnis für das Leben als Ordinierte unterstützen. Eine Frau aus Sri Lanka wies darauf hin, daß die Beachtung von Gelübden und Gesetzen in erster Linie für die Gesellschaft von Bedeutung ist. Regeln schaffen Vertrauen und Sicherheit unter den Menschen. Sie geben eine klare Richtlinie für das, was recht und was falsch ist oder buddhistisch ausgedrückt, was zu Glück und was zu Leiden führt.

Die einzelnen haben die Aufgabe, die Bedeutung der Gelübde und Regeln auf einer persönlichen Ebene zu überprüfen. Offene Gespräche und Interpretationen sind hier wichtig. Ohne solche Überprüfungen können Gelübde kaum ihre tiefste Wirkung entfalten, nämlich die Bewußtheit für unser Handeln anzuregen. Verstehen wir erst einmal die Kraft und den Wert von Gelübden, dann verlieren wir unsere kindliche Furcht vor äußeren Strafen und Sanktionen, eine Furcht, die von falschen Sichtweisen und vorgefaßten Meinungen geprägt, häufig zu Täuschungen, Prahlerei und Heuchelei führt. Mit der Zeit verstehen wir Gelübde als höchst wirksames Mittel für die Umwandlung unseres Geistes.

Gelübde sind vor allem am Anfang, aber auch in der Mitte und am Ende der Praxis wichtig. Sie sind besonders hilfreich für Menschen mit grobem Benehmen, schwerfälliger und unbewußter Mentalität, und sie sind vor allem wichtig für Anfänger auf dem Weg, die gerade damit beginnen, Verantwortung für ihr Handeln zu übernehmen. Sind wir uns erst ständig des Hier und Jetzt bewußt, dann werden Gelübde nicht länger benötigt, um ungeschicktes und schädliches Verhalten zu zügeln. Stattdessen werden sie eine innere Entwicklung zutage treten lassen, die sich in den äußeren Handlungen von Körper, Sprache und Geist widerspiegelt. Schützen wir unsere körperlichen, sprachlichen und geistigen Verhaltensweisen durch die Übereinstimmung mit einem akzeptierten Moralkodex, ist das auch Ausdruck von tiefgreifender Anteilnahme für andere und dient dazu, größere Bewußtheit zu entwickeln.

Wie ein gutes Gedicht nur gewinnen kann, wenn der Dichter oder die Dichterin sich in Hinblick auf Reim, Rhythmus, Metrum und Klang an bestimmte Formregeln hält, so zieht unser Geist Nutzen daraus, wenn wir auf Umgangsformen und Verhaltensweisen achten.

Immer wieder stellt sich die Frage, ob es möglich, nötig oder wünschenswert sei, die Vinaya-Regeln der moralischen Disziplin für buddhistische Mönche und Nonnen zu verändern, um sie dem Leben in der modernen Gesellschaft anzupassen. Die einen wollen in der Tat kleinere Regeln verändern, was den Aussagen des Buddha zufolge unter bestimmten Umständen auch möglich ist. Die anderen wollen sie neu schreiben oder umformulieren, damit die Menschen unserer Zeit sie besser verstehen können.

Wenn wir uns die vielen verschiedenen Schulen und Traditionen des Buddhismus und die unterschiedliche Mentalität der Praktizierenden aus Ost und West heutzutage anschauen, stellt sich die Veränderung der Regeln als eine gewaltige Aufgabe mit möglicherweise riskanten Begleiterscheinungen dar. Was jedoch gefahrlos diskutiert und untersucht werden könnte, sind Bedeutung und Zusammenhang der Gelübde und die Hintergründe, die zur Aufstellung der einzelnen Regeln führten. Ein wichtiger Einwand gegen eine direkte Veränderung der Regeln ist die Tatsache, daß der Vinaya einer der »Drei Körbe« oder Abteilungen der Lehren (*Tripiṭaka*) ist, ein Objekt, zu dem Buddhisten Zuflucht nehmen. Veränderungen dieser Vorschriften wären einer Abänderung der Zehn Gebote in der Bibel gleichzusetzen.

Sinn und Zweck der Vinaya-Regeln bestehen darin, unsere ganze Identität in eine reine Identität umzuwandeln. Man könnte sagen, daß der Vinaya einen reinen Seinszustand reflektiert und wir uns bei dem Bemühen, diese Verhaltensregeln zu befolgen, langsam einem reinen Geisteszustand annähern. Anders gesagt, ausgeglichene Praktizierende des Buddhismus verhalten sich in Übereinstimmung mit dem Vinaya – sie töten und stehlen nicht, beschimpfen und mißbrauchen andere nicht, sie verwirren ihren Geist nicht mit Drogen und Alkohol und fügen weder sich selbst noch anderen Schaden zu. Das ist das Hauptziel der Gelübde, und wenn wir so leben, ist das allein schon wertvoll für uns selbst und die Gesellschaft.

Die psychologische Funktion von Gelübden besteht darin, unsere Aufmerksamkeit auf das Verhalten von Körper, Sprache und Geist zu richten. Auf diese Weise helfen Gelübde, die Wahrnehmung zu schärfen. Achtsam sein gegenüber dem, was mit uns und anderen geschieht, ist der Schlüssel zu einem angemessenen, aufrichtigen und verantwortlichen Verhalten, das alle Aspekte einer gegebenen Situation miteinbezieht. Solche Achtsamkeit ist der Schlüssel zu rechtem Handeln.

Wir können sagen, daß Gelübde die Grundlage der buddhistischen Praxis darstellen; sie sind das Fundament des Edlen Achtgliedrigen Pfades und die Basis für die Drei Höheren Schulungen (Ethik, Konzentration und Weisheit). Nur mit Hilfe von Achtsamkeit können wir Körper, Sprache und Geist auf positive und produktive Weise unter Kontrolle halten. Nur mit einem verhältnismäßig kontrollierten Zustand von Körper, Sprache und Geist können wir tiefe Konzentration erlangen oder Meditation üben, die zur Entfaltung höherer Weisheit führt.

Regeln und Vorschriften weisen auf die wichtigsten Handlungen hin, die wir tun bzw. lassen sollten. Sich des Tötens, Stehlens und Verletzens zu enthalten, hilft uns, Gedanken von Verlangen, Wut und Eifersucht zu vermeiden. Wir werden uns bewußt, daß wir auch auf andere Wesen achten müssen, denn sie leiden genauso wie wir, wenn ihr Leben bedroht oder ihr Besitz gestohlen wird. Regeln erinnern uns daran, auf das Wohlergehen anderer bedacht zu sein. Sind wir dann äußerst achtsam und rücksichtsvoll geworden, können wir auf Regeln verzichten. Die schärfere Wahrnehmung, die das Befolgen von Regeln mit sich bringt, erlaubt uns, nicht nur unseren eigenen Standpunkt, sondern alle Faktoren einer Situation zu berücksichtigen, und das hilft uns wiederum, zur rechten Zeit richtig zu handeln.

Da sie unsere Achtsamkeit schärfen, helfen uns Regeln, frei zu werden von tiefverwurzelten gewohnheitsmäßigen Verhaltensweisen und den Fesseln körperlicher Instinkte. Mitunter mögen Instinkte eine wichtige Rolle zum Schutz unseres Lebens spielen, jedoch nehmen wir mit zunehmender Bewußtheit wahr, wie sie uns einschränken. Mit der Zeit, wenn wir tiefe Bewußtheit erlangt haben, können wir uns von ihrer Macht und ihrem Einfluß befreien. Weisheit leitet dann auf sanfte Art unser Leben. Sind unsere Energien erst weniger an alte Gewohnheiten und instinktives unheilsames Verhalten gebunden, können wir sie frei verwenden und unsere innere Weisheit kreativ anwenden. Diese befreiten Energien stärken auch unsere Entschlußkraft, was von großem Nutzen für Studium und Praxis ist.

»Trenne dich nie von den drei Sphären (Subjekt, Objekt, eigentliche Handlung). Trenne dich nie von der Leere.« Diese Vorschrift hilft uns, niemals zu vergessen, daß alle Objekte und Erfahrungen keine wahre Existenz besitzen und macht uns jederzeit der Leerheit bewußt. »Iß nicht zu unangemessener Zeit.« Diese Vorschrift hilft Ordinierten, sich des Hungers und Durstes bewußt zu werden und zugleich zwischen körperlichen Bedürfnissen und Gier zu unterscheiden, wobei Gier im wesentlichen die übertriebene und damit falsche Ansicht ausdrückt, daß äußere Objekte uns Glück schenken könnten. Die entstandene Bewußtheit trägt dazu bei, Kontrolle über Körper und Geist zu erlangen und nicht ihr Sklave zu bleiben.

Doch können wir auch Gefahr laufen, uns wortwörtlich an die Regeln zu klammern. Wir müssen Sinn und Zweck der Gelübde und ihren Nutzen für den Geist verstehen. Alle Regeln sind Methoden, mit denen wir Bewußtheit entwickeln und Kontrolle über den Geist gewinnen können. Wenn sie unseren Geist verwandeln sollen, müssen wir wissen, wie sie funktionieren und welchen Einfluß sie ausüben. Beharren wir auf einer wörtlichen Interpretation, verfehlen wir möglicherweise den Kernpunkt. Es besteht auch die Gefahr, daß wir Regeln benutzen, um gegen uns selbst gewaltsam zu kämpfen oder uns zu unterdrücken und so unserer Intuition und Vernunft keinen Raum geben. Es gilt, ein Gleichgewicht zu finden, einen Zustand, in dem wir weder zu nachlässig noch zu streng sind. Ein guter Hinweis auf unseren Entwicklungsstand ist das Maß an Bewußtheit und Kontrolle, das wir erlangt haben. Je weniger Bewußtheit wir besitzen, desto konsequenter sollten wir die Regeln befolgen. Je mehr Kontrolle wir über unsere Verblendungen und störenden Emotionen haben, desto mehr Gewicht sollten wir darauf legen, unserer inneren Weisheit zu folgen.

In diesem Zusammenhang ist es aufschlußreich zu wissen, welche psychologischen Auswirkungen Einsicht hat. Wenn uns eine Frage tief beschäftigt, rührt sie etwas in uns auf. Wir arbeiten an der Frage, gewinnen ein neues Verständnis, wobei die an das Problem gebundene Energie freigesetzt wird und wir uns erfrischt und verjüngt fühlen. Die durch Einsicht freigewordene Energie kann nun beliebig eingesetzt werden und in jederlei wichtige Arbeit einfließen – Meditation, soziale Dienste, Schreiben, Rezitieren und dergleichen mehr. Nehmen wir erst einmal die Dinge so wahr, wie sie sind, können wir unserer inneren Weisheit, unserer Intuition folgen. Solange es uns an Bewußtheit fehlt und wir unseren Trieben und Instinkten nachgeben, kann das zu Handlungen führen, die von Selbstsucht, Furcht, Unsicherheit oder Blindheit geleitet sind. Aus diesen Gründen sind Regeln und Gelübde, Verhaltensratschläge und sogar allgemeine Höflichkeitsregeln eine wesentliche Hilfe dafür, unsere bewußte Wahrnehmung für alle Facetten einer Situation zu wecken. Auch wenn wir die Regeln in ihrer Komplexität nicht ganz verstehen, können sie doch unsere Achtsamkeit und letztlich Bewußtheit schärfen. Wenn wir dann auch ihren Sinn erfassen, entdecken wir ihren äußerst hilfreichen Einfluß auf unseren Geist und ihren Wert für die menschliche Entwicklung.

3
Die Entwicklungsmöglichkeiten von Frauen im Buddhismus

Will man verstehen, was Frauen in den verschiedenen buddhistischen Schulen erreichen können, muß man sich zuerst mit dem Gedanken der Wiedergeburt auseinandersetzen. Es ist ein grundlegender buddhistischer Lehrsatz, daß die Lebewesen nicht nur einmal, sondern wiederholt in verschiedenen Existenzformen Geburt annehmen. Die buddhistische Vorstellung von Zeit und Raum ist enorm und umfaßt unzählige Weltsysteme. Innerhalb dieser unendlichen Dimensionen werden die Wesen immer wieder in neuer Gestalt geboren. Es heißt, daß gewöhnliche Lebewesen unter dem Einfluß von Karma und *Kleśa* (leidverursachende Emotionen) in einem der sechs Daseinsbereiche[12] geboren werden. Generell kann das in jedem dieser Daseinsbereiche zu jeder beliebigen Zeit geschehen, wobei Form und Umstände der Wiedergeburt von den früher begangenen positiven oder negativen Taten bestimmt werden.

Dieser Ablauf setzt sich fort, bis man die Befreiung aus dem Daseinskreislauf erlangt. Solange man unter dem Einfluß von Karma und Kleśa steht, kann man weder voraussagen noch sicherstellen, welche Art der Wiedergeburt erfolgen wird, da diese einzig und allein von unseren früheren Handlungen abhängt. Gemäß dieser Anschauung kann man in einem Leben als Mensch geboren werden und im nächsten zum Beispiel als Tier. Genauso ist es möglich, daß man in einer Inkarnation als Frau geboren wird und in der folgenden als Mann.

Wenn man von der Tatsache ausgeht, daß die Lebewesen in verschiedenen Leben andere Formen annehmen, erscheint es ziemlich kurzsichtig, sich mit der einen oder anderen Lebensform oder dem einen oder anderen Geschlecht zu identifizieren. Buddhisten sehen es als Ideal an, liebevolle Zuneigung zu *allen* Wesen zu entwickeln, besonders zu den weniger glücklichen und liebenswerten, ungeachtet ihrer derzeitigen Existenzform. Vorliebe oder Ablehnung dem einen oder anderen Wesen gegenüber resultiert aus solchen gewohnheitsmäßigen, unheilsamen Geisteshaltungen wie Anhaftung oder Abneigung, die im Laufe der geistigen Entwicklung aufgegeben werden müssen. Sich ausschließlich mit einer besonderen Spezies, Rasse, Nationalität oder einem Geschlecht zu identifizieren, ist eine zusätzliche Form der Beschränkung und wurzelt in Unwissenheit, und sie entsteht aus einem Mißverständnis über den Lauf der Welt. Da zwischen einer Lebenszeit und der nächsten nur ein Augenblick, buchstäblich ein Atemzug liegt, ist es sinnlos, sich an die Vorstellung von sich selbst als Frau oder Mann zu klammern. In umfassenderem Sinne ist das Geschlecht deshalb mehr oder weniger unbedeutend, wenn man nach geistiger Vollendung strebt.

Die buddhistischen Schulen vertreten im Hinblick auf das Endziel des buddhistischen Weges unterschiedliche Standpunkte, die allgemein in zwei Wegen zusammengefaßt werden können. Einmal werden insgesamt drei endgültige Ziele akzeptiert, zum anderen nur eines, nämlich die Buddhaschaft für alle. Dem Theravāda-Standpunkt zufolge gibt es drei mögliche Endziele. Man kann *Śrāvaka-Arhat* werden, ein vom Daseinskreislauf befreiter Mensch, *Pratyekabuddha*, ein »Alleinverwirklicher«, oder *Samyaksaṃbuddha*[13], ein vollständig erleuchtetes Wesen, das allwissend und mit zehn besonderen Fähigkeiten ausgestattet ist und den Wesen die Lehre umfassend darlegt. Die meisten Menschen, sowohl Frauen als auch Männer, streben wahrscheinlich eher danach, Arhat zu werden als Buddha, um so den alleinigen Frieden des Nirvāṇa zu erlangen. Daß Frauen gleichermaßen wie Männer fähig sind, Nirvāṇa zu erreichen, ist von vielen tausenden von Frauen zu Lebzeiten des Buddha und in den darauffolgenden Jahrhunderten bewiesen und in Aufzeichnungen eindeutig dokumentiert worden. Wir können die inspirierenden Verse lesen, die von einigen dieser weiblichen Arhats verfaßt und in den *Psalmen der Schwestern (Therīgāthā)* gesammelt worden sind.

Auch in der Mahāyāna-Tradition gibt es einige Meister, die drei Endziele der buddhistischen Praxis lehren. Der große indische Meister Asaṅga behauptet zum Beispiel, daß manche Menschen nur nach Nirvāṇa streben und nicht die vollkommene Buddhaschaft erlangen werden[14]; das heißt, sie arbeiten daran, alle leidverursachenden Emotionen wie Gier, Haß und Unwissenheit zu überwinden, um sich aus dem Kreislauf von Geburt und Tod zu befreien, und verfolgen nicht das Ziel, ein vollendeter Buddha zu werden. Andere Anhänger des Mahāyāna erklären, es gebe nur einen einzigen endgültigen Weg, nämlich den Mahāyāna-Pfad, den letztlich auch Arhats oder Pratyekabuddhas beschreiten, um vollendete Buddhas zu werden. All diese Ziele stehen Frauen offen, das heißt, Frauen besitzen die Fähigkeit, das eine oder andere Resultat zu erzielen. Welches Resultat von wem und wann auf dem Pfad erreicht wird, hängt unter anderem von Wunschgebeten und dem aufgewendeten Eifer ab und nicht von dem augenblicklichen, vergänglichen Geschlecht einer Person.

Unter den Anhängern der Mahāyāna-Lehrmeinungen gibt es einen Zweig der Nur-Geist-Schule, nämlich die *Cittamatrins*, die als einzige nicht akzeptieren, daß letzten Endes alle Wesen Buddhas werden. Dies hat jedoch nichts mit dem Geschlecht zu tun; sie glauben vielmehr, daß gewisse Menschen hierfür keine genügende »Grundlage von Verdiensten« oder Grundtugenden besitzen. Abgesehen von dieser Ausnahme erkennen die übrigen Mahāyāna-Anhänger an, daß alle Wesen, also Frauen wie Männer, aufgrund der ihnen innewohnenden Buddha-Natur vollkommen erleuchtete Buddhas werden können.

Das Bewußtsein ist von Natur aus »leer« oder frei von Eigenexistenz und kann von allen Befleckungen gereinigt werden. Diese Eigenschaft des Geistes, »leer« zu sein, ist nicht geschlechtsspezifisch und ermöglicht allen die volle Erleuchtung, also die Buddhaschaft. Wenn ein Mensch das altruistische Streben vollkommen entwickelt hat, zum Wohle aller Lebewesen Erleuchtung zu erlangen (*Bodhicitta*), begibt er sich auf den Bodhisattva-Pfad. Er oder sie benötigt noch drei Perioden von unzähligen Zeitaltern, um die notwendigen Verdienste und Einsichten für die Buddhaschaft anzusammeln.

Mit der unmittelbaren nicht-konzeptuellen Einsicht in die Leerheit, womit gleichzeitig die erste der zehn Bodhisattva-Stufen erreicht ist, besitzt man nicht nur die Fähigkeit, zum Wohle der Lebewesen jede beliebige Gestalt anzunehmen, sondern diese Gestalt auch zu verhundertfachen. Auf jeder folgenden Stufe erhöht sich exponentiell die Anzahl der möglichen Emanationen und vervielfacht damit die eigenen Möglichkeiten, anderen Nutzen zu bringen. Alle so entstandenen Emanationen können weiblich sein, sofern man es für das Nützlichste hält.

Die Mahāyāna-Sūtras erklären, daß eine nach der Buddhaschaft strebende Person sich in den Sechs Vollkommenheiten schulen muß, nämlich: Freigebigkeit, Ethik, Geduld, freudige Anstrengung, Konzentration und Weisheit. Diese Schulung führt zur Ansammlung von Weisheit und Methode. Weisheit wird als die »Mutter« bezeichnet. Tatsächlich sind die *Prajñāpāramitā-Sūtras (Sūtras der Vollkommenheit der Weisheit)*, die für die Mahāyāna-Tradition von zentraler Bedeutung sind, als die »Mutter aller Buddhas« bekannt. Die Methode – oder die geschickten Mittel – werden mit dem Vater verglichen. Obwohl Weisheit als etwas Weibliches und Methode als etwas Männliches symbolisiert sind, werden sie gleichermaßen von Frauen und Männern praktiziert. Beide Aspekte sind für die innere Entwicklung unentbehrlich und müssen, um zur Erleuchtung zu führen, vervollkommnet werden.

Es gibt in einigen wenigen Mahāyāna-Texten Passagen, die dem Sinn nach besagen, daß Frauen keine Erleuchtung erlangen können. Ob diese Passagen jedoch authentisch sind, d. h. den ursprünglichen Gedanken des Buddha ausdrücken, ist zweifelhaft. Das erleuchtete Bewußtsein eines Buddha, völlig allwissend und ohne die geringste Spur von Unwissenheit oder leidverursachenden Emotionen, ist mit Sicherheit weit entfernt von jeder Diskriminierung hinsichtlich des Geschlechts. Frauen die Fähigkeit zur Erleuchtung abzusprechen, stände tatsächlich im Widerspruch zum zentralen Ideal des Mahāyāna, das besagt, daß letztlich alle Lebewesen ohne Ausnahme in den Zustand von Glück und Befreiung geführt werden müssen. Es ist aber durchaus möglich, daß sich frauenfeindliche Neigungen eingeschlichen haben, als diese Lehren Jahrhunderte später aufgeschrieben wurden.

Jedoch bestehen einige Kontroversen im Hinblick auf das Geschlecht, das von dem vollständig erleuchteten Wesen in seiner letzten Wiedergeburt angenommen wird. Das Mahāyāna enthält sowohl das Vollkommenheits-Fahrzeug als auch das *Mantra*-Fahrzeug, das als *Vajrayāna* bekannt ist. Mahāyāna-Praktizierende, die nicht die Vajrayāna-Lehren akzeptieren, behaupten, daß der Buddhazustand nur in männlicher Gestalt realisierbar ist. Dies erklärt sich daraus, daß viele Texte besagen, ein vollständig erleuchteter Buddha manifestiere sich in der vollkommenen Gestalt mit zweiunddreißig Haupt- und achtzig Nebenmerkmalen, deren eines darin besteht, ein Mann zu sein. Es ist nicht verwunderlich, daß man sich in männlich dominierten Kulturen daher einen Buddha, die Verkörperung menschlicher Vervollkommnung, als Mann vorstellt. Solche Darstellungen scheinen zu der irrigen Behauptung geführt zu haben, daß Frauen die Buddhaschaft nicht erlangen können. Im Gegenteil, selbst wenn sie in ihrer letzten Geburt als Mann erscheinen müssen, können Frauen nicht nur die Buddhaschaft erlangen, sondern sie werden sie mit Gewißheit erlangen, genauso wie alle Männer und alle anderen fühlenden Wesen auch.

Nach Ansicht der Mahāyāna-Praktizierenden, welche die Lehre des Vajrayāna vertreten, ist die Buddhaschaft für Menschen sogar in einer Lebenszeit erreichbar, für Frauen sowohl wie Männer, vorausgesetzt, sie haben ausreichend Verdienste angesammelt. Um für dieses Ziel auch die subtilsten Spuren von leidverursachenden Emotionen zu beseitigen, muß man sich dem Vajrayāna gemäß mit Hilfe der tantrischen Praktiken darin üben, die inneren Winde, Energiekanäle usw. zu nutzen. Wenn ein Bodhisattva der zehnten Stufe zunächst drei Perioden von unzähligen Zeitaltern den gewöhnlichen Mahāyāna-Pfad durchlaufen hat, wird er mittels der Ausübung von Tantra den endgültigen Zustand der Buddhaschaft ganz gewiß erreichen. Frauen sowohl wie Männer sind gleichermaßen fähig, Tantra zu praktizieren und können durch diese Praktiken somit die Buddhaschaft in einer Lebenszeit erlangen.

Dies setzt voraus, daß man den gesamten allgemeinen Pfad der Sutras sowie die Erzeugungs- und Vollendungsstufe des Tantra abgeschlossen hat. In der Vollendungsstufe des Höchsten Yoga-Tantra gibt es Methoden, die das natürlich verweilende Bewußtsein – den subtilsten, nicht zu verunreinigenden Geist – in ein erleuchtetes Bewußtsein umwandeln können. Diese tiefgründigen Lehren sind nur für Menschen mit außerordentlichen Fähigkeiten gedacht, aber es wird kein Unterschied zwischen Frauen und Männern gemacht. Für weibliche und männliche Praktizierende werden keine voneinander abweichenden Erläuterungen gegeben, und es existieren auch keine Unterschiede darin, auf welche Weise die Pfade verwirklicht werden. In der Praxis des Höchsten Yoga-Tantra, besonders in den »Mutter-Tantras«, (die vornehmlich mit dem »Klaren Licht« verbundene Praktiken lehren), werden stellenweise sogar Frauen in besonderem Maße hervorgehoben und ihr Wert betont. Eines der tantrischen Grundgelübde enthält die Vorschrift, Frauen Respekt zu erweisen. Begründet wird dies u. a. damit, daß sich unter den Frauen sicherlich einige *Ḍākinīs* befinden, das sind erleuchtete Wesen in weiblicher Gestalt. Da die Menschen normalerweise unfähig sind, solche Wesen zu erkennen, ist es wichtig, vorsichtshalber alle Frauen zu respektieren. Deshalb wird gelehrt, daß Frauen nicht verunglimpft oder herabgesetzt werden sollten.

In der Praxis des »Gottheiten-Yoga«, der Essenz des Tantra, kann die visualisierte Meditationsgottheit (*Yidam*) sowohl weiblich als auch männlich sein, unabhängig davon, ob der Ausübende eine Frau oder ein Mann ist. Die Praxis des Tantra ist im wesentlichen ein Prozeß der Identifikation mit den Eigenschaften einer erleuchteten Gottheit auf der Grundlage der Erkenntnis der Leerheit und des altruistischen Strebens nach Erleuchtung. Die als Objekt der Visualisation gewählte Meditationsgottheit kann weiblich oder männlich sein, wodurch der Akzent entweder auf Weisheit oder auf Methode gelegt wird. Die Visualisation wird benutzt, um sich besondere Eigenschaften des Körpers, der Sprache und des Geistes dieses erleuchteten Wesens zu eigen zu machen und so die Meisterschaft über den eigenen Geist zu gewinnen. Hierbei haben Frauen und Männer gleiche Chancen, an ihr Ziel zu kommen.

Es gibt zahlreiche Beispiele von Wesen, die Buddhaschaft in weiblicher Form erreicht haben, wie Tārā, Vajrayoginī, Sarasvatī und andere. Obwohl sie sich in der Erscheinung von einem Buddha wie Śākyamuni unterscheiden, werden sie »weibliche Buddhas« genannt.

Buddhisten akzeptieren allgemein, daß alle Wesen, Frauen und Männer, gleichermaßen zur Erleuchtung befähigt sind. Frauen sind nicht nur in der Lage, die höchsten Errungenschaften der buddhistischen Praxis zu erreichen, es gibt auch in jeder buddhistischen Tradition sehr viele ausgezeichnete Frauen, die man sich zum Vorbild nehmen kann. Zahllose Frauen haben die Pfade beschritten und die Ergebnisse erzielt, die innerhalb der Theravāda-Praxis hervorgehoben werden, von einem sogenannten »In-den-Strom-Eingetretenen« bis zum Arhat (siehe dazu Seite 76 und 78). Die Anhänger der Mahāyāna-Lehren verehren zahlreiche Bodhisattvas in weiblicher Gestalt und eifern ihnen nach. Viele weibliche Meditationsgottheiten werden von weiblichen und männlichen Praktizierenden der Vajrayāna-Lehren visualisiert. Für diejenigen, die auf dem buddhistischen Pfad sind, gibt es also keinen Mangel an weiblichen Vorbildern. Sorgfältige Praxis ist alles, was zum Erreichen des Zieles notwendig ist.

Das Arahat-Ideal für Frauen

Kusuma Devendra

Der Pāli-Ausdruck »Arahat«, der in den frühbuddhistischen Texten erscheint, bezieht sich auf Menschen, die das Ende des Achtgliedrigen Pfades erreicht haben und die Früchte ihrer Bemühungen genießen (*Maggaphala*). Der Pāli-Kanon verweist an vielen Stellen auf den Arahat als »eine Person, die Einsicht in die wahrhafte Natur der Dinge (*Yathābhūta*) erlangt hat«[15], wobei es sich um die sogenannte »Befreiung mit Überresten« (*Sa-upadisesa Nibbāna*) handelt. Dies bedeutet, daß man durch das Vorhandensein des Körpers zwar noch unter physischem Unbehagen leidet, aber dennoch ein erleuchtetes Wesen ist, das alle Verunreinigungen des Geistes beseitigt hat. Im Tod gewinnt ein solches Wesen die Befreiung »ohne Überreste« (*Anupadisesa Nibbāna*), und damit hört auch das körperliche Leiden auf, da es ja keine weitere Wiedergeburt gibt.

Die Art und Weise, wie ein Arahat das »Selbst« besiegt, bildet den Wesenskern der Lehren Buddhas. Alle Aspekte des Dhamma werden einem Arahat augenblicklich klar. Er oder sie weiß, daß sich Gier, Haß und Unwissenheit einst als schädliche Bestandteile im Geist befanden, aber jetzt nicht mehr vorhanden sind. Weiterhin weiß er, daß diese Verunreinigungen vollständig ausgerottet und mit den Wurzeln ausgerissen sind und nicht wieder entstehen werden, gerade so wie ein Palmyra-Baum, den man gefällt hat.[16] Es ist alles vollbracht, was zu vollbringen ist. Man braucht sich nicht länger unter Einhaltung des Zölibats abzumühen, hat sich von der ganzen Last der Befleckungen befreit und ist nun frei von Wiedergeburt.[17] So lebt ein Arahat zwar in der Welt, ist aber nicht von dieser Welt. In Weisheit gefestigt, besitzt er vortreffliche Eigenschaften und erfährt an sich persönlich die Wirksamkeit des Dhamma. Während er selbst unmittelbar die Weisheit realisiert, ist er in der Lage, anderen ein Beispiel zu geben und sie zuverlässig auf dem Weg zur Befreiung zu leiten, zu dem Ziel des Nibbāna, wie es in der Pāli-Tradition verstanden wird.[18]

Der Buddha nennt wiederholt den Verzicht auf das häusliche Leben als notwendige Voraussetzung für die Befreiung. In seinen Lehrreden führt er, beginnend mit der Praxis der Freigebigkeit, über die Entwicklung der vortrefflichen Eigenschaften zu stärkerer Kontrolle der Sinne, dann zur Einsicht in die wesensmäßige Enttäuschung durch weltliche Verstrickungen und stufenweise weiter, bis schließlich die Erkenntnis der Vier Edlen Wahrheiten erreicht ist.[19]

Das Arahat-Ideal gewann während des frühen Buddhismus an Einfluß, und der Kanon schildert den Buddha und die fünf Asketen als die ersten Arahats: »...und es gab sechs Arahats auf der Welt.«[20] Mit einem tieferen Verständnis des Leidens, seiner Ursache, seiner Beendigung und des dahin führenden Pfades entfernten sich die buddhistischen Schüler allmählich von der Anhaftung und den Sinnesvergnügungen und näherten sich auf natürliche Weise dem Leben als Ordinierte. Sodann nahmen sie als ordinierte Einsiedler die vorgeschriebenen Übungen auf, bis sie an ihr Ziel gelangten. Im Pāli-Kanon wird darauf hingewiesen, daß für ordinierte Schüler das Nibbāna durch die Ausübung der Lehre leicht erreichbar war.

In seiner ersten Rede an die fünf Asketen beschrieb der Buddha die Sinnesvergnügungen des häuslichen Lebens als niedrig, unedel, bezeichnend für die Lebensweise nichterleuchteter Wesen und Quelle vieler Leiden. Er erklärte das heilige Leben für vollkommen und rein und begründete die Gemeinschaft von Ordinierten, die ein Leben der Entsagung führten (*Pabbajjā*).

Auch wenn Millionen Männer und Frauen, die ein weltliches Dasein führen, das Hinausgehen in die Hauslosigkeit mit der damit verbundenen Entsagung als eine unnatürliche, für ein heiliges Leben belanglose Bemühung betrachten, hebt dagegen der buddhistische Standpunkt gerade dies ausdrücklich hervor. Der Buddha selbst sagte: »Nachdem ihr Eltern, Frau, Sohn, Verwandte, Vermögen, Land und alle Objekte der Sinnesbegierden zurückgelassen habt, wandert umher [einsam] wie ein Nashorn.«[21] Prinz Siddhatthas große Entsagung bringt seine Überzeugung vom Wert des Einsiedlerlebens zum Ausdruck.

Fünf Jahre nach Sakyamunis Erreichen der Buddhaschaft wurde der Bhikkhunī-Orden begründet. Der Buddha erklärte: »Frauen, Ānanda, die vom Hausstand in die Hauslosigkeit gegangen sind, ... sind fähig, die Frucht eines *Sotāpanna* (In-den-Strom-Eingetretenen), eines *Sakadāgāmī* (Einmalwiederkehrenden) eines *Anāgāmī* (Niewiederkehrenden) und eines Arahat (vollkommen-Heiliger) zu verwirklichen.«[22]

Der Wunsch nach Heiligkeit und die Aussicht, den Prozeß von Geburt und Sterben zu beenden, wurde so unwiderstehlich, daß Frauen oftmals die Erlaubnis ihrer Ehemänner, Eltern oder nächsten Verwandten erbaten, ihr Heil im Orden suchen zu dürfen. Das Entrinnen aus dem einschnürenden Zwang von Heim, Sitte und Konvention war für sie etwas Neues und Großartiges. Im *Etadaggavagga*, den *Psalmen der Schwestern (Therīgāthā)*, ebenso wie im *Apadāna* und anderen Schriften verleihen die Arahat-Nonnen ihrer großen Freude über ihre neu erlangte Freiheit von den Fesseln des Daseinskreislaufs Ausdruck. Als Bhikkhunīs waren sie ungebunden und konnten mit glattrasierten Köpfen, in safranfarbene Roben gekleidet und Almosen sammelnd umherziehen, wie es der Buddha und die Bhikkhus taten. Sie waren zu langandauernden Meditationen und wundersamen Taten fähig, wurden von dem Buddha und den Arahat-Brüdern als vervollkommnete Wesen anerkannt und in die Gemeinschaft des erleuchteten Saṅgha, welcher die acht Arten von Heiligen umfaßt,[23] miteinbezogen.

Im *Aṅguttara-Nikāya* erwähnt der Buddha die Hauptschülerinnen: »Ihr Mönche, unter meinen Schülerinnen ist Mahāpajāpatī Gotamī die Älteste; die Erhabenste in bezug auf Weisheit ist Khemā; die Größte in bezug auf übernatürliche Kräfte ist Uppalavaṇṇā; die Beste in bezug auf Vinaya-Disziplin ist Paṭācārā. Die Oberste der Dhamma-Lehrerinnen ist Dhammadinnā; die meditativen Kräfte hat Nandā am meisten verfeinert; den größten Eifer beweist Sonā; die beste Hellsicht hat Sakulā; hervorstechende außergewöhnliche Kräfte hat Bhaddā ....« Solch strahlende Persönlichkeiten wurden in der Welt ebensosehr als Saṅgha-Juwel betrachtet wie die Bhikkhus.

Allein durch die kontinuierliche Läuterung des Geistes kann man Fortschritte auf dem Weg erlangen. Sie sind nicht abhängig von Alter, Geschlecht, Epoche oder gesellschaftlichem Status. Zum Beispiel war der hervorragende Bhikkhu Upāli als Laie ein Barbier, Khujjuttarā war ein Sklave, Sopāka war ein mittelloses siebenjähriges Kind, Sunīta lebte von Abfällen usw. Sie alle erreichten Stufen der Heiligkeit und wurden zum Orden zugelassen.

In Sri Lanka sprechen die Geschichtschroniken *Dīpavaṃsa* und *Mahāvaṃsa*, die im vierten Jahrhundert n. Chr. verfaßt wurden, von vielen Tausenden von vollordinierten Bhikkhunīs. Dreiundsiebzig werden namentlich aufgezählt und ihre Leistungen, Errungenschaften und Kräfte beschrieben. Der *Mahāvaṃsa*[24] sagt, daß achtzehntausend Bhikkhus und vierzehntausend Bhikkhunīs die Arahatschaft während der Zeremonie für die Grundsteinlegung des großen Reliquienschreins Mahāthūpa[25] erlangten.

Leider ging mit dem Verlust der Bhikkhunī-Ordination in den Theravāda-Ländern auch der notwendige gesellschaftliche Schutz für solche Frauen verloren, die religiöse Ziele verfolgen. Diesen Vorzug genießen aber die Frauen in Korea, Taiwan und in einigen anderen Ländern, da dort die volle Ordination für Bhikkhunīs noch möglich ist. In Theravāda-Ländern haben sich Nonnengruppen gebildet, die zehn Regeln einhalten. Man betrachtet sie jedoch als Außenseiter in der Gesellschaft, wodurch sie kaum in der Lage sind, ihr geistiges Potential zu entfalten. Die Ordination zum Bhikkhu oder zur Bhikkhunī ist nichts Heiliges an sich, sondern ein Mittel zum Zweck; wurde doch der Orden vom Buddha für jene gegründet, die entsprechend motiviert sind und somit eine Atmosphäre der Ruhe, öffentlicher gesellschaftlicher Unterstützung und Anerkennung verdienen, die sie für das Erreichen ihres Ziels, der Arahatschaft, brauchen. Es ist eine ermutigende Tatsache, daß es in Sri Lanka derzeit eine Bewegung gibt, die die Bhikkhunī-Überlieferungslinie der chinesischen Tradition, die noch immer existiert, wieder einführen will.

Geistig fortgeschrittene Frauen sind eine Bereicherung für die Gesellschaft, seien sie Mütter, Schwestern, Ehefrauen, Töchter oder Lehrerinnen. Arahat-Bhikkhunīs wären ein Lichtblick in der heutigen Welt.

Frauen im Mahāyāna

Bhikṣuṇī Heng-ching Shih

Über die Entstehung des Mahāyāna-Buddhismus gibt es viele Theorien. Durch die Hervorhebung des Bodhisattva-Ideals, die Gebetspraktiken und die Bejahung der empirischen Welt erscheint die Annahme durchaus gerechtfertigt, daß sich der Mahāyāna-Buddhismus zumindest teilweise aufgrund der Bestrebungen von Laienanhängern und -anhängerinnen entwickelte.[26] Mit Sicherheit nahmen männliche und weibliche Laien im Mahāyāna-Buddhismus eine gehobene Stellung ein. Wir werden den Stellenwert der Frauen sowohl im frühen Buddhismus als auch im Mahāyāna-Buddhismus untersuchen, um aufzuzeigen, daß die Mahāyāna-Tradition den Frauen mehr entgegenkommt, und zwar den Laienfrauen mehr als den Nonnen.

Im allgemeinen waren in früheren Zeiten indische Frauen in der Brahmanengesellschaft den Männern entschieden untergeordnet. Unter dem Einfluß des Buddhismus verbesserte sich ihre Stellung erheblich. Wie Horner herausstellt, »fand während der buddhistischen Epoche eine Veränderung statt. Die Frauen kamen in den Genuß von mehr Gleichberechtigung und größerer Anerkennung und Einflußnahme, als ihnen bis dahin jemals gewährt wurde. Obwohl ihre Aktivitäten auf bestimmte Bereiche beschränkt waren, vor allem auf die häuslichen, gesellschaftlichen und religiösen, begann ihre Stellung an Bedeutung zu gewinnen.«[27] So wahr dies auch sein mag, können wir noch immer nicht behaupten, daß Frauen damals völlige gesellschaftliche und religiöse Gleichheit hatten.

Frauen im frühen Buddhismus

Die Töchter: Im alten Indien wurde die Geburt einer Tochter, wenn auch nicht gerade als Katastrophe, jedoch zumindest als unerwünscht angesehen. Diese Einstellung hat ihre Wurzeln in der Brahmanen-Tradition, die einen Jungen als unentbehrlich für die Durchführung der elterlichen Begräbniszeremonien ansah. Ein Sohn wurde als Garant für die Kontinuität des Familienstammbaums wie auch für das Heil der Verstorbenen betrachtet. Da der Buddhismus jegliche übertriebene Betonung von Ritualen verurteilte und stattdessen für ein Leben ethischer Verantwortlichkeit eintrat, in dem jedes Individuum nach Befreiung strebt, verlor die Wichtigkeit eines Sohnes in der buddhistischen Gesellschaft rasch an Boden.

Die neue Einstellung gegenüber Mädchen wird durch die Worte des Trostes veranschaulicht, die der Buddha an König Pasenadi richtete, der über die Nachricht enttäuscht war, daß Königin Mallikā einer Tochter das Leben geschenkt hatte. Der Buddha sagte: »Ein Mädchen, oh Herrscher über die Menschen, kann sogar ein noch vortrefflicherer Nachkomme sein als ein Junge.«[28]

Obwohl die buddhistische Gesellschaft diese liberale Haltung des Buddha akzeptierte, konnten die überlieferten Vorurteile damit nicht gänzlich ausgerottet werden. Das Schrifttum des frühen Buddhismus enthält Beweise für die Bevorzugung von Söhnen gegenüber Töchtern. Im *Kaṭṭhahāri-Jātaka* sagte König Brahmadatta zu einem jungen Holzfäller: »Wenn du einen Sohn zeugst, bringe ihn mir mit diesem Siegelring; wenn du aber einer Tochter das Leben schenkst, dann verkaufe diesen Ring und ziehe sie selbst groß.«[29] Der den Söhnen gegebene Vorzug ist in dieser Passage offenkundig.

In der Hindu-Tradition bestanden die Hauptpflichten der Frauen in der Kindererziehung und der Hausarbeit. Folglich galt das Dasein einer Ledigen als ein vergeudetes Leben, und unverheiratete Frauen waren Zielscheiben des Spottes. Im Gegensatz dazu wurde im Buddhismus das eheliche Leben als Hindernis für religiöse Ziele angesehen und am besten wie glühende Kohlen gemieden. Überall, wo der buddhistische Standpunkt vorherrschte, war eine Frau nicht mehr zur Heirat gezwungen und erlangte auch als unverheiratete Frau Selbstachtung sowie Achtung von seiten der Familie. Als schließlich der Nonnenorden gegründet war, bot er eine noch bessere Alternative für Frauen, die zu einem geistigen und religiösen Leben neigten. Sumanā, die jüngste Tochter von Anāthapiṇḍika, heiratete nicht, sondern blieb ledig, um sich im fortgeschrittenen Alter dem Orden anzuschließen. In den *Therīgāthā* wird noch von weiteren Beispielen berichtet.

Obwohl Frauen in der frühen buddhistischen Gesellschaft freier als zuvor waren, ein unabhängiges Leben zu führen, finden sich in der buddhistischen Literatur Hinweise auf das Gegenteil. Im *Milindapañha* heißt es: »Es gibt, o König, diese zehn Arten von Lebewesen, die in der Welt verachtet und verworfen, die als schändlich betrachtet werden, auf die man herabschaut, die man für tadelnswert hält, beschimpft, nicht liebt. Und welche sind diese zehn? Eine Frau ohne Ehemann, ein schwaches Wesen, jemand ohne Freunde oder Verwandte ...«.[30]

»Eine Frau ohne Ehemann« steht am Anfang dieser Liste. Solche Andeutungen sind jedoch eher selten. Im allgemeinen genossen unverheiratete junge Frauen durchaus eine ehrenvolle Stellung innerhalb der Familie und der Gesellschaft.

Mütter: Die Mutter war immer der Mittelpunkt der Familie und wurde in allen Jahrhunderten indischer Zivilisation geehrt. Mutterschaft stellte die Phase der höchsten Verehrung im Leben einer Frau dar. Im frühen Buddhismus gibt es Berichte über Frauen, die von der Gesellschaft verlacht und gedemütigt wurden, bis sie einen Sohn gebaren. Überall in der buddhistischen Literatur finden sich Hinweise dafür, daß sowohl Mütter als auch Väter geachtet wurden. Das Einhalten der Ehrerbietung gegenüber den Eltern wurde als eine der Hauptverpflichtungen der Kinder angesehen. Es heißt, daß der Buddha in den *Tuṣita*-Himmel aufstieg und seiner Mutter als Dank für ihre Güte den Dharma erklärte. Eine Folge dieser ausdrücklichen Vorschrift, seine Eltern zu ehren, war das große Ansehen, das einer Mutter im Haus zustand.

Ehefrauen: Die ideale Beziehung zwischen Mann und Frau wird im *Sigālovāda-Sūtra* klar beschrieben: »Auf fünferlei Art sollte eine Ehefrau von ihrem Mann unterstützt werden. Durch Respekt, durch Höflichkeit, durch Treue, indem er ihr Autorität überträgt und sie mit Schmuck versorgt ... Auf folgende fünf Arten erweist die Frau ihm ihre Liebe: indem sie ihre Pflichten ordentlich erledigt, durch Gastfreundschaft gegenüber beider Verwandtschaft, durch Treue, indem sie das von ihm beschaffte Hab und Gut zusammenhält, und durch Geschicklichkeit und Fleiß bei der Erfüllung all ihrer Aufgaben.«[31] Die ideale Beziehung von Mann und Frau basiert also eher auf gegenseitiger Respekterweisung und Pflichterfüllung als auf Unterordnung. Es heißt auch, man müsse Frau und Kinder ebenso verehren und umhegen wie das heilige Feuer der Brahmanen.

Die Stellung und Pflichten der Hausfrau, wie sie in den meisten frühen buddhistischen Schriften geschildert sind, unterschieden sich jedoch nicht sehr von jenen der indischen Tradition – Gehorsam und Ergebenheit dem eigenen Ehemann gegenüber sind dabei die hervorstechenden Merkmale. Buddhistische Frauen waren aber nicht unbedingt passiv. Viele Mädchen wurden an Nicht-Buddhisten verheiratet und manche bekehrten ihren Ehemann und dessen Familie zu ihrem Glauben. Visākhā Migaramātā wurde in eine Familie von Anhängern nackter Asketen verheiratet. Sie rügte nicht nur deren ketzerischen Glauben, sondern konnte sogar die ganze Familie zum Buddhismus bekehren.

Arbeitende Frauen: In der buddhistischen Gesellschaft hatte die Mehrheit der Laienfrauen entweder die Rolle einer Tochter oder einer Hausfrau inne, für deren Unterhalt ihr Vater, ihr Ehemann oder ihre Kinder sorgten. Dennoch gab es Beispiele von Frauen, die zur arbeitenden Schicht gehörten, wie etwa Dienerinnen, Musikantinnen und Kurtisanen, von denen letztere unsere Aufmerksamkeit verdienen. In der buddhistischen Gesellschaft wurde die Prostitution nicht verachtet. Vielleicht mag es so sein, wie Horner vermutet: »Der Auffassung der eigenen Zeit entsprechend dachte man, daß eine Frau aufgrund ihres sich auswirkenden Karmas eine Prostituierte war. Es lag teilweise an dieser Vorstellung von Karma, daß die Gesellschaft jener Zeit den Beruf der Prostituierten ganz offen akzeptierte.«[32]

Kurtisanen wurden nicht als solche verdammt, und der buddhistische Orden stand jeder Prostituierten offen, die gewillt war, sich dem Pfad der Befreiung zu widmen. Vier Kurtisanen – Vimalā, Padumavatī, Aḍḍhakāsī und Ambapālī wurden zum Buddhismus bekehrt, traten in den Orden ein und erreichten schließlich die Arhatschaft. Einige Verse in den *Therīgāthā* werden ihnen zugeschrieben. Ambapālī war die bekannteste von ihnen. Eines Tages lud sie den Buddha zu einem Mahl ein, und er nahm ihre Einladung an. Später erhielt der Buddha für denselben Tag eine andere Einladung von einer reichen Familie aus der Licchavi-Sippe, aber er lehnte ab, um sein Versprechen gegenüber Ambapālī einzuhalten. Ihre Einladung wurde nicht als minderwertiger betrachtet.

Laienanhängerinnen: Die nichtordinierten Anhänger bildeten eine der größten Stützen des buddhistischen Saṅgha. Laienanhängerinnen spielten bei seiner Erhaltung keine geringere Rolle als die Laienanhänger. Sie teilten miteinander die Verantwortung für den Saṅgha und halfen ihm in jeder Weise. Aufgrund der traditionellen Rolle der Frauen im Haushalt kamen die Laienfrauen mit den Ordinierten in engere Berührung als die Laienmänner, wie zum Beispiel bei der Austeilung von Almosen. Man schätzte nicht nur die materielle Hilfe der Anhängerinnen, sondern legte auch Wert auf ihre Meinung. Ihre Ratschläge waren willkommen und gelangten zur Ausführung. Es wurde kein Unterschied zwischen Laienanhängern und -anhängerinnen gemacht. In einigen Fällen brachten sie sogar Kritik zum Zwecke der Aufrechterhaltung der buddhistischen Lehren und Disziplin vor und um das spirituelle Wohlergehen des Saṅgha zu gewährleisten.

Nonnen: Hinsichtlich eines angeborenen Strebens nach Vollendung unterscheidet sich die Frau nicht vom Mann. Es war der starke

Wunsch nach Befreiung (*Mokṣa*), der Frauen dazu motivierte, der Welt zu entsagen. Der buddhistische Nonnenorden wurde anfänglich durch die Bemühungen von Mahāprajāpatī ins Leben gerufen, die den Buddha darum ersuchte, Frauen zum Orden zuzulassen. Ihre Bitte wurde dreimal abgelehnt, bis Ānanda sich ihretwegen beim Buddha einsetzte. Ānanda fragte den Buddha: »Sind denn Frauen nicht in der Lage, ein Leben der Hauslosigkeit zu führen oder die Früchte geistiger Wandlung zu verwirklichen?« Hierzu gab der Buddha zur Antwort: »Doch, Ānanda. Sie sind dazu in der Lage.«[33]

Somit ist eindeutig erwiesen, daß der Buddha keine Zweifel an den naturgegebenen Fähigkeiten und der potentiellen Größe von Frauen hatte. Wenn der Buddha die Frau in bezug auf religiöse Verwirklichungen nicht geringer als den Mann erachtete, warum zögerte er dann, könnte man fragen, Frauen zum Orden zuzulassen? Der Buddha soll gesagt haben, daß die buddhistische Lehre aufgrund der Zulassung von Frauen zum Orden nur fünfhundert Jahre anstatt tausend Jahre bestehen bleiben würde. Zumindest wird das Zögern des Buddha traditionell so ausgelegt. Dennoch, wie Horner ausführt: »Wiederum ist es möglich, daß er, wenn überhaupt, nur aufgrund seiner bereits vorhandenen, aber nicht selbst verschuldeten Voreingenommenheit gegenüber Frauen zögerte. Der Buddha wurde als Hindu geboren, und Abstammung, Tradition und Erziehung lassen sich nicht einfach durch den Wunsch, sie loszuwerden, abschütteln.«[34]

Ein weiterer Grund für dieses Zögern ist, daß er sich der menschlichen Schwäche wohl bewußt war. Gegenseitige Beziehungen zwischen den beiden Orden würden sowohl den einen als auch den anderen größeren Versuchungen aussetzen. Statt davon zu reden, daß der Buddha Frauen unterschätzte, könnte man besser sagen, daß er seine männlichen Schüler nicht überschätzte. Die Zulassung zum Orden wurde schließlich unter der Voraussetzung gewährt, daß die Frauen acht Vorschriften (*Gurudharmas*) auf sich nahmen. Gemäß diesen Regeln erhielt der Bhikṣuṇī-Saṅgha in wichtigen Angelegenheiten – wie etwa bei der *Upasaṃpadā* (Ordination), dem *Uposatha* (Bekenntnis-Zeremonie), der *Varṣā* (Sommerklausur) und beim Sūtra- und Vinaya-Studium – von der Gemeinschaft der

Mönche Anweisungen und unterlag deren Beaufsichtigung. Daher war der klerikale Rang einer Nonne niedriger als der eines Mönchs, auch wenn der Bhikṣuṇī-Saṅgha seine internen Angelegenheiten selbst regelte.

Alle acht Vorschriften gingen von der Überlegenheit der Bhikṣus gegenüber den Bhikṣuṇīs aus. Der Buddha bezweifelte durchaus nicht die Fähigkeit der Frau, ihr religiöses Ziel erreichen zu können, aber er hatte anscheinend Bedenken, daß ihre weibliche Veranlagung zu einem Hindernis auf ihrem Weg zur Befreiung werden könnte. Diese acht besonderen Vorschriften wurden als Schutz oder Vorsorgemaßnahmen angesehen, um das gesellschaftliche und geistige Wohlergehen beider Saṅghas zu sichern.

Obwohl die Nonnen den Mönchen in mancherlei Beziehung untergeordnet sein sollten, genossen Bhikṣuṇīs in bezug auf die religiöse Entwicklung im großen und ganzen durchaus die gleichen Privilegien wie Bhikṣus. Sie konnten sich in ausgedehnte Meditationen begeben, nach Erleuchtung streben und eine aktive Rolle bei der Verbreitung des Dharma übernehmen, indem sie den Laien Unterweisungen gaben. Trotz der Einschränkungen und Begrenzungen bewiesen die Frauen, daß sie ebenso fähig waren wie die Männer, ihr religiöses Ziel zu verwirklichen. Die *Therīgāthā* geben in Versform ein anschauliches Zeugnis von der Tiefgründigkeit, der wahren Religiosität und der tiefen Einsicht, welche dreiundsiebzig *Therīs* verwirklicht hatten.

Wir können daraus folgern, daß der gesellschaftliche und religiöse Status der Frauen in der buddhistischen Ära höher war als in vorbuddhistischen Zeiten. Auch wenn der Bhikṣuṇī-Saṅgha aus praktischen Zwecken dem Bhikṣu-Saṅgha untergeordnet war, hatten die Nonnen doch ihren eigenen Orden, der ein für die religiöse Praxis förderliches Umfeld lieferte, und sie genossen völlige Freiheit, ihre religiösen Ziele zu verfolgen. Zudem besaßen Laienfrauen im eigenen Heim mehr Sicherheit und einen höheren Stellenwert als je zuvor. Dennoch waren Frauen aufgrund tief verwurzelter Sitten und des den Männern eigenen Überlegenheitsgefühls weit davon entfernt, als den Männern gleichgestellt behandelt zu werden.

Bei zahllosen Gelegenheiten werden in buddhistischer Literatur Frauen als eifersüchtig, dumm, leidenschaftlich und boshaft dargestellt. Das Urbild negativer Einschätzung von Frauen war in den Töchtern des *Māra* verkörpert, personifiziert als Lust, Abneigung und Begierde. Man war der Meinung, daß man zu Frauen am besten Distanz halten sollte, besonders die Männer, die an ihrem Weg zur Befreiung arbeiteten. Vor seinem *Parinirvāṇa* (Tod) gab der Buddha Ānanda die folgenden Anweisungen in bezug auf Frauen:

»Wie, Erhabener, sollen wir uns gegenüber Frauen verhalten?«
»Sie nicht sehen, Ānanda.«
»Aber wenn wir sie sehen sollten, Erhabener, was sollen wir dann tun?«
»Euch der Rede enthalten, Ānanda.«
»Aber was, wenn sie zu uns sprechen, Erhabener, was sollen wir dann tun?«
»Äußerst wachsam bleiben, Ānanda.«[35]

Es heißt, daß auf Frauen fünf Behinderungen bzw. Unfreiheiten zutreffen: Nicht fähig zu sein, ein *Brahma*-König, ein *Śakra*, ein Māra-könig, ein *Cakravartin* oder ein Buddha zu werden. Der Körper einer Frau wurde als unrein angesehen und als etwas, dessen man sich zu schämen hatte. Frauenbilder wie diese tauchen in den frühen buddhistischen Schriften auf. In den Mahāyāna-Schriften hingegen findet man hinsichtlich Weisheit und Ausübung des Pfades ein positives Frauenbild.

Das buddhistische Frauenbild im Mahāyāna

Die Wandlung des Frauenbilds in den Mahāyāna-Schriften basiert auf der Lehre und der Philosophie des Mahāyāna-Buddhismus. Während die Schriften vor dem Mahāyāna die traditionellen Ansichten einer etablierten, von Mönchen beherrschten klösterlichen Institution wiedergeben, befürwortet das Mahāyāna hingegen das Ideal des Bodhisattva, der den höchsten Zustand von Weisheit und Mitgefühl verkörpert, in dem jede geschlechtliche und gesellschaftliche Diskriminierung aufgehoben ist. Jeder Mensch, ob Mann oder Frau, ordiniert oder Laie, wird als potentieller Buddha betrachtet. Damit stellt das Mahāyāna-Schrifttum die Frau zwar als gleichberechtigt dar, verfolgt aber diese Auffassung nicht konsequent hin-

sichtlich ihrer gesellschaftlichen Stellung. Der Pfad der Befreiung wird innerhalb der Mahāyāna-Tradition von Sūtra zu Sūtra verschieden dargestellt.
Allgemein gesagt, können die Mahāyāna-Sūtras, in denen die geistige Entwicklung von Frauen geschildert wird, in vier Gruppen eingeteilt werden, die eine stufenweise Aufwertung der Einstellung gegenüber Frauen veranschaulichen:[36]

1. *Sūtras*, die eine negative Einstellung gegenüber Frauen beinhalten.

In diesen Lehrreden werden Frauen als Sinnbilder der profanen Welt dargestellt und gelten deswegen als potentielle Hindernisse für geistiges Wachstum. In der *Udayanavatsarāja-paripṛcchā (Die Fragen des Königs Udayana von Vatsa)* aus dem *Mahāratnakūṭa* können wir lesen: »Frauen können einwandfreie Gelübde zerstören. Sie enthalten sich verdienst- und ehrenvoller Taten. Sie verhindern die Wiedergeburt in einem Reinen Land und sind der Ursprung der Hölle.«

Das Mahāyāna-Sūtra über die Verdienste, die durch das Anfertigen von Buddha-Bildnissen entstehen, schildert Frauen als engstirnig, eifersüchtig und gehässig, als unversöhnlich und undankbar. Sogar wenn sie nach Erleuchtung streben, fehlt es ihnen an Entschlossenheit. Es stimmt zwar, daß das Mahāyāna Frauen viel Sympathie entgegenbrachte, in seinem Schrifttum jedoch ist immer noch Frauenfeindlichkeit zu spüren. Eine extreme Voreingenommenheit gegenüber Frauen ist aber keinesfalls vorherrschend.

2. *Sūtras*, die die Anwesenheit von Frauen in den Reinen Ländern verneinen.

Die Sūtras vom Reinen Land sind die bemerkenswertesten dieser Gruppe. Die vierunddreißigste Regel des *Größeren Sukhāvatīvyūha-Sūtra* besagt zum Beispiel: »O Bhagavan, sollten, nachdem ich *Bodhi* (Erleuchtung) erlangt habe, Frauen in den grenzenlosen, unzähligen, unfaßbaren, unvergleichlichen, unermeßlichen Reinen Ländern in allen Himmelsrichtungen, obwohl sie meinen Namen vernommen haben, Nachlässigkeit entstehen lassen, ihre Gedanken nicht auf die Erleuchtung richten und – frei von Wiedergeburt – ihre weibliche Erscheinung nicht als Hindernis betrachten, sondern wiederum eine weibliche Form bei der folgenden Geburt annehmen, möge ich dann nicht die Höchste Vollkommene Erkenntnis erlangen.«[37]

Das *Kleinere Sukhāvatīvyūha-Sūtra* erklärt ausdrücklich, daß es keine Frauen in einem Reinen Land gibt. Obwohl die Möglichkeit der Wiedergeburt in einem Reinen Land für Frauen nicht ausgeschlossen wird, kommt hier zum Ausdruck, daß der Körper eines Mannes für Fortschritte auf dem Bodhisattva-Pfad notwendig ist.

3. *Sūtras*, die Frauen als Bodhisattvas auf einer niedrigeren Stufe anerkennen.

Die meisten der Mahāyāna-Sūtras fallen unter diese Kategorie, einschließlich solcher Texte wie das *Saddharmapuṇḍarīka*, die *Sumatidārikāparipṛcchā* und die *Aṣṭasāhasrikāprajñāpāramitā*. In diesen Lehrreden wird die Frau zwar als »wohlwissende Ratgeberin« oder »geistige Freundin« (*Kalyāṇamitr*ā) anerkannt, aber trotzdem auf die niedrigeren Bodhisattva-Stufen verwiesen. Um mit der Ansicht des Mahāyāna über die Gleichheit aller Lebewesen im Einklang zu bleiben, wurde der Leitgedanke der Geschlechtsumwandlung in jene Lehrreden eingeführt. Sind Tugend, Verdienst und Weisheit einer Frau außergewöhnlich, kann sie – durch eine Geschlechtsumwandlung – in ihrem gegenwärtigen oder zukünftigen Leben ein Bodhisattva oder ein Buddha werden. Die Geschlechtsumwandlung versinnbildlicht den Übergang von dem unvollkommenen Zustand als Mensch (in Form des weiblichen Körpers) zur geistigen Vollkommenheit von Bodhisattvas und Buddhas (in Form des männlichen Körpers). Als Antwort auf eine Herausforderung durch Śāriputra, der die traditionelle Haltung gegenüber Frauen repräsentiert, verwandelt sich im *Lotus-Sūtra* die *Nāga*-Prinzessin, die als sehr intelligente und in den tiefsten Dharma eingedrungene Person geschildert wird, in einen männlichen Bodhisattva und wird sofort ein Buddha. Hier wird die Umwandlung der Nāga-Prinzessin vom weiblichen zum männlichen Geschlecht als erforderliche Voraussetzung für das Erreichen ihrer Buddhaschaft angesehen. Obwohl das Beispiel der Nāga-Prinzessin veranschaulicht, daß einer Frau die Verwirklichung der Buddhaschaft möglich ist, verbleibt dennoch ein unvereinbarer Widerspruch in der Auffassung von »männlich« und »weiblich«.

4. *Sūtras*, die Frauen als fortgeschrittene Bodhisattvas und zukünftige Buddhas anerkennen.

Das *Vimalakīrti-Sūtra* und das *Śrīmālā-Sūtra* gehören zu der Kategorie, in der die Stellung der Frau ihr höchstes Niveau erreicht. Grundlage dafür sind die Mahāyāna-Grundsätze von Leerheit, Buddha-Natur (*Tathāgatagarbha*) und Nicht-Dualität. Statt Bodhisattvas und Buddhas als zwangsläufig männlich zu sehen, erklären die Lehrreden in dieser Kategorie von Sūtras, daß die Vorstellungen der Dualität – bezüglich Mann und Frau, Subjekt und Objekt – bloße gedankliche Gebilde und Konventionen seien. Die charakteristischen Merkmale des »Männlichen« und »Weiblichen« sind eine Illusion und für spirituelle Bestrebungen belanglos. Vor diesem Hintergrund lehnt es das weibliche Bodhisattva-Wesen ab, sein Geschlecht umzuwandeln.

Als die weibliche Gottheit im *Vimalakīrti-Sūtra* von Śāriputra darum gebeten wird, sagt die Gottheit: »Ich bin schon zwölf Jahre lang hier und habe nach den innewohnenden Merkmalen des weiblichen Geschlechts gesucht und habe sie nicht finden können. Wie kann ich sie dann verändern?«[38] Nun wird Śāriputra von der Gottheit in eine Frau verwandelt. Dies geschieht, um deutlich zu machen, daß die Dinge weder weiblich noch männlich sind, wenn sie hinsichtlich ihrer wesenseigenen Leerheit betrachtet werden. Śāriputras Umwandlung in eine Frau lenkt die Aufmerksamkeit auf sein Festhalten an der diskriminierenden Unterscheidung zwischen den Geschlechtern.

Schlußfolgerung

Nach diesem Überblick zur Stellung der Frau vom frühen Buddhismus bis hin zum Mahāyāna-Buddhismus wollen wir nun untersuchen, welchen besonderen Status die Laienfrau und die Nonne in der Mahāyāna-Tradition innehaben. Es ist wirklich erschreckend, daß das Mahāyāna-Schrifttum in bezug auf Nonnen fast gänzlich Stillschweigen bewahrt. Keine einzige Lehrrede ist dem Thema gewidmet. Im Gegensatz zu der recht bedeutenden Funktion, die Nonnen im Schrifttum des frühen monastischen Buddhismus innehaben, bleibt die Rolle der Nonnen in den Mahāyāna-Texten im

Dunkeln. Dies ist auf den Stellenwert zurückzuführen, der den Laienanhängerinnen von Mahāyāna-Buddhisten zugesprochen wird. Letztere neigten im Gegensatz zu den Buddhisten vor dem Mahāyāna dazu, ein familienorientiertes Leben als förderlich für die religiöse Praxis anzusehen. Ihre Schriften weisen vielfältige Beispiele auf.[39] Im Vergleich dazu ist die Rolle der Nonnen, die sich ja vom Familienleben lossagen, vermutlich vernachlässigt worden.

Während wir wenige Hinweise auf Nonnen finden, hatten Laienfrauen allem Anschein nach einen gehobenen Status. Dies wird durch ihre häufige Erwähnung in den Mahāyāna-Sūtras bezeugt, wie etwa im *Mahāratnakūṭa-Sūtra*, in der *Sumatidārikāparipṛcchā* (T. 11, S. 547-549), im *Aśokadattavyākaraṇa* und in der *Śrīmatibrāhmaṇīparipṛcchā*. In diesen Sutras beherrschen Laienfrauen, manchmal sogar achtjährige Mädchen, die tiefgründige Lehre, üben die Bodhisattva-Praktiken aus und werden als Personen geschildert, die große Arhats an Weisheit übertreffen. Beträchtliche Beachtung erhalten Laienfrauen im *Sūtra von der reinen Lebensführung der Upāsikā*, in dem der Buddha ausschließlich den Upāsikās (Laienfrauen, die sich an fünf Regeln halten) Unterweisungen erteilt. Die den Laien eingeräumte Bedeutung wird auch im *Gaṇḍavyūha* deutlich; es wird nur eine einzige Nonne als »Gute Freundin« erwähnt, wohingegen im gleichen Sinne zehn Laienfrauen genannt werden.

Wahrscheinlich schildert keine Lehrrede die Weisheit der Laienfrauen auf solche Weise wie das *Śrīmālā-Sūtra*. Königin Śrīmālā, die Personifikation von Weisheit und Ausübung des Pfades, besitzt die Fähigkeit, zu »brüllen wie ein Löwe«, das heißt, sie ist in der Lage, die letztendliche Lehre über die universelle Befreiung darzulegen. Sie wird ohne Einwände als wahre Lehrerin des Buddhadharma anerkannt, und ihre Weiblichkeit wird niemals angegriffen. Auf ihrer fortgeschrittenen Stufe als Laien-Bodhisattva ist der Gedanke an eine geschlechtliche Umwandlung von keinerlei Bedeutung mehr. Als eine weltliche Frau, Vertreterin des Weiblichen, verkörpert sie die höchste Entwicklung intellektueller, geistiger und religiöser Möglichkeiten der Frauen. Daraus können wir den Schluß ziehen, daß der Mahāyāna-Buddhismus einen besseren Weg für Frauen, insbesondere für Laienfrauen darstellt.

4
Nonnen in den buddhistischen Traditionen

Überall, wo sich die buddhistische Lehre ausgebreitet hat, sind klösterliche Gemeinschaften von engagierten, im Zölibat lebenden Praktizierenden entstanden. Außer in der Mongolei haben sich Seite an Seite mit den Mönchsgemeinschaften auch Nonnengemeinschaften gebildet. Der Dharma wurde bei seiner Verbreitung in verschiedenen Ländern, Kulturen und Klimazonen unterschiedlich interpretiert. Die Mitglieder der neuen Klostergemeinschaften entwikkelten auch ihre eigenständigen Formen der spirituellen Praxis und des Lebensstils, indem sie die Vorschriften des Vinaya an ihre besonderen Lebensbedingungen anpaßten. Gewohnheiten der Mönche und Nonnen bezüglich der Ernährung, Kleidung und Behausung im heißen subtropischen Indien waren zum Beispiel auf die abgelegenen, kalten Gebiete Tibets nicht übertragbar.

Um Anpassungen zu ermöglichen, war ein gewisses Maß an Flexibilität in den vom Buddha dargelegten Lehren zur Schulung von Disziplin enthalten. Die Saṅgha-Mitglieder wanderten durch fremde Gegenden, um den Menschen durch die Ausbreitung des Dharma zu nützen. Es wurde von ihnen erwartet, daß sie die dortigen Bräuche respektierten und die Gesetze einhielten. Es ist einleuchtend, daß die Ordinierten mehr Chancen auf Erfolg haben würden, wenn sie nicht gegen die örtlichen Sitten verstießen. Betrachtet man die vielen Veränderungen, die im Laufe der Zeit aus verschiedenen Gründen vorgenommen wurden, ist es bemerkenswert, wie sehr sich die buddhistischen Traditionen heute immer noch ähneln.

In jedem Land, in dem der Buddhadharma Wurzeln schlug, entwickelten sich während des jahrhundertelangen Anpassungsprozesses besondere Traditionen. Jede von ihnen stellt eine Verschmelzung mit der Kultur und den Sitten des jeweiligen Landes dar. Die Art der Unterweisung, Meditationspraxis, Kleidung und des Verhaltens, die zur Zeit des Buddha unter den Entsagenden vorherrschte, wurde jeweils dem Bedarf angepaßt, damit die Lehren in der neuen Umgebung Gehör fanden. Diese Verquickung löste eine Fülle neuer Gedanken und Überlegungen aus, die wiederum zahllose Generationen verwirklichter, kreativer und humanitärer Frauen und Männer hervorbrachten. Die von der buddhistischen Philosophie und ihrer Tradition der Geistesschulung geleisteten Beiträge zur Weltzivilisation sind wohlbekannt.

In Indien, dem Land seiner Entstehung, blühte der Buddhismus fünfzehn Jahrhunderte lang. Die ersten Entsagenden wurden angewiesen, Lumpen nach einem bestimmten Muster zusammenzunähen und die so entstandenen Kleidungsstücke gelb zu färben – eine Farbe, die damals als sehr unattraktiv galt. Zusätzlich zu den drei für die Mönche vorgeschriebenen Kleidungsstücken wurde den Nonnen, als Zugeständnis an die Konventionen, eine ärmellose Bluse erlaubt (oder ein Gewand, das die Brust bedeckte) sowie ein Badetuch. Sowohl Mönche als auch Nonnen schoren ihre Köpfe und wanderten barfuß von Ort zu Ort, um von den Gläubigen jeden Morgen Almosen entgegenzunehmen. In den folgenden Jahrhunderten wurden die Gemeinschaften nach und nach ansässig, und anstatt die meiste Zeit auf Wanderschaft zu sein, lebten die Ordinierten nunmehr in Klöstern.

Zur Zeit des Buddha wohnten Tausende von Nonnen in eigenen unabhängigen Gemeinschaften, die sich selbst, getrennt von den Mönchen, verwalteten. Es gibt Indizien dafür, daß solche Gemeinschaften von Bhikṣuṇīs zumindest bis ins zehnte Jahrhundert n. Chr. in Indien existiert haben. Wahrscheinlich ist der Nonnenorden ungefähr zur gleichen Zeit ausgestorben wie auch andere buddhistische Institutionen.[40]

Gegenwärtig gibt es ungefähr ein Dutzend indische Nonnen, die vereinzelt in den neuen buddhistischen Gemeinschaften im Staat Maharashtra leben. Sie sind von indischen Theravāda-Bhikṣus zu Novizinnen ordiniert worden. In Ladakh gibt es in den Regionen von Kinnaur und Ṣpiti in Himachal Pradesh und unter den Mon-Völkern von Assam etwa fünfhundert Śrāmaṇerikās (Novizinnen), die die tibetische Form des Buddhismus praktizieren. Über Nonnen unter den bengalischen Buddhisten und den buddhistischen Stämmen entlang der östlichen Grenzregion Indiens ist nichts bekannt, doch unlängst haben sich hundert dem Chakma-Volk zugehörige Nonnen, die der Theravāda-Tradition folgen, als Flüchtlinge aus Bangladesh im Tripura-Gebiet niedergelassen.

Die Bhikṣuṇī-Überlieferungslinie wurde von Saṅghamittā, der Tochter König Aśokas (ca. 272 bis 236 v. Chr.), nach Sri Lanka übertragen. Noch im Jahre 885 n. Chr. berichten Inschriften von Bhikṣuṇīs.[41] Praxis und Kleidung der heutigen Nonnen Sri Lankas sind denen der frühen indischen Nonnen sehr ähnlich. Gegenwärtig gibt es in Sri Lanka etwa viertausend Nonnen, die der Theravāda-Tradition folgen. Sie werden *Dasasil Mātās* (Zehn-Regel-Nonnen) genannt und tragen safran- oder ockerfarbene Roben. Obwohl sie die zehn Regeln einer Śrāmaṇerikā erhalten, werden sie weder so genannt, noch als Mitglieder des Saṅgha anerkannt, da es zur Zeit keine Bhikṣuṇīs gibt, die sie ordinieren könnten.

In Burma leben etwa zwanzig- bis dreißigtausend Zehn-Regel-Nonnen, die als *Anāgārikās* (Hauslose) oder *Thilashin* (Besitzer von Moral) bekannt sind. Sie kleiden sich in orange- oder rosafarbene Roben und praktizieren gemäß der Theravāda-Tradition. Steininschriften, die bei neueren Ausgrabungen entdeckt wurden, beweisen die Existenz von Bhikṣuṇīs in der Pagan-Epoche (elftes bis dreizehntes Jahrhundert), doch der Orden starb wahrscheinlich während der Invasionen der Mongolen aus. Heute gibt es in ganz Burma, besonders in der Gegend von Mandalay zahlreiche Nonnenklöster, die eine bewundernswerte Disziplin aufrechterhalten.

Die Bhikṣuṇī-Überlieferungslinie hat Thailand anscheinend nie erreicht, obwohl dort ein florierender Theravāda-Mönchsorden existiert. Es gibt zwischen acht- und zehntausend sogenannte *Maejis*, weißgekleidete Frauen mit geschorenen Köpfen, die ein religiöses Leben führen, aber nicht als vollgültige Nonnen anerkannt werden. Sie nehmen acht oder mitunter auch zehn Regeln auf sich, aber da kein Bhikṣuṇī-Orden besteht, werden sie alle, wie in Sri Lanka, nicht als Novizinnen angesehen. Ähnliche Gemeinschaften von Theravāda-Nonnen, die weißgekleidet waren und acht oder zehn Regeln einhielten, existierten bis vor kurzem in Laos und

Kambodscha, doch werden sie die jüngsten politischen Ereignisse kaum überlebt haben.

Am besten ist es dem Bhikṣuṇī-Orden in den Mahāyāna-Ländern ergangen. In den Jahren 429 und 433 n. Chr. reisten zwei Gruppen von Bhikṣuṇīs aus Sri Lanka nach China, um vielen hundert chinesischen Nonnen die volle Ordination zu erteilen. Ungeachtet der Perioden religiöser Unterdrückung und politischer Unruhe ist dieser Bhikṣuṇī-Orden, der der *Dharmagupta*-Schule des Vinaya folgt, bis auf den heutigen Tag ununterbrochen erhalten geblieben. Chinesische Nonnen tragen graue, schwarze oder braune Roben und legen zu Zeremonien ein mit braunen oder goldgelben Flicken versehenes Obergewand an. Der chinesische Bhikṣuṇī-Orden ist in Taiwan und Hongkong sehr stark vertreten und erfährt auf dem chinesischen Festland ein Wiederaufleben. Vollordinierte chinesische Nonnen gibt es in Malaysia, Singapur, Indonesien, Thailand, auf den Philippinen und in fast allen Ländern mit Gemeinschaften von Auslands-Chinesen.

Die buddhistischen Lehren haben sich in Wellen über China nach Korea und Japan verbreitet. Der Stil der klösterlichen Praxis im heutigen Korea spiegelt fast genau die Formen der früher in China existierenden *Ch'an*-Schule wider.[42] Sowohl die Bhikṣu- als auch die Bhikṣuṇī-Überlieferungslinie sind dort seit frühen Zeiten fest verwurzelt. In Korea gedeiht der Bhikṣuṇī-Saṅgha immer noch Seite an Seite mit den Mönchen, jedoch sind ihnen die Nonnen zahlenmäßig leicht überlegen. Sowohl Mönche als auch Nonnen tragen graue Roben mit Falten und einer Schleife, wobei es sich um eine koreanische Anpassung an den ursprünglichen chinesischen Stil handelt.

Bei den japanischen Nonnen variieren sowohl die Formen der Praxis als auch die Art der Roben sehr stark. Sie gehören hauptsächlich zu den Schulen des Zen, Tendai, Nichiren, Shingon und des Reinen Landes. Es bestehen weder Bhikṣuṇī- noch Śrāmaṇerikā-Überlieferungslinien, aber die japanischen Nonnen erhalten Bodhisattva-Regeln und leben im Zölibat. Darüber hinaus gibt es viele Priesterinnen, die das Zölibat nicht einhalten. Normalerweise sind die Roben der Nonnen schwarz oder weiß und ähneln im Stil dem chinesischen Ordensgewand. Die meisten Texte und Traditionen, denen sie folgen, lassen sich auf chinesische Quellen zurückführen, die sich wiederum auf indische und Sanskrit-Originale zurückverfolgen lassen.

Die tibetisch-buddhistische Kultur nahm eine andere Entwicklung, stammt aber auch aus Indien. In der Mitte des achten Jahrhunderts wurde der Bhikṣu-Saṅgha in Tibet unter königlicher Schirmherrschaft gegründet, aber wegen der Schwierigkeiten und Gefahren der Reise wurde niemals die entsprechende Bhikṣuṇī-Überlieferungslinie eingeführt. Die Nonnen in Tibet und in anderen Himalaya Gegenden, die dieser Tradition folgen, erhalten von den Bhikṣus eine Śrāmaṇerikā-Ordination. Sie kleiden sich in bordeaux-rote Gewänder und tragen bei Zeremonien eine gelbe äußere Robe. Im elften Jahrhundert wurden viele Nonnenklöster gebaut, in denen Nonnen in Abgeschiedenheit und Ruhe den Dharma praktizieren konnten. Vor der kommunistischen Invasion gab es in Tibet mehr als achtzehntausend Nonnen; im Exil in Indien und Nepal leben jetzt weniger als fünfhundert.

Ähnliche politische Wechselfälle haben den vietnamesischen Nonnenorden beeinträchtigt. Früher existierte in Vietnam ein Bhikṣuṇī-Saṅgha, der Tausende von Mitgliedern zählte. Nach dem Aufkommen des Kommunismus konnten nur wenige Nonnen ins Ausland flüchten. Die meisten von ihnen praktizieren in der Mahāyāna-Tradition und tragen graue oder braune Roben ähnlich wie ihre chinesischen Ordensschwestern. Bis vor kurzem gab es in Vietnam auch Theravāda-Nonnen, die sich weiß kleideten und zehn Regeln einhielten, aber über ihre augenblickliche Situation ist wenig bekannt. Viele Strömungen buddhistischer Kultur – Theravāda, Zen, Reines Land – flossen nach Vietnam und wirkten in außergewöhnlicher Harmonie. Sowohl außerhalb als auch innerhalb Vietnams bemühen sich die Nonnen heute darum, diese Traditionen zu erhalten.

Die verschiedenen Formen und Praktiken, die sich in zweieinhalb Jahrtausenden buddhistischer Geschichte entwickelt haben, sind ein Zeugnis für die Anpassungsfähigkeit des Buddhismus und die Vielseitigkeit der Menschen bei ihrer spirituellen Suche. Heute, in der zweiten Hälfte des zwanzigsten Jahrhunderts, befinden sich die buddhistischen Lehren in einem Prozeß der Verpflanzung in verschiedene Länder, von denen viele einen tiefgreifenden sozialen Wandel durchlaufen. Aus der Annäherung buddhistischer Traditionen an das zeitgenössische soziale Denken werden zweifellos neue Formen, Praktiken und Auffassungen resultieren. Eines der faszinierendsten Zusammentreffen, das uns bevorsteht, ist das der feministischen Ideologie und der buddhistischen Theorie der menschlichen Vervollkommnung. Ihr gemeinsamer Nenner ist der Wert, den sie auf die Wahrheit legen, die frei ist von vorgefaßten Meinungen, Vorurteilen und Täuschungen.

Die Buddhisten fügen der Suche nach der Wahrheit in allen Dingen noch das Ziel hinzu, das Wohlergehen aller Wesen zu bewirken, der menschlichen und der nichtmenschlichen, der weiblichen und männlichen. Bei der Verfolgung dieser für sie im Mittelpunkt stehenden Ziele gibt es immer auch einen Spielraum für die Anpassung der äußeren Formen des Buddhismus an die Zeit und die sich wandelnden sozialen Bedingungen. Die gegenwärtige soziale Atmosphäre in den westlichen und zunehmend auch in den asiatischen Ländern verlangt, daß den Frauen ein gleicher Zugang zu religiösen Institutionen und zur Bildung gewährt wird. Ein solcher Zugang beinhaltet die Garantie ihres Rechts auf eine höhere Ordination. Als Ergebnis werden sie auf religiösem Gebiet führende Rollen übernehmen, was den Frauen weltweit auf vielfältige Weise Nutzen bringen kann. Versuche, den Frauen diese Rechte zu sichern, werden unvermeidlich auf anfänglichen Widerstand stoßen. Da aber der Buddhismus das Wohl aller fühlenden Wesen zum Ziel hat, wird der Widerstand sicherlich schwinden, wenn gezeigt werden kann, daß Gemeinschaften von Bhikṣuṇīs zu diesem Wohl beitragen können. Es wird Frauen geben, die in nie dagewesenem Ausmaß als geistige Vorbilder dienen und mittels spiritueller Einsicht in außergewöhnlichem Umfang den Nutzen der Lebewesen bewirken werden.

Nonnen in Burma

Daw Su Su Sein

Entlang der Sagaing Hügelkette liegen 145 Nonnenklöster, in denen insgesamt 2229 Nonnen leben. Wenn eine Frau den Wunsch hat, in einem der Klöster ordiniert zu werden, muß sie zuerst drei Monate lang im Kloster wohnen, acht Regeln einhalten und sich als Vorbereitung für die Ordination in Meditation vertiefen. Zwecks Aufnahme in das Kloster müssen sich Eltern oder Vormund der Nonnenanwärterin in ihrem Namen an die Vorsteherin oder die Gruppen der lehrenden Nonnen wenden. Von der Anwärterin selbst wird das Versprechen erwartet, die ihr auferlegten Pflichten zu erfüllen, wenn sie aufgenommen ist. Alle Nonnen müssen zumindest acht Regeln vollständig einhalten, und es steht ihnen frei, neun oder zehn Regeln auf sich zu nehmen, wenn sie es wünschen.

Die Klosterdisziplin erfordert die Anwesenheit bei den Morgen- und Abendgebeten. Die Nonnen müssen ihre Roben in einheitlicher Form tragen und sich würdig, ernst und schweigsam verhalten, wenn sie in einer Prozessionen das Kloster verlassen.

Um vier Uhr morgens, wenn die Klosterglocke läutet, stehen die Nonnen auf, um sich zum Gebet zu versammeln, Reis zu kochen und ihr Frühstück einzunehmen. Dann beschäftigen sich die älteren mit *Paṭipatti* (Meditation, den Rosenkranz beten und anderen Praktiken) und die jüngeren mit *Pariyatti* (Studium der Lehren des Buddha), den Hauptaktivitäten der Nonnen.

Um zehn Uhr morgens waschen sie sich und um elf Uhr wird zu Mittag gegessen. Zwischen zwölf und ein Uhr mittags ruhen sie sich aus. Danach studieren sie oder rezitieren Texte. Wenn die Unterrichtsstunden beendet sind, obliegt es den Nonnen unter anderem, Wasser zu holen und die Blumen im Tempel zu erneuern. Um achtzehn Uhr versammeln sie sich wieder zum Gebet, bringen Kerzen, Blumen und Wasser dar und rezitieren religiöse Ermahnungen und Lehrreden über ethisches Verhalten. Nach Beendigung der Gebete wiederholen sie den Unterrichtsstoff, den sie gelernt haben. An den Uposatha-Tagen werden die Fußböden des Klosters gründlich gesäubert und gefegt. An solchen religiösen Festtagen nehmen die Nonnen fleischlose Kost ein. Während sie anderen Hilfe leisten und ihren übrigen Aufgaben nachgehen, verhalten sie sich besonders achtsam. Sie lenken die Aufmerksamkeit auf die »vier materiellen Dinge«, das sind Kloster, Kleidung, Essen und Medizin.

Die Lehrerinnen werden wie Eltern betrachtet und die Nonnen-Schülerinnen wie die eigenen Kinder. Da die Schülerinnen ihre Familien und Heimat verlassen haben, um dem Nonnenorden beizutreten, werden sie von den Lehrerinnen liebenswürdig und freundschaftlich betreut und mit allem Notwendigen versorgt. Die Schülerinnen ihrerseits müssen den Lehrerinnen durch Fleiß und Gehorsam Respekt erweisen.

Nonnen im Alter zwischen dreizehn und vierzig Jahren sind bestimmte Aktivitäten verboten. Sie dürfen nicht allein in die Nähe eines Mönchsklosters gehen, kein Gemüse ernten,[43] sich nicht im Freien waschen, Mönchen keine Almosen geben und sich weder von ihnen unterrichten lassen noch zusammen mit ihnen studieren. Nonnen sollen ein ruhiges, gelassenes Betragen an den Tag legen und sich sowohl geistig wie auch körperlich richtig verhalten. Das Tragen verschmutzter oder zerlumpter Kleidung ist verboten. Es wird erwartet, daß alles, was sie tun, der Religion oder anderen Menschen dient. Sie dürfen nicht laut sprechen, gähnen, niesen oder übermütig lachen. Unnötige Tätigkeiten wie an Freunde und Bekannte zu schreiben, geschwätzig und übermäßig vertraulich zu sein, sind zu vermeiden.

Es ist den Nonnen erlaubt, Briefe an ihre Familien zu senden und sie während der Erntezeit auf dem Land zu besuchen.[44] Die Genehmigung, über Nacht wegzubleiben, können sie von ihrer jeweiligen Lehrerin oder Äbtissin erhalten. Essen zur unangemessenen Zeit, trinken und rauchen sind nicht erlaubt. Nonnen sollten freundlich und höflich im Umgang mit anderen sein. Durch Meditation über die liebevolle Zuneigung gegenüber allen Lebewesen sollten sie Kontrolle über ihre Gedanken ausüben.

Die Nonnen sind dafür verantwortlich, sowohl ihre Wohnstätten als auch alle Bereiche des Klosters, inklusive Gästehaus und Pagoden, sauberzuhalten. Alle müssen die nötigen Regeln einhalten. Nonnen, die von außen unterstützt werden, genießen ein friedliches und kontemplatives religiöses Leben. Die anderen müssen im allgemeinen zweimal pro Woche in der Nachbarschaft Almosen sammeln gehen und verbringen so den ganzen Tag, bis sie ausreichend Verpflegung erhalten haben. Sie kochen und essen zu zweit oder dritt. Nur in wenigen Klöstern können die Nonnen es einrichten, sich zu jeder Mahlzeit vollständig zu versammeln. Meistens sind sie abhängig von der Großzügigkeit ihrer vor Ort lebenden Verwandten und haben keine weiteren Mittel. Gelegentlich werden sie eingeladen, an einer Begräbniszeremonie teilzunehmen, wobei sie Almosen bekommen.

Trotz der Schwierigkeiten, denen die Nonnen sich in bezug auf Ausbildung, Lebensunterhalt, Meditation und Gebet gegenübersehen, gelingt es ihnen aufgrund ihrer inneren Stärke, allen Pflichten gewissenhaft nachzukommen. In ihrem religiösen Streben üben sie besonnen und gewissenhaft Ethik, Aufrichtigkeit, Geduld und Güte. Sie sind sparsam mit dem, was sie haben und leben in Zufriedenheit.

Zu Beginn ihres religiösen Lebens studieren die Nonnen die Buddhalehre, wenn sie älter werden, üben sie Meditation und andere fromme Praktiken. Sie haben keine anderen – modernen – Ausbildungsmöglichkeiten. Von politischen und weltlichen Aktivitäten halten sie sich fern, um sich in Ruhe ihren Rezitationen, Belehrungen und Studien widmen zu können. Sie verwenden ihre Zeit darauf, das Essen zuzubereiten und den Mönchen Almosen zu geben.[45] Sie bleiben der Öffentlichkeit fern und erfreuen sich ihres Nonnendaseins abseits des weltlichen Lebens.

Nonnen in China
Teil I – Die Volksrepublik China

Dr. Hema Goonatilake

Vor der Kulturrevolution gab es in China Tausende buddhistischer Tempel und Hunderttausende buddhistischer Mönche und Nonnen. Es wird angenommen, daß es sich um fünfhunderttausend Tempel und drei Millionen Mönche und Nonnen handelte. Bereits 1920 begann, wie bekannt, die kommunistische Unterdrückung des Buddhismus und anderer Religionen in China.[46] Jedoch erfuhr der Buddhismus etwa 1956 mit der Gründung der Chinese Buddhist Academy, mehrerer Ausbildungsstätten für Ordinierte sowie der Wiedererweckung der Buddhist Publication Society einen neuen Aufschwung. Aber schon kurze Zeit später brach die Kulturrevolution aus. Viele buddhistische Tempel und Nonnenklöster wurden in Fabriken oder Lagerhäuser umgewandelt und Mönche und Nonnen zur Arbeit in der Industrie oder in der Landwirtschaft gezwungen.

Seit Zerschlagung der »Viererbande« wurden buddhistische Aktivitäten wieder aufgenommen, und Tempel, Mönchs- und Nonnenklöster wurden mit staatlicher Hilfe wiederaufgebaut. Wo immer man Gebäude instandgesetzt hat, wird die Religion wieder ausgeübt. Ausbildungs- und Studienstätten für Mönche und Nonnen wurden ins Leben gerufen und örtliche buddhistische Vereinigungen wiederbelebt.

Im September 1984 war es mir vergönnt, China im Rahmen einer Studien- und Vortragsreise durch verschiedene asiatische Länder kennenzulernen. Ich besuchte buddhistische Tempel und Nonnenklöster in Beijing, Shanghai, Nanking und Canton.[47] Meinen Besuch im größten Nonnenkloster Zi Xiu in Shanghai hatte die Shanghai Buddhist Association arrangiert, und mein chinesischer Reiseführer und Dolmetscher, ein Außerordentlicher Professor vom Institute of Contemporary International Relations in Beijing, begleitete mich dorthin.

Bei unserer Ankunft überraschte uns eine Menschenmenge von etwa hundert Frauen und Männern, die sich am Tempeleingang eingefunden hatten, um uns willkommen zu heißen – die Äbtissin, die rangältesten Nonnen, der Vorsitzende und mehrere Amtsträger der Shanghai Buddhist Association in der vordersten Reihe. Ich war tief bewegt von der Warmherzigkeit, die mir entgegenströmte. Freudestrahlend sagte mir die Äbtissin auf chinesisch: »Zum ersten Mal seit achtzehn Jahren haben wir unser Kloster für einen Besucher geöffnet.«

Wir wurden in die Haupthalle des Tempels und dann in einen Versammlungsraum geführt, wo uns eine große chinesische Teetafel mit einer reichhaltigen Auswahl an süßen Speisen erwartete. Anschließend unterhielten wir uns mit Nonnen, dem Vorstand und Mitgliedern der Shanghai Buddhist Association sowie Laienanhängern und -anhängerinnen.

Ich erfuhr, daß der Tempel vor einhundert Jahren von einer Nonne gegründet worden war, und daß seitdem vier Generationen von Nonnen hier gelebt haben. Während der Kulturrevolution war das Kloster in ein Lagerhaus umgewandelt worden. Die Nonnen mußten in Fabriken arbeiten oder wurden zur Arbeit aufs Land verschickt. Die älteren, die das Kloster inzwischen restauriert haben, erzählten stolz, daß sie auch auf dem Land den Dharma praktiziert hätten, obwohl sie sich selbst versorgen und Nahrungsmittel anbauen mußten. Einige hätten jedoch die Robe abgelegt. Die älteste der sechzehn zurückgekehrten Nonnen zählte sechsundachtzig Jahre und war recht gebrechlich, aber die jüngeren Nonnen kümmerten sich rührend um sie. Die Äbtissin war dreiundsiebzig Jahre alt und ist mit zwanzig Jahren ordiniert worden. Die zweite Vorsteherin des Tempels, jetzt vierundsiebzig, wurde von ihren Eltern im Alter von zwei Jahren in den Tempel gegeben, weil die Familie zu viele Kinder hatte. Eine neunundsiebzigjährige Nonne war Lehrerin und leitete das Ausbildungs- und Studienprogramm für Nonnen.

Von den sechsundzwanzig im Kloster lebenden Nonnen waren elf nach der Restaurierung 1982 in den Orden eingetreten. Sie waren zwischen achtzehn und achtundzwanzig Jahre alt und stammten aus Arbeiter- oder Bauernfamilien. Allen gemeinsam war eine starke Prägung durch tiefreligiöse Eltern oder Großeltern. Drei von ihnen hatten engere Beziehungen zur buddhistischen Geistlichkeit: eine hatte eine ordinierte Tante, eine andere zwei Mönche als Brüder, die dritte war von einer Nonne aufgezogen worden.

Die auszubildenden Nonnen absolvieren ein zweijähriges Studium, in dem hauptsächlich buddhistische Texte, chinesische Sprache und Geschichte sowie Meditation gelehrt werden. Der gegenwärtige Lehrgang begann im September 1982 und sollte Ende September 1984 enden, wonach die Nonnen sich in verschiedene Tempel des Landes begeben werden. Eine weitere Gruppe sollte mit ihrem Studium Ende September anfangen. Die Auswahl der Kursteilnehmerinnen erfolgte nach einer Aufnahmeprüfung über den Dharma.

Nach der Diskussion wurden wir in den Vorlesungsraum im oberen Stockwerk geführt, wo ich einen Vortrag hielt. Ich berichtete über die gegenwärtige Situation der Dasasil Mātās in Sri Lanka, über die dort herrschenden unterschiedlichen Auffassungen hinsichtlich der Wiedereinrichtung des Bhikkhunī-Ordens und über die geschichtliche Rolle ceylonesischer Bhikkhunīs in China, die 433 n. Chr. die volle Ordination auf die chinesischen Nonnen übertragen hatten.

Während dieses Vortrags schienen einige Zuhörer ganz ergriffen zu sein. Mehrere stellten Fragen über die früheren Beziehungen zwischen ceylonesischen und chinesischen Buddhisten und über die Möglichkeit, die Verbindungen zwischen den Bhikkhunī-Saṅghas Chinas und Sri Lankas wiederherzustellen.

Während meines zweitägigen Aufenthalts im Zi Xiu Kloster galt mein besonderes Interesse der Religionsausübung der Nonnen und ihrer Beziehung zur Laiengemeinschaft. Nachmittags kamen Laien gelegentlich in den Tempel, um kurze Rezitationen oder Gebete zu verrichten und sich mit den Nonnen zu unterhalten. An Feiertagen aber sei der Tempel überfüllt, erzählte man mir.

Ich verließ Shanghai und fuhr weiter nach Nanking zum Besuch eines Nonnenklosters, das gerade wiederaufgebaut wurde. Ein großer Gebäudekomplex stand kurz vor der Fertigstellung. Die neunzehn ansässigen Nonnen und Novizinnen bewohnten vorübergehend zwei Räume in einem verfallenen Gebäude. An ihren Wohnbereich schloß sich ein Tempelraum mit Buddha-Bildnissen an, in dem religiöse Zeremonien abgehalten wurden.

Auch hier wurden wir herzlich empfangen und offiziell zum Tee eingeladen. Dann folgte eine Diskussion, an der sich alle Nonnen und Novizinnen beteiligten. Mehr als zwei Stunden waren schon verstrichen, als pünktlich um 15.15 Uhr eine Glocke erklang. Mit Ausnahme der Äbtissin begaben sich alle zu den nachmittäglichen Gebeten in den Tempelraum und brachten in einer Prozession schreitend und rezitierend den Buddhas Nahrungsmittel als Opfergaben dar. Das Ritual dauerte etwa eine Dreiviertelstunde. Wir hielten uns den ganzen Nachmittag im Kloster auf – zeitweilig in Gesellschaft der Äbtissin, die die Bauarbeiten in allen Einzelheiten überwachte. Ansonsten sahen wir zu, wie die Novizinnen neben ihren religiösen Aktivitäten den üppig wuchernden Garten pflegten, Wassereimer trugen und die Geräte saubermachten.

Die Äbtissin war zweiundsiebzig Jahre alt. Seit ihrem sechsten Lebensjahr, als sie Novizin wurde, lebte sie in diesem Kloster. 1966 mußte sie mit allen Nonnen das Kloster verlassen, da es in eine Fabrik umgewandelt wurde. Von 1966 bis 1972 blieb sie bei ihrer Schwester auf dem Land und lebte später mit mehreren Nonnen in einem anderen, bereits wiederhergestellten Kloster. Erst 1981 konnte sie in dieses Kloster zurückkehren und mit den Restaurierungsarbeiten beginnen. Von den neunzehn Klosterbewohnerinnen sind zwölf vollordinierte Nonnen, die anderen Novizinnen. Einige hatten noch langes Haar und sagten mir, daß sie sich vorerst mit ungeschorenem Kopf selbst prüfen wollten, ob sie das lebenslange Nonnengelübde auf sich nehmen könnten.

Mein nächster Besuch galt dem Nonnenkloster in Beijing. Es befand sich ebenfalls im Wiederaufbau und wurde von nur sechs Nonnen bewohnt. Die Aktivitäten und die Atmosphäre dort waren ähnlich wie im Kloster zu Nanking. Die Armut kinderreicher Familien war vor der kommunistischen Machtübernahme ein Hauptgrund für Jungen und Mädchen, ins Kloster zu gehen. Die kargen Lebensbedingungen zwangen die Eltern oft, ein Kind ins Kloster zu geben, damit sie einen Esser weniger am Tisch hatten.[48] Ein weiterer Beweggrund, die Kinder zur Ordination zu ermuntern, könnte besonders seitens der Eltern die Überzeugung der Chinesen gewesen sein, daß die Ordination eines Sohnes oder einer Tochter die Familie für sieben Generationen vor Not bewahren würde, ein in vielen buddhistischen Ländern verbreiteter Glaube.[49] Man versucht heute in China ein Mindestalter von achtzehn Jahren für Ordensanwärter und -anwärterinnen einzuhalten, um sicherzustellen, daß die jungen Menschen darauf vorbereitet sind, eine echte religiöse Verpflichtung einzugehen.

Die meisten Nonnen, die ich kennenlernte, sind entweder in einer buddhistischen Umgebung aufgewachsen oder haben religiöse Erfahrungen gemacht, obwohl einige schon in jungen Jahren ohne eigenes Zutun ins Kloster gebracht wurden. Mir sind auch einige Frauen begegnet, die dem Orden beigetreten sind, nachdem sie durch den Tod von Ehemann oder Kind das Interesse an einem weltlichen Leben verloren hatten oder nachdem eine Ehe oder Liebesbeziehung gescheitert war.

Während meines dreiwöchigen Aufenthalts in China wurde in vielen Gesprächen immer wieder betont, daß der feste Vorsatz, die Ordination nicht aufzugeben, das wichtigste Kriterium für die Eignung als Nonne oder Mönch sei. Ihr Gelübde, so wurde unumstößlich versichert, sei eine lebenslange Bindung, im Gegensatz zum Beispiel zu Thailand. Daher wird Anwärtern und Anwärterinnen, die eine strenge Disziplin nicht einhalten können, vom Beitritt zum Orden abgeraten.

Bei allen Mönchen, Nonnen und Laien, die ich in den Tempeln und Klöstern traf, fiel mir ihre Begeisterung auf. Obwohl jedes Nonnenkloster, das ich besuchte, einen von den Nonnen selbst geleiteten Tempel hatte, der von Buddhisten aus der Umgebung unterstützt wurde, schienen mir die von den Mönchen geführten Tempel mehr begünstigt und besser organisiert zu sein. In einigen buddhistischen Tempeln in Beijing, Nanking, Shanghai und Canton herrschte ein ständiges Kommen und Gehen. Die religiösen Zeremonien wurden von Männern als auch Frauen gut besucht.[50] Allerdings waren junge Menschen in der Minderzahl – sie standen zu den älteren etwa im Verhältnis eins zu zehn.

Seit der Wiedereinführung einer gewissen Religionsfreiheit wird der Buddhismus offenbar in mancher Hinsicht staatlich unterstützt. Einerseits werden von der Regierung Zuschüsse zur Restaurierung buddhistischer Tempel und Nonnenklöster gewährt, zum anderen räumt man den Religionsgemeinschaften ein Mitspracherecht in wichtigen beschlußfassenden Gremien ein, was zur Folge hat, daß auch Mönche und Nonnen als Vertreter in die Political Consultative Conference gewählt werden.

Mit der Zusammenstellung und dem Druck des chinesischen Tripiṭaka, der dreiundzwanzigtausend Bände buddhistischer Texte umfaßt, ist begonnen worden. Er soll bis 1994 fertiggestellt sein. In verschiedenen Landesteilen sind Druckereien und Vertriebsstellen für buddhistische Lehrreden entstanden. Die Ching Ling Buddhist Text Society hat ihre Tätigkeit wieder aufgenommen, und die Publikation und der Vertrieb von Klassikern der verschiedenen buddhistischen Schulen hat erneut begonnen. In mehreren Provinzen wurden auch Studienstätten für Mönche und Nonnen eingerichtet.[51]

Schon seit dem ersten Jahrhundert n. Chr. pflegte China enge kulturelle Verbindungen zu den umliegenden Ländern, besonders zu Indien und Sri Lanka.[52]

In meinen Zusammenkünften mit den Vorstehern und Vorsteherinnen buddhistischer Tempel und den Dekanen buddhistischer Institute wurde stets großes Interesse daran bekundet, diese kulturellen Kontakte wiederherzustellen. Ihnen lag besonders im Hinblick auf den Bhikkhunī-Saṅgha an der Wiederaufnahme der Beziehungen zwischen China und Sri Lanka.

Nonnen in China
Teil II – Taiwan

Bhikṣuṇī Shih Yung Kai

Man nimmt an, daß der Buddhismus mit den ersten chinesischen Einwanderern im zwölften Jahrhundert nach Taiwan kam. Wenn Chinesen einen Ort neu besiedelten, war es Sitte, Statuen, die ihren religiösen Glauben symbolisierten, von zu Hause oder aus ihren Tempeln mitzubringen. Da keine schriftlichen Zeugnisse vorliegen, haben wir nur sehr begrenzte Kenntnisse von buddhistischen Aktivitäten und Tempeln aus dieser Periode bis zum Ende des neunzehnten Jahrhunderts.

In den Jahren von 1895 bis 1945 hatte die chinesische Regierung Taiwan an Japan abgetreten, daher machte sich in dieser Zeit ein starker japanischer Einfluß bemerkbar. Nach chinesisch-buddhistischer Tradition hatten Mönche und Nonnen das Zölibat und vegetarische Ernährung streng einzuhalten und durften nicht im selben Kloster leben. Unter japanischem Einfluß wurden jedoch diese Regeln aufgehoben.

Nach dem Zweiten Weltkrieg kam Taiwan wieder unter chinesische Verwaltung. Um 1949, als das Mutterland China kommunistisch wurde, gingen viele ältere Mönche nach Taiwan. Ihre Ankunft bereicherte die taiwanesischen Überlieferungen, und die ursprüngliche buddhistische Lehre wurde wiederhergestellt. Sie trugen dazu bei, die Verwirrung zu klären, die während der japanischen Besetzung entstanden war, und ermutigten Buddhisten, sich mit positiver Einstellung an der Sozialarbeit zu beteiligen. Sie lehrten den traditionellen chinesischen Buddhismus und errichteten neue buddhistische Tempel, Zentren und Hochschulen.

Am 1. April 1912 wurde in Shanghai die Chinese Buddhist Association gegründet. Der Name wurde 1928 abgeändert in Chinese Buddhist Society, aber im darauffolgenden Jahr, als Vertreter aus dem ganzen Land in Shanghai zusammenkamen, wurde der jetzige Name Chinese Buddhist Association angenommen, auch Buddhist Association of the Republic of China genannt, abgekürzt BAROC.

Wegen des achtjährigen Widerstandskrieges gegen Japan (1937 bis 1945) konnte der Erste Nationale BAROC-Kongreß erst 1947 in Nanking abgehalten werden. Die Saṅgha-Mitglieder, die 1949 nach Taiwan übersiedelten, riefen 1950 einvernehmlich mit den einheimischen Taiwanesen BAROC wieder ins Leben.

In den vergangenen dreißig Jahren blühte der Buddhismus auf Taiwan wieder auf. Heute sind bei der Chinese Buddhist Association etwa zweitausend buddhistische Tempel und Organisationen eingetragen. Die meisten von ihnen sind nach 1950 entstanden. Vierunddreißig dieser Tempel oder Organisationen sind Institute angeschlossen, um Ordinierte auszubilden, und von diesen haben mehr als zehn buddhistische Hochschulen oder Studienzentren eingerichtet, in denen höhere buddhistische Studiengänge angeboten werden.

Die erste »Dreifache Ordination« für Mönche und Nonnen wurde 1952 von BAROC in die Wege geleitet. Seitdem werden am Ende eines jeden Jahres Mönche und Nonnen ordiniert. »Dreifache Ordination« bedeutet, daß während einer Ordinationsperiode drei verschiedene Arten von Ordinationen gegeben werden. Die erste ist die Śrāmaṇera- und Śrāmaṇerikā-Ordination, die gewöhnlich nach zweiwöchiger Schulung erteilt wird. Nach einer weiteren Woche folgt die Bhikṣu- und Bhikṣuṇī-Ordination und während der letzten zwei Tage der Veranstaltung die Bodhisattva-Ordination. Sie schließt die Übertragung der Bodhisattva-Regeln ein, wie sie im *Brahmajāla-Sūtra* enthalten sind.

Jedes Jahr wird ein anderer Tempel als Ort der Ordination ausgewählt. Er muß für die Unterbringung von mindestens drei- bis fünfhundert Novizen und Novizinnen eingerichtet sein, die aus ganz Taiwan und anderen Teilen der Welt kommen, um ordiniert zu werden. Die vollständige Ordination dauert insgesamt zweiunddreißig Tage, wenn sie nur von Bhikṣus erteilt wird. Eine von Bhikṣus und Bhikṣuṇīs durchgeführte Ordination dauert dreiundfünfzig Tage.

Während dieser Zeit werden die Novizen und Novizinnen im korrekten Verhalten der Mönche und Nonnen unterwiesen. Das *Prātimokṣa-Sūtra* wird erläutert, und die Zeremonie wird mehrmals vor der eigentlichen Ordination geprobt, um sicherzugehen, daß der Handlungsablauf allen gut bekannt ist.

Nach den Angaben von BAROC sind seit 1952 in Taiwan über zehntausend Mönche und Nonnen ordiniert worden, davon sechs- bis siebentausend Nonnen. Daß die Zahl der ordinierten Nonnen in Taiwan und Hongkong viel größer ist als die der Mönche, ist eine einmalige Erscheinung. Für dieses besondere Phänomen scheint es mehrere Gründe zu geben. Erstens kamen früher viele Mönche aus armen Familien. Damals war ein buddhistischer Tempel der einzige Ort, wo ein Sohn aus armer Familie eine annehmbare Bildung erhalten oder manchmal sogar überhaupt überleben konnte. In den vergangenen dreißig Jahren hat sich der Lebensstandard einer Durchschnittsfamilie in Taiwan oder Hongkong erheblich verbessert. Für eine solche Familie bestehen heute keine Schwierigkeiten mehr, die Söhne aufzuziehen. Viele würden es als Schande empfinden, einen Sohn ins Kloster zu schicken, weil man annehmen könnte, daß sie nicht in der Lage sind, ihn zu unterhalten. Das ist einer der Gründe, weshalb heute viele Chinesen zögern, einen Sohn ins Kloster gehen zu lassen, auch wenn er selber diesen Wunsch hat.

Zweitens ist die Fortführung des Familienstammbaums für Chinesen sehr wichtig. Vor allem wird dies vom ältesten Sohn erwartet. Es wird als Familientragödie angesehen, wenn er dem weltlichen Leben entsagen und Mönch werden will.

Letztlich habe ich das Gefühl, daß das sich verändernde Wertsystem der chinesischen Gesellschaft insgesamt mit diesem speziellen Phänomen zu tun hat. Mit dem Eindringen der westlichen Kultur werden die Menschen materialistischer und haben infolgedessen weniger Zeit, sich um ihre geistigen Bedürfnisse zu kümmern. Männliche Dominanz ist in der chinesischen Gesellschaft noch sehr ausgeprägt. Ein Mann erstrebt in der Regel eine gute Ausbildung sowie Erfolg in Beruf und Familie. Erfüllt er diese Erwartungen der Gesellschaft und seine Familienpflichten nicht, wird man unterstellen, daß mit ihm irgend etwas nicht stimmt. Unter diesem gesellschaftlichen und familiären Druck fühlen sich immer weniger Männer frei, ein religiöses Leben zu führen. Infolgedessen werden weniger Männer buddhistische Mönche. Nach meinem Gefühl ist das eine sehr bedauerliche und ungesunde Entwicklung. Sowohl Männer als auch Frauen haben im Buddhismus eine Aufgabe zu erfüllen. Mönche und Nonnen sind notwendig für die Verbreitung und Fortführung der Lehre Buddhas. Ich hoffe aufrichtig, daß das Zahlenverhältnis von Mönchen und Nonnen in der Gesellschaft bald zum Wohle des Buddhismus und zum Wohle aller Wesen ein gesundes Gleichgewicht erreichen wird. Heutzutage haben Nonnen in Taiwan in bezug auf das Lernen und Lehren des Dharma die gleichen Möglichkeiten und Verantwortungen wie Mönche. Von den sechs- bis siebentausend Nonnen in Taiwan ist etwa die Hälfte im Alter zwischen zwanzig und vierzig Jahren, die übrigen sind über vierzig. Sie verteilen sich auf zweitausend Tempel, die meist von zwanzig bis dreißig Mönchen und Nonnen bewohnt sind, die zwar im gleichen Tempel, aber in getrennten Wohnbereichen leben. Es gibt nur wenige größere Tempelanlagen mit mehr als zweihundert ständigen Bewohnern. Einige Mönche und Nonnen leben lieber allein in einer kleinen Wohnung oder mit drei oder vier anderen zusammen.

Es gibt mehr als zehn buddhistische Hochschulen in Taiwan, die Ausbildung für Mönche und Nonnen bieten. An anderen weiterführenden Ausbildungsstätten, wie normalen Hochschulen und Universitäten, gibt es keine Aufnahmebeschränkungen für Mönche oder Nonnen. Es lassen sich auch Beispiele von Nonnen nennen, die ein medizinisches oder juristisches Studium erfolgreich absolviert haben.

Auf zwei Arten können Nonnen in einem Tempel leben: entweder mit oder ohne Hochschulstudium. Wenn man an einer buddhistischen Hochschule studiert, die in der Regel einem Tempel angeschlossen ist, sind die Studierenden hier meist Ordinationsanwärter oder -anwärterinnen oder neu ordinierte Mönche und Nonnen. Ihr Studium dauert normalerweise drei Jahre und beinhaltet verschiedene buddhistische Fächer wie Geschichte und Philosophie. Auch nicht-buddhistische Fächer wie Englisch und Japanisch werden unterrichtet. Der Tagesablauf ist streng geregelt.

Wer nicht an einer buddhistischen Hochschule studiert, lebt ein klösterliches Leben in einem Tempel eigener Wahl. Die Aktivitäten sind von Tempel zu Tempel unterschiedlich, wie auch die Wirtschaftsführung, die das dringendste Anliegen aller Tempel ist. Einige Tempel sind völlig unabhängig, sie versorgen sich selbst durch Anbau von Nahrungsmitteln und Beschaffung sonstigen Unterhaltes. Einige führen Gebete und Rezitationen für buddhistische Laien durch, die für diese Dienste Opfergaben, meistens in Form von Geld, darbringen. Das Sammeln von Almosen wird in der chinesischen Gesellschaft nicht akzeptiert.

Einige Nonnen leisten Dharma-Arbeit wie öffentliche Lehrvorträge über Buddhismus, Sozialarbeit, Unterhalt von Kindergärten, Organisation von Klausuren, Unterricht an Gymnasien, buddhistischen Hochschulen und Universitäten. Wieder andere befassen sich mit kulturellen Aktivitäten wie der Herausgabe und Veröffentlichung buddhistischer Bücher und Zeitschriften. Ihr Unterhalt wird meistens durch Spenden von Gläubigen gedeckt. Die wichtigste religiöse Praxis für Nonnen in einem Tempel sind die morgendlichen und abendlichen Rezitationen. Daneben praktiziert jede Nonne für sich. Sie rezitiert Sūtras und die Namen der Buddhas, macht Niederwerfungen und übt Meditation. Mehrmals im Jahr werden siebentägige Klausuren durchgeführt. Zu speziellen Anlässen werden auch verschiedene Dharma-Zeremonien und Pūjās (Gebete) organisiert.

Eine Nonne in Taiwan hat normalerweise mindestens einen Hauptschulabschluß, aber die meisten haben das Abitur und einige auch einen akademischen Hochschulabschluß erworben, bevor sie dem Orden beigetreten sind. Mehr und mehr Bhikṣuṇīs werden sich dessen bewußt, wie wichtig eine Ausbildung ist. In den letzten Jahren sind viele von ihnen in Länder wie Japan, Korea, Indien und in die Vereinigten Staaten gegangen, um ihre Ausbildung an einer Universität weiterzuführen oder um sich auf eine Diplomarbeit vorzubereiten.

An den Aktivitäten und Leistungen der heutigen Bhikṣuṇīs in Taiwan läßt sich erkennen, daß sie sowohl auf religiösem Gebiet als auch allgemein in der Gesellschaft eine wichtige und einflußreiche Rolle spielen. Solange junge Frauen auch weiterhin in den Orden eintreten wollen und damit der klösterlichen Gemeinschaft neue Begabungen und Kräfte zugeführt werden, kann man vorhersagen, daß der Bhikṣuṇī-Saṅgha auf Taiwan eine sehr starke Kraft darstellen wird, die zum Wohlergehen der Gesellschaft und zum Glück aller Lebewesen beiträgt.

Nonnen in Japan
Teil I

Reverend Tessho Kondo

Seit 552 n. Chr., als der Buddhismus von China aus nach Japan kam, wird dort die Mahāyāna-Tradition aufrechterhalten. In Japan gibt es viele Schulen und Traditionen sowohl der exoterischen wie auch esoterischen Richtung des Buddhismus. Die beiden Hauptrichtungen jedoch stellen der Zen-Buddhismus mit seiner Betonung der Meditation dar sowie der Buddhismus der Reinen-Land-Schule mit dem Schwerpunkt der Rezitation des Namens von Buddha Amitābha. Diese beiden Strömungen gehen jeweils ihre eigenen Wege und haben sich in Japan nicht zusammengeschlossen, wie es in China der Fall war. Die Gesamtzahl aller in den vielen buddhistischen Schulen in Japan lebenden Nonnen ist nicht leicht zu bestimmen; schätzungsweise kommen jedoch etwa zweitausend Nonnen auf ungefähr eintausendfünfhundert Tempel.

In der Tradition des Reinen-Land-Buddhismus, welcher auch ich angehöre, sind etwa siebenhundert Nonnen auf fünfhundert Tempel verteilt. Wie man aus diesen Zahlen folgern kann, lebt etwa die Hälfte von uns allein und trägt die volle Verantwortung als Oberpriesterin eines Tempels. Viele von uns sind über sechzig Jahre alt, und junge Nachfolgerinnen sind sehr rar. Warum beschreiten so wenige junge Frauen den klösterlichen Pfad? Ein Grund besteht darin, daß die meisten Familien nur ein oder zwei Kinder haben und die Eltern ihren Töchtern daher nicht erlauben, die Gelübde zu nehmen. Obgleich japanische Mönche oftmals heiraten und Kinder haben, wird im Gegensatz dazu die Tradition des Zölibats unter den Nonnen aufrechterhalten, was zur Folge hat, daß sie nicht zur Fortführung des Familienstammbaums beitragen.

Auch die Tatsache, daß wir von seiten der anderen Schulen unserer Tradition keine Unterstützung erhalten, mag ein weiterer Grund dafür sein, daß nicht mehr Frauen Nonnen werden. Vielmehr ist jede einzelne von uns auf die Zuwendungen unserer Tempelmitglieder und der Gemeinde angewiesen. Da Frauen selten Tempel mit einer großen Anhängerschaft haben, müssen sie die ungenügenden Tempeleinnahmen aufbessern, indem sie beispielsweise Kurse über Blumenstecken oder über Teezeremonie anbieten. Selbstverständlich sind während der Ausbildung keine derartigen äußeren Aktivitäten erlaubt, so daß die Ausbildungskosten durch eigene Ersparnisse, mit Hilfe der Eltern oder durch die Unterstützung des eigenen Meisters getragen werden müssen.

Auch wenn die Begriffe Nonne und Mönch von jedermann verwendet werden, weichen die Bedeutungen doch von Land zu Land und von einer buddhistischen Schule zur anderen beträchtlich voneinander ab. Im Falle des japanischen Buddhismus sind wir genaugenommen nicht als Nonnen und Mönche zu bezeichnen, sondern eher als Priester, Priesterin oder Geistliche. Mann oder Frau erhalten die gleichen Regeln, durchlaufen (im Prinzip zumindest) dieselbe Ausbildung und haben (auch wiederum zumindest prinzipiell) den gleichen Stand innerhalb unserer buddhistischen Tradition inne. Wir empfangen die traditionellen Mahāyāna-Vorschriften aus dem *Brahmajāla-Sūtra*, von dem es im allgemeinen heißt, daß es von Kumarajiva im Jahre 406 n. Chr. ins Chinesische übersetzt wurde. Neueren Forschungen zufolge wurde es jedoch ursprünglich in China zusammengestellt.

Je nach buddhistischer Schule und nach den jeweiligen persönlichen Umständen variiert die formale Ausbildung. In dem von mir geleiteten Ausbildungszentrum für Nonnen des Reinen-Land-Buddhismus durchlaufen Frauen zwei Jahre lang eine Schulung, die buddhistische Unterweisungen und Zeremonien bis hin zu einer Vorbereitung auf das Leben als Mitglied des Saṅgha umfaßt. Im Soto Zen-Buddhismus ist die Ausbildung vom Umfang der vorhergegangenen Schulung abhängig. Die meisten Männer treten ihre Ausbildung bereits als Absolventen des Fachbereichs für Buddhistische Studien einer der Soto-Universitäten an. Die in einem solchen Fall erforderliche Ausbildungszeit beträgt dann nur ein oder zwei Jahre. Frauen hingegen beginnen ihre Ausbildung oftmals direkt nach dem Abitur, manchmal sogar vorher und sind dann gezwungen, die Oberstufe in Abendkursen zu absolvieren – und das nach einem vollen Schultag im Ausbildungstempel. Diese Frauen müssen zwei- bis dreijährige oder manchmal noch längere Kurse durchlaufen.

Der formale Lehrplan kann viele Themenbereiche umfassen, aber das Hauptaugenmerk wird natürlich auf den speziellen Weg zur Befreiung in der jeweiligen buddhistischen Schule gerichtet. Für die Schule des Reinen Landes bedeutet dies die *Nembutsu*-Praxis (d. h. die Rezitation des Namens von Buddha Amitābha). Für die Zen-Schule ist es das Zazen (Sitzmeditation).

Andere Themenbereiche können sich auf buddhistische Geschichte und Philosophie, das Studium der Sūtras, Theorie und Praxis der Zeremonien sowie auf das Nähen der Priesterroben und den Unterricht in der Kunst der Teezeremonie, des Ikebana und der

Kalligraphie erstrecken. Nach Beendigung ihrer Ausbildung ist eine Nonne befugt, alle Zeremonien ihrer Tradition durchzuführen und Oberpriesterin eines Tempels zu werden. Von da an lebt sie entweder allein oder im günstigeren Falle in einer Gemeinschaft, bestehend aus Haupt- und Nebenpriesterinnen. Zumeist stellt jeder Tempel eine im juristischen Sinne unabhängige Einheit dar. Der Lebensunterhalt der Oberpriesterin hängt von den Personen ab, die den Tempel unterstützen. Das heißt wiederum, daß die Hauptpflichten der Priesterin sich nach den jeweiligen Gesuchen der Förderer richten. In Japan bedeutet dies die Durchführung von Begräbnissen und Gedenkzeremonien sowie das Rezitieren von Lehrreden im Namen der Förderer. Eine weitere, weniger festgelegte aber oftmals zeitaufwendigere Verpflichtung besteht in der Beratung der Förderer bei allen möglichen Alltagsproblemen.

Besonders in ländlichen Gebieten, wo die Bevölkerung in die Städte abwandert, kann der Fall eintreten, daß nur wenige Personen übrigbleiben, die den Tempel unterstützen. Nicht nur aus diesem Grund, sondern auch als Möglichkeit zur Verbreitung der buddhistischen Lehren betreiben viele Nonnen Kindergärten, unterrichten in Vorschulklassen oder bieten, wie bereits erwähnt, Kurse über die Kunst der Teezeremonie, des Blumensteckens oder der Kalligraphie an. Mönche in ähnlicher Lage wird man wahrscheinlich eher als staatliche Angestellte oder Lehrer an öffentlichen Schulen antreffen.

Was mich betrifft, so bin ich Oberpriesterin eines Tempels und für die Erhaltung des Tempels sowie die Durchführung der entsprechenden Zeremonien zuständig. Zweimal im Monat gebe ich buddhistische Unterweisungen an Laienanhängerinnen. Fast jeden Tag gehe ich in das Ausbildungszentrum, das ich leite und wo ich auch unterrichte. Das Leben einer japanischen Nonne ist voller Aktivitäten, ein erfülltes Dasein, das sich in enger Verbundenheit mit der Gemeinde abspielt, deren Teil sie ist – auch wenn sie von ihren übrigen Schwestern getrennt lebt.

Nonnen in Japan
Teil II

Bhikṣuṇī Karma Lekshe Tsomo

Auf einer Reise nach Korea verbrachte ich einen Monat in Japan und besuchte so viele Nonnenklöster, wie ich nur ausfindig machen konnte. Es gibt davon eine beträchtliche Anzahl, aber da sie über das ganze Land verstreut liegen, war es oftmals schwierig, sie zu finden. Obwohl seit dem Zweiten Weltkrieg viele neue buddhistische Gruppen in Japan entstanden sind, ist das Interesse an den traditionellen Schulen zurückgegangen. Immer weniger Menschen gehen in ein Kloster, und immer weniger Frauen werden Nonnen. Viele der wunderschönen Tempel in Japan stehen leer. In anderen leben nur noch ein oder zwei Nonnen, die sich um die Erhaltung des Tempels kümmern. Diese Nonnen setzen nach wie vor ihre eigene Gebets- und Meditationspraxis fort, doch viele von ihnen sind bereits siebzig, achtzig oder neunzig Jahre alt. Ich war zutiefst betrübt, so wenige junge Nonnen zu finden.

In Kyoto gibt es ein Ausbildungsinstitut für Nonnen, das der Reinen-Land-Schule angehört. Zur Zeit meines Aufenthalts war es wegen mangelnder Bewerberinnen geschlossen. Ich bin nun glücklich über die Nachricht, daß es unter der Leitung der Ehrwürdigen Tessho Kondo wieder eröffnet wurde. Das Institut bietet eine dreijährige Schulung für Nonnen der Reinen-Land-Schule an. Der Lehrplan umfaßt Unterricht in Ethik und Verhalten, Sūtras und Philosophie bis hin zu Rezitationen, Teezeremonie und Blumenstecken. Nonnen anderer Schulen werden für die Dauer eines Studienjahres zum Unterricht zugelassen. Ausländische Nonnen werden ebenfalls angenommen, vorausgesetzt sie sprechen japanisch.

Gegenüber vom Institut liegt ein Tempel, der bei meinem Besuch von vier Nonnen bewohnt war. Die Äbtissin entstammt der japanischen kaiserlichen Familie und trägt als Zeichen ihrer Herkunft purpurfarbene Roben. Sie hat die Vierzig überschritten und trat in den Orden ein, nachdem sie als kleines Kind Waise geworden war.

Die Nonnen kümmern sich um den Tempel und führen auf Wunsch für die Laien Gebete und Zeremonien durch. Tempel dieser Art haben in bezug auf Unterstützung kaum Schwierigkeiten. Außer den Spenden der Laien erhalten sie regelmäßige Zuwendungen von seiten des japanischen kaiserlichen Haushalts, weil die Tempel als historische Denkmäler gepflegt werden sollen. Einige wurden auch zu Nationaldenkmälern erklärt.

Viele der überall im Land verstreuten Nonnenklöster befinden sich an sehr abgelegenen Stellen. Manche sind auch Touristenattraktionen geworden. Ein bemerkenswertes Kloster dieser Art ist Jakkoin am Stadtrand von Kyoto. Die bekannte Äbtissin, die Ehrwürdige Chiko Komatsu hat einige jüngere Schülerinnen angenommen. Sie war mehrmals in Indien und hat Bücher über die praktische Anwendung der buddhistischen Lehre im Alltag verfaßt und großes Interesse daran, die Unterweisungen in einer modernen Sprache anzubieten, um sie für junge Menschen attraktiver zu gestalten.

Der Buddhismus kam Mitte des sechsten Jahrhunderts (Nara-Periode) zur Regierungszeit von Kaiser Kinmei über Korea nach Japan. Über die erstmalige Etablierung der Bhikṣu-Übertragungslinie gibt es viele Darstellungen. Demnach entstanden bereits frühzeitig Meinungsverschiedenheiten hinsichtlich der Ordination buddhistischer Mönche. So gab es zum einen diejenigen, die das Verfahren der Ordination nach dem Vinaya mit der Begründung ablehnten, daß die Selbstordination zulässig sei. Eine andere Gruppierung hielt daran fest, daß die Ordination nur dann als gültig angesehen werden könne, wenn sie in Übereinstimmung mit den Vinaya-Texten von einer Versammlung von Bhikṣus durchgeführt würde. Schließlich sandte der japanische Kaiser eine Delegation japanischer Mönche nach China, um Vinaya-Meister nach Japan einzuladen.

Die Mission sah sich erheblichen Unannehmlichkeiten und Hindernissen ausgesetzt. Es gelang den Mitgliedern der Delegation zwar, den großen Meister Ganjin zusammen mit einer Gruppe von Mönchen einzuladen, aber beim Versuch, nach Japan zurückzukehren, wurden die Mönche festgenommen. Später erlitten sie Schiffbruch, und mehrere Schiffe gingen infolge von Unwettern verloren. Nachdem sie Japan schließlich doch erreichten, leitete Ganjin, der zu dieser Zeit bereits erblindet war, die erste authentische Bhikṣu-Ordination auf einer großen Bühne, die eigens für die Zeremonie errichtet worden war. Fast fünfhundert japanische Mönche erhielten die Ordination, und der Kaiser selbst empfing die Bodhisattva-Regeln.

Im frühen neunten Jahrhundert lehrte der Meister Saicho aus Enryakuji auf dem Berg Hiei, daß die Bodhisattva-Regeln mit denen eines Bhikṣu gleichzusetzen seien. Sein Einfluß hatte zur Folge, daß in ganz Japan in allen Schulen die Prātimokṣa-Ordination allmählich durch die Bodhisattva-Ordination abgelöst wurde.

Obwohl die Herkunft des Nonnenordens in Japan unklarer als die des Mönchsordens ist, findet man in historischen Dokumenten besonders aus der Heian Periode doch häufig Hinweise auf Nonnen. Professor Yi von der Donguk Universität in Seoul meint, daß die ersten vollordinierten Nonnen in Japan Bhikṣuṇīs waren, die in Korea durch koreanische Meister ordiniert wurden. Professor Akira Hirakawa von der Waseda Universität bestätigt, daß drei japanische Frauen im Jahre 590 n. Chr. in Korea als Bhikṣuṇīs ordiniert wurden. Nach ihrer Rückkehr nach Japan konnten sie die Regeln jedoch nicht auf andere übertragen, da sie den für die Durchführung der Ordination erforderlichen Saṅgha von zehn Bhikṣuṇīs zu dritt natürlich nicht bilden konnten.

Als der Meister Ganjin im Jahre 754 n. Chr. mit einem Bhikṣu-Saṅgha in Japan eintraf, waren auch drei Bhikṣuṇīs in seinem Gefolge. Wiederum war jedoch die Anzahl von drei Bhikṣuṇīs für die Übertragung der Ordination an japanische Nonnen nicht ausreichend, und auch später gelangte nie ein vollständiger Saṅgha mit zehn Bhikṣuṇīs nach Japan. Das hatte zur Folge, daß in Japan nie ein Bhikṣuṇī-Saṅgha gegründet wurde, obwohl es dort viele Nonnen gab, die die Śrāmaṇerikā- und Bodhisattva-Regeln befolgten.

Heutzutage erhalten Nonnen in Japan die Bodhisattva-Regeln, die im *Brahmajāla-Sūtra* dargelegt sind und große Ähnlichkeit mit den zehn Novizen-Regeln aufweisen. Sie erhalten keine formelle Śrāmaṇerikā-Ordination. Im Gegensatz zu den Mönchen führen die Nonnen ihr Leben in strenger Übereinstimmung mit den Vinaya-Regeln. Weder heiraten sie noch nehmen sie Alkohol zu sich, obwohl dies in Japan eine verbreitete Gewohnheit unter all jenen ist, die im weitesten Sinne als Mönche bezeichnet werden. Die japanischen Nonnen halten eine sehr große Disziplin ein. Sie ernähren sich streng vegetarisch, leben in Klöstern im Zölibat und geben selten ihre Gelübde zurück.

In vielen Fällen erfolgt heutzutage die Ausbildung der Nonnen auf einer persönlichen Basis – durch individuelle Meister und ordinierte Lehrerinnen innerhalb der Tempel. Einige Nonnen streben auch eine höhere Ausbildung an und gehen an die Universität. Auf den Straßen in Kyoto sah ich eine ganze Reihe junger Nonnen in voller Tracht, die dort an der Otani Universität, der Buddhistischen Universität (Bukkyo Daigku) und an anderen Universitäten studieren. Es ist ein gutes Zeichen, junge Nonnen zu finden, die eine höhere Ausbildung erhalten.

In Japan ist die Schulungsdisziplin unter einem Meister oder einer Meisterin außergewöhnlich streng. Es besteht keine Freiheit, das Nonnenkloster ohne Erlaubnis zu verlassen. Jede Handlung wird streng nach genauen Regeln und Bestimmungen ausgerichtet, und das Benehmen gegenüber dem Lehrer oder der Lehrerin erfolgt nach strikten Formen. Das Resultat ist ein musterhaftes Verhalten.

Alles in allem scheint mir jedoch, daß es in Japan für Frauen im Dharma noch viel zu tun gibt. Ich glaube, daß die Zeit kommen wird, in der junge Frauen nach einer Alternative zum heutzutage in Japan üblichen hektischen, materialistischen Lebensstil suchen werden. Ich habe das Gefühl, daß allmählich immer mehr Frauen ein starkes Interesse für den Buddhismus an den Tag legen und sich für ein Leben im Kloster entscheiden werden. Es gibt jetzt schon eine Tendenz bei jungen Leuten, wieder in Mönchs- und Nonnenklöster einzutreten. Viele von ihnen haben bereits den Kreislauf vom Anhäufen materiellen Reichtums über die Erkenntnis der Flüchtigkeit weltlichen Lebens bis hin zur Rückkehr zum Dharma durchlaufen. Sie haben einige Vorteile, denn es existiert bereits ein buddhistischer Kanon auf japanisch, es leben dort spirituelle Meister, die ordinierte Gemeinschaft wird unterstützt, und es gibt Tausende von herrlichen Klöstern und Tempeln, wo studiert und praktiziert werden kann. Jetzt müssen wir in deutlicher Weise allen japanischen Nonnen und jungen Japanerinnen, die sich für ein monastisches Leben interessieren, unsere Unterstützung anbieten.

Nonnen in Korea

Bhikṣuṇī Karma Lekshe Tsomo

Ursprünglich kam der Buddhismus im vierten Jahrhundert von China nach Korea. Nach und nach entstanden Klöster und Meditationsräume, zunächst nur für Mönche und etwas später auch für Nonnen. Der Stil der modernen koreanischen Klöster soll dem alten Stil der Klöster in China sehr ähnlich sein, und ebenso seien die monastischen Traditionen Chinas – besonders im Hinblick auf die Meditationspraxis – in Korea authentisch erhalten geblieben.

Die Klöster für Mönche und Nonnen sind streng voneinander getrennt. Die Klosterinsassen führen ein Gemeinschaftsleben ohne nennenswerte Privatsphäre oder persönlichen Besitz. Sie besitzen ihre Roben und sonst fast nichts. Sie teilen sogar Seife und Zahnpaste miteinander, aber nicht die Zahnbürste. Jeder hat für die Nacht seinen eigenen Schlafplatz. Wenn es Zeit zum Schlafen ist, legen sich alle in einem großen Raum zur Ruhe.

Die in und um die Klöster herum anfallende Arbeit wird in Rotation von allen Klosterbewohnern gemeinsam erledigt, wobei die älteren Klosterinsassen für Verwaltungsaufgaben und die Jüngeren für die Feldarbeit eingesetzt werden. Es hat sich hier eine Lebensform auf der Basis fast völliger Selbstversorgung entwickelt. Die großen Klöster in Korea betreiben – wie es im alten China üblich war – Anbau für ihren Eigenbedarf. So wird der Bedarf an Gemüse größtenteils aus der eigenen Produktion gedeckt und teilweise auch der an Getreide, obwohl auch der Großteil des Getreides von der Laiengemeinde bereitgestellt wird. Im Herbst wird das Gemüse – zumeist Kohl und Rettich – geerntet, eingemacht und in großen Tontöpfen verwahrt. Diese eingelegten Gemüsesorten werden den Winter über mit Reis gegessen. Für alle Grundbedürfnisse der Mönche und Nonnen wird von seiten des Klosters aus Sorge getragen, so daß für niemanden das Problem entsteht, auf Arbeitssuche gehen oder seinen Lebensunterhalt anderweitig verdienen zu müssen. Die im Kloster anfallende Arbeit beschäftigt sie allemal.

Die Jahre werden jeweils in vier Abschnitte eingeteilt: Zwei dreimonatige intensive Meditationssitzungen im Sommer und im Winter und zwei »freie« Perioden, – jeweils drei Monate im Frühling und im Herbst, wenn die Feldarbeit anfällt. Während dieser Zeit gehen die Mönche und Nonnen auch oft auf Pilgerreise. Die Reisekosten werden von den Klöstern übernommen. Es ist Sitte, daß jedes Kloster ordinierte Pilger mit dem Fahrgeld versorgt, das bis zum nächsten Reiseziel benötigt wird. Sie werden angespornt, die vielen wundervollen Tempel in Korea zu besuchen. Obwohl es in den Städten zahlreiche Tempel gibt, befinden sich einige der schönsten weitab auf dem Land, abgeschieden in den Bergen und Wäldern. Diese ruhige und friedliche Abgeschiedenheit der Tempel ist für die Ausübung des Dharma sehr förderlich.

In der koreanischen Form des Buddhismus steht die Meditationspraxis ganz im Vordergrund. Zur Zeit widmen sich in Korea 555 Nonnen, verteilt auf rund achtzehn Meditationssäle, intensiv der Meditation. Dazu kommen vierzig Nonnen, von denen man weiß, daß sie sich gegenwärtig in einer dreijährigen Klausur befinden. Mönche und Nonnen sind verpflichtet, während der Sommer- und Winterklausuren bis zum Ende der dreimonatigen Sitzung in den Meditationssälen zu bleiben. Immer wenn die nächste Sommer- oder Wintermeditation heranrückt, geht eine Nonne einfach zu einem Tempel ihrer Wahl und bittet, an der dort stattfindenden Klausur teilnehmen zu dürfen. Auch wenn sie ursprünglich einem ganz bestimmten Kloster angehört, kann sie doch die Meditationszeit in jedem anderem Tempel verbringen. Daher sind Klöster mit guten Meditationslehrern natürlich besonders beliebt. Aus diesem Grund ist auch Song Kwang Sa, ein Kloster im Süden Koreas, so bekannt geworden. Der verstorbene Meister Kusan Sunim war ein ausgezeichneter Meister des Zen (koreanisch *Soen*). Er unterrichtete weit und breit, zeigte auch Interesse an westlichen Schülern und begründete den ersten Saṅgha westlicher Buddhisten in Korea.

Der allgemeine Tagesplan ist überall ziemlich gleich. In den Städten steht man häufig erst um vier Uhr morgens auf. Sonst beginnt der Tag in allen Tempeln in ganz Korea um drei Uhr morgens. Geweckt wird man durch den wohlklingenden Gesang eines Mönches oder einer Nonne, der oder die durch die Tempelanlage schreitet und ein Sūtra rezitiert. Dieser Gesang ist von außergewöhnlicher Schönheit, als ob er aus dem Reinen Land käme. Danach folgt das Dröhnen einer großen Glocke. Um halb vier Uhr morgens versammeln sich die Mönche oder Nonnen zu einer kurzen Andacht, welche aus dem Rezitieren des *Herz-Sūtra* und einiger anderer Texte sowie Niederwerfungen besteht. Um sechs Uhr morgens gibt es Frühstück, danach wird regelmäßig der Tempel gereinigt. In Übereinstimmung mit der Zen-Tradition werden alle Tätigkeiten als Dharma-Handlungen betrachtet.

Vor dem Mittagessen um elf Uhr werden vor jedem der Altäre Gebete rezitiert. Die Mahlzeiten in koreanischen Klöstern sind einfach. Sie bestehen vor allem aus Reis, eingemachtem Gemüse und gelegentlich einer Suppe. Fleisch, Fisch, Eier, Zwiebeln und Knoblauch sind streng untersagt. Abendessen gibt es um fünf Uhr nachmittags.

Zwischen den Mahlzeiten wenden sich die Klosterinsassen ihren jeweiligen Tätigkeiten zu, je nachdem, ob sie gerade in Arbeit, Studium oder Meditation begriffen sind. Der Stil der koreanischen Zen-Praxis ist in seiner Art einzigartig, auch wenn er mit Sicherheit auf das alte China zurückgeführt werden kann. Obgleich es viele verschiedene Arten der *Koan*-Praxis gibt, wird die folgende Fragestellung häufig angewandt: »Wer ist es?« Wenn die Meditationsmeisterin der Nonnen, Bhikṣuṇī Hye Chun Sunim, um Meditationsanweisungen gebeten wird, ruft sie die Schülerin beim Namen auf. »Ja?« antwortet die Schülerin. »Wer ist es«, fragt sie, »wer ist es, der da mit ›ja‹ auf den Namen antwortet?« Dies erinnert stark an die ursprüngliche buddhistische Methode der Untersuchung, was und wo das »Ich« sein soll.

Angesichts einer sich ausweitenden Generationslücke in Korea werden heutzutage Anstrengungen unternommen, jungen Menschen den Buddhismus verständlicher zu machen und Laien mehr Gelegenheit zu geben, den Dharma zu studieren. Da die Erziehung der Jugend dem staatlichen Schulsystem obliegt, ist die religiöse Erziehung in erster Linie eine private Angelegenheit. Buddhistische Mönche und Nonnen haben vor allem in den Städten Sonntagsschulen für Kinder eingerichtet und arbeiten zunehmend im sozialen Sektor. Durch solche Aktivitäten hofft man, daß der Buddhismus mit den sich wandelnden gesellschaftlichen Bedingungen in Korea Schritt halten kann.

Die Zahl der jungen Menschen, die sich zum monastischen Leben hingezogen fühlen, scheint in den letzten Jahren gewachsen zu sein. Durchschnittlich sind es um die zweihundert Nonnen, die jedes Jahr die Bhikṣuṇī-Ordination empfangen. Auch das Ausbildungsniveau der Saṅghamitglieder hat sich gewandelt. Inzwischen müssen alle Mönche und Nonnen vor der Ordination das Abitur abgeschlossen haben. Ein wachsender Prozentsatz strebt ein Hochschulstudium an, entweder an Universitäten oder an buddhistischen Instituten und Hochschulen. Alle Mönche und Nonnen besuchen drei bis fünf Jahre lang die buddhistische Tempelschule, wo sie Chinesischunterricht bekommen und verschiedene Sūtras lernen. Ein sehr bekanntes Lehrinstitut für Nonnen ist das in Zentral-Korea gelegene Unmun Sa. Die Leiterin ist eine hochgebildete Nonne namens Myong Seong Sunim, sie spricht fließend Japanisch. In diesem Institut werden die Nonnen anhand chinesischer Texte in den Sūtras geschult. Das Studienprogramm dauert vier Jahre. Jede Klasse konzentriert sich auf das Studium einer bestimmten Lehrrede, etwa ein Jahr lang das *Lotus-Sūtra*, das nächste Jahr das *Diamant-Sūtra* und so fort. Ebenso werden sie in den Vinaya-Texten unterrichtet.

Eine weitere Ausbildungsstätte für Nonnen ist die buddhistische Hochschule für Frauen in Seoul. Hier werden einige Fächer von Nonnen unterrichtet, andere von Mönchen und wieder andere – wie etwa Pāli und Sanskrit – von Universitätsprofessoren. Oftmals geben ältere Nonnen Japanischunterricht, da viele von ihnen während der japanischen Besatzung ausgebildet wurden und sogar einen Doktortitel an japanischen Universitäten erworben haben.

Etwa sechstausend Bhikṣuṇīs und Śrāmaṇerikās kann man in Korea zählen und eine große Anzahl Anwärterinnen, die derzeit ausgebildet werden. Bevor man die Bhikṣuṇī-Ordination empfangen darf, werden fünf Jahre strenger Ausbildung verlangt, da die Bewahrung der Disziplin innerhalb des Saṅgha als wesentlich angesehen wird. Für das Privileg, die Bhikṣuṇī-Ordination erteilt zu bekommen, muß man sehr gewissenhaft arbeiten. Ein Meister oder eine Meisterin kann die Erlaubnis sogar Jahr für Jahr verweigern, bis sie der Meinung sind, daß eine Schülerin wirklich vorbereitet und würdig ist. Manche Nonnen ziehen es daher vor, ihr ganzes Leben lang Śrāmaṇerikā (Novizin) zu bleiben.

Vor nicht allzulanger Zeit ist die Ordination auf nationaler Ebene vereinheitlicht worden, so daß die Schüler und Schülerinnen von verschiedenen Meistern aus ganz Korea einmal im Jahr an einem Ort zusammenkommen, statt die Ordination einzeln zu empfangen. Die Stätte für die Zeremonie wechselt alle paar Jahre. Über das bloße Empfangen der höheren Ordination hinaus erhalten die Kandidaten eine einheitliche Disziplin-, Verhaltens- und Vinaya-Schulung. Dieses Verfahren hat sehr zur Steigerung der Disziplin des Saṅgha in ganz Korea beigetragen.

Wie überall sonst in der buddhistischen Welt gilt die Einhaltung der Vinaya-Regeln von seiten der ordinierten Gemeinschaft als wesentlich. Die Praxis des japanischen Buddhismus unterscheidet sich jedoch diesbezüglich in einigen Punkten von der ursprünglichen monastischen Tradition. Allem Anschein nach begannen die Mahāyāna-Praktiken allmählich gegenüber den Prātimokṣa-Praktiken an Einfluß zu gewinnen. In Japan war man der Auffassung, daß man bei der Beachtung der Mahāyāna-(Bodhisattva-)Gelübde nicht mehr in aller Strenge die Vinaya-Regeln einzuhalten braucht. Infolgedessen hatten während der sechsunddreißig Jahre dauernden japanischen Besatzung in Korea (1909 bis 1945) diejenigen buddhistischen Sekten, die den Mönchen das Heiraten freistellten, großen Zulauf, wohingegen die monastisch ausgerichteten Schulen einen Rückgang erfuhren. Da diese Mönche und Nonnen keine politische und wirtschaftliche Unterstützung erhielten, mußten sie unter härtesten Bedingungen um die Erhaltung ihrer Klöster kämpfen. Dennoch blieb die monastische Tradition bestehen, und beide Überlieferungslinien, die der Bhikṣus und die der Bhikṣuṇīs, überlebten.

Nach dem Vinaya ist es vorgeschrieben, daß die Bhikṣuṇī-Ordination durch eine vollständige Anzahl von Bhikṣus und Bhikṣuṇīs zu erfolgen hat. Dieses Verfahren der zweifachen Ordination ist im *Bhikṣuṇī-Karman* dargelegt. In diesem Text werden u. a. die Vorgehensweisen für das Empfangen der Ordination und das Bekenntnis von Verfehlungen erläutert. Die Tradition der zweifachen Ordination wurde jedoch in Korea aufgrund der Schwierigkeiten, zehn qualifizierte, vollordinierte Mönche und Nonnen zusammenzubekommen, für eine Weile unterbrochen.

Im Jahre 1981 beschloß der führende monastische Orden in Korea, der Chogye Orden, das zweifache Ordinationsverfahren wieder einzuführen. Hierzu überarbeitete der Vinaya-Meister, der Ehrwürdige Il Ta Sunim, den alten Text für die zweifache Ordinationszeremonie, wobei er die veraltete Sprache in eine moderne Lesart übersetzte, die für die Mönche und Nonnen heutzutage sinnvoller und verständlicher ist. All dies war mir nicht bekannt, als ich in Korea eintraf. Ich hatte Vorbereitungen getroffen, um die Bhikṣuṇī-Ordination in Taiwan zu empfangen und beschlossen, einen kurzen Aufenthalt in Korea einzulegen und bei der Gelegenheit einige Klöster zu besuchen. Es ergab sich, daß wenige Tage nach meiner Ankunft zum ersten Mal nach hundert Jahren in Korea die zweifache Ordinationszeremonie stattfinden sollte. Ich reiste nach Song Kwang Sa, wo der Meister Kusan Sunim mir meinen koreanischen Namen He Gon gab. Mit seiner gütigen Hilfe meldete ich mich für die Ordination an, zusammen mit einer Reihe von Novizen seines Klosters, die Bhikṣus werden wollten. Wir stiegen in einen Bus und fuhren zu einem Kloster in Pusan namens Beomeo Sa, wo die Ordinationszeremonie stattfinden sollte.

Es waren einhundertachtzig Mönche und einhundertzwanzig Nonnen in Beomeo versammelt, um die Schulungsregeln des Vinaya entgegenzunehmen. Darunter waren auch eine englische und mehrere koreanische Bhikṣuṇīs, die ihre Gelübde noch einmal ablegen wollten, um auch entsprechend der zweifachen Ordinationszeremonie ordiniert zu sein. Sie wollten die Schulungsregeln sowohl durch Bhikṣus als auch Bhikṣuṇīs erhalten. Und es waren noch über vierhundert Mönche und Nonnen anwesend, die die Śrāmaṇera- bzw. Śrāmaṇerikā-Regeln empfingen. Dies war das erste Jahr, in dem auch die Noviz-Ordination auf nationaler Ebene stattfand. Es herrschte eine außerordentlich strikte Disziplin und wie ich hörte, erfuhren die Novizen sogar eine noch strengere Schulung als die Kandidaten für die höhere Ordination.

Während des fünftägigen Ablaufs der Ordination erhielten wir in bezug auf alle möglichen Tätigkeiten Anweisungen: Wie wir gehen, sitzen, wie wir uns niederwerfen sollten und so weiter. Die meisten anderen Nonnen wußten bereits alles ganz genau, da sie ja eine jahrelange Übung hinter sich hatten. Die größte Schwierigkeit bereitete es zu erlernen, auf welche Weise man zu essen hatte. Jeder Vorgang bei den Mahlzeiten unterliegt strengsten Formvorschriften: Man muß lernen, wie die vier großen Schalen, die Eßstäbchen und der Löffel plaziert werden, wie man sein Essen entgegennimmt und wie man die Schalen auswäscht. Jeder Handgriff muß nicht nur sorgfältig in angemessenem Tempo ausgeführt werden, sondern mit größter Achtsamkeit. Sobald das Essen aufgetragen ist, wird ein Gebet rezitiert und dann wird rasch gegessen. Nach dem Essen wird die Serviette zusammengefaltet, die Schalen werden ineinander gestellt und mit einem Tuch auf besondere Art verschnürt. Nach einer weiteren Rezitation bleibt man sitzen und wartet, bis alle fertig sind. Für die Dauer der Ordination war das Abendessen allen untersagt.

Während der Vorbereitungstage empfingen wir auch die mündliche Übertragung und Unterweisungen zum *Bhikṣuṇī-Prātimokṣa-Sūtra*, die uns von einer sehr bekannten Vinaya-Meisterin gegeben wurden. Schließlich kam der Tag der eigentlichen Ordination. Am Morgen wurden wir alle hintereinander in strenger Reihenfolge in den Hof des Nonnenklosters gerufen, um niederzuknien, Verbeugungen und Rezitationen zu machen und um den Tempel zu umschreiten. Daraufhin empfingen wir von zehn hochrespektierten, älteren Bhikṣuṇīs die Schulungsregeln. Gegen Ende der morgendlichen Zeremonie, nachdem wir die Regeln erhalten hatten, fiel ein sanfter Regen – das gilt als günstiges Omen.

Nach dem Mittagessen gingen wir weiter zum Haupttempel, wo die Bhikṣus warteten, und unterzogen uns einer zweiten Ordinationszeremonie, die von zehn namhaften Bhikṣu-Meistern geleitet wurde. Dieses Verfahren glich dem vorherigen mit dem Verbeugen, Niederknien, Rezitieren und Empfangen der Regeln. Wiederum fiel ein sanfter Regen, gerade als wir hinausgingen, um photographiert zu werden und unser Zertifikat entgegenzunehmen, das unsere Ordination in einer gültigen Zeremonie bestätigte. Auch dieser Regen wurde als günstiges Zeichen gesehen, als eine göttliche Zustimmung zur Wiedereinführung der zweifachen Ordinationsmethode in Korea nach so langer Zeit. Ich war sehr glücklich, daß ich die Erfahrung machen durfte, an einer solchen Ordination teilzunehmen, und die

Güte, die mir von meinen koreanischen Schwestern erwiesen wurde, werde ich immer in dankbarer Erinnerung behalten.

Theravāda-Nonnen in Nepal

Bhikkhunī Dhammawati

Obgleich sich der Geburtsort des Erhabenen Buddha in Nepal befindet, kann der Theravāda-Buddhismus im modernen Nepal auf keine sehr lange Geschichte zurückblicken. Erst vor sechzig Jahren erfuhr er eine Wiederbelebung, als einige burmesische Mönche aus Kushinagar Nepal besuchten und von einigen Nepalesen um die Ordination gebeten wurden. Um jene Zeit etwa wurden auch fünf nepalesische Frauen als Nonnen ordiniert, so daß die Ordination von Mönchen und Nonnen fast gleichzeitig begann. Seither leisten Burma, Sri Lanka und neuerdings auch Thailand Hilfestellung bei der Ausbildung nepalesischer Saṅgha-Mitglieder. Da während der Rana-Diktatur (1846 bis 1950) für Frauen keinerlei Ausbildungsmöglichkeiten bestanden, blieben die nepalesischen Nonnen überwiegend ohne Schulbildung. Wenn sie die Ordination erhielten, waren die meisten bereits älter. Wir sind die erste Generation von Nonnen, die schon in jungen Jahren ordiniert wurden.

Da es zur Zeit meiner Ordination keine Möglichkeiten für ein Studium des Buddhismus in Nepal gab, beschloß ich 1948 nach Burma zu gehen. Ich war damals vierzehn Jahre alt. Meine Eltern erteilten mir dafür jedoch keine Erlaubnis, und ich mußte von zuhause weglaufen. Während der Rana-Periode war es für eine Frau unmöglich, zu Studienzwecken ins Ausland zu gehen. Da ich keinen Paß besaß, wanderte ich zu Fuß nach Burma, wo ich 1949 wegen illegaler Grenzüberschreitung festgenommen wurde. Schließlich gelang es mir jedoch, einen Paß zu bekommen und mein Studium des Dhamma in Burma zu beginnen.

Nach vierzehnjährigem Studium in Burma, bei dem ich mich auf *Abhidhamma* (höheres Wissen) spezialisiert hatte, ging ich nach Nepal zurück – voller Entschlossenheit, mich dort für den Dhamma und den Fortschritt der Frauen einzusetzen. Da anfänglich nur wenige Menschen Interesse zeigten, etwas über den Dhamma zu hören, begannen wir erst einmal damit, junge Studentinnen zu unterrichten. Mit der Zeit nahm die Zahl unserer Zuhörer zu. Schließlich gelang es uns, in Kathmandu ein kleines Stück Land zu erwerben und dort ein Nonnenkloster, Dharmakīrti *Vihāra*, zu gründen. In den dreiundzwanzig Jahren seit meiner Rückkehr aus Burma hat ein beachtlicher Fortschritt stattgefunden. Gegenwärtig studieren und praktizieren in diesem Vihāra vierzehn Nonnen, darüber hinaus geben sie Unterricht in verschiedenen Dhamma-Praktiken. Unterstützt wird der Vihāra durch Laien, und jedesmal, wenn am Uposatha-Tag im Vihāra die Buddha-Pūja abgehalten wird, wohnen etwa neunhundert Laienschüler, die meisten davon Frauen, der Zeremonie bei.

Der Vihāra hat auch eine Jugendgruppe, »Dharmakīrti Buddhistischer Studienkreis« genannt. Dieser Studienkreis hat vier Hauptanliegen: Die Lehre des Buddha zu studieren und an andere weiterzugeben, den Dhamma auch in ländlichen Gegenden zu verbreiten, ausländische buddhistische Gelehrte einzuladen und aufzunehmen sowie buddhistische Literatur zu veröffentlichen.

Um die Lehren so vielen Menschen wie möglich zugänglich zu machen, geben wir Bücher und Zeitschriften sowohl auf nepalesisch als auch auf Newari heraus. Überdies setzt sich der Vihāra auf den Gebieten der Ausbildung, der Sozialeinrichtungen, kultureller Belange sowie der Gesundheitsfürsorge und -pflege tatkräftig ein. Einige unserer ehemaligen jungen Studentinnen haben inzwischen ihren Universitätsabschluß erworben und können nun wirksam für den Dhamma sowie für das Wohl ihrer Gemeinden tätig sein.

Zur Zeit gibt es in Nepal etwa sechzig Theravāda-Nonnen, die meistens alleine oder in kleinen Gruppen leben. Die Hälfte von ihnen hat bereits ein ziemlich hohes Alter erreicht, die jüngeren arbeiten hart für den Dhamma. Die Nonnen werden »Anāgārikās« genannt, aber respektvoll als *»Guruma«* angeredet. Sie befolgen zehn Regeln, wobei statt der Vorschrift, nicht mit Geld umzugehen, allen Lebewesen liebevolle Güte erwiesen werden soll.

Dringend notwendig ist eine Organisation, die die Aktivitäten aller Nonnen in Nepal vereint und koordiniert. Beispielsweise ist bislang für die Nonnen noch kein institutionalisiertes Ausbildungssystem vorhanden. Wir bemühen uns mit großem Eifer um unsere Weiterentwicklung und hoffen, daß wir in Zusammenarbeit mit den Nonnen anderer Länder und Traditionen und mit gegenseitiger liebevoller Unterstützung in der Lage sein werden, zum Gedeihen des Dhamma beizutragen.

Nonnen in Sri Lanka

Abhaya Weerakoon

Der Nonnenorden Sri Lankas hat eine lange Geschichte. Nachdem der indische Kaiser Asoka zum Buddhismus übergetreten war, traten sein Sohn Mahinda und seine Tochter Saṅghamittā in den Orden ein. Beide erreichten die Arahatschaft. Im Laufe der Zeit führte der Arahat Mahinda Mahāthera eine Mission nach Sri Lanka durch, wo er im dritten Jahrhundert v. Chr. den Bhikkhu-Saṅgha einrichtete. Als ceylonesische Frauen sich an Mahinda Mahāthera mit der Bitte wandten, auch zum Orden zugelassen zu werden, erklärte er, daß eine bestimmte Anzahl von Bhikkhunīs die Ordination vornehmen müsse. Auf seine Bitte reiste Arahat Saṅghamittā Therī mit einer Gruppe von Bhikkhunīs zu diesem Zweck nach Sri Lanka.

In Erwartung der vollen Ordination gaben die ceylonesische Königin Anulā zusammen mit fünfhundert anderen Frauen, die in den Orden einzutreten wünschten, ihr weltliches Leben auf und hielten als Vorbereitung zu diesem großen Schritt die zehn Regeln ein. Ähnlich hatte es Königin Mahāpajāpatī Gotamī zusammen mit den Damen ihres Gefolges getan, als sie vom Buddha die Aufnahme in den Bhikkhunī-Orden erbaten. Königin Anulā und die fünfhundert Frauen wurden ordiniert und die Überlieferungslinie der Bhikkhunī-Ordination damit in Sri Lanka gegründet.

Das zeitweilige Verschwinden und die Wiedereinführung der Bhikkhu- und Bhikkhunī-Orden in verschiedenen Ländern ist historisch bekannt. Wir wissen zum Beispiel, daß Missionen von Sri Lanka aus nach Thailand geschickt wurden, als der dortige Bhikkhu-Orden ausgelöscht war. Ähnlich war auch Sri Lanka für die Wiedereinsetzung des Ordens mehrmals auf Thailand und Burma angewiesen. Auch wird angenommen, daß Bhikkhunī Devasarā den Bhikkhunī-Orden von Sri Lanka nach China gebracht hat.

In der Neuzeit wurde der Bhikkhu-Orden in Sri Lanka mehrmals wiedereingeführt: einmal 1753 aus Thailand durch Welivita Saranankara Saṅgharaja Thero, dann 1803 aus der Stadt Amarapura in Burma durch Welitara Gnanawimalatissa Thero und schließlich 1863 aus dem Distrikt Ramanna in Burma durch Ambagahawatte Indasabhavara Gnanasami. In den Jahren kurz vor 1753 hatte es Männer gegeben, die wie Mönche aussahen und zehn Regeln einhielten. Sie hatten dem weltlichen Leben entsagt und wurden von einigen »Bhikkhus«, von anderen »Ganninnanses« genannt, obwohl die Überlieferungslinie der Bhikkhu-Ordination damals nicht existierte. Diese Mönche spielten eine wichtige Rolle und waren für die Fortführung der buddhistischen Tradition in Sri Lanka in den darauffolgenden Jahren ausschlaggebend.

1905 kehrte eine Frau namens Sri Sudharmachari von Burma nach Sri Lanka zurück. Sie hatte dem weltlichen Leben entsagt, hielt die zehn Regeln ein und wurde als »Anāgārikā« bezeichnet oder – wie man heute in Sri Lanka sagt – »Dasasil Mātā«. So hat das Wort Nonne in der Umgangssprache zwei Bedeutungen: Es kann Bhikkhunī, also vollordinierte Nonne, bedeuten, deren Überlieferungslinie heute in Sri Lanka ausgestorben ist; es kann aber auch eine Frau gemeint sein, die das weltliche Leben aufgegeben hat und das Leben einer Bhikkhunī führt, aber nur zehn Regeln einhält. Diese Frauen nennt man in Sri Lanka, wie erwähnt, »Dasasil Mātās« oder in Thailand »Maejis«. Sie sind offiziell nicht als Mitglieder des Saṅgha anerkannt.

Die Lebensführung der großen Frauen Mahāpajāpatī Gotamī und Königin Anulā mit ihrem Gefolge, die in Erwartung der Bhikkhunī-Ordination als Nonnen lebten, gilt den heutigen Dasasil Mātās als Vorbild für ihre eigene Berufung.

Die Zahl der Dasasil Mātās hat sich in Sri Lanka während der ersten fünfzig Jahre nach der Ankunft von Sri Sudharmachari nicht erhöht. Die Entscheidung eines Mannes, dem weltlichen Leben zu entsagen und dem Bhikkhu-Orden beizutreten, wurde mit Respekt und Verehrung begrüßt; wenn aber eine Frau diesen Verzicht leistete, erntete sie Erstaunen und Mißtrauen. Es stachelte die Neugier vieler Leute an, den Grund für diesen Schritt herauszufinden – ob diese Frau etwa psychiatrische Behandlung brauche oder ob sie durch die Ordination einen bequemen Unterhalt anstrebe. Diese Einstellung war nur einer der Gründe für den sehr langsamen Anstieg der Zahl der Nonnen. Andere waren zum Beispiel:

1. Der neue Orden stand nicht unter königlicher Schirmherrschaft wie zur Zeit von Arahat Saṅghamittā Therī. Sri Lanka war 1905 unter britischer Kolonialherrschaft, wobei offiziell die christliche Religion betont wurde.

2. Einheimische, die gesellschaftlich aufgestiegen waren, unterlagen einem starken Einfluß der Kolonialherrschaft und unterstützten das buddhistische Erbe des Landes nicht.

3. Sri Lankas Mönche setzten sich nicht für das Recht der Frauen auf ein Leben als Nonne ein.

4. Die Laien wußten wenig über den Dhamma. Er wurde in Dhamma-Schulen gelehrt, von denen es damals nicht viele gab. Die übliche Art, Belehrungen zu empfangen, geschah zu Füßen eines Mönchs oder in nächtlichen Unterweisungen im Tempel, was die Teilnahme von Frauen praktisch ausschloß.

5. Die Gesellschaft teilte den Frauen die Aufgabe zu, einen Haushalt zu führen und für die Bedürfnisse von Kindern, Ehemann und Schwiegereltern da zu sein. Darum war für sie Entsagung oder auch nur religiöse Unterweisung erst im Alter möglich.

Als der Buddhismus an Ansehen gewann und es zahlreiche Dhamma-Schulen gab, erhielt die Jugend mehr Möglichkeiten, den Dhamma kennenzulernen, und eine neue Zeit kam auf. Die Dhamma-Schulen waren in der Tat wie ein Paß, der jungen Mädchen Zutritt zu verbotenem Gebiet gab. Sie eröffneten ihnen einen neuen Zugang zu religiöser Ausbildung und Einsicht. Der Weg der Entsagung wurde gewürdigt, und die Anzahl der Frauen, die das weltliche Leben zugunsten eines religiösen Lebens aufgaben, wuchs. Es scheint, daß gewisse Eigenschaften bei Frauen stärker vertreten sind als bei Männern. Einer dieser Vorzüge ist *Saddhā*, Vertrauen begleitet von Wertschätzung.

Diese große Fähigkeit der Frauen zur Hingabe offenbart sich bei ihrer begeisterten Teilnahme an religiösen Veranstaltungen. Mit der Möglichkeit, als Dasasil Mātās zu leben, die den Frauen jetzt offensteht, rückt der Tag näher, an dem Nonnen zahlreicher sein werden als Mönche. Darum sollten wir unser Augenmerk darauf richten, welche Einrichtungen Nonnen zur Zeit zur Verfügung stehen und welche sie noch brauchen, um ihr religiöses Leben führen zu können.

Religiöse Hingabe mag Frauen dazu führen, das Nonnengewand anzulegen, aber danach sind sie sich selber überlassen. Da es keine organisierte Unterstützung gibt, leben sie vereinzelt in weit auseinander liegenden Orten. Sie haben die Welt, der sie entsagen, verloren und können in der neuen Welt schwer Fuß fassen. Alleine und ohne Zuspruch, fehlt es ihnen auch an Selbstvertrauen. Vieles muß geändert werden, um den Nonnen Stärke und Vertrauen zu geben. Verbesserte Bedingungen für Nonnen werden zweifellos zur Entstehung sympathisierender und unterstützender Gemeinden führen.

Überall in Sri Lanka gibt es *Ārāmas* (Einsiedeleien), in denen ein oder zwei Nonnen wohnen. Nonnenklöster mit fünfzehn oder zwanzig Bewohnerinnen sind sehr selten. Jede Ārāma wird von den Dorfbewohnern unterhalten, wodurch unglücklicherweise gelegentlich Konkurrenz und Rivalität zwischen Mönchen und Nonnen entstanden sind. Eine freundliche Haltung dem Saṅgha gegenüber ist äußerst wichtig.

Es gibt derzeit Bemühungen, die schwierige Lage der Nonnen in Sri Lanka zu erleichtern. In jedem der fünfundzwanzig Distrikte sind monatliche Zusammenkünfte für Nonnen organisiert worden, die dazu dienen sollen, die Kommunikation, Führungseigenschaften, das Verhalten, wechselseitigen Respekt und organisatorische Fähigkeiten zu verbessern. Dieses Programm ist sehr beliebt und erfolgreich geworden.

Der Vollmond im Dezember wird jedes Jahr in Erinnerung an die Ankunft von Saṅghamittā Therī und die Gründung des Bhikkhunī-Ordens begeistert gefeiert. An diesem Tag hatte sich 1986 fast die gesamte Nonnenschaft von Sri Lanka in der heiligen Stadt Anuradhapura unter einer neuen Flagge und unter dem Motto des Buddha-Ausspruchs versammelt: »Geduld ist die höchste Form der Askese.« Es leuchtet ein, daß Geduld nötig ist für die Aufgaben, die vor den Nonnen liegen.

Die Zusammenkunft von Anuradhapura hat die Einheit der Nonnen sehr erfolgreich gefördert. Es gab mehrere Ersuchen, dieses Ereignis jährlich zu wiederholen. Eine Anzahl von Nonnen schlug unter anderem vor, einen Zukunftsplan und einen Verhaltenskodex für Nonnen zu entwerfen. Unter den Dasasil Mātās herrscht eine Aufbruchstimmung, wachsendes Vertrauen, Verantwortungsfreudigkeit, Solidaritätsgefühl und ein Zeichen von Hingabe, Selbstaufgabe und Eifer.

Darum ist die Zeit jetzt reif für weitere Schritte, die zum Teil durch eine verbesserte Ausbildung erreicht werden können. Die meisten Nonnen haben ihr religiöses Wissen in den Dhamma-Schulen erhalten, die hauptsächlich für Kinder der Laienanhänger gedacht waren. Während es für Mönche Ausbildungsstätten (*Pirivenas*) gibt, ist es für Nonnen schwierig, eine religiöse Ausbildung zu bekommen. In einigen Distrikten sind Klassen für Nonnen eingerichtet worden, in denen Mönche freiwillig unterrichten. Geeignete Büchereien und ein Ausbildungszentrum mit Unterkunftsmöglichkeiten für Nonnen wären notwendig.

Ein sehr nutzbringendes Projekt, das man im Auge hat, wäre auch die Einrichtung eines internationalen Nonnenzentrums, wo man Nonnen aus verschiedenen Ländern die Möglichkeit zu buddhistischen Studien und Schulungen geben könnte. Dringend benötigt wird auch ein Wohnheim für Nonnen, die Colombo und andere Städte besuchen.

Um den finanziellen Nöten der Dasasil Mātās nach Kräften zu begegnen, halte ich es für eine sehr gute Idee, Treuhandgesellschaften und Kapitalanlagen bei Banken einzurichten, deren Zinserträge ihre Grundbedürfnisse finanziell abdecken würden. Es gibt schon einige Beispiele dafür in Sri Lanka, und ich hoffe, daß sie Schule machen werden. Unser Land hat von vielen hilfsbereiten Ländern in Ost und West reichlich Entwicklungshilfe erhalten. Vielleicht könnten diese Länder auch der weltweiten Saṅgha-Gemeinschaft helfen. Auch kleinste Zuwendungen würden für den Bedarf unserer

Nonnenklöster und die Ermöglichung zukünftiger internationaler Nonnentreffen genügen. In der Vergangenheit kam die Unterstützung von seiten der Laienanhänger und -anhängerinnen mehr dem Mönchsorden zugute. In Zukunft hoffen wir sicherzustellen, daß der Kreis der Nonnen nicht übersehen wird.

Nonnen in Thailand

Dr. Chatsumarn Kabilsingh

Das Königreich Thailand entstand vor siebenhundert Jahren mit Beginn der Sukhothai-Dynastie. Von jener Zeit wird berichtet, daß Laienanhänger und -anhängerinnen Seite an Seite praktizierten – ohne Trennung der Geschlechter. Das hieß, daß sie zum Beispiel am Uposatha-Tag gemeinsam die acht Regeln einhielten, Blumengaben darbrachten und Rezitationen durchführten. Auf Nonnen sind jedoch keinerlei Hinweise zu finden.

Der Bhikkhu-Saṅgha verfügt in Thailand über eine seit langer Zeit bestehende Tradition, aber Frauen haben niemals um Ordination ersucht. Im Gegensatz dazu begehrten die Frauen auf Sri Lanka, nicht lange nachdem der Buddhismus dort Fuß gefaßt hatte, ganz von sich aus und mit großer Begeisterung die volle Ordination nach buddhistischer Tradition.

Vor etwa fünfhundert Jahren, in der frühen Ayudhya-Epoche, griff das thailändische Heer Kambodscha an und nahm die Hauptstadt ein. Im Verlauf dieser Besatzung übernahmen die Thailänder von den Kambodschanern in beträchtlichem Ausmaß brahmanisches Gedankengut, in dem Frauen eine viel niedrigere Stellung als die Männer einnehmen. In der Folge verfügten thailändische Frauen nicht in gleichem Maße wie die Männer über gesellschaftliche Freiheiten und Ausbildungsmöglichkeiten. Dieser Zustand dauerte über Jahrhunderte an und ist auch heute noch vorherrschend. Meiner Meinung nach liegt hierin die Hauptursache, daß thailändische Frauen niemals ihre Rechte geltend machten und sich um die volle Ordination bemühten.

Mit »Maeji« werden die buddhistischen Ordensfrauen in Thailand bezeichnet, die fünf oder acht Regeln einhalten. Sie können zu Hause, in einer kleinen Unterkunft im *Wat* (Tempel) oder in einem gesonderten Nonnenkloster leben. Niemand weiß genau, wann oder wie sie zum ersten Mal in der Geschichte Thailands auftauchten. In einigen Berichten christlicher Missionare aus dem Westen, die Thailand während der Ayudhya-Epoche (dreizehntes bis achtzehntes Jahrhundert) besuchten, gibt es Hinweise auf ortsansässige Nonnen, die Maeji genannt wurden. Das früheste historische Zeugnis ihrer Existenz ist ein 1639 verfaßter Brief von J. Schouten, der vermuten läßt, daß es die Maejis seit rund dreihundert Jahre gab: »Neben diesen Priestern gibt es eine Art alte Nonnen, die in den Kapellen nahe den größten Tempeln untergebracht sind. Sie nehmen sehr hingebungsvoll an allen Lehrreden, Gesängen, Zeremonien und anderen religiösen Diensten teil, jedoch freiwillig, ohne an Regeln oder Vorschriften gebunden zu sein.«[53]

Dem *Königreich von Siam* von Monsieur de la Loubere ist zu entnehmen, daß ein französischer Gesandter, der sich in Thailand während der Regierungszeit des Königs Narai in den Jahren 1687 bis 1688 aufhielt, auf die meist älteren sogenannten *»Nang tschii«* aufmerksam wurde. Diese trugen weiße Gewänder und lebten in einem abgetrennten Bereich des Wat. Während der Regierungszeit König Phaetrajas beobachtete wiederum der deutsche Arzt Kaempfer die in weiße und nicht in gelbe, wie die Mönche, gekleideten Nang tschii, die Regeln einhielten und ihre religiöse Praxis im Wat ausübten.[54] Nicolas Servese berichtete, daß Frauen, die Maejis werden wollten, über fünfzig Jahre alt sein mußten und hauptsächlich für die Mönche zu arbeiten hatten, denen sie beim Kochen usw. halfen. Manchmal bat man sie, bei einer Begräbniszeremonie Gebete zu sprechen. Sie gingen dann in Prozessionen und erhielten viele Gaben. Anscheinend wurden die Maejis während der Ayudhya-Epoche von der Gesellschaft mehr respektiert als heutzutage.

Während Bhikkhunīs in der Theravāda-Tradition 311 Regeln einhalten müssen, befolgen die meisten Maejis nur acht und besitzen keine Ordinations-Überlieferungslinie. Sie tragen weiße Roben und haben das Haar geschoren. Obgleich einige von ihnen zehn Vorschriften beachten, werden sie nicht als *Sāmaṇerīs* (Novizinnen) betrachtet. Der Grund hierfür liegt etwa fünfzig Jahre zurück, als einige Frauen die Bhikkhunī-Regeln ohne die Mitwirkung eines Bhikkhunī-Saṅgha nahmen. Nach diesem Zwischenfall erließ ein Komitee von älteren Mönchen eine Verordnung, die den Mönchen das Erteilen sowohl der Sāmaṇerī- als auch der Bhikkhunī-Ordination verbat. Als Folge dieser Regelung wird eine Frau auch dann nicht als Sāmaṇerī bezeichnet, wenn sie zehn Regeln annimmt und befolgt. Daher haben wir in Thailand weder vollordinierte Nonnen noch Novizinnen.

Etliche Nonnen tragen braune Roben und nennen sich nicht Maeji sondern *»Dhammajārinī«*, das heißt »eine Frau, die den Dhamma praktiziert«. Ihre Anzahl ist so begrenzt, daß man sie beinahe an zehn Fingern abzählen kann.

Es gibt vier Gruppen buddhistischer Glaubensanhänger, nämlich vollordinierte Mönche, vollordinierte Nonnen, männliche und weibliche Laien, aber die weißgekleideten Maejis sind keiner dieser vier Gruppen zuzurechnen. Wenn man einen Mönch darüber befragt, wird er zur Antwort geben, daß sie als Upāsikās bzw. Laienanhängerinnen angesehen werden. Tatsächlich jedoch sind sie auch keine Laien. Sie stehen zwischen der Ordensgemeinschaft und der Laienschaft und werden mit zweierlei Maß gemessen. Die Situation ist verwirrend, jedoch besteht weder von seiten der Mönche noch von seiten der Maejis her ein rechtes Interesse, etwas daran zu ändern.

Im allgemeinen nehmen die Maejis, denen eine gründliche Ausbildung und ein umfassender, gesellschaftlicher Überblick fehlen, ihre ungerechte Behandlung entweder gar nicht wahr oder sie kümmern sich nicht weiter darum. Ihr auf ein privates, religiöses Ziel beschränktes Verständnis des Buddhismus führt zu einer Verstärkung ihrer Isolation und zur Schwächung ihrer persönlichen und gesellschaftlichen Entwicklung. Nach Meinung von Pra Udorn-Khanapirak, einem aktiven älteren Mönch, kann die Gesellschaft für ihre abwertende Haltung den Nonnen gegenüber kaum getadelt werden, solange diese ihren Horizont nicht erweitern und eine verantwortlichere Rolle in der Gesellschaft übernehmen.

Nähere Forschungen über die Maejis ergeben, daß achtzig Prozent bäuerlicher Herkunft sind und aus ärmlichen Familien stammen. Weiterhin verfügen mehr als achtzig Prozent nur über die vorgeschriebenen vier Jahre Grundschule. Ohne finanzielle Mittel und Ausbildungsgrundlagen haben sie nur einen geringen gesellschaftlichen Status, der noch vermindert wird, da die meisten in der Bestreitung ihres Lebensunterhalts von Verwandten abhängig sind und die älteren oft ihren Unterhalt erbetteln müssen. Man würde vermuten, daß die Maejis in der Gesellschaft eine Art Vorbild in religiöser Hinsicht darstellten, aber tatsächlich werden sie überhaupt nicht beachtet und genießen auch keinerlei Ansehen. Meistens sind die Maejis im ärmlichsten Teil des Tempels untergebracht. Ihre Tätigkeiten umfassen Kochen, Tempelreinigung und Pflege der Tempelanlagen. Manche versuchen, sich weiterzubilden, andere sind zum Studium nach Indien gegangen. Einige wenige haben sogar ihren Doktortitel in Philosophie erlangt. In letzter Zeit haben einige Maejis Hilfe in Flüchtlingslagern geleistet und andere haben begonnen, in den Dörfern Lehrgänge in buddhistischen und handwerklichen Grundkenntnissen einzurichten. Dennoch ist die Zahl der Studierten unter ihnen noch viel zu gering, um Veränderungen in der religiösen Hierarchie bewirken oder die Bedingungen für Maejis im allgemeinen verbessern zu können.

Seit kurzem existiert eine Bewegung, die es sich zum Ziel gesetzt hat, die Bedingungen der Maejis zu verbessern. Unter der Schirmherrschaft der Königin wurde ein Institut für Thai-Maejis gegründet. Eine ihm angeschlossene Stiftung ist für das Budget und verschiedene vom Institut durchgeführte Projekte verantwortlich, die unter anderem Ausbildungsförderung, Verbreitung und Verbesserung der Praxis des Dhamma, soziale Dienste und Neugestaltung der Verwaltung umfassen. Das Institut ist ein Zentrum für buddhistische Ordensfrauen, die weißgekleidet sind, acht Regeln einhalten und mit Billigung des Thai-Bhikkhu-Saṅgha studieren und praktizieren. Die braungekleideten Dhammajārinī mit zehn Regeln sind nicht mit einbezogen und nehmen auch nicht an den Lehrveranstaltungen des Instituts teil.

Es gibt derzeit etwa 518 Nonnenklöster in 47 Provinzen und 4158 Maejis, die im Institut registriert sind. Mitglieder ziehen es vor, in eigenen Klöstern, abgesondert von den Wats, zu leben und eine Robe nach Standardmuster zu tragen. Das ist ein Bruch mit der

Vergangenheit, in der die Maejis nur in den Wats wohnten, oftmals als Dienstboten der Mönche. Trotz aller Verbesserungen war das Institut bisher nicht in der Lage, die Interessen der Maejis auf angemessene Weise zu vertreten, da es der Leitung des Bhikkhu-Saṅgha untersteht.

Vom thailändischen Staatsministerium für religiöse Angelegenheiten wurde die Zahl der Maejis in Thailand auf zwanzigtausend beziffert. Diese Zahl wird von der Schriftführerin des Instituts für Thai-Maejis bestritten. Sie hält dagegen, daß nur circa viertausend beim Institut gemeldet seien und vermutet, daß man von höchstens zehntausend Maejis in ganz Thailand ausgehen könne.

Tatsächlich finden Maejis in der religiösen Landschaft Thailands keinen Platz. Das Ministerium für religiöse Angelegenheiten scheint ihre Probleme nicht zu beachten, da sie offiziell weder als »Ordinierte« dem Saṅgha angehören, noch als »Verkünderinnen der Lehre« eingestuft werden. Bestenfalls betrachtet man sie als »Bewohnerinnen« der Wats, ohne aber irgendwelche Privilegien zu besitzen. Maejis finden keine gesellschaftliche Anerkennung und sind in bestimmten Tempeln nicht willkommen, wo sie von den Äbten als unbedeutend und lästig angesehen werden. Manchmal scheint die Strategie darin zu bestehen, sie gänzlich zu ignorieren.

Ebenso haben sich wirtschaftliche Erwägungen auf die Ordination der Maejis ausgewirkt. Da sie mittellos sind, steht es für sie außer Frage, eine größere Anzahl Mönche oder Nonnen für die Teilnahme an der Ordination einzuladen. Stattdessen empfangen sie gewöhnlich die acht Regeln von nur einem einzelnen Mönch. Wer die Absicht hat, in einem bestimmten Nonnentempel zu bleiben, empfängt die Regeln durch die Maeji, die den Tempel leitet. Wann immer eine Nonne den Wunsch hat, kann sie zur Vorsteherin gehen, um ihre Gelübde zurückzugeben und wieder ihre weltliche Kleidung anzulegen.

Viele Frauen, die der Status der Maejis nicht befriedigte, haben versucht, mit dem traditionellen religiösen Lebensstil zu brechen. 1957 wurden fünf Frauen ordiniert, nahmen wie die männlichen Novizen zehn Regeln auf sich und tragen seitdem braune Roben. Sie sind als »Sīlacārinī« bekannt, und ihr Zentrum befindet sich im Wat Chanasonggram in Bangkok. 1981 gründeten sie ein separates

Nonnenkloster bei Chorake-bua im Bangkapi-Distrikt. Eine andere Gruppe trägt ebenfalls dunkelbraune Roben und praktiziert unter der Leitung von Bodhirakṣa, einem selbstordinierten Mönch. Diese Gruppe zieht eine große Zahl von Anhängerinnen an sich, die ein Leben der Enthaltsamkeit führen. Ein weiterer Tempel wurde von der Ehrwürdigen Voramai Kabilsingh zu einer Zeit gegründet, als sie noch Maeji war und eine hellgelbe – keine weiße – Robe trug. Später erhielt sie die volle Ordination in Taiwan und war somit die erste und einzige Thai-Bhikkhunī. Ihr Tempel, Wat Songdharmakalyani, liegt in Nakhonpathom, südlich von Bangkok, und wird durch private Spender gut unterstützt, jedoch wohnen dort nur wenige ordinierte Frauen.

Welche hauptsächlichen Einwände bestehen gegen die Gründung eines Nonnenordens in Thailand? Woran liegt es, daß Bhikkhunīs in der thailändischen Gesellschaft nicht anerkannt werden? Viele argumentieren, daß die Überlieferungslinie in Thailand niemals vorhanden gewesen sei, was jeglicher Logik entbehrt, da es ja in Thailand zum Beispiel auch niemals Diskotheken gab, bis man sie zur allgemeinen Begeisterung einführte. Ich bin der Meinung, daß ein Bhikkhunī-Saṅgha in vieler Hinsicht der Gesellschaft Nutzen bringen würde.

Um den Ausschluß der Frauen vom Orden zu rechtfertigen, legt man unterschiedliche Maßstäbe an. Die Probleme dieser buddhistischen Minderheit rühren von gesellschaftlichen Anschauungen im allgemeinen und von der Geisteshaltung des Bhikkhu-Saṅgha im besonderen her. Einige Veränderungen sind vielleicht von den jüngeren Mönchen zu erwarten, die eine bessere Ausbildung und liberalere Ansichten haben als ihre älteren Brüder.

Über die Einwände, die in verschiedenen Ländern und Zeiten erhoben wurden, sollten wir gründlich nachdenken, so daß wir sie mit logischen Argumenten widerlegen können. Gründe sich gegen Bhikkhunīs auszusprechen, sind immer zu finden. Wenn z. B. eine Frau um die volle Ordination bittet, wird von ihr verlangt, daß sie die acht *Gurudhammas* von Anbeginn einhält. Der allererste, von vielen sehr beanstandete Gurudhamma besagt, daß sogar eine seit hundert Jahren ordinierte Nonne sich vor einem gerade seit einem Tag ordinierten Mönch zu verbeugen hat. Meine Mutter ist zufällig die einzige thailändische Bhikkhunī, die 1970 in Taiwan die Ordination erhielt. Bei irgendeiner Gelegenheit, als sie auf dem Land unterwegs war und den Mönchen dort als Bhikkhunī vorgestellt wurde, war die erste an sie gerichtete Frage, warum sie sich nicht vor ihnen verbeugt hätte!

Um sich über diese Angelegenheiten ein vernünftiges Urteil bilden zu können, ist ein Studium der Texte unerläßlich. Wir dürfen die Dinge nicht oberflächlich angehen. Wir müssen uns in die gesellschaftlichen Zusammenhänge vertiefen, die Darstellungen über das Entstehen der einzelnen Regeln lesen und somit den Hintergrund für jede Regel verstehen lernen. Ich glaube, daß etliche Punkte einer neuen Interpretation bedürfen, besonders jene, die die gegenseitigen Beziehungen zwischen Mönchen und Nonnen betreffen. Wir müssen erkennen, daß alles auf unterschiedliche Weise ausgelegt werden kann, und wir dürfen nicht glauben, daß der Buddha engstirnig gewesen wäre! Ich bin sicher, daß er viele Regeln ändern würde, wenn er heute lebte, und ich vermute fast, daß die Mönche in bezug auf die Nonnen wahrscheinlich eine weit größere Anzahl Regeln zu befolgen hätten.

Nonnen in der tibetischen Tradition

Śrāmaṇerikā Lobsang Dechen

Nach Tibet gelangte der Buddhismus während des siebten Jahrhunderts in der Regierungsperiode des Königs Songtsen Gampo. Im achten Jahrhundert – unter der Regierung des Königs Trisong Detsen – wurden die ersten Mönchsklöster gegründet. Das erste Nonnenkloster soll Anfang des elften Jahrhunderts in Phenpo, nördlich von Tibets Hauptstadt Lhasa, errichtet worden sein.

Unter den berühmten Praktizierenden in Tibet waren viele Nonnen. Die Abgeschiedenheit der Nonnenklöster bildete eine günstige Voraussetzung für die religiöse Praxis, und die ernsthaften spirituellen Bestrebungen der Nonnen wurden von der Laiengemeinde hochgeschätzt. In neuerer Zeit am meisten geachtet und geehrt waren Samding Dorje Pagmo, Äbtissin des hundert Kilometer von Lhasa entfernten staatlichen Nonnenklosters von Tibet, und Jetsun Lochen Rinpoche von Shugseb, die man als außergewöhnlich verwirklicht ansah und die über hundertfünfzehn Jahre alt wurde.

Als 1959 die Kommunisten in Tibet die Macht übernahmen, gab es 618 Nonnenklöster mit 12.398 Nonnen, wobei vierundvierzig dieser Klöster jeweils mehr als hundert Nonnen beherbergten. Unter dem kommunistischen Regime erlitt der Buddhismus viele Einbußen, und die meisten monastischen Einrichtungen wurden vollkommen zerstört. In den sechziger Jahren konnte man in Tibet keinen Menschen mehr im Ordensgewand sehen. Auch wenn unter der neuen chinesischen »Entspannungspolitik« Mitglieder des Saṅgha wieder aufgetaucht und in die wenigen verbliebenen Klöster zurückgekehrt sind, bestehen doch noch strenge Einschränkungen in bezug auf das Lehren und die Verbreitung des Dharma. Von insgesamt vierundzwanzig Klöstern, die jetzt wieder aufgebaut werden, sind nur zwei Nonnenklöster: Gari Gonpa und Tsang Khung, beide in Lhasa. Und sogar diese werden hauptsächlich zu Propagandazwecken gefördert und sind keineswegs unabhängig tätig wie die Nonnenklöster in der Vergangenheit.

Zum Glück war vor dem Einmarsch der Kommunisten die tibetisch-buddhistische Tradition in den angrenzenden asiatischen Ländern weit verbreitet. In jüngster Zeit hat sie auch in vielen westlichen Ländern Fuß gefaßt. Dennoch gibt es in den Exilgemeinden in Indien und Nepal immer noch zu wenig organisierte Nonnenklöster. Der Großteil der Nonnen lebt weit verstreut in Dörfern und abgelegenen Gebieten, weshalb es auch schwierig ist, eine genaue Anzahl der Nonnen in der tibetischen Tradition anzugeben. Dennoch habe ich versucht, Informationen zusammenzutragen, die als Grundlage und Anhaltspunkt für das Verständnis der gegenwärtigen Lage dieser Nonnen dienen können. In Indien gibt es schätzungsweise 839 Nonnen, die der tibetischen Tradition folgen. In Ladakh sind es etwa 250 Nonnen, 100 in Zanskar, 103 in Lahaul und Spiti und 106 in Kinnaur. In der Gegend um Dharamsala und Tilokpur leben 138, in Rewalsar und Pangang im Kulu Gebiet 62, in Darjeeling 35 und in Mundgod 45. Viele junge Frauen haben den

Wunsch, Nonne zu werden und in ein Kloster einzutreten. Sie können das jedoch nicht, da die Unterkunftsmöglichkeiten in den bestehenden Klöstern bereits erschöpft sind.

Im Nachbarstaat Nepal sind über 500 nach der tibetischen Tradition praktizierende Nonnen zu Hause. Dreizehn Klöster wurden dort errichtet, dennoch leben viele Nonnen, wiederum aufgrund nicht ausreichenden Wohnraums, für sich allein.

Bhutan ist ein rein buddhistisches Land. Dort gibt es etwa sechshundert Nonnen, davon leben jedoch nur hundert in Klöstern, der Rest führt ein Einzeldasein. Wer aus einer wohlhabenden Familie kommt, wird von den Eltern unterstützt. Die anderen gehen in der Erntezeit von Ort zu Ort, um Getreide zu erbitten, und widmen sich dann für den Rest des Jahres ihrer Praxis.

Das gleiche gilt für Nonnen in anderen Gegenden des Himalaya: Wenn sie über keine Mittel für ihren Unterhalt verfügen, sind sie gezwungen, über Land zu ziehen und um Gaben für den Lebensunterhalt zu bitten. Manche kehren zur Saat- und Erntezeit zu ihren Familien zurück, um bei der Feldarbeit mitzuhelfen.

Zweihundertvierzig westliche Nonnen der tibetischen Tradition leben entweder allein, in einer monastischen Gemeinschaft von Mönchen und Nonnen oder in Dharma-Zentren. Viele pendeln, ohne einen festen Wohnsitz zu haben, zwischen Indien und Nepal, während weitere in Nordamerika, Europa und Australien leben. Diese Nonnen hoffen sehr, daß die Errichtung neuer Nonnenklöster bald realisiert werden kann.

Seit jeher standen tibetischen Mönchen großzügige Bildungsmöglichkeiten zur Verfügung, nicht so den Nonnen, deren religiöse Ausbildung daher sehr begrenzt blieb. Bei der Schulung der Nonnen steht das Auswendiglernen von Gebeten im Mittelpunkt. Eine Nonne prägt sich jeden Tag eine bestimmte Anzahl von Zeilen ein und rezitiert sie dann vor der älteren Nonne, die ihr als Lehrerin zur Seite steht. Um den vorher gelernten Stoff besser im Gedächtnis zu behalten, sagen sie den ganzen Text jeden Abend auf.

Die meisten Nonnen beherrschen zwar das Lesen der Schriften, können jedoch nicht schreiben. Dies ist ein Zeichen dafür, daß der Hauptakzent ihrer Dharma-Praxis auf der Rezitation und Meditation liegt. In jüngster Zeit hat jedoch ein entscheidender Wandel stattgefunden. Nonnen vom Geden Choeling Nonnenkloster in Dharamsala[55] erhalten neuerdings Unterricht in Logik und Philosophie und haben auch mit den traditionellen Debatten über diese Themenbereiche begonnen. Dies ist das erste Mal in der Geschichte, daß sich tibetische Nonnen einer formellen Ausbildung nach alter Tradition unterziehen. Außerdem werden sie in tibetischer Literatur, Grammatik und Kalligraphie unterwiesen.

Ebenso werden in Nepal Lehrgänge in Logik, tibetischer Grammatik und Englisch abgehalten – sowohl in Keydong Thukche Choeling als auch im neuen Nonnenkloster, das bei Kopan errichtet wurde. In anderen Nonnenklöstern werden schrittweise ähnliche Lehrpläne eingeführt.

Der Mangel an angemessenen Studienmöglichkeiten ist heutzutage die größte Herausforderung, der Nonnen sich gegenübersehen. Es gibt viele, die aus den Randgebieten des Himalaya oder direkt aus Tibet kommen und nach ihrer beschwerlichen Reise keine Aufnahme in den vorhandenen Nonnenklöstern finden können. Angesichts dieser krassen Unterkunftsnot verlieren junge Tibeterinnen, die unter anderen Bedingungen Interesse für die Ordination zeigen würden, leider jeglichen Mut. Die Haupteinnahmequelle der Nonnenklöster besteht in der Durchführung ritueller Zeremonien, die von Förderern aus der Laiengemeinde zur Ansammlung von Verdiensten und zur Beseitigung von Hindernissen erbeten werden. Diese Einnahmequelle mag für den Lebensunterhalt ausreichend sein, aber keinesfalls für die Finanzierung neuer Erweiterungspläne des Klosters. In der tibetischen Tradition hat die Gemeinschaft der Nonnen eine lange Geschichte und zahlreiche tugendhafte und verwirklichte Praktizierende sind aus ihr hervorgegangen. Nun, da den Frauen inzwischen überall bessere Chancen eingeräumt werden, möchten wir auch die Möglichkeiten für ordinierte Frauen des tibetischen Ordens verbessern und ausbauen. Ungenügend ist der Unterricht nämlich auch für diejenigen, die das Glück haben, einen Platz im Kloster zu bekommen. Schwerpunkt muß gegenwärtig die Ausweitung der Lehrpläne sein. Es ist von wesentlicher Bedeutung, daß allen Nonnen die Grundlagen religiöser Ausbildung vermittelt und allgemeinbildende Fächer wie Sprachen, Geschichte und Mathematik eingeführt werden. Ebenso ist es erforderlich, Klausurräume für diejenigen zur Verfügung zu stellen, die sich besonders für eine intensive Meditationspraxis interessieren.

1984 haben vier tibetische Nonnen in Hongkong ihre volle Ordination als Bhikṣuṇīs empfangen. Es bleibt zu hoffen, daß dieses Jahr noch mehr Nonnen die höhere Ordination erhalten können und sich mit der Zeit ein starker Bhikṣuṇī-Saṅgha entwickeln wird. Durch ein gesteigertes Bildungsniveau, bessere Ausbildungsmöglichkeiten und durch die allmähliche Etablierung der Bhikṣuṇī-Überlieferungslinie werden wir den tibetischen Nonnenorden stärken, so daß der weibliche Saṅgha der Allgemeinheit und der buddhistischen Religion besser dienen kann.

Nonnen in der vietnamesischen Tradition

Bhikṣuṇī Dr. Karuna Dharma

Buddhismus in Vietnam kennt kein Sektierertum, einträchtig praktizieren die Anhänger der Theravāda- und der Mahāyāna-Tradition nebeneinander. Diese Vorurteilslosigkeit ist meines Erachtens eine der Stärken des vietnamesischen Buddhismus. Zumeist wird heute in Vietnam das Mahāyāna ausgeübt, jedoch nach wie vor auch das Theravāda. Von Zeit zu Zeit treffen sich Theravāda-Bhikkhus und Mahāyāna-Bhikkhus und -Bhikkhunīs zu gemeinsamen Zeremonien. Selbst Personen, die einem bestimmten Tempel angehören, besuchen und unterstützen gern andere Tempel, ob vietnamesisch oder nicht. Sie sind der Meinung, daß jeder Tempel, in dem der Buddhadharma praktiziert wird, geehrt und gefördert werden sollte. Diese jegliches Sektierertum ablehnende Haltung ist wahrlich lobenswert.

Historisch gesehen, befand sich Vietnam über lange Etappen sowohl unter chinesischer als auch unter europäischer, insbesondere unter französischer Herrschaft. Für die Buddhisten war in diesen Zeiten ausländischer Obrigkeit die Ausübung ihrer Religion immer mit Schwierigkeiten verbunden. Bis Vietnam die französische Kolonialherrschaft in den fünfziger Jahren überwand, bestanden weder für Männer noch Frauen ausreichende Chancen für eine höhere Ausbildung.

Wie in vielen asiatischen Ländern war es üblich, daß sich Mönche bereits im Alter von zwölf, dreizehn Jahren oder noch früher ordinieren ließen. Daher fand ihre Erziehung zum großen Teil in den Tempeln statt, die ausgezeichnete Schulen hervorbrachten. Erst gegen Ende der fünfziger Jahre schickte man einige Bhikkhus zum Studium an bekannte ausländische Universitäten. Inzwischen konnte man im vietnamesischen Hochschulsystem zwar den Grad eines Magisters erreichen, aber weiterführende Studien waren nicht möglich. So kam es dazu, daß man zwei Gruppen buddhistischer Mönche ins Ausland schickte, die außerordentlich vielversprechende intellektuelle Fähigkeiten, auch im Hinblick auf Kenntnis und Praxis des Buddhadharma, bewiesen.

Die eine Gruppe ging nach Japan und studierte dort an den allerbesten Universitäten. Die Kaiserin gewährte höchstpersönlich einigen Mönchen ein Stipendium und übernahm auch ihre weitere Förderung. Mein eigener Lehrer war in dieser Gruppe und erhielt den ersten Doktortitel, der in Japan seit zwanzig Jahren auf diesem Gebiet verliehen wurde. Dies erregte einiges Aufsehen, da er Ausländer war und sein Fachgebiet die *Yogācāra*-Philosophie, ein Mahāyāna-System, das Geist und Wirklichkeit analysiert. Zur gleichen Zeit ging die zweite Gruppe zum Studium nach Indien. Der Vorstand des vietnamesischen Saṅgha hatte diese beiden Länder ausgewählt, da sich seiner Meinung nach dort die besten Hochschulen für buddhistische Studien befanden.

Als die Bhikkhus nach Abschluß ihrer Studien nach Vietnam zurückkehrten, gründeten sie in Saigon eine buddhistische Universität: die Van-Hanh-Universität, benannt nach einem hervorragenden vietnamesischen Zen-Meister aus dem elften Jahrhundert. Das Angebot umfaßte nicht nur buddhistische und fernöstliche Studien, sondern auch die Freien Künste. Zur Zeit des Zusammenbruchs Vietnams waren zwanzigtausend Studenten eingeschrieben. Obwohl die Universität nur etwa fünfzehn Jahre in Betrieb war, hatte sie doch die Ausbildungschancen für Männer und Frauen erheblich verbessert. Nonnen und Mönche wurden angespornt, diese ausgezeichneten Fortbildungsmöglichkeiten wahrzunehmen. Ordinierte und Laien konnten an der Buddhistischen Universität, ebenso wie an den Universitäten von Saigon und Hui und den anderen staatlichen Universitäten hervorragende Studienabschlüsse erwerben. In bezug auf die Ausbildung besteht nach allgemeiner Auffassung auch heute noch Chancengleichheit für Mann und Frau. Anwalts- und Arztberufe werden in Vietnam oftmals von Frauen ausgeübt.

Die Tradition der Bhikkhunīs in Vietnam geht in ununterbrochener Linie bis auf die Zeit des Buddha zurück, wobei an erster Stelle die Mahāyāna-Praxis ausgeübt wird. In Vietnam gibt es viele Strömungen und Traditionen, die alle zu verschiedenen Zeiten der Geschichte überliefert wurden. Etwa im dritten Jahrhundert n. Chr. kamen der Buddhismus und im sechsten Jahrhundert die erste Zen-Überlieferung aus Indien. Später, etwa um siebenhundert n. Chr., wurde der Zen-Buddhismus auch ausgehend von China überliefert und entwickelte sich parallel zum Reinen-Land-Buddhismus des Buddha Amitābha. Beide Traditionen, die des meditativen Zen und der Verehrungspraxis des Reinen Landes, vereinigten sich in Vietnam zu einem großen Ganzen.

Ursprünglich hatte ich eine Zen-Schulung absolviert, aber als die vietnamesischen Flüchtlinge 1975 nach Los Angeles kamen, sah ich die Notwendigkeit, mich auch im Reinen-Land-Buddhismus ausbilden zu lassen, um der Laiengemeinde wirklich von Nutzen zu sein. Im allgemeinen liegt den Laien die Hingabe der Reinen-Land-Schule mehr als die formale Meditationspraxis.

Vietnamesen sind sehr religiös und haben ähnlich wie die Tibeter den buddhistischen Glauben vollständig in ihr Leben eingebunden. Daher begann die Regierung Vietnams nach der Machtübernahme der Sozialisten mit der systematischen Ausrottung der buddhistischen Hierarchie und Geistlichkeit. Eine der allerersten Handlungen der Regierung bestand in dem Versuch, soviele Mönche und Nonnen wie möglich wieder in das weltliche Leben einzugliedern, in manchen Fällen mittels Gewaltanwendung, öfter jedoch durch Entzug der wirtschaftlichen Unterstützung von seiten der Laiengemeinde. Aufgrund finanzieller Nöte waren viele Mönche und Nonnen, besonders die jüngeren, dazu gezwungen, den Saṅgha zu verlassen. Eine ganze Reihe junger Mönche wurde zum Militär eingezogen, und die jungen Nonnen mußten in ihre Dörfer zurückkehren.

Vor dem Umsturz gab es in Vietnam viele Mönche und Nonnen. Der prozentuale Anteil der Nonnen lag über dem der Mönche, da die jungen Männer alle zum Militärdienst eingezogen wurden. Die Nonnen hatten in Vietnam großen Einfluß. Obwohl sie gewöhnlich weniger in Erscheinung traten als die Mönche und auch eine niedrigere Stellung innehatten, waren manche unter ihnen als Meditierende und Lehrerinnen hoch angesehen, und es gibt viele Berichte über ihre großen spirituellen Vervollkommnungen. Die heutzutage aktiven Mönche und Nonnen gehören in erster Linie zu jener älteren Generation, welche die Regierung vergebens zu einer anderen Lebensweise zwingen wollte. Der Buddhismus ist so eng mit der Kultur und dem Nationalbewußtsein des vietnamesischen Volkes verknüpft, daß die gegenwärtige Regierung systematisch vorgehen mußte, um seinen Einfluß zu vernichten. Wenn ältere Mönche gegen die Unterdrückung und die Ungerechtigkeiten des derzeitigen Regimes das Wort ergreifen, wird mit ihnen in der gleichen Härte verfahren wie damals unter dem alten Kolonialregime. Als die Mönche und Nonnen zur Zeit des amerikanischen Eingreifens ihre Stimme erhoben, wurden sie als Kommunisten denunziert. Heute werden genau die gleichen Mönche und Nonnen für Informanten und Mitarbeiter des CIA gehalten. Solche Beschuldigungen dienen einfach als Vorwand dafür, Laien daran zu hindern, mit den Ordinierten Umgang zu pflegen und sie zu unterstützen. All dies hatte zur Folge, daß das Leben für Mönche und Nonnen immer schwieriger wurde. Meistens werden sie in die Dörfer zurückgeschickt, wo man sie unter eine Art Hausarrest stellt. Die Regierung versucht zwar offenkundig schädigende Maßnahmen gegen den Saṅgha zu vermeiden, aber zum Beispiel im Krankheitsfall werden ihnen medizinische Versorgung und angemessene Kost vorenthalten.

Trotz dieser repressiven Maßnahmen ist der Buddhismus in Vietnam nicht ausgerottet worden. Viele Tempel und Pagoden wurden von der Regierung unter dem Vorwand einverleibt, sie in Gesundheitszentren umzuwandeln. Tatsächlich wurden sie aber für andere Zwecke gebraucht. Es gibt jedoch noch einige wenige Tempel. Die Bevölkerung Vietnams ist zu fast achtzig Prozent buddhistisch. Die ersten vietnamesischen Emigranten waren hauptsächlich Christen, dennoch gelang es auch einer großen Zahl von Buddhisten, ins Ausland zu gehen. Als die vietnamesischen Flüchtlinge in die Vereinigten Staaten kamen, arbeitete ich in den Aufnahmelagern mit. Etwa drei Monate vor dem Umsturz in Vietnam erhielt mein Meister ein Telegramm vom Höchsten Patriarchen mit der Bitte, junge Mönche aufzunehmen, um ihnen eine angemessene Ausbildung zu geben.

Leider erwies sich das bürokratische Verfahren als derart kompliziert, daß diese jungen Mönche erst nach dem Zusammenbruch der Regierung abreisen konnten. Danach bat der Höchste Patriarch die Mönche und Nonnen, Vietnam nicht mehr zu verlassen, da sie vom Volk gebraucht würden. Folglich herrscht heutzutage in den Flüchtlingsgemeinden der verschiedenen Länder ein Mangel an gut ausgebildeten Bhikkhus und Bhikkhunīs.

Einige Mönche und Nonnen, denen die Gefahr eines Hausarrests unmittelbar bevorstand, wurden von ihren Schülern praktisch in die Fischerboote gezwungen und konnten in südostasiatische Länder wie Thailand und Malaysia entkommen, um dann nach Frankreich, Deutschland und in die Vereinigten Staaten auszuwandern. Viele hatten ihre Koffer gepackt und warteten nur auf den Augenblick ihres Arrests. Es war sehr ergreifend, als wir zum ersten Mal mit den vietnamesischen Mönchen, die ich von früher her kannte, Verbindung bekamen und erfuhren, daß sie in den Vereinigten Staaten sicher eingetroffen waren. Mir kamen die Tränen, als ich ihre Briefe las und mir das Ausmaß an Leid vorstellte, das sie erfahren hatten.

Heute sind in den Exilgemeinden, genau im Gegensatz zu der früheren Situation in Vietnam, die meisten Ordensmitglieder Mönche. In Kalifornien wurde ein vietnamesisch-buddhistisches Kloster unter der Leitung eines hervorragenden, etwa fünfundvierzigjährigen Mönches errichtet. Hier werden Männer und Frauen geschult.

Aufgrund der begrenzten Finanzlage wird es wohl noch eine Weile dauern, bis die Ausbildung für Mönche und Nonnen der Tradition entsprechend getrennt stattfindet. In den Vereinigten Staaten entstehen für die religiöse Schulung junger Vietnamesen zwar noch weitere monastische Institutionen, aber derzeit findet solche Schulung vorwiegend in Tempeln der verschiedenen vietnamesischen Gemeinden in anderen Ländern statt.

Wieviele vietnamesische Bhikkhus und Bhikkhunīs sich gegenwärtig in den Vereinigten Staaten und anderen Ländern aufhalten, läßt sich mit Genauigkeit nur schwer feststellen. Im Haupttempel in Los Angeles, der als erster vietnamesischer Tempel in den Staaten entstand, leben zur Zeit zehn junge Mönche mit ihrem Meister und im nahegelegenen A-Di-Da-Tempel drei oder vier Nonnen. Insgesamt hat die Zahl der vietnamesischen Tempel überall in den Vereinigten Staaten stark zugenommen; zur Zeit dürften es um die hundert Tempel sein.

Unsere größte Schwierigkeit besteht darin, daß es immer noch nicht genügend Mönche und Nonnen gibt, die sich um die spirituellen Bedürfnisse der Leute kümmern können. Dieses Problem ist ähnlich wie bei den Tibetern. Zeitweilig waren wir so sehr mit Überlebensfragen der Gemeinde beschäftigt, daß die älteren Mönche gar nicht dazu kamen, den jungen Mönchen und Nonnen alle traditionellen Praktiken korrekt zu übermitteln. Mönche wie Nonnen werden dazu angehalten, zusätzlich zu ihrer buddhistischen Schulung eine weitere gute Ausbildung anzustreben und zumindest den akademischen Grad eines Magisters zu erwerben. Die buddhistische Schulung wird fortlaufend in den Tempeln durchgeführt. Das ganze Jahr hindurch werden zwei oder drei Kurse über die verschiedenen Aspekte des Buddhadharma abgehalten.

Durch meine Arbeit in der vietnamesischen Gemeinde habe ich manche der sehr realen Probleme, denen diese Tempel ausgesetzt sind, verstehen gelernt. Es besteht eine riesige Kluft zwischen der älteren Generation, die immer vietnamesisch bleiben wird, und der jüngeren, die nicht mehr aus echten Vietnamesen besteht. Eine ganze Generation von Kindern wächst heran, die kein Vietnamesisch sprechen, aber immer noch wird in manchen Tempeln der gesamte Unterricht auf vietnamesisch abgehalten. Die Tempel scheinen sich nicht schnell genug dem westlichen Lebensstil anzupassen. Zum anderen besteht die Gefahr der vollständigen Integration der jungen Menschen in die Denkweise der westlichen Gesellschaft und der christlichen Kultur. Dies sind für Mönche und Nonnen sehr schwierige Probleme.

Meiner Ansicht nach ist eines der Haupthindernisse für die vietnamesischen Bhikkhunīs die völlig patriarchalische Ausrichtung des vietnamesischen Buddhismus – ein Erbe alter chinesischer Sitten. In der Tradition des vietnamesischen Buddhismus findet sich ein beträchtlicher konfuzianischer Einfluß, weniger in der Lehre als vielmehr in der Struktur. Es herrscht eine ziemlich starre Hierarchie nach patriarchalischem Vorbild, welche die Frauen auf die unterste Stufe verweist. Hinsichtlich ihrer Rolle in der Gemeinde sind vollordinierte Mönche und Nonnen theoretisch gleichgestellt; in der Praxis jedoch ist dies nicht immer der Fall. Mit den Äbten spreche ich in aller Offenheit über diesbezüglich notwendige Maßnahmen, über die Beseitigung dieser konfuzianischen Elemente und die Aufrechterhaltung des buddhistischen Gleichheitsgedankens. Solange die Vietnamesen im Westen leben, halte ich Veränderungen in der Struktur des vietnamesischen Buddhismus für unvermeidlich.

Ein weiteres Hindernis liegt in der übermäßigen Schüchternheit und Zurückhaltung der vietnamesischen Bhikkhunīs. Sie müssen lernen, sich selbst mehr Aufmerksamkeit zu verschaffen. Infolge des Zusammentreffens verschiedener Kulturen findet zwar ein äußerst bemerkenswerter Wandlungsprozeß statt, aber immer noch haben die vietnamesischen Nonnen nicht das gleiche Selbstvertrauen und den Mut, ihre Meinung zu sagen, wie ihre amerikanischen Schwestern. Im Zuge einer besseren Ausbildung und zunehmender Vertrautheit mit der amerikanischen Gesellschaft werden sie jedoch hoffentlich schon bald eine bedeutendere Rolle in diesem kulturellen Austausch spielen.

5
Ausbildung für buddhistische Frauen

Zu Lebzeiten des Buddha konnten Frauen den Lehrreden direkt zuhören und jeden qualifizierten Lehrer, dem sie begegneten, um Unterweisungen bitten. Von den Nonnen wurde erwartet, daß sie zweimal im Monat einen gelehrten Bhikṣu zur Unterrichtserteilung in ihr Kloster einluden und in der Zwischenzeit ihre Studien unabhängig fortsetzten. Wir wissen nicht, ob sie die gleichen Möglichkeiten hatten wie die Männer, den Vorträgen beizuwohnen, sicher ist jedoch, daß viele gelehrte Nonnen jener Tage in den Geschichtschroniken zitiert werden.

Üblicherweise tritt in buddhistischen Ländern ein Mann, der an geistiger Entwicklung interessiert ist, in ein Kloster ein und hat sofort direkten Zugang zu gründlicher literarischer, liturgischer und kontemplativer Schulung. Die häufig bereits in jungen Jahren erworbene Ausbildung qualifiziert ihn, als Lehrer künftiger Generationen tätig zu sein. Die buddhistische Schulung für Frauen hat sich im Gegensatz dazu in vielen Ländern weniger formell und systematisch entwickelt. Überall da, wo für Frauen nur mangelhafte Möglichkeiten zu höherer akademischer Bildung bestanden, traten auch weniger Lehrerinnen auf. Und wo qualifizierte Lehrerinnen fehlten, hatten Frauen weniger Zugang zu religiöser Schulung – so bewegte man sich im Kreise. Sobald Ausbildungssysteme anfangen zu degenerieren, setzt sich der Abwärtstrend fort, und der Verlust ist selbst innerhalb von Generationen nur schwer wieder aufzuholen. Wenn andererseits ein gut organisiertes Ausbildungssystem in Gang gesetzt wird, aus dem regelmäßig qualifizierte Lehrerinnen hervorgehen, die fähig sind, die Schwungkraft aufrechtzuerhalten, wird sich das System automatisch regenerieren. Mit vereinten Kräften könnten große Fortschritte erzielt werden. Überall dort, wo es an Ausbildungsmöglichkeiten für Frauen fehlt, müssen sich die Studentinnen auf männliche Lehrer stützen, bis sie selbst Sachkenntnisse erlangt haben.

Umfassende Bildungsmöglichkeiten sind eine relativ neue Entwicklung. In der Vergangenheit wurden Mädchen meist im Hause auf den Gebieten angeleitet, die für sie von praktischer Bedeutung waren, nämlich Kochen, Nähen, Kindererziehung und sonstige häusliche Tätigkeiten sowie Landwirtschaft und Vorratswirtschaft. Im großen und ganzen hat man es bis in die heutige Zeit für nicht besonders wichtig gehalten, daß Frauen lesen und schreiben lernen. Religiöse Überlieferungen wurden zu Hause oder in den entsprechenden örtlichen Einrichtungen meist mündlich erteilt.

Überall da, wo eine formelle religiöse Ausbildung das Vorrecht der Männer war, konnten nur wenige Frauen ein umfassendes Wissen der Lehren erlangen und ihr geistiges Potential voll entwickeln, um Leitbild für andere zu sein. Die einzige Möglichkeit für Frauen, religiöse Unterweisungen zu erhalten, war der Einzelunterricht. Diese Situation ist besonders hemmend, wenn der Lehrer ein Mönch und der Schüler eine Frau ist, da beide scharfer gesellschaftlicher Kritik und dem Klatsch ausgesetzt sind. Folglich sind in einigen traditionellen buddhistischen Gesellschaften die Möglichkeiten für Frauen, gründliche Unterweisungen und spirituelle Führung zu erhalten, ausgesprochen selten, und so gibt es nicht viele weibliche Dharmalehrer. Die religiöse Bildung der Frau hat in diesen Gesellschaften einen Tiefstand erreicht und stagniert. Es muß etwas geschehen, um auf diese Umstände aufmerksam zu machen und Verbesserungen einzuleiten. In vielen buddhistischen Ländern wird sich ein Mädchen mit ausgeprägter religiöser Neigung in jungen Jahren dafür entscheiden, in ein Kloster einzutreten. Da sie sich zum geistigen Leben hingezogen fühlt, wird sie eine weltliche Ausbildung, selbst wenn verfügbar, zugunsten der religiösen Schulung ablehnen. Bei einer solchen Disziplin kann der Schwerpunkt auf dem Auswendiglernen durch Zuhören liegen, und somit muß sie nicht lesen lernen. Das Fehlen eines Schriftsystems zu Buddhas Zeiten hat die Menschen nicht daran gehindert, Arhatschaft und hohe Verwirklichungsstufen zu erreichen. Daraus ergibt sich, daß

Erleuchtung nicht davon abhängt, ob man des Lesens und Schreibens kundig ist. Wenn Mönche, Nonnen und Laienanhänger Analphabeten sind, muß das nicht als beschämend angesehen werden; trotzdem ist das Prestige solcher Praktizierenden in einer Welt mit fortgeschrittener Alphabetisierung gering und der Verbreitung der Lehren nur wenig dienlich.

Andererseits haben buddhistische Institutionen Jahrhunderte lang eine große Rolle in der Ausbildung gespielt, was den hohen Grad der Alphabetisierung in Ländern wie Thailand erklärt. Die geschriebene Literatur hatte in vielen buddhistischen Ländern hauptsächlich religiösen Charakter, und in erster Linie gaben die Mönche die schriftliche Überlieferung und die mündlichen Kommentare weiter. Eine Untersuchung der kulturellen Faktoren, die erklären könnten, warum die Ausbildung der Nonnen nicht Schritt gehalten hat, wird uns bestimmen helfen, wie das Gleichgewicht am besten wieder herzustellen ist.

Nonnen ohne grundlegende schriftsprachliche Fertigkeiten werden sich notgedrungen eher für kontemplative und andächtige Praktiken entscheiden als für ein Studium der Schriften. Solange den Nonnen das Rüstzeug, die Gelegenheiten und der Anreiz für eine intellektuelle Entwicklung fehlen, ist es nicht gerechtfertigt zu behaupten, sie hätten weder Interesse noch die Fähigkeit, sich wissenschaftlich zu entfalten. Im Gegenteil, wir finden in der gesamten buddhistischen Geschichte, vor allem in China, Beispiele sehr gelehrter Nonnen.

Die Nonnen im heutigen Taiwan schöpfen die Kapazitäten der buddhistischen Akademien aus und können als tonangebend angesehen werden. Die strengsten Hochschulen haben dort die längsten Wartelisten und müssen dreiviertel aller Anwärterinnen abweisen. Die Aussichten auf weitere Fortschritte im Bereich der buddhistischen Ausbildung für Frauen sind ausgezeichnet, wobei Nonnen eine führende Position unter den Frauen einnehmen werden. Das »magische Rezept« für diese spektakulären Entwicklungen waren angemessene Einrichtungen, inspirierende Vorbilder und Ermutigung von seiten der Lehrer. Ähnliche Möglichkeiten einer buddhistischen Schulung für Frauen und vergleichbare Ergebnisse sind heutzutage in Korea zu finden.

Ein überraschend gegenteiliges Bild zeigt sich in Thailand und Sri Lanka, wo es für Frauen kaum Chancen für eine buddhistische Ausbildung gibt. Wie bei den tibetischen Nonnen fehlt es hier an organisierten religiösen Bildungssystemen. Gelernt wird größtenteils in individueller Verantwortlichkeit. Der Unterricht ist durch Mangel an entsprechenden Einrichtungen und an qualifizierten Lehrerinnen beeinträchtigt. Wenn nicht bald gut strukturierte religiöse Bildungssysteme geschaffen werden, bleiben buddhistische Frauen in diesen Ländern für weitere Generationen benachteiligt. Auch wenn sie trotz dieser schwierigen Situation gute geistige Fortschritte machen, werden sie nicht in der Lage sein, ihren Platz in der religiösen Struktur als Lehrerinnen, Verwalterinnen, Vorbilder und Bewahrerinnen des Dharma einzunehmen. Da ihnen die solide Ausbildungsgrundlage fehlt, sind sie außerstande, einen dauerhaften Beitrag zur Ausbreitung der buddhistischen Kultur zu leisten und das gerade in einer Zeit, in der die Teilnahme von Frauen eine besonders weit- und tiefreichende Wirkung haben könnte.

Die Lage dieser benachteiligten Nonnen ist beunruhigend. Viele sind damit zufrieden, Gebete zu rezitieren, ohne ihre Bedeutung wirklich zu verstehen. Sie haben vielleicht nie einen Hinweis bekommen, daß sie zur Gelehrsamkeit oder Meditation fähig sind. Häufig prägen sich den jungen Menschen kulturelle und soziale Vorstellungen ein, Frauen seien geistig minderwertig oder von der Veranlagung her für höhere Studien ungeeignet. Vorurteile haben sich gebildet, daß Frauen für geistige Vervollkommnung weniger tauglich seien und sich mit grundlegenden Andachtsübungen zufrieden geben sollten. In den traditionellen buddhistischen Kulturen sind viele Frauen davon überzeugt, daß sie nicht die nötigen Voraussetzungen erfüllen, um sich intellektuell weiterzuentwickeln. Ihr größter Wunsch besteht darin, Mönche dienend zu versorgen in der Hoffnung, im nächsten Leben als Mann wiedergeboren zu werden. Selbst da, wo Frauen eine weltliche Ausbildung zugänglich ist, werden die Nonnen nicht berücksichtigt. Einige erkennen inzwischen, daß sie ihren Geist entwickeln könnten, wenn sie eine Chance dazu erhielten, aber es fehlen ihnen die Möglichkeiten. Die Öffentlichkeit kommt den Mönchen großzügiger entgegen als den Nonnen. Diese Benachteiligung führt dazu, daß sie viel Zeit für ihren Lebensunterhalt aufbringen müssen. Ihr intellektueller wie ihr geistiger Fortschritt werden so durch die weltlichen Gegebenheiten stark beeinträchtigt, obwohl sie im allgemeinen trotz all dieser Härten ihr Los klaglos akzeptieren und sich freuen, den Dharma praktizieren zu können.

Aber es gibt Nonnen, denen diese auferlegten Einschränkungen sehr deutlich bewußt werden, und sie leiden darunter. Diese Nonnen haben eine hohe Intelligenz, sind von äußerster Hingabe und wünschen dringend sichtbare Fortschritte. Es gibt außerdem hochqualifizierte Frauen, die sich gerne ordinieren lassen würden und nur warten, bis geeignete Möglichkeiten zur Verfügung stehen. Dies sind meiner Meinung nach die Nonnen von morgen, welche die Zukunft der Frauen im Buddhismus gestalten werden. Sie sprechen sehr gerne Gebete, halten es aber für ihr Recht und ihre Pflicht zu wissen, was diese Gebete bedeuten. Sie haben nicht den Ehrgeiz, Gelehrte oder Lehrer zu werden, wollen aber die Lehren Buddhas so gründlich wie möglich studieren. Sie sehen sich selbst nicht als große Yoginīs, doch sie wissen, daß eine intensive Meditationspraxis für die Umwandlung des Geistes von entscheidender Bedeutung ist. Nachdem sie ihr Leben dem Dharma gewidmet und weltliches Streben und materiellen Komfort aufgegeben haben, sind sie höchst enttäuscht festzustellen, daß ihnen die Türen zu religiösem Fortschritt verschlossen sind. Diese Frauen sehen, daß die Männer in bezug auf Ausbildung und geistige Entwicklung alle Vorteile genießen. Sie sind angesichts solcher Ungleichheit nicht neidisch oder verärgert, aber sie würden selbst gern Fortschritte machen. Viele erkennen, daß sie diese Vorteile nur mit großen Anstrengungen erhalten können, wissen aber nicht, wo sie anfangen sollen. Sie spüren jedoch, daß sie es besser machen könnten und auch müßten, um wirklich dem Dharma zu dienen. Sie haben erkannt, daß Ausbildung der Schlüssel zu ihrer Weiterentwicklung ist. Sie kämpfen darum, Gehör sowie sympathisierende Unterstützung zu finden und reagieren begeistert auf jedes ermutigende Wort. Die Bedürfnisse dieser Nonnen zu ignorieren, wäre eine bedauerliche Verschwendung menschlichen Potentials, denn jede von ihnen könnte ein geistiges Vorbild für andere Frauen sein. Auch wenn man keinen Bhikṣuṇī-Orden anstrebt, ist es offensichtlich, daß Verbesserungen auf dem Gebiet der Ausbildung für buddhistische Frauen notwendig sind. So wünschenswert es auch sein mag, vollordinierte Frauen als Lehrerinnen zu haben, so wichtig ist es auch, daß Frauen ungeachtet ihres Status anfangen, als Dharmalehrerinnen und Vorbilder für andere buddhistische Frauen zu fungieren. Wir können nicht warten, bis der Bhikṣuṇī-Saṅgha in allen Ländern institutionalisiert ist und erst dann beginnen, die Möglichkeiten zum Lernen und Praktizieren für Frauen zu verbessern. Bemühungen zur Einrichtung eines Bhikṣuṇī-Ordens mit Nonnen, denen selbst elementare Kenntnisse des Dharma fehlen, wären wohl etwas verfrüht. Man muß bedenken, daß dort, wo die volle Ordination für Frauen und damit eine Gleichstellung existiert, im großen und ganzen auch gleiche Ausbildungsmöglichkeiten vorhanden sind. Wo es hingegen keine volle Ordination gibt und Frauen einen zweitrangigen bzw. untergeordneten Status haben, sind auch die Ausbildungsmöglichkeiten weniger zahlreich und von schlechterer Qualität. Der Zusammenhang zwischen gleichem Status und gleichen Chancen scheint nicht rein zufällig zu sein.

Da Frauen in den verschiedensten Bereichen des weltlichen Lebens gleichberechtigt Fuß fassen, werden viele mit hervorragenden geistigen Anlagen vom religiösen Leben abgeschreckt, wenn dort offensichtliche Ungleichheiten vorherrschen. Welche intelligente junge Frau, die im weltlichen Dasein gleiche Rechte erlangt hat, wird diese für ein Leben mit großen Benachteiligungen bei ihrem religiösen Streben wissentlich aufgeben? Buddhistische Institutionen sollten mit dem gesellschaftlichen Wandel Schritt halten, sonst riskieren sie, für veraltet gehalten zu werden.

Letztlich bedeutet eine buddhistische Ausbildung natürlich weit mehr als Lehrpläne und Institutionen. Sie ist eine Schulung zur Entwicklung eines erleuchteten Bewußtseins. Sie führt zu Vollendung durch die praktische Anwendung der buddhistischen Prinzipien und zu Erweckung uneingeschränkter Weisheit. Der Erleuchtungsprozeß setzt die Kenntnis der grundlegenden Prinzipien und Methoden voraus, die der Buddha zur Erlangung des erleuchteten Bewußtseins festgelegt hat. Nicht jeder wird fähig und willig sein, die Mühen eines intensiven Studiums auf sich zu nehmen, doch alle sollten das Recht haben, Zugang zu den Lehren des Buddha zu bekommen, wenn es ihr Wunsch ist. In der Ausbildung benachteiligte Nonnen treffen auf viele Hindernisse, sowohl psychologische als auch materielle, doch ihr Ziel – den Buddhadharma zu studieren und zu verwirklichen – darf wie jedes andere gerechte und würdige Ziel nicht länger verhindert werden. Sie erhalten von ihren religiösen Meistern starke Ermutigung und sind bereit, in ihren Bestrebungen Jahrhunderte geistiger Knechtschaft und kultureller Vorurteile und Zwänge abzuwerfen. Jede nur mögliche Zusammenarbeit sollte ausgebaut werden, um sie bei dieser Suche zu unterstützen.

Ausbildung in Gampo Abbey

Bhikṣuṇī Pema Chodron

Die hier dargelegten Gedanken sind in erster Linie die Ergebnisse meiner Erfahrungen beim Aufbau eines Klosters, Gampo Abbey, für Mönche und Nonnen in Kanada. Da diese Arbeit noch nicht abgeschlossen ist, befinden sich auch meine Ideen über geistige Schulung noch in der Entwicklung.

Grundsätzlich glauben wir, daß Menschen von Natur aus über erhebliche Einsicht, einen präzisen Verstand, ein sanftes Herz und eine offene Haltung verfügen, die wachgerufen und kultiviert werden können. Ziel der Ausbildung ist es, die uns innewohnenden Qualitäten weiter zur Entfaltung und zur Reife zu bringen. Diesen inneren Kräften kann man verschiedene Namen geben. Für uns ist es die Buddha-Natur in allen Wesen.

Unser grundlegendes Konzept ist die Einrichtung eines Ausbildungsprogramms. Eine Person, die sich zum Novizen oder zur Novizin ordinieren lassen will, muß erst einmal eine vorbereitende Schulung durchlaufen. Die erforderliche Unterweisungsdauer von ein bis drei Jahren hängt davon ab, ob und wie gründlich die- oder derjenige bereits mit buddhistischen Studien und buddhistischer Meditation vertraut ist. Nach einer solchen Vorbereitungszeit gewinnt die Novizen-Ordination eine tiefere Bedeutung, und das Anlegen der Robe stellt etwas Wohlüberlegtes dar. Sodann soll sich eine Schulung von mindestens zwei Jahren anschließen, bevor die volle Ordination zum Bhikṣu oder zur Bhikṣuṇī erfolgen kann. Dies wäre ein weiterer bedeutsamer Schritt, aber die Ausbildung ist damit noch nicht beendet.

Im Moment ist der Ausbildungsprozeß noch ein Pilotprojekt, ein Versuch, der sich in ständiger Entwicklung befindet. Niemand von uns hat ihn je zuvor durchlaufen, wir alle absolvieren ihn gemeinsam. Aus diesem Grunde ist das Programm, das sich in Gampo Abbey entwickelt, sehr lebendig und dynamisch. Es besteht aus drei Hauptteilen: dem Studieren, dem Meditieren und praktischer Arbeit. Wir nennen sie manchmal die »drei Räder des Dharma«.

Der dreijährige Studienplan begann 1987. Im ersten Jahr liegt der Schwerpunkt auf dem Studium der Geschichte, des Vinaya und des Abhidharma. Zunächst wird eine thematische Übersicht gegeben und anschließend werden die Themen im einzelnen vertieft. Der Grundgedanke unserer Vorgehensweise ist, stets zu versuchen, die wahre Bedeutung der Lehre zu erfassen. Dies, und nicht so sehr das Sammeln von Fakten und Zahlen, ist das Ziel unserer Studien. Großes Gewicht wird auf Diskussion, Forschung und Hinterfragen gelegt. Wir alle schreiben Abhandlungen, absolvieren Prüfungen und es wird erwartet, daß jeder von uns Referate hält.

Beim Studium des Vinaya zum Beispiel wenden wir eine Lehr- und Lernmethode an, die uns durch den Text von Regel zu Regel führt. Die Intensität der Bearbeitung hängt jedoch bei jedem einzelnen davon ab, auf welcher Stufe der Ordination er oder sie sich befindet. Zu unserer Methode gehört es, sich mit jeder Regel vertraut zu machen, sie zu analysieren und in Frage zu stellen. So kommen wir dazu, sie zu verstehen und ihre heutige Bedeutung für uns richtig einzuschätzen, das heißt, zu überlegen, wie wir praktisch nach ihr leben können. Im Laufe des Studiums haben wir uns gefragt, was der Buddha damals wirklich meinte, als er die einzelnen Vinaya-Regeln aufstellte.

Ergebnis dieses Verfahrens ist ein ungeheuer lebensnahes und gesundes Vinaya-Studium. Daher sind die Ordinierten in Gampo Abbey brennend am Vinaya interessiert. Es ist keine trockene, langweilige, akademische Angelegenheit, sondern etwas, was uns selbst sehr angeht. Da der Vinaya unser Verhaltenskodex ist, hat er für uns größte Bedeutung. Allmählich entwickeln wir ein Gespür dafür, was tatsächlich mit jeder Regel bezweckt wurde. Sogar diejenigen, die uns heute nicht mehr anwendbar erscheinen – wie z. B. die Regel, keine schwarze Wolle zu tragen – vermitteln uns Einsicht in den Sinn ihrer Aufstellung.

Die Ausbildung zum Lehrer ist für uns Bestandteil des Lehrplans und spielt eine wichtige Rolle im Studium. So legen wir großen Wert darauf, daß jeder Dharma-Unterweisungen gibt. Wir haben festgestellt, daß diese praktische Erfahrung dem einzelnen zu einem besseren Verständnis der Lehren verhilft, so daß er sie mehr würdigen und sich mit ihnen identifizieren kann. Nehmen wir zum Beispiel an, man hätte die Lehre von den Vier Edlen Wahrheiten schon so oft gehört, daß man während des Unterrichts einschläft. Man glaubt, sie gründlich zu kennen. Dann wird man gebeten, drei Tage später einen Vortrag über die Vier Edlen Wahrheiten zu halten. Plötzlich erkennt man, daß man die Unterweisungen überhaupt nicht verstanden hat. Man will nicht einfach vor den Menschen stehen und wie ein Papagei trockene, hohle Wörter plappern. Man will aus eigener Erfahrung sprechen. Plötzlich ist es, als finge man ganz von vorn an. Daher ist diese praktische Erfahrung des Lehrens ein sehr wichtiger Aspekt unseres Studienprogramms, neben der intellektuellen Fortbildung. Wir versuchen, beides zu kombinieren. Hiermit ist der Studienteil unseres Ausbildungsprogramms zusammengefaßt.

Der zweite Teil des Programms – das zweite Rad des Dharma – ist die Meditation. Der Großteil der Studenten und Studentinnen kommt aus unterschiedlichen buddhistischen Traditionen zur Gampo Abbey. Anstatt einen starren Meditationskursus anzubieten, dem jeder zu folgen hat, versuchen wir vielmehr, für ein Umfeld zu sorgen, in dem wir Meditationsanleitungen in die Praxis umsetzen können. Wir geben zwar eine Anleitung zur grundlegenden *Samatha-Vipassanā*-Meditation, ermutigen neue Teilnehmer aber immer, individuelle Meditationsübungen, in denen sie bereits geschult sind, weiter zu praktizieren.

Alle Ordinierten und diejenigen, die eine Ordination anstreben, müssen sich einmal im Jahr zu einer einmonatigen Einzelklausur in einem unserer Klausurhäuschen zurückziehen. Einen Monat pro

Jahr finden wir uns alle zu einer gemeinsamen Meditation zusammen, die wir manchmal im Stil eines japanischen *Sesshins* durchführen, mitunter als Vipassanā-Klausur oder als sogenanntes *Dathun.* Dathun, eine von Trungpa Rinpoche eingeführte Tradition, ist im wesentlichen eine einmonatige Meditationsübung von mindestens zehn Stunden pro Tag.

Zusätzlich zu dieser Meditation wird auch das Nachdenken über die Belehrungen hoch bewertet. Solche Kontemplation ist wesentlicher Bestandteil des Lernprozesses und wird stark gefördert. Wir verfügen über einen stillen Trakt in der Bibliothek und sorgen für Ruheperioden, die der Kontemplation dienlich sind. Allein die Umgebung der Abbey ist für die Meditation, das Nachdenken und das Studium förderlich. Wir hoffen, in der Zukunft die Bedingungen noch weiter verbessern zu können, so daß jedes ordinierte Mitglied des Saṅgha ein eigenes Zimmer hat. Im Einklang mit der meditativen Atmosphäre ermuntern wir auch jene, die Lust dazu haben, Waldspaziergänge zu machen, auf den Klippen zu sitzen, auf die See zu schauen und die Natur zu erleben. Nach einer intensiven Arbeitssitzung oder einer meditativen Klausur haben diese Entspannungen tatsächlich eine tiefgreifende Wirkung.

Nach ihrer Ordination sollen Mönche und Nonnen an einem Ausbildungsprogramm über Anleitung zur Meditation teilnehmen. Sie absolvieren ein vorgeschriebenes und recht diszipliniertes Studien- und Schulungsprogramm, das viele Übungen enthält, in denen sie darauf vorbereitet werden, später einmal selber Meditationsanleitungen zu geben. Schließlich fordern wir sie auf, Studenten, die entsprechend vorgeschult sind, nunmehr selbst in die Meditation einzuführen. Auf diese Weise entfalten sich ihre Fähigkeiten sowohl in der Meditationsunterweisung als auch in der Beratung. Die Entwicklung solcher Fertigkeiten hängt natürlich von der persönlichen Eignung eines jeden einzelnen ab, aber jeder wird dazu ermutigt, die Schulung zu durchlaufen.

Der dritte Programmteil ist die praktische Arbeit. Unsere Einstellung dazu ist in Gampo Abbey stark von der Zen-Tradition beeinflußt, das heißt, wir betrachten die Arbeit als eine Form der Praxis. Wir haben herausgefunden, daß die Tendenz vorhanden ist, entweder körperliche Arbeit als hemmend für die Praxis anzusehen oder voll und ganz in ihr aufzugehen. Daher versuchen wir, einen Mittelweg zu finden. Wir arbeiten sehr hart und halten alle an, sich an jeder Arbeit zu beteiligen, die in der Gemeinschaft erledigt werden muß. Gleichzeitig setzen wir dabei die Vorstellung, daß Arbeit eine Form der Praxis ist, in die Tat um. Die Ergebnisse sind sehr ermutigend und inspirierend.

Das wesentliche Ziel dieses Studien-, Meditations- und Arbeitsprozesses ist jedoch, die uns innewohnenden Eigenschaften, ja sogar außerordentliche Begabungen, zum Vorschein zu bringen. Der Sinn all dieser Aktivitäten liegt letzten Endes darin, den Geist zu zähmen. Wenn man die Lehren des Buddha anwendet, Meditation übt und persönliche Einsicht gewinnt, erreicht man allmählich gewisse Grade von Verwirklichung. Unsere Erfahrung hat gezeigt, daß es ungeheuer wichtig, wenn auch schwierig ist, jeden anzuspornen, solch ein Ziel im Auge zu haben. Wenn die Schulung anfängt, den einzelnen unter Druck zu setzen und typische egozentrische Verhaltensmuster aufkommen, müssen wir versuchen, sie zu überwinden. Während intensiver Schulungen werden solche Verhaltensmuster zum Teil verschärft, weil das Ich ausgehungert wird. Wir neigen dann dazu, uns aufgewühlt und irritiert zu fühlen, so, als würden beständig Unebenheiten an unserer Person abgefeilt. Es ist verständlich, daß das Ich während dieses Erkenntnisprozesses abwehrend reagiert.

Unserer Meinung nach liegt ein wichtiger Aspekt des Ausbildungsprogramms darin, daß wir in der Tiefe unseres Wesens allmählich verstehen, daß wir es nicht länger nötig haben, an unseren gewohnten Meinungen festzuhalten; daß wir uns nicht mehr einengen müssen, nur weil wir glauben, alles müßte unseren eingefahrenen Vorstellungen entsprechen. Es geht darum zu erkennen, daß wir einen Prozeß durchlaufen; uns über dieses Wachsein zu freuen, ist ein wichtiger Punkt des Ausbildungsprogramms.

Wenn Unmut aufkommt, wenn Ansichten sich versteifen oder gar erstarren, erkennt dies der einzelne sogleich als sein eigenes Problem, anstatt andere zu beschuldigen oder an seiner Abneigung oder seinem Groll festzuhalten. So stellt sich allmählich ein Gefühl der Milde und der Flexibilität ein. Wir heben diese Eigenschaften in unserer Ausbildung hervor. Humor empfinden wir als ungeheuer wichtig und ebenso die Entwicklung einer liebevollen Güte – Sanftmut sich selbst und Wohlwollen anderen gegenüber. Wir benötigen Zeit, um diese Eigenschaften zu entwickeln und zu erkennen, daß der Werdegang eines jeden einzigartig ist. Die klösterliche Ausbildung muß dem einzelnen die Möglichkeit geben, auf seine eigene Art heranzureifen, im Einklang mit seinen Neigungen und seinem Verständnis des Dharma.

Der monatliche Stundenplan, den wir in der Abbey ausgearbeitet haben, mag von Interesse sein. Er wird nur während der Sommerklausur für Ordinierte und Perioden ausgedehnter Übungs- oder Studiensitzungen außer Kraft gesetzt. Eine Woche pro Monat ist der intensiven Praxis und dem Studium gewidmet. Zwei Wochen pro Monat sind sogenannte kontemplative Wochen, in denen wir, wie üblich, morgens nach dem Aufstehen gemeinsam Gebete rezitieren, meditieren und das Frühstück im Tempel einnehmen. Während des restlichen Tages, von ungefähr 7.30 Uhr bis circa 15 Uhr, wenn die Arbeitsphase beginnt, steht es uns frei, uns mit unserem geistigen Wachstum zu befassen, jeder nach seinem eigenen Gutdünken. Zum Beispiel glauben einige, daß sie nie genug Zeit zum Studieren haben, andere verspüren ein Bedürfnis nach mehr Praxis oder intensiverem Nachdenken. Dieser Tagesplan gibt jedem Zeit, seinen besonderen Interessen nachzugehen. Um sicherzustellen, daß er uns allen zugute kommt, treffen wir uns während dieser Wochen jeweils samstags und tauschen uns über unsere Erfahrungen und Unternehmungen aus. Das hat sich als überaus hilfreich erwiesen. Wir treffen uns auch an den *Sojong*-Tagen, an denen wir unsere Gelübde überprüfen.

Die vierte Woche im Monat, obwohl nicht unbedingt immer in dieser Reihenfolge, ist der Arbeit gewidmet. Während dieser Woche werden die Morgen- und Abendandachten mit täglich drei Stunden Meditation aufrechterhalten, aber der Rest des Tages ist für die Arbeit bestimmt. Uns war aufgefallen, daß manche zu wenig Zeit hatten, um einen Raum zu renovieren, die Korrespondenz, Buchführung und dergleichen zu erledigen. Daher stellten wir dann Zeit für diese Arbeiten zur Verfügung.

Wichtig ist, sich stets zu vergegenwärtigen, warum man all diese Aktivitäten unternimmt. Es ist so leicht, sich einfach nur geschäftsmäßig zu verhalten oder in normalen weltlichen Ansichten festzufahren. Daher müssen wir unser Tun ständig überprüfen, das Ziel unserer Meditation und unseres Studiums immer wieder besprechen. Wir dürfen den eigentlichen Zweck der Dharma-Übung nicht aus den Augen verlieren, nämlich, alles zu beseitigen, was uns daran hindern könnte, die wahre Natur der Wirklichkeit klar zu erkennen.

Betrachtungen einer Bhikṣuṇī über die heutige Zeit

Bhikṣuṇī Shig Hiu Wan

Der Kernpunkt des Buddhadharma und Grundlage der Tugendpfade von Bodhisattvas und Heiligen ist *Prajñā*, die höhere Weisheit. Wird sie von Bodhisattvas geübt, so führt sie zur Buddhaschaft, einem Zustand ohne Merkmale und daher ohne Unterscheidung zwischen männlich und weiblich. Männer und Frauen, Mönche und Nonnen sind offensichtlich verschiedenartig, aber gleichen sich grundsätzlich darin, daß sie die Buddha-Natur besitzen. Bei ihrer Entwicklung zu Bodhisattvas, also zu Beginn ihrer Dharma-Praxis, stützen sie sich noch auf die konventionelle Erscheinungsweise der Phänomene. Danach, um tiefer in die eigentliche Bedeutung des Dharma einzudringen, belehrt das *Mahāprajñāpāramitā-Sūtra* die Übenden Form als »leer anzusehen«. Darum ist es sinnlos, den Begriffen »männlich« und »weiblich« eine tiefe Bedeutung beizumessen.

Wir Bhikṣuṇīs haben Mahāprajāpatī, der Tante des Buddha, viel zu verdanken. Sie bat wiederholt um Erlaubnis, Mitglied des Saṅgha zu werden, um ein hausloses Leben führen zu können. Ebenso sollten wir dem Ehrenwerten Ānanda danken, der ihren aufrichtigen Wunsch dem Buddha übermittelte. Die Güte seiner Tante, die ihn aufgezogen hatte, erwidernd, gab der Buddha schließlich seine Zustimmung. Er stellte ihr die Bedingung, acht Vorschriften (Gurudharmas) zu befolgen, wie zum Beispiel den Mönchen Respekt zu erweisen. Somit wurde sie zur ersten Bhikṣuṇī. Insgesamt haben

Bhikṣuṇīs mehr Regeln als die Bhikṣus. Hat eine Frau einmal den festen Entschluß gefaßt, Mitglied des Saṅgha zu werden, muß sie nach den Regeln der Bhikṣuṇī-Disziplin leben. Ebenso muß ein Mönch die Bhikṣu-Vinaya-Regeln beachten, um von den Nonnen Ehrerbietung zu empfangen.

Bhikṣuṇī Mahāprajāpatī sagte einst: »Ich habe gehört, daß eine Frau, die eifrig den Buddhadharma praktiziert, sicher sein kann, die vier Pfade eines *Śramaṇa* (Einsiedlers) zu erreichen: (1) den Pfad wachsenden Strebens, (2) den ununterbrochenen Pfad, (3) den Pfad der vollständigen Befreiung und (4) den Pfad des unübertroffenen Fortschritts.«

Aufgrund ihres starken Glaubens, ihres Verlangens nach einem reinen, disziplinierten Lebenswandel und ihrer Sehnsucht nach dem großartigen, befreienden Buddhadharma waren Mahāprajāpatī und Yaśodharā, die frühere Gemahlin des Buddha, in der Lage, die Ordination zu Bhikṣuṇīs zu empfangen.

Später gab es viele buddhistische Schriften, die eigens für buddhistische Nonnen und Laienanhängerinnen verfaßt wurden. Der Buddha lehrte das *Sūtra der sechzehn Versenkungen (Ṣoḍaśavipaśyanā Sūtra)* für die Dame Vaidehi und das *Sūtra des Löwenrufs des einen Fahrzeugs* für die Dame Malyasri. Zwei weitere Belehrungen waren das *Sūtra der Fragen der tugendhaften Jungfrau* und das *Sūtra des Mädchens auf dem Mond (Candrottara Dārikā Vyākaraṇa Sūtra)*, alles Belehrungen der buddhistischen Mahāyāna-Doktrin. Das *Mahāprajāpatī-Sūtra* enthält zahlreiche Vorschriften für Nonnen, allerdings auch viele Erörterungen über Frauen, die heute undenkbar sind und äußerst abfällig klingen. Zum Beispiel wird der Frauenkörper als unreines, unheilbringendes und ungeeignetes Gefäß für den Dharma bezeichnet. Wir sollten jedoch bedenken, daß so ungerechte Ansichten über Frauen eine Folge des stark diskriminierenden Kastensystems im damaligen Indien waren. Dank der heutigen Zivilisation haben sich solche Ansichten sehr gewandelt.

Bei der Verbreitung des Buddhadharma sind es die verschiedenen Methoden, die sich im Laufe der Zeit ändern. Die buddhistischen Lehren selber bleiben ihrem Wesen nach die gleichen. Um sie besser verbreiten zu können, wird die Art und Weise zu lehren dem Zeitgeist angepaßt.

In China wurde der Buddhismus immer als eine Religion voll grenzenlosen Mitgefühls und barmherziger Entschlossenheit angesehen. Deshalb wurden den Ausübenden verschiedene Belehrungen und unterschiedliche Mittel der Praxis an die Hand gegeben, je nach ihrem geistigen Aufnahmevermögen und sonstigen Fähigkeiten. So unterscheidet sich der Buddhismus in China nicht unerheblich von dem in Indien. Als der Buddhismus während der Han-Dynastie nach China kam, gab es dort bereits historische Berichte über chinesische Frauen, die Nonnen geworden waren. Den Frauen standen verschiedene Methoden zu Verfügung, die zur Buddhaschaft führten. Einige meditierten, andere meisterten die Lehren, wieder andere rezitierten Mantras oder sangen die heiligen Namen der Buddhas. In dem Buch *Wu.teng.heui.yuan* wird die Geschichte einer Frau namens Chit-t'ong erzählt, die durch das Studium und die Praxis des Buddhadharma Erleuchtung erlangte und daraufhin den folgenden Vers sprach:

»Es gibt keinen Unterschied zwischen dem Selbst und den materiellen Dingen.
Die sich ständig wandelnden Phänomene werden alle in demselben Spiegel reflektiert.
Der Geist ist so klar, daß er über den Meister und das Gemeisterte hinausgeht.
Erleuchtet ist der Geist, der die wahre Leerheit durchdrungen hat.«

Dieser Vers spiegelt ihre erleuchtete Einsicht wider. Später wurde ihre Praxis der Ch'an-Meditation legendär. Mit gekreuzten Beinen in der Meditationshaltung sitzend, ging sie ins Nirvāṇa ein. Ihr Buch *Blütenlese des Erleuchtungsgeistes* hat seitdem weite Verbreitung gefunden.

Kaiser Ming aus der Han-Dynastie gab seine Zustimmung zur Ordination einer Frau aus Loyang namens Ah-p'an; dies ist die erste historische Erwähnung einer buddhistischen Nonne in China. In der östlichen Chin-Dynastie wurde eine andere Nonne, Bhikṣuṇī Tao-hsing vom Tong-Tempel in Loyang, berühmt für ihr Verständnis des *Lotus-Sūtra*, des *Vimalakīrti-Sūtra* und vieler anderer tiefgründiger buddhistischer Schriften. Sie war die erste Nonne in der

Geschichte des Buddhismus in China, die Sūtras auslegte und den Buddhadharma lehrte. In der westlichen Chin-Dynastie gründete Bhikṣuṇī Chien-ching den Chu-lin-Tempel im Westen von Loyang und diente ihm als Äbtissin. Sie war die erste Nonne, die einem buddhistischen Tempel in China vorstand.

Da chinesische Nonnen in der Lage waren, eifrig den Buddhadharma zu praktizieren und anzuwenden, die Sūtras auszulegen und den Dharma zu verkünden oder auch Tempel zu leiten, wurden auch sie als große Meisterinnen und Geistliche von Rang verehrt, wie es in der *Kurzen Biographie des Saṅgha* berichtet wird. Die Bezeichnung »Orthodoxer Bhikṣuṇī-Saṅgha« für die chinesischen Nonnen kam zum ersten Mal in der südlichen Sung-Dynastie vor. Kaiser Wan verlieh den Titel »Orthodoxer Bhikṣuṇī-Saṅgha« der Nonne Pao-hsien.

An den oben aufgezeigten Beispielen sehen wir, daß Nonnen, die die Schriften beherrschen, die Ch'an-Meditation praktizieren und die Gelübde gut einhalten, einen den Mönchen entsprechenden Rang einnehmen, und zwar sowohl in buddhistischen Kreisen als auch in der übrigen Gesellschaft. Heutzutage gibt es in Taiwan bei weitem mehr Nonnen als Mönche. Obwohl etliche große Tempel noch von Mönchen geleitet werden, stehen ihnen Nonnen oft als Assistentinnen zur Seite. Sie scheuen keine Mühe, buddhistische Aktivitäten zu fördern. Immer mehr große Tempel werden jetzt auch von Nonnen geführt. Das Ausbildungsniveau der Bhikṣuṇīs in Taiwan verbessert sich ständig, und die Anzahl der Nonnen mit Universitätsausbildung steigt jährlich. Einige Nonnen, die ausländische Doktortitel in Japan und den Vereinigten Staaten erworben haben, sind nach Taiwan zurückgekehrt, um in Schulen und Universitäten zu unterrichten.

Für Bhikṣuṇīs ist sowohl eine buddhistische als auch eine praktische Ausbildung notwendig und dringlich. Nonnen mit einer höheren Ausbildung müssen weiter unterwiesen werden, damit ihr Verständnis des Buddhadharma wächst. Nonnen, die in sehr jungen Jahren ordiniert wurden, buddhistischen Studien schon nachgegangen sind und gewissenhaft den Buddhadharma praktiziert haben, brauchen zusätzliche Schulung, um ihre Allgemeinbildung zu erweitern. In den letzten Jahren haben viele dieser Nonnen einen weiterführenden Schritt getan und Abschlüsse an Höheren Schulen und Universitäten gemacht. So nimmt bei den Nonnen in Taiwan das Bestreben zu, sowohl den tiefgründigen buddhistischen Studien nachzugehen als auch praktisches, weltliches Wissen zu erwerben.

Die moderne Welt ist reich an allen möglichen Arten von nützlichem, fortgeschrittenem Wissen und dieser gegenwärtige Trend ist eine Folge dieser Wissensexplosion. Ich glaube, daß hierbei die positiven Auswirkungen die schlechten aufwiegen. Eine Nonne sollte sich auf das Studium des Buddhadharma konzentrieren und sich nicht von bedeutungslosen Details weltlichen Wissens ablenken lassen. Größtenteils sind chinesische Nonnen tief davon überzeugt, daß sie sich sowohl in der Dharmapraxis auskennen wie auch Allgemeinbildung haben müssen, um die buddhistischen Lehren in der modernen Welt darlegen und verbreiten zu können. Mit diesem Ziel lernen und praktizieren sie kontinuierlich. Auch sind sie sich darüber im klaren, daß sie ebenso wie die Mönche für die Pflege des Buddhadharma verantwortlich sind. Aus diesem Grunde arbeiten sie genauso hart wie die Mönche an der Entwicklung des Buddhismus.

Motiviert durch einen tiefen Respekt vor dem Buddhadharma, sind auch immer mehr westliche Frauen buddhistische Nonnen geworden. In den letzten Jahren haben ein Dutzend westliche Nonnen aus England, Frankreich, den Vereinigten Staaten und Deutschland in meinem buddhistischen *Lotus-Ashram* studiert und praktiziert. Nach meinen Beobachtungen scheint es für westliche Nonnen weitaus schwieriger zu sein als für asiatische Nonnen, buddhistische Lehren aufzunehmen und Meditation zu üben. Infolge abweichender Lebensgewohnheiten brauchen westliche buddhistische Nonnen eine spezielle Schulung und ein beträchtliches psychologisches Einfühlungsvermögen, um sich in einer asiatischen klösterlichen Umgehung zurechtzufinden. Zu diesem Zweck ist es für sie von Wert, die Lebensweise einer buddhistischen Nonne in allen Einzelheiten kennenzulernen. Um zu verhindern, daß westliche Anwärterinnen später ihre Gelübde brechen oder ein unglückliches, schwieriges Leben führen, ist es meiner Meinung nach notwendig, daß diese zuerst lernen, die asiatische Denkweise und kulturellen Sitten zu verstehen, die ja völlig verschieden von den ihrigen sind.

Ein oder zwei Schulungsjahre klösterlicher Disziplin in einer buddhistischen Ausbildungsstätte oder einem Tempel in Asien werden es ihnen erleichtern, sich dem buddhistischen klösterlichen Leben anzupassen.

Die Anzahl der weiblichen Anhänger des Buddhismus ist weltweit größer als die der männlichen. Da Frauen allgemein härteren Belastungen und größeren Widrigkeiten ausgesetzt sind als Männer, ist es nur richtig, wenn Nonnen darin geschult werden, den buddhistischen Frauen zu helfen, die in Schwierigkeiten sind. Auf diese Weise können die Nonnen sowohl in buddhistischen Gemeinschaften als auch in weltlicher Umgebung eine sehr bedeutsame Aufgabe übernehmen.

Als chinesische Bhikṣuṇī hoffe ich aufrichtig, daß sich alle buddhistischen Nonnen und Laienanhängerinnen entsprechend ihren Fähigkeiten innerlich vervollkommnen. Durch Schulung, Tugend und mit unerschütterlichem Mut sollten buddhistische Frauen – Ordinierte wie Laien – einen gesellschaftlichen Beitrag leisten, indem sie Reinheit und Güte beispielhaft vorleben. Ich hoffe, daß die Buddhisten Südostasiens, die den Buddhismus so schätzen, wie wir Chinesen es tun, den Status ihrer praktizierenden Nonnen verbessern können und ihnen helfen werden, die volle Ordination zu erhalten. In unserem Zeitalter sollten wir die Bhikṣuṇī-Ordination, die vom Buddha Śākyamuni eingeführt und institutionalisiert wurde, wieder einrichten. Auf diese Weise werden wir den buddhistischen Saṅgha stärken. Es ist mein brennender Wunsch, daß die Bhikṣuṇīs aller Länder eine tiefe Bewußtheit erreichen und unermüdlich an sich arbeiten mögen, indem sie den Dharma ausüben. Wir Bhikṣuṇīs sollten Demut und Freundlichkeit entwickeln, Meditation in Verbindung mit ethischem Verhalten praktizieren, eine edle und würdige Haltung pflegen und – als Allerwichtigstes – die acht Vorschriften der Ehrerbietung beachten. Dies sind die Disziplinen, die uns vom Buddha, dem von der Welt Verehrten, vermacht wurden. Gleichzeitig sollten wir versuchen, unseren Gemeinschaften sowie der ganzen Gesellschaft im Bereich buddhistischer Bildung und Kultur, Wohlfahrtsarbeit, medizinischer Versorgung und ähnlichem zu dienen. Es gibt in Taiwan schon einige Krankenhäuser, die von Bhikṣuṇīs geleitet werden. Diese Krankenhäuser dienen den Bedürftigen, den Armen und den Kranken. Wir Bhikṣuṇīs müssen nicht immer auf Spenden von barmherzigen Menschenfreunden warten, um Wohlfahrtsarbeit leisten zu können, sondern sollten von uns aus Tätigkeiten nachgehen, die der Menschheit wirklich nutzen.

6
Nonnen in der Gemeinschaft

Früher wurde die religiöse Praxis der Ordinierten als hauptsächlicher Beitrag zur Gesellschaft, in der sie lebten, angesehen. Sie hielten die Vinaya-Disziplin ein und dienten als Vorbilder der Entsagung. Auch wenn heute eine tibetische Nonne gefragt wird, was sie und ihre ordinierten Schwestern zum Wohl der Allgemeinheit tun, wird sie wahrscheinlich antworten: »Für das Wohl aller Wesen beten.« Eine Theravāda-Nonne wird vermutlich das Streben nach Befreiung als ihren Hauptbeitrag anführen. Obwohl niemand bestreiten kann, daß dies edle Ziele sind, hängt doch das Wohlergehen der Gesellschaft in der heutigen konfliktreichen Welt von sehr viel mehr als nur Gebet und Meditation ab. Es gibt genügend Spielraum für ein stärkeres soziales Engagement seitens buddhistischer Mönche und Nonnen.

Die Mitarbeit einiger Theravāda-Mönche in der Sozialfürsorge war in jüngster Zeit umstritten und wurde bei den konservativeren Mitgliedern ihrer Gemeinschaft mißbilligt. In einigen Ländern wird von den Mönchen erwartet, daß sie sich von Laien-Angelegenheiten und sozialen Problemen fernhalten. In Thailand gab es während der siebziger Jahre eine empörte Reaktion der Öffentlichkeit, als einige Mönche bei den kambodschanischen Flüchtlingslagern entlang der Grenze mitzuarbeiten begannen. Andererseits üben immer mehr Menschen Kritik an jenen Praktizierenden, die sich ausschließlich ihrer eigenen religiösen Praxis widmen und die Bedürfnisse der Menschen in ihrer Umgebung vernachlässigen. Viele haben das Gefühl, buddhistische Mönche und Nonnen sollten mehr Zeit und Energie dafür verwenden, der Menschheit unmittelbar zu dienen. Parallel zu dem obengenannten Vorfall riefen hingegen die Bemühungen einiger Mönche, in Bangkok ein Programm für die Rehabilitation Drogensüchtiger aufzustellen, allgemeine Würdigung und Unterstützung hervor. Offensichtlich ändern sich die Vorstellungen über die Rolle der Saṅghamitglieder in der Gesellschaft im Laufe der Zeit und entsprechend den sozialen Verhältnissen.

Seine Heiligkeit der Dalai Lama empfiehlt seinen Anhängern häufig, sich das Beispiel der christlichen Mönche und Nonnen vor Augen zu halten und nunmehr eine aktivere Rolle in der Sozialarbeit zu üben. Er äußerte, daß das Zeitalter der Saṅghamitglieder, die den ganzen Tag ausschließlich saßen und beteten, vorüber sei. Die Leiden der Menschheit sind zu drängend, als daß sie ignoriert werden könnten. Mönche und Nonnen, die keine familiäre Verantwortung und im Grunde genommen kein Privatleben haben, verfügen über mehr Zeit und Energie, die sie anderen widmen können und eignen sich daher bestens für soziale Dienste. Ihr Training in Achtsamkeit und Anteilnahme sollte sie für das Leid anderer empfänglich machen und sie dazu befähigen, als fürsorgliche Krankenschwestern, tüchtige Ratgeber und umsichtige Lehrer tätig zu sein. Buddhisten, die der Gesellschaft auf praktische Art helfen, nützen ihr gleichzeitig auch in nicht-materieller Weise, da sie die buddhistischen Lehren des Mitgefühls und der liebevollen Zuwendung demonstrieren.

In Taiwan und einigen westlichen Ländern, wo die Saṅghamitglieder gut ausgebildet und in verschiedenen Bereichen geschult sind, wurden bereits Programme im Dienste der Allgemeinheit durchgeführt. Sie arbeiten in diesen Ländern konstruktiv auf den Gebieten des Gesundheitswesens, der Erziehung, Altenpflege, Beratung und anderer Sozialeinrichtungen. Ihre Bemühungen haben sich als außerordentlich erfolgreich erwiesen und werden von der Laiengemeinde sehr begrüßt. Ihre Beteiligung an der öffentlichen Wohlfahrtsarbeit hinterläßt in der Gesellschaft einen Eindruck des buddhistischen Ideals, zum Wohle anderer tätig zu sein. Buddhistische Programme im Rahmen der Sozialfürsorge erwecken zudem Interesse an der Lehre und sollen, wo immer möglich, erweitert werden.

In Ländern, in denen die Nonnen nicht ausgebildet sind und in sehr armen Verhältnissen leben, ist es unrealistisch, von ihnen soziale Dienstleistungen für ihre Gemeinden zu erwarten. Bevor sie ihre Aufgabe auf diesem Gebiet überhaupt erfüllen können, müssen sie erst mit angemessenen Lebensbedingungen und Ausbildungsmöglichkeiten versorgt werden. Wie es Herr Abhaya Weerakoon auf der Konferenz ausdrückte: »Man fragt immer wieder, warum die Nonnen sich nicht in Krankenhausdienst, Sozialarbeit und Dienstleistungen für Laien und sehr Hilfsbedürftige betätigen. Ich glaube, Menschen, die diese Fragen stellen, verstehen oder würdigen nicht ganz die schwierigen Bedingungen, unter denen die Nonnen selbst leben. Man kann von den Nonnen meines Erachtens nicht erwarten, daß sie Hilfsdienste für andere übernehmen, solange sie nicht mit dem Notwendigsten für ihren Lebensunterhalt ausgestattet sind und ihre eigentliche Aufgabe wahrnehmen können. Zunächst müssen sie eine gründliche Ausbildung und Schulung erhalten, um ein Niveau zu erreichen, das sie befähigt, sich um die geistigen Bedürfnisse der sie unterstützenden Menschen zu kümmern. Erst dann können sie beginnen, an andere zweifellos sehr wichtige Hilfsleistungen zu denken. Doch wir sollten geduldig sein und dafür sorgen, daß die Nonnen für einen entsprechenden Einsatz ausreichend qualifiziert werden, um so den Respekt und die Wertschätzung bei den Mitbürgern hervorzurufen.«

Eine solche Unterstützung und Ausbildung der Nonnen, die sie zur Durchführung sozialer Maßnahmen befähigen würde, ist ein weiser Einsatz von Energie und Geldmitteln und wird für die Gesellschaft auf lange Sicht großen Gewinn bringen.

Die Entwicklung des eigenen Geistes und der Dienst an der menschlichen Gemeinschaft sind sehr gut miteinander vereinbar und eng verbunden. Für das Wohl anderer tätig zu sein, ist eine Form der Dharmapraxis. Mitglieder des Saṅgha, die ihre erworbenen Fähigkeiten dazu einsetzen, Menschen zu helfen, würden andere dazu ermuntern, ähnliches zu tun. Zur gleichen Zeit könnte das Problem des Lebensunterhaltes klösterlicher Gemeinschaften durch Sozialarbeit gelöst werden, weil damit direkt oder indirekt finanzielle Unterstützung durch die Laiengemeinde angeregt würde.

Wenn im Kloster lebende Buddhisten den Wunsch haben, sich hilfreich zu betätigen, stehen ihnen viele Möglichkeiten offen, wie zum Beispiel Förderung von Friedensprojekten, Arbeit mit mißhandelten Frauen und Drogenabhängigen, in Gefängnissen zu unterrichten, Kranken und Sterbenden Trost zuzusprechen und Erholungsmöglichkeiten für Eltern und Arbeiter bereitzustellen. Sie können sich im Naturschutz nützlich machen, Behinderte in handwerklichen Fähigkeiten ausbilden oder die im Buddhismus angewendeten psychologischen Methoden mit denen des Westens verbinden.

Da die Nöte der Lebewesen kein Ende haben, sind den Hilfsmöglichkeiten kaum Grenzen gesetzt. Wichtig ist, im eigenen Tagesablauf genügend Zeit für die religiöse Praxis zu lassen. Wenn unsere geistigen Verunreinigungen schwinden und der Egoismus an Kraft verliert, sind wir freier, uns der Not der Menschheit und anderer leidender Kreaturen anzunehmen.

Mit den verbesserten Kommunikationsmöglichkeiten weltweit sind Gebiete großer Armut und drängender Not ins Blickfeld gerückt und erreichbar geworden. Dadurch werden auch die Gelegenheiten zu selbstloser Hilfe größer als je zuvor. Nonnen, die Achtsamkeit und liebevolle Güte üben, sind in der idealen Lage, sich aus vollem Herzen der Linderung des Leidens in ganz unmittelbarer und nachdrücklicher Weise zu widmen. Auf dem Gebiet der Sozialarbeit beginnt jetzt ein neues Kapitel der buddhistischen Geschichte.

Buddhistische Sozialarbeit in Australien

Śrāmaṇerikā Thubten Lhundrup

Zwar bin ich erst seit kurzem Nonne, aber ich habe schon einige Zeit mit Mönchen und Nonnen zusammengelebt und -gearbeitet, sogar als ich noch bei der Luftwaffe angestellt war. Ich werde die Arbeit unter Laien auch wieder aufnehmen. Hier spreche ich über meine Erfahrungen, die ich in einem westlichen Land gemacht habe.

In einer klösterlichen Gemeinschaft oder in einem Nonnenkloster zu leben hat vieles für sich. Die Unterstützung durch Dharmafreunde und -freundinnen, der materielle Unterhalt, die Mitwirkung der Laienanhänger und die günstigen Bedingungen für weiteres Lernen sind unschätzbare Vorteile. Im Westen ist es schwierig, in einem Nonnenkloster unterzukommen, gleich ob man gerade ordiniert ist oder nicht. Entweder gibt es gar kein Nonnenkloster, oder es ist nicht finanziell abgesichert und uns Nonnen fehlen die Mittel, um dort zu leben. Es kann auch passieren, daß eine Nonne von ihrem Lehrer aufgefordert wird, einen Beruf in der Gesellschaft auszuüben, zum Beispiel als Lehrerin.

Wie dem auch sei – im Westen befinden wir uns oft inmitten der Gesellschaft und nicht in einem Dharmazentrum. Manchmal haben wir das Glück, in der hilfreichen Umgebung solch eines Zentrums zu leben, aber nicht immer. Westliche Nonnen begreifen durchaus die Situation und die Schwierigkeiten, denen alle Ordinierten ausgesetzt sind; zum Beispiel daß Probleme auftreten, wenn man die Robe trägt oder hinsichtlich des eigenen Unterhalts, der Anfeindung von außen, der Erfahrung von Einsamkeit und anderer Unannehmlichkeiten.

Als Seine Heiligkeit der Dalai Lama uns Unterweisungen über *Sonnenstrahlen der Geistesschulung* gab, sprach er über die Umwandlung widriger Umstände in den Pfad. So ein Text gibt mir viel Kraft, derartigen Widerständen zu begegnen, denn er lehrt, wie unser eigenes Handeln zur Dharmapraxis werden kann. Wir müssen immer daran denken, daß der Grund für die Ausübung des Buddhadharma unser Wunsch ist, das eigene Leiden und das anderer fühlender Wesen zu lindern. Ein Leben in der Gesellschaft gibt uns dazu sicherlich viele Gelegenheiten. Das trifft auch auf Ausübende anderer Religionen zu.

Buddhistische Nonnen können von christlichen Nonnen viel lernen, besonders auf dem Gebiet medizinischer Hilfeleistung, Gesundheits- und allgemeiner Erziehung. Wir leisten Praktisches und meditieren nicht nur. Buddhistische Praktizierende glauben mitunter, daß sie außer Meditieren nichts tun könnten und Gebet und Meditation der einzig gültige Weg seien. Sicherlich ist beides wichtig, aber wir sind fähig, auch andere Dinge zu tun.

Im Westen und Osten stehen wir unterschiedlichen Problemen gegenüber. Unsere größten Schwierigkeiten im Westen sind Einsamkeit, Unzufriedenheit, Depressionen und vor allem Ängste. Wenn wir dazu beitragen könnten, diese Leiden durch Gespräche oder auf andere Weise zu erleichtern, wäre das sehr wertvoll und wichtig.

Das Zentrum, mit dem ich in Australien zusammenarbeite, ist äußerlich zwar kein Dharmazentrum, aber in seiner Art einmalig. Es wurde von einem australischen Mönch namens Thubten Pende (Ken Hawter) gegründet, der den Auftrag dazu von dem Ehrwürdigen Thubten Zopa Rinpoche erhalten hatte. Selbst Krankengymnast, eröffnete Thubten Pende eine Klinik in Brisbane, genannt »Karuna Center«. In den zwei Jahren ihres Bestehens sind die Leistungen der Klinik erweitert worden; ich arbeite dort als Masseuse und im Empfang. Das Angebot der Klinik umfaßt auch Akupunktur, Fußpflege und Entspannungsübungen. Wir haben außerdem einen Berater.

Unser besonderes Interessengebiet ist die Arbeit mit Sterbenden und Krebspatienten. Wir haben festgestellt, daß eine große Anzahl von Patienten, die sich wegen somatischer Beschwerden in Behandlung begaben, auch psychische Probleme hatten, die oft auf nicht überwundene Trauer zurückzuführen waren. Deshalb haben wir diesem Thema große Aufmerksamkeit gewidmet.

Wir halten auch Gruppenunterricht in den Ortsgemeinden ab, zum Beispiel in einer Vereinigung, die sich speziell um Trauerfälle bemüht (TALAG, The Association for Loss and Grief). Ferner beraten wir Krankenschwestern in einer Stiftung für Krebskranke und junge Mütter, die Schwierigkeiten mit ihren Säuglingen haben. In der Regel handelt es sich dabei um Entspannungskurse, die entweder kostenlos oder auf Spendenbasis gegeben werden, und zwar für Frauen, die sich andere Kurse nicht leisten können.

Ein weiteres Arbeitsfeld unserer Klinik sind Besuche bei Einsamen und Kranken, in Pflegeheimen und in Privathaushalten. Wir stellen unentgeltlich Hilfe zur Verfügung, zum Beispiel in Einrichtungen wie dem St. Vincent de Paul Hostel, einem Männerasyl, das Alkoholiker oder Drogenabhängige beherbergt. Sicher gibt es noch zahlreiche andere Betätigungsfelder in der Sozialarbeit, dies sollten nur einige Beispiele aus dem Wirkungsbereich des Karuna-Zentrums sein.

Unser besonderes Interesse gilt der Arbeit in Hospizen. Ich weiß nicht, ob es diese Einrichtungen auch in asiatischen Ländern gibt – um es kurz zu erklären, ein Hospiz wird von Menschen aufgesucht, denen der Tod bevorsteht. Die meisten Patienten in Hospizen sind Krebs- oder Leukämiekranke. Abgesehen von ihrer Krankheit haben sie oft noch andere Probleme. In westlichen Ländern ist der Gedanke an den Tod mit großer Furcht verbunden, man sieht ihn dort als etwas sehr Negatives, über das man am liebsten nicht sprechen oder nachdenken möchte. Ein Todesfall in einer Familie kann für Menschen, die unvorbereitet sind oder das Geschehene nicht akzeptieren wollen, eine niederschmetternde Erfahrung sein. Im Osten wird der Tod leichter akzeptiert und erweist sich somit als kein großes Problem.

Mitarbeiter des Karuna-Zentrums gehen einmal wöchentlich in das Mt. Olivet Hospice in Brisbane. Im Grunde genommen besuchen wir ganz einfach Patienten und setzen uns zu ihnen ans Bett; es ist nichts Besonderes, nichts, wofür man eine spezielle Ausbildung benötigt. Manchmal wollen Sterbende über ihre Lage sprechen, manchmal nicht. Mitunter möchten sie nur jemanden bei sich haben, der ihre Hand hält, ihnen vorliest oder sie im Rollstuhl ausfährt, das genügt oft schon. Wir geben ihnen die Möglichkeit, über ihre Situation zu sprechen, wenn sie es wünschen.

Das Hospizpersonal weiß, daß die Leute vom Karuna-Zentrum Buddhisten sind, wenn wir auch bei Besuchen keine Roben tragen. Ein Grund dafür ist, daß Roben in einer solchen Umgebung eine Barriere aufbauen können. Ich habe bemerkt, daß sogar katholische Priester und Nonnen, die im Hospiz Besuche machen, wegen ihrer Religion manchmal bei den Patienten auf Feindseligkeit stoßen, vielleicht weil der Sterbende »Gott« zürnt. Die Zeitspanne vor dem Tod ist sehr gefühlsbetont, und mancher Sterbende möchte dann nicht an Religion erinnert werden. Selten reden wir mit dem Patienten über Glaubensfragen, es sei denn, er tut es selbst. Wir versuchen einfach, offen, fürsorglich und teilnahmsvoll zu sein.

Thubten Pende unterrichtet »Entspannung« im Hospiz, ich besuche die Patienten und leiste allgemeine Hilfsdienste. Entspannung kann dem Patienten sehr zustatten kommen, besonders wenn der Zeitpunkt des Sterbens näherrückt. Gehbehinderte Patienten werden im Rollstuhl zu den Übungsgruppen gebracht. Wenn jemand selbst dafür zu gebrechlich ist, besuchen wir ihn am Bett, sprechen mit ihm und führen ihn durch den Entspannungsprozeß, auch wenn der Todeszeitpunkt naht. Das kann für den Sterbenden besonders segensreich sein.

Dies alles sind Beispiele für den Dienst am Nächsten, den Buddhisten leisten können, aber ich bin überzeugt, es gibt noch viel mehr Einsatzmöglichkeiten. Wir müssen uns nur etwas einfallen lassen. Ich erinnere mich daran, wie ich mir zum ersten Mal Gedanken darüber machte, was ich tun könnte, um den Menschen zu helfen. Je länger man darüber nachdenkt, desto mehr Möglichkeiten tun sich auf. Die Bedürftigkeit der Menschen scheint ständig zuzunehmen. So viele freiwillige Helfer man auch findet, es werden immer noch mehr benötigt. Ich bin sicher, daß wir auf vielen anderen Gebieten dienen können; wir müssen nur irgendwo anfangen. Es gibt zwar viele Laienhelfer, aber oft haben sie Familien und daher nur begrenzt Zeit. Der Grund, Nonne zu werden, ist der Wunsch, sein Leben dem Dharma hinzugeben; so haben Nonnen Zeit, sich den Mitmenschen ganz zu widmen.

Man muß nicht Unterweisungen oder Meditationsanleitungen geben; der Dienst am Nächsten ist zwar unauffällig, aber sehr segensreich. Wenn man mit einer reinen Motivation praktiziert, mit einer positiven Grundhaltung, wird sich das auch auf andere Menschen positiv auswirken.

Sozialarbeit chinesischer Nonnen

Bhikṣuṇī Shih Yung Kai

Um die Jahrhundertwende wurden sich die Frauen im Westen allmählich der Tatsache bewußt, daß ihr Leben sich nicht darauf beschränken muß, dem Mann untergeordnet zu sein. Sie wollten frei sein und einen dem Mann gleichgestellten gesellschaftlichen und familiären Status haben. Sie strebten etwas an, das Buddhistinnen in

Indien in gewisser Hinsicht schon vor mehr als zweieinhalbtausend Jahren erreicht hatten.

Die Lebensbedingungen der Frauen zu Buddhas Lebzeiten waren sehr viel schlechter als die der Frauen im zwanzigsten Jahrhundert. Sie wurden sehr gering geachtet und auf die Rolle der Gebärerin verwiesen. Im Hause hatten sie kaum Autorität und am öffentlichen Leben waren sie überhaupt nicht beteiligt. In großer Zahl folgten Frauen dem mutigen Beispiel der Mahāprajāpatī und wählten das vom Buddha empfohlene hauslose Leben. Sie entschieden sich dafür, ihre angestammte Rolle aufzugeben und sich nicht nur von moralischen, gesellschaftlichen und häuslichen Restriktionen zu befreien, sondern auch ihre eigene geistige Entwicklung voranzutreiben.

In ihren Gemeinden kam diesen selbständigen Frauen eine sehr wichtige Aufgabe zu. Sie galten den in Haus und Familie lebenden Frauen als ermutigendes Vorbild. Müttern, die ihre Kinder verloren hatten, und kinderlosen Witwen erschienen sie wie ein lichter Hoffnungsstrahl. Den Frauen der Könige und der Reichen, die ein leeres Leben in Müßiggang und Luxus führten, gaben sie einen Lebenssinn. Sie halfen den Frauen der Armen aus Mühsal und Alltagsarbeit heraus. Sie bewahrten junge Mädchen vor der demütigenden Auslieferung an den meistbietenden Freier. Geistig rege Frauen befreiten sie von dem ihnen auferlegten konventionellen und traditionsgemäßen Bann, der sie von intellektueller Bildung fernhielt. In den buddhistischen Texten finden sich viele Berichte über Bhikṣuṇīs mit großen Fähigkeiten und geistiger Verwirklichung.

Ich bin als buddhistische Nonne in der chinesischen Tradition ordiniert und möchte von meinen Erfahrungen im Kloster Fo Kuang Shan und der gemeinnützigen Arbeit der dort lebenden Nonnen berichten.

Fo Kuang Shan ist mit über dreihundert Mönchen und Nonnen heute das größte Kloster auf Taiwan. Es ist das einzige Waldkloster auf Taiwan, das Menschen aus unterschiedlichsten Traditionen und Lebensumständen für Studium, Unterweisung und Aktivitäten im Dienste des Dharma offensteht. Fünfundsiebzig Prozent der ständigen Bewohnerinnen und Bewohner sind Nonnen, die daher auch den größten Teil der Verantwortung tragen.

Fo Kuang Shan wurde 1967 von dem Ehrwürdigen Hsing Yun gegründet, der 1949 vom Festland nach Taiwan gekommen war. Mit zwölf Jahren war er Novize geworden; im Alter von nur dreiundzwanzig Jahren betrat er zum ersten Mal den Boden Taiwans. Als Flüchtling vor den Kommunisten war er obdachlos und mittellos, ohne zu wissen, an wen oder wohin er sich wenden könne. Von dem Ehrwürdigen Tai Hsu inspiriert, eines am Anfang des Jahrhunderts in China berühmten buddhistischen Mönches, gelang Meister Hsing Yun mit Vertrauen und Hingabe der Neuanfang. Tatkräftig arbeitete er für die Wiederbelebung und Reformation des chinesischen Buddhismus auf Taiwan. Er vertritt den »humanistischen Buddhismus« das heißt, die Integration des Buddhismus in das alltägliche Leben.

Fo Kuang Shans Tätigkeit hat vier Hauptziele:

1. Verbreitung des Dharma durch kulturelle Aktivitäten,
2. Ausbildung von Dharmalehrern und -lehrerinnen,
3. Gemeinnützige soziale und medizinische Programme und
4. Läuterung des Geistes durch Pilgerreisen.

Nachfolgend werden diese Ziele eingehend beschrieben:

Verbreitung der Lehre des Buddha

Die Verbreitung des Dharma in der Bevölkerung ist für das Überleben des Buddhismus wesentlich. Der Buddhadharma ist in viele Länder gelangt und hat sich über Jahrhunderte erhalten, weil Menschen sich die Mühe machten, ihn zu lehren. Es gibt verschiedene Wege, die Lehre weiterzutragen. Die wichtigste und wirksamste Methode liegt im kulturellen Bereich, und hier ist Fo Kuang Shan sehr aktiv: buddhistische Texte werden publiziert und Kassetten mit Dharma-Belehrungen und buddhistischen Andachten vertrieben.

Wir geben die zweiwöchentlich erscheinende Zeitschrift *Awaken the World* heraus mit einer Auflage von 25 000 Exemplaren, sowie das Monatsmagazin *Universal Door* in einer Auflage von über 13 000 Exemplaren. Beide Publikationen werden weltweit vertrieben. Die Ehrwürdige Yi Kung, graduierte Absolventin (Magister in indischer Philosophie) der Universität von Tokio, ist Chefredakteurin. Früher war sie Direktorin unseres privaten Gymnasiums, und zur Zeit ist sie Äbtissin eines buddhistischen Nonnenklosters. Auch lehrt sie an Universitäten, und des weiteren ist sie Dekanin im Akademischen Ausschuß unserer buddhistischen Hochschule. Die Herausgeberinnen unserer Zeitung und des buddhistischen Monatsmagazins sind ebenfalls Nonnen.

Vor etwa zehn Jahren haben wir ein Redaktionskomitee eingesetzt. Wir planen die Neuausgabe des gesamten chinesischen Tripiṭaka, mit neuer Zeichensetzung und Fußnoten versehen, denn der vorhandene wurde in klassischem Chinesisch ohne jegliche Interpunktion verfaßt. Die geplanten Ergänzungen werden den Tripiṭaka leichter lesbar und damit verständlicher machen. Bis jetzt haben wir die vier *Āgamas* (Schriftsammlungen) abgeschlossen. Außerdem stellen wir ein zwölfbändiges chinesisches buddhistisches Wörterbuch zusammen, das sehr bald fertig sein wird. Das Redaktionskomitee wird von der Ehrwürdigen Tzu Yee geleitet, Absolventin der Buddhistischen Universität in Japan (Magister in buddhistischer Geschichte). Derzeit ist sie Äbtissin von Fo Shan Ssu, einem unserer Zweigtempel, und gleichzeitig ist sie Präsidentin der Buddhistischen Hochschule Fo Kuang Shan.

Ausbildung von Dharmalehrern und -lehrerinnen

Sieben Gesichtspunkte sind bestimmend.

1. Studium des Buddhismus: Wir haben auf Taiwan fünf höhere buddhistische Schulen ins Leben gerufen. Sowohl Saṅghamitglieder als auch Laienanhänger kommen aus der ganzen Welt, um in diesen Institutionen zu studieren. Studiengebühren, Verpflegung und Unterkunft stellt Fo Kuang Shan. Drei dieser buddhistischen Hochschulen werden von Nonnen geleitet.

2. Ausbildung der Praktizierenden: Wir bieten verschiedene Seminare an, die auf Menschen mit unterschiedlichen Interessen und Fähigkeiten ausgerichtet sind, z. B. Laienanhänger und -anhängerinnen, Verwaltungsmitarbeiter und Ordensmitglieder.

3. Ausbildung für Studenten und Studentinnen der höheren Schulen und Universitäten: Wir organisieren Sommer- und Winterkurse

und Vorlesungen über buddhistische Themen; kürzlich haben wir ein Zentrum eingerichtet, das diesen Studenten den Buddhismus leichter zugänglich machen soll.

4. Bildung im gesellschaftlichen Bereich: Wir schicken Mitarbeiter in Gefängnisse und Fabriken, um dort zu lehren, und wir organisieren jedes Jahr große öffentliche Vorträge über Buddhismus in taiwanesischen und ausländischen Großstädten. Zu diesen Vorträgen kommen gewöhnlich zwischen drei- und viertausend Personen. Wir haben auch spezielle Fernseh- und Rundfunkprogramme über buddhistische Themen produziert. Kürzlich haben wir damit begonnen, Stadtbewohnern Abendunterricht zu geben.

5. Geistesschulung: Wir organisieren kurze Klausuren für Saṅghamitglieder und Laien. Während der gewöhnlich sieben Tage dauernden Klausur wird von den Teilnehmerinnen und Teilnehmern ein streng religiöses Leben erwartet. Wir führen Zeremonien zur Zufluchtnahme und zur Einhaltung von Gelübden durch. Für Bhikṣus und Bhikṣuṇīs dauert die Zeremonie im allgemeinen zweiunddreißig Tage, für Teilnehmer mit Laien- und Bodhisattvagelübden fünf bis sieben Tage, und für die acht Regeln einen Tag und eine Nacht. Verschiedene Dharma-Aktivitäten, Rezitationen und Zeremonien werden teils regelmäßig, teils zu bestimmten Anlässen oder an Feiertagen durchgeführt.

6. Unterricht für Kinder: Wir organisieren Sommerlager, Sonntagsschulen und Vorschulklassen sowie Krippen und Kindergärten.

7. Weltliche Allgemeinbildung: Vor zehn Jahren haben wir ein privates Gymnasium eröffnet mit derzeit etwa eintausend Schülern. Zwei der ehemaligen Schulleiterinnen sind Nonnen. Tatsächlich werden die meisten der oben genannten Aktivitäten von unseren Nonnen organisiert, die nicht nur der Verwaltung vorstehen, sondern auch selbst unterrichten.

Gemeinnützige soziale und medizinische Programme

Wir haben ein Altersheim, Heime für Pensionäre, ein Waisenhaus und einen öffentlichen Friedhof eingerichtet. Das Altersheim wird von zwei Nonnen geführt, die ihr Leben ganz den Alten und Kranken geweiht haben. Leiterin des Waisenhauses ist Tzu Jung, eine diplomierte Sozialpädagogin. Zur Zeit ist sie auch Äbtissin des Pu Men Tempels, unseres Zweigtempels in Taipeh. Sie wurde von der Regierung als Bewährungshelferin für straffällig gewordene Jugendliche eingesetzt. 1985 bekam sie für ihr soziales Engagement die »Nationale Auszeichnung für Nächstenliebe«.

Außerdem haben wir ein Krankenhaus, das jedem kostenlose Behandlung und Arzneimittel (sowohl westliche als auch chinesische) anbietet. Mehrere mobile Krankenstationen gehören zu diesem Krankenhaus und versorgen abgelegene Gegenden und Dörfer, wo ärztliche Hilfe nur schwer erreichbar ist. Während des Winters und bei Naturkatastrophen stellen wir Nothilfsprogramme für die Armen und Bedürftigen auf.

Läuterung des Geistes durch Pilgerreisen

Alle Zweigtempel des Klosters organisieren Pilgerreisen, um Gläubige aus verschiedenen Teilen Taiwans und aus Übersee zu einem Besuch in das Kloster Fo Kuang Shan zu bringen. Derzeit haben wir etwa zwanzig Zweigtempel auf Taiwan und in Übersee, fast alle stehen unter der Leitung von Nonnen; ferner sieben Schreine unterschiedlicher Größe in Fo Kuang Shan, eine Grotte, die das Reine Land darstellt, ein Museum für buddhistische Kultur, ein Schulungszentrum für Laienanhängerinnen und -anhänger, eine Pilgerhalle und viele andere Einrichtungen. Alles steht den Pilgern und anderen Besuchern zur Verfügung, die auf diese Weise Kontakt zur Buddhalehre aufnehmen und etwas darüber erfahren. Oft werden durch einen Besuch in Fo Kuang Shan eventuelle Mißverständnisse in bezug auf die Lehre beseitigt und die Menschen veranlaßt, ihre Lebensanschauung und Einstellung zum Buddhismus zu ändern. Das Kloster mit all seinen Aktivitäten gedeiht unter der weisen Leitung des Ehrwürdigen Hsing Yun. Ohne ihn wäre dies alles nicht möglich gewesen. Hilfe und Unterstützung bekommt er von zahlreichen Menschen, Laienanhängern und Ordinierten, darunter vielen Nonnen. Außer den Beispielen herausragender zeitgenössischer Nonnen wie der Ehrwürdigen Tzu Chang, Tzu Hui, Chung Yen und Hiu Wan gibt es viele rührende und inspirierende Erzählungen über andere Nonnen in der chinesischen Tradition. Solche Beispiele zeigen uns, welch großes Potential Nonnen besitzen, einen Beitrag zur Gesellschaft zu leisten, und daß sie sehr wohl befähigt sind, bei der Gestaltung einer besseren Welt für unsere Mitmenschen zu helfen.

Laßt uns die Hände reichen, um gemeinsam für das Gedeihen des Buddhismus und das Wohl aller Lebewesen zu arbeiten!

7
Leben nach dem Vinaya in der heutigen Zeit

Trägt der einzelne Mensch moralische Verantwortung? In dieser Zeit gewaltiger gesellschaftlicher Veränderungen und ausschweifender Lebensweise löst diese Frage kaum öffentliches Interesse aus. Aufgrund der allgemein vorherrschenden Unzufriedenheit verdient sie jedoch einige Momente der Überlegung. Was ist verschwenderischer Konsum anderes als Begehren? Was ist auffällige Besitzanhäufung wenn nicht Überheblichkeit? Was sind Spannungen innerhalb der Gemeinde, wenn nicht Ärger? Wir müssen mit unseren Emotionen und den Handlungen, die sie auslösen, ehrlich umgehen, wenn wir den persönlichen und gesellschaftlichen Problemen auf den Grund gehen und versuchen wollen, sie zu beheben.

Die buddhistische Lehre erklärt, daß menschliches Glück aus wohlgesinntem und rücksichtsvollem Verhalten hervorgeht. Durch übelgesinntes und gedankenloses Benehmen hingegen entstehen Probleme.

Karma – das Tat oder Tun bedeutet – ist aus buddhistischer Sicht ein Prozeß unaufhörlicher, universeller Wechselwirkungen. Lebewesen begehen mehr oder weniger gute und schlechte Taten und erfahren an sich selbst das Ergebnis dieses Tuns, bis sie früher oder später Befreiung aus dem Daseinskreislauf erlangen. Ursache und Wirkung sind nicht von einer äußeren Macht abhängig, wie einem Schöpfergott, der überwacht, belohnt oder bestraft. Sie sind von inneren Faktoren abhängig, da jeder einzelne für seine Geisteshaltung, Entscheidungen und sein Verhalten in jedem Moment verantwortlich ist. Die drei Schulungen der Ethik, Konzentration und Weisheit sind der Schlüssel zu unserem Wohlergehen. Sie helfen uns, differenzierter und klarer zu entscheiden.

Die grundlegende ethische Haltung der Buddhisten besteht darin, sich der zehn unheilsamen Taten zu enthalten. Sie sind: töten, etwas zu nehmen, das nicht gegeben wurde, sexuelles Fehlverhalten, lügen, grobe Rede, entzweiende Rede, müßiges Geschwätz, Übelwollen, Habsucht und falsche Anschauungen. Hinzu kommt das positive sittliche Verhalten in Form der feierlichen Annahme und des Einhaltens gewisser Regeln als eine lebenslange Verpflichtung. Fünf Regeln müssen von buddhistischen Laien beachtet werden[56], zehn von ordinierten Novizen und Novizinnen, und über zweihundert von vollordinierten Nonnen und Mönchen.

Der Vinaya, Teil des buddhistischen Kanons, behandelt die monastische Disziplin und wird »das Herzblut der Lehren« genannt. Die Vinaya-Texte befassen sich besonders mit der Verhaltensweise all jener, die in das klösterliche Leben eintreten. Sie spezifizieren und erläutern die Richtlinien oder Schulungsvorschriften für den Saṅgha, die vollordinierten Nonnen und Mönche.[57] Die anderen beiden Schriftabteilungen des Kanons, Sūtra und Abhidharma betreffend, sind dem Dharma gewidmet und legen die universell anwendbaren Lehren für die geistige Weiterentwicklung dar.

Das eigene Verhalten mit den Richtlinien des Vinaya in Einklang zu bringen, gilt als unerläßlich für den geistigen Fortschritt. Gleichzeitig glaubt man, das äußere Benehmen spiegele das Ausmaß an innerem Wachstum wider. Die beiden sind also nicht zu trennen. Könnte man die Erleuchtung erlangen, indem man zügellos lebt, wäre man schon erleuchtet und der Buddha hätte nicht lehren müssen.

Das *Prātimokṣa*, der vielleicht älteste buddhistische Text überhaupt, spezifiziert die von den Nonnen und Mönchen einzuhaltenden Regeln und wird zweimal monatlich von den versammelten Ordensmitgliedern rezitiert. Die *Bhikṣuṇī- und Bhikṣu-Prātimokṣa-Sūtras* für vollordinierte Nonnen bzw. Mönche werden mit Versen eingeleitet, die den hohen Wert der sittlichen Disziplin verkünden, gefolgt von der Aufzählung der Prātimokṣa-Regeln, die entsprechend ihrer Gewichtigkeit in Kategorien aufgeteilt sind. Die Überschreitung irgendeiner Vorschrift der ersten Kategorie (*Pārājika* oder »Sturz in die Tiefe«) zieht sofortigen Ausschluß aus dem

Orden nach sich; Verstoß gegen eine weniger wichtige Anweisung kann gebeichtet und auf verschiedene Weise bereinigt werden.

An anderer Stelle des Vinaya werden Begebenheiten geschildert, die zur Festlegung der einzelnen Regeln Anlaß gaben, wobei der Buddha selbst als »Richter« fungierte. Mildernde Umstände werden erklärt, unter denen eine an sich verbotene Tat erlaubt sein kann. Außer im Krankheitsfall darf zum Beispiel eine Nonne oder ein Mönch normalerweise nicht um besondere Kost bitten. Wenn man die Präzedenzfälle untersucht, die ursprünglich zur Formulierung der einzelnen Vorschriften führten, bekommt man eine Vorstellung der eigentlichen Intention einer Regel und einen nützlichen Einblick in die gesellschaftlichen Wertmaßstäbe zu Zeiten des Buddha. Wenn man dann noch die besonderen mildernden Umstände betrachtet, wird man auch die Gesichtspunkte verstehen, nach denen eine Abweichung von der vorgegebenen Norm erlaubt ist.

Nonnen und Mönche unterwerfen sich freiwillig der im Vinaya ausführlich dargelegten monastischen Disziplin. Sie wissen, daß sittlich einwandfreie und verantwortungsbewußte Taten, mit positiver Motivation ausgeführt, erfreuliche Ergebnisse hervorbringen. Dieses ethische System ist die Grundlage für die religiöse Praxis des Saṅgha. Es ist der Kernpunkt eines Lebens der Entsagung. Da Saṅgha-Mitglieder in der buddhistischen Gesellschaft als Vorbild gelten, müssen sie nicht nur die Vinaya-Disziplin für ihre eigene geistige Entwicklung aufrechterhalten, sondern sich ebenfalls des Eindrucks bewußt sein, den sie in der Öffentlichkeit machen. Während einerseits der Vinaya Nonnen und Mönchen helfen soll, keine unheilsamen Taten zu begehen, hat er andererseits den Zweck, den Saṅgha vor der Kritik Außenstehender zu bewahren. Demzufolge müssen Ordinierte sorgfältig abwägen, ob ihr Handeln in einer gegebenen Situation angemessen ist. Obwohl die Motivation einer Tat ausschlaggebend ist, müssen sie sich als Vertreter des Saṅgha darüber klar sein, wie sich ihre Handlungen auf andere auswirken, um keine Kritik zu veranlassen.

Die Schwierigkeiten, heutzutage nach einem uralten sittlichen Kodex zu leben, ist ein Thema, das aufmerksame Betrachtung verdient. Der gegenwärtige Dialog beschäftigt sich besonders im Westen damit, auf welche Art und Weise Nonnen und Mönche heute aufrichtig und dennoch ohne Härten nach einer solchen uralten Ordensdisziplin leben können. Sich völlig von der Gesellschaft abzusondern, scheint keine realistische Alternative zu sein, obwohl eine abgeschirmte Umgebung während der ersten Jahre höchst ratsam ist. Praktizierende, die die Regeln einhalten wollen, sehen sich dauernd gewaltigen Anfechtungen ausgesetzt, wenn sie nicht das Glück haben, in einer klösterlichen Gemeinschaft zu leben. Es ist in unseren derzeitigen Gesellschaften wahrhaftig kein leichtes Unterfangen, eine monastische Disziplin zu befolgen. Ob es erlaubt und erwünscht ist, die klösterlichen Vorschriften zu ändern, ist eine andere leidenschaftlich debattierte Angelegenheit. Die einen argumentieren, daß die Vinaya-Beschränkungen überholt sind und revidiert werden müssen; die anderen entgegnen, daß eine Änderung gleichbedeutend mit einer Neubearbeitung der Schriften an sich sei. Obgleich der Buddha selbst Regeln abänderte und erweiterte, bleibt umstritten, ob andere dies tun dürfen. Derartige Änderungen würden starken Widerstand hervorrufen, da die Vinaya-Texte zu den ältesten des buddhistischen Kanon gehören und von allen buddhistischen Anhängern in hohen Ehren gehalten werden. Viele stellen auch die Frage, ob ein solches Umarbeiten wünschenswert ist, da eben dieses in unserer sich wandelnden Welt schnell wieder unzeitgemäß wäre und stets neuerliche Revisionen erforderlich machen würde. Der Vinaya hat als Grundlage gedient und wesentlich dazu beigetragen, die Lebenskraft der vermutlich ältesten ununterbrochenen klösterlichen Gemeinschaft zu erhalten, die die Welt je gesehen hat. Wir müssen ernsthaft die möglichen Rückschläge erwägen, wenn wir ein ethisches System verändern wollen, das alle Stürme der Zeit bewundernswert überstanden hat.

Die genaue Auslegung des Vinaya ist keine leichte Aufgabe. Ein tiefgehendes, allumfassendes Verständnis des Dharma und genaues Studium des vollständigen Vinaya in seiner ganzen Vielfalt sind dazu erforderlich. Bevor wir die Regeln interpretieren, müssen wir ganz klar wissen, was sie besagen, und darüber hinaus aus eigener Erfahrung mit einem disziplinierten klösterlichen Leben gründlich vertraut sein. Zu beurteilen, was als richtiges Verhalten gelten kann, legt dem einzelnen eine ungeheure Verantwortung auf. Um in allen Situationen richtig urteilen zu können, muß man unbedingt über eine lange Zeitspanne unter Führung eines qualifizierten Vinaya-Meisters gelebt haben. Aus diesem Grunde ist es unerläßlich, daß Nonnen und Mönche fünf bis zehn Jahre lang intensiv von einem Lehrer geschult werden, damit sie ein den Ordinierten angemessenes, stabiles Fundament hinsichtlich Geisteshaltung und Verhalten erlangen.

Es ist nicht möglich, ein korrektes Empfinden für rechtmäßiges Benehmen zu bekommen, wenn wir uns nach der Ordination völlig allein überlassen sind. Daher ist es wichtig, Institutionen einzurichten, in denen Nonnen gründliche Schulung in monastischer Disziplin erhalten und unter Bhikṣuṇī-Meisterinnen studieren können. Um die schwierigen Punkte des Vinaya zu erläutern, werden qualifizierte Vinaya-Lehrerinnen gebraucht mit guten Kenntnissen in Angelegenheiten, die besonders die Nonnen betreffen.

Ursprünglich war der Saṅgha eine Einheit von Mitgliedern, die gemeinsam einen ganzen Komplex von Regeln befolgten. Zu Lebzeiten des Buddha und etwa ein Jahrhundert danach funktionierte der Orden ohne Schwierigkeiten. Während der Regierungszeit König Aśokas jedoch kamen Spaltungen auf. Ob dies aufgrund von Unterschieden in Sprache, Kultur, Auffassungen und Belangen klösterlicher Disziplin oder einer Kombination dieser Faktoren geschah, ist schwer festzustellen. Natürlich wurden verschiedene Gründe für die Spaltungen von den gegnerischen Parteien vorgebracht. Auf jeden Fall trennte sich etwa in jener Zeit die Mehrheit der *Mahāsāṃghika* vom Theravāda.[58]

Anfänglich fühlten sich die meisten Bhiksus vom Mahāsāṃghika wegen seiner großzügigeren Auslegung der Regeln angezogen. In diesem Stadium hatte die Theravāda-Schule aufgrund ihrer strengeren Interpretation der Regeln weniger Anhänger. Jedoch konnte letztere gerade aufgrund ihrer Orthodoxie und sorgfältigen Beobachtung der Richtlinien Differenzen vermeiden und somit eine Spaltung innerhalb der Gemeinschaft verhindern. »Als kleine Gemeinschaft, die strikte Disziplin einhielt, war der Orden einig und stark und überlebte ein Jahrhundert ohne Spaltung.«[59] Daraus könnte man schließen, daß eine gut definierte und exakte Auslegung der Verhaltensregeln einer klösterlichen Organisation Übereinstimmung und Verbundenheit beschert. Wenn erst einmal das Thema der Interpretation monastischer Vorschriften angesprochen wird, kommen unterschiedliche Standpunkte sowie Meinungsverschiedenheiten vor. Gerade diese können die Stärke, Harmonie und Einigkeit der Gemeinschaft bedrohen und Splittergruppen verursachen.

Obwohl es in beiden Schulen, Theravāda und Mahāsāṃghika, schließlich zur Bildung einer Anzahl von Nebenschulen kam, waren es letzten Endes diejenigen mit der strengeren Auslegung der Regeln, die ihre Vitalität behielten und bis in die Gegenwart weiterexistieren.[60] Die in Korea und China vorherrschende Schule des Dharmagupta, des Mūlasarvāstivāda in Tibet und des Theravāda in Burma, Kambodscha, Laos, Sri Lanka und Thailand gehören zum Theravāda, der strikteren der beiden ursprünglichen Hauptschulen des Vinaya. Dies besagt, daß alle in der Welt vorhandenen Traditionen des Vinaya Abzweigungen der allerersten, mehr orthodoxen Theravāda-Schule sind, wohingegen keine Form des liberaleren Mahāsāṃghika überlebt hat. Somit kann man folgern, daß entschiedenes Festhalten an der monastischen Disziplin auf lange Sicht für Stärke und Lebensdauer eines Ordens sorgen.

Einer der Vorteile der Disziplin ist also Beständigkeit. Weitere sind öffentliche Unterstützung und interne Harmonie. Holmes Welch hatte eben dies beobachtet, als er die großen, sehr disziplinierten Klöster Chinas studierte und sie mit den kleineren, nicht so straff geführten örtlichen Tempeln verglich: »In einem klösterlichen Kodex heißt es: ›Je strikter die Vorschriften eingehalten werden, desto mehr Personen werden in einem Kloster leben. Je lockerer die Regeln, desto weniger Personen.‹ Das war zum Teil darauf zurückzuführen, daß bei herrschender Strenge die Laienanhänger mehr spendeten, zum anderen auf die Tatsache, daß es undurchführbar gewesen wäre, mehrere hundert Menschen ohne Regeln zusammenleben zu lassen.«[61] Hieraus ergibt sich eindeutig, daß Klöster, die die Vinaya-Regeln genau befolgen, bessere Unterstützung erfahren und lebendiger und dauerhafter sind.

Diese Einschätzung sollte man im Auge behalten, wenn überlegt wird, welche Zugeständnisse Nonnen und Mönche an den heutigen Lebensstil machen sollten. Wenn wir dauerhafte Klöster und stabile Saṅghas anstreben, könnte es sich als ein großer Fehler erweisen, die Regeln unnötigerweise zu erleichtern. Wir sollten uns bemühen, das größtmögliche Gleichgewicht zwischen monastischen Idealen und Alltagsrealitäten herzustellen, um gesunde, harmonische Gemeinschaften zu gestalten, ohne jedoch Ordnung und moralische Integrität zu opfern.

Ein Leben nach dem Vinaya im Westen

Bhikṣuṇī Jampa Tsedroen

Ich bin keine Expertin des Vinaya; doch habe ich einige Erfahrungen während der letzten Jahren hauptsächlich im Westen und für kurze Zeit auch in Asien sammeln können, was es heißt, dem Vinaya entsprechend zu leben.

Es gibt, glaube ich, kein buddhistisches Land mehr, in dem der Vinaya so praktiziert wird, wie es ursprünglich vorgesehen war. Die Praxis des Vinaya in der Theravāda-Tradition ist meines Erachtens etwas zu starr und in der Mahāyāna-Tradition etwas zu locker geworden. Damit will ich sagen, daß die Vinaya-Regeln innerhalb des Theravāda allzu wörtlich befolgt werden. Im Mahāyāna dagegen wird mehr Gewicht auf die Bodhisattva-Praxis gelegt, wobei man oft nicht zu bedenken scheint, daß auch beides gleichzeitig praktiziert werden kann.

Ein Leben nach dem Vinaya kann im Westen für mein Empfinden nur dann Bedeutung haben, wenn er seinem ursprünglichen Gehalt nach praktiziert wird und nicht nur traditionsgemäß. Der eigentliche Sinn der Prātimokṣa-Gelübde von Mönchen und Nonnen liegt darin, unsere unheilsamen Handlungen von Körper und Sprache in heilsame umzuwandeln. Eine der Bedeutungen von Prātimokṣa ist »eigene Befreiung«. Mönch oder Nonne zu werden bedeutet daher, eine grundlegende Praxis auf sich zu nehmen, die uns hilft, unser Verhalten zu verbessern, um schließlich aus dem Daseinskreislauf befreit zu werden. Es ist ein buddhistisches Grundprinzip, die eigene Befreiung anzustreben und anderen dabei möglichst keinen

Schaden zuzufügen. Hieraus erklärt sich, daß jegliche Handlung gemäß den Regeln des Vinaya danach ausgerichtet sein muß, sich selbst und anderen so wenig wie möglich zu schaden, vielmehr stattdessen größtmöglichen Nutzen zu bringen.

Obwohl der Buddha den Mönchen und Nonnen die Schulungsregeln des Vinaya auf dieser Basis gab, sprachen bei der Abfassung doch gewisse Umstände mit. Wenn die Regeln trotz veränderter Umstände buchstäblich angewandt werden, können sie sich mehr schädlich als nützlich auswirken. Ich halte es für sehr wichtig, stets nach dem Anlaß und Sinn für die Aufstellung einer Regel zu suchen und sie nicht einfach ohne jegliche Überlegung wortwörtlich zu praktizieren. Hingegen muß man aber auch darauf achten, nicht in das andere Extrem zu verfallen und zu denken, nur unsere Motivation sei wichtig und nicht unser äußeres Verhalten. Es gilt, den mittleren Weg zu finden.

Unsere persönlichen Voraussetzungen sind heutzutage nicht mit denen der Ordensleute von damals zu vergleichen; denn ihnen war es möglich, sich zu Lebzeiten des Buddha ganz in seiner Nähe aufzuhalten. Seit jener Zeit haben sich verschiedene buddhistische Traditionen entwickelt. Heute sind die Traditionen mit den jeweiligen Kulturen ihrer Länder verwoben und folgen sowohl den Interpretationen hochgeschätzter indischer als auch einheimischer Meister. Das soll nicht heißen, daß der Buddhismus nicht authentisch erhalten geblieben ist, sondern es beweist, daß er flexibel genug war, verschiedene Formen anzunehmen, ohne seine eigentliche Bedeutung zu verlieren. Wir sehen also, Traditionen haben sowohl Vorteile als auch Nachteile. Menschen in verschiedenen Ländern folgen unterschiedlichen Traditionen, die von einigen angenommen werden, ohne sie zu hinterfragen. Aber unsere, die Situation westlicher Menschen, ist eine andere. Wir sind nicht in einem buddhistischen Land aufgewachsen und neigen dazu, alles, was von unserem westlichen, jüdisch-christlichen Hintergrund abweicht, in Frage zu stellen, am meisten jene Dinge, gegen die wir uns bereits in der eigenen Tradition aufgelehnt haben. Ich denke, daß wir zwei Hauptproblemen gegenüberstehen: Einmal, entscheiden zu müssen, wie die herkömmlichen Regeln in ihrer ursprünglichen Bedeutung in der modernen Welt angewandt werden können, ein Problem, das sich auch Asiaten stellt. Zum anderen, daß es keine westlich-buddhistische Kultur gibt, ein Hindernis, das asiatische Länder auch überwinden mußten, als der indische Buddhismus in ihre eigene Kultur eingeführt wurde.

Viele Fragen und Schwierigkeiten entstehen, wenn westliche Menschen heutzutage versuchen, nach dem Vinaya zu leben. In den ersten Jahren, nachdem ich Buddhistin geworden war, fragte ich mich, warum der Buddha im Hinblick auf das äußere Verhalten so viele Regeln von geringer Bedeutung aufgestellt hat und diskutierte dieses Thema ausführlich mit meinem Lehrer. Der Buddhismus lehrte mich, daß es vor allem darauf ankommt, ein gutes Herz zu haben, und die Geisteshaltung wichtiger ist als das sichtbare Benehmen. Deshalb erschien es mir anfangs, als stünden einige Vinaya-Regeln im Gegensatz zu dieser grundlegenden Lehre des Buddha. Doch im Verlauf der Diskussion begann ich zu verstehen, daß für die tägliche Praxis und die geistige Entwicklung ein gutes Fundament moralischer Disziplin unerläßlich ist. Ich lernte, diese Richtlinien ganz einfach als eine realistische und nützliche Grundlage für das eigene Leben und das Leben in einer Gemeinschaft zu schätzen.

Buddha Śākyamuni hat die Regeln nicht gleich bei der Gründung des Saṅgha erlassen. Vielmehr war es der Saṅgha, der ihn um Rat fragte, als in Folge schlechten Benehmens einiger Saṅghamitglieder Schwierigkeiten in der Gemeinschaft aufkamen. Jede Regel sollte damals als Empfehlung für die Lösung eines bestimmten Problems betrachtet werden. Der Vinaya enthält viele Beschreibungen von Situationen, in denen die Schüler des Buddha kritisiert werden, weil sie sich nicht gemäß der Lehren verhalten oder weil Laien zu einem falschen Schluß über die Bedeutung der Lehre Buddhas kommen und somit ihr Vertrauen verlieren könnten. Der Buddha gab daher von Fall zu Fall Anweisungen für die Ordnung des Lebens in der Gemeinschaft, wenn Saṅghamitglieder ihre eigenen Ziele oder die der anderen gefährdeten.

Wir können eindeutig feststellen, daß den meisten Menschen überall auf der Welt und jederzeit im Laufe der Geschichte die Reife zum weisen Handeln fehlte. Daher gibt es keinen anderen Weg, als ihnen mittels Richtlinien zu helfen, verantwortungsbewußter zu handeln, nicht nur im Hinblick auf ihre eigenen Bedürfnisse, sondern auch auf die ihrer Mitmenschen. Regeln oder Gelübde anzunehmen sind ein Ausdruck unserer guten Absicht, tagein tagaus einen reinen Lebenswandel führen zu wollen. Sie schränken unser Leben aber auch ein. Es ist schwierig, ihren Sinn kurz und präzise zu erläutern, ohne sich nicht auch mit ihrer Entstehungsgeschichte auseinanderzusetzen.

Bevor der Buddha ins Nirvāṇa einging, betonte er, daß nicht alle Anweisungen befolgt zu werden brauchen. Wir müssen es uns zur Aufgabe machen, den Grund für jede Regel zu ermitteln und zu entscheiden, ob sie in der heutigen Zeit unter den gegebenen Umständen und im Hinblick auf die an uns gestellten Anforderungen noch anwendbar ist. Demzufolge ist es wichtig, die Vorschriften im Gesamtkontext der Lehren zu untersuchen.

Im Westen finden wir heutzutage bei Mönchen und Nonnen eine gewisse Tendenz, für sich selbst zu bestimmen, welche Regeln noch anwendbar sind und welche nicht. Aber natürlich können wir so nicht vorgehen. Betrachten wir beispielsweise den Fall eines Dharma-Zentrums, in dem aufgrund jahrelanger Erfahrung eine Hausordnung gilt, die sich als geeignet erwiesen hat, dem täglichen Leben der Gemeinschaft zu nützen. Es wäre kaum angebracht, wenn nun eine neue Mitbewohnerin in das Zentrum käme und für sich entscheiden würde, welche der Regeln sie annimmt und welche nicht, ohne Rücksicht auf die anderen Mitglieder der Gemeinschaft. Wenn sie jedoch bereit ist, die Bedeutung und Notwendigkeit der über viele Jahre erprobten Hausregeln zu diskutieren, zu erfahren, wie sie mit den Lehren des Buddha zusammenhängen und wie sie zustande gekommen sind, würde sie sich zweifellos als kooperativ erweisen und zur Verbesserung der allgemeinen Ordnung beitragen.

Die Situation des Saṅgha ist in mancher Hinsicht ähnlich. Wenn wir vom Vinaya sprechen, geht es nicht nur um Regeln für einen Haushalt, sondern für die ganze Ordensgemeinschaft. Zusammengefaßt kann man von einem Mönchsorden und einem Nonnenorden sprechen, auch wenn alle Mönche und Nonnen über die ganze Welt verstreut sind. Wenn wir nicht an dem Verfall der Disziplin buddhistischer Mönche und Nonnen beteiligt sein wollen, können Veränderungen nur weltweit beschlossen werden. Da es in der Zukunft Situationen geben könnte, in denen die Richtlinien des Buddha wieder anwendbar sind, wäre es nicht sinnvoll, sie einfach zu streichen. Jedoch muß unbedingt an ihrer Interpretation gearbeitet werden. Dies kann allerdings nur von Mönchen und Nonnen getan werden, die den Vinaya sorgfältig studiert haben und sowohl theoretisch als auch praktisch in allen drei Abteilungen des Kanons (Tripiṭaka) geschult sind.

Persönlich empfinde ich es auch für Menschen in der heutigen Zeit als hilfreich, die Robe zu tragen und als Ordinierte zu praktizieren, solange sie sich bemühen, es in der von Buddha beabsichtigten Form zu tun. Eine Ordination sollte das Leben vereinfachen und somit mehr Zeit für die Praxis und Verbreitung des Dharma einräumen. Sie sollte nicht zu einem Hindernis werden. In den traditionellen Klöstern buddhistischer Länder erweisen Asiaten dem Saṅgha großen Respekt. Sie bringen ihm viele Opfergaben und verhalten sich Ordensleuten gegenüber immer sehr höflich und ergeben. Im Westen ist es genau umgekehrt. Häufig kommen Menschen auf uns zu und fragen: »Warum sind Sie Nonne geworden? Das ist doch sehr merkwürdig. Können Sie nicht Ihre Emotionen bewältigen? Unterdrücken Sie irgend etwas?« Solche Einstellungen erschweren einem das Leben. Viele Leute haben kein Verständnis für den Zweck einer Ordination. Sogar einige Buddhisten meinen, daß wir den Vinaya im Westen überhaupt nicht brauchen.

Viele Menschen in Deutschland und anderen Ländern Europas glauben, daß es besser wäre, wenn alle Dharmalehrer und -lehrerinnen aus der Laiengemeinschaft kämen. Sie glauben, daß sie leichter mit Laien kommunizieren können. Ich kann dem nicht ganz zustimmen. So gut es ist, Lehrerinnen und Lehrer aus der Laienschaft zu haben, ist es gerade für sie schwieriger, den Buddhismus ausführlich zu studieren. Familie und Beruf machen ein Ganztagsstudium im Westen unmöglich. Einzelnen ist es gelungen, aber offenbar nur wenn sie allein und im Zölibat leben.

Gerade letzteres aber wird in der heutigen Zeit im Westen mit gemischten Gefühlen betrachtet. Manche Personen haben den Eindruck, ein Zölibat führe zu Verdrängung und Unbeweglichkeit. Aber tatsächlich gibt es viele Geschichten von Heiligen und hochentwickelten Menschen, die aus der Entsagung von einem weltlichen Leben alle Kräfte für höhere Ziele schöpften. Außerdem habe ich die Erfahrung gemacht, daß viele Laien über ihre persönlichen Probleme lieber mit Mönchen und Nonnen sprechen. Dies setzt voraus, daß die Ordinierten wirklich bemüht sind, den Dharma auf ihren eigenen geistigen Fortschritt anzuwenden, um somit als Vorbilder fungieren zu können. Manchmal mag es unter ihnen ein »schwarzes Schaf« geben – damit sind Menschen gemeint, die ihr Leben nicht so führen, wie man es erwarten würde, und es auch erst gar nicht versuchen – aber innerhalb der Welt des Saṅgha kann man ganz sicher ernsthaft Praktizierende finden. Wir sollten nicht vergessen, daß, insbesondere im Westen, Mönche und Nonnen erst seit kurzer Zeit ordiniert und somit Anfänger sind. Die Erwartung, daß Träger des Ordensgewandes bereits geistig hoch entwickelt sein müssen, um als Objekt des Respekts zu dienen, ist völlig unrealistisch.

Abgesehen von der Achtung, die man jedem Lebewesen erweisen sollte, hat der Buddha deutlich dargelegt, daß jene, die ihr ganzes Leben der Praxis und dem Studium des Dharma widmen, die bereit sind, materiellen Komfort, Ruhm, Familie und so weiter aufzugeben, eine spezielle Form des Respekts verdienen. Im Rahmen der subtilen Abhängigkeit von Ursache und Wirkung ist es sicherlich eine gute Handlung, Männer und Frauen zu unterstützen, die ihr Leben dem Dharma widmen und die erforderlichen Bindungen auf sich nehmen. Ordensleute haben Zeit, sich intensiver mit dem Studium und der Praxis des Dharma zu beschäftigen. Das bedeutet nicht, daß man Dharma nicht auch in einem weltlichen Leben den ganzen Tag lang praktizieren kann. Auch Mönche und Nonnen erledigen heutzutage neben ihren Studien und Meditationen viele andere Arbeiten und kümmern sich besonders um die Bedürfnisse der Laiengemeinde. Nach langen Jahren der Schulung werden Ordensleute eine Art Dharma-Profis; dadurch können sie die Laiengemeinde bestens fördern – nicht im materiellen, sondern im geistigen Sinne. Insbesondere im Westen vertreten heutzutage einige die Meinung, daß Ordensleute Laien nicht richtig beraten können, weil ihnen die gleiche weltliche Erfahrung fehlt. Diese Ansicht kann ich nicht teilen. Mönche und Nonnen leben noch immer inmitten dieser Welt und hören und sehen daher die Probleme, mit denen Laien tagtäglich konfrontiert werden. Bei ihrer Beratung von Laien hören sie verschiedene Gesichtspunkte ähnlicher Schwierigkeiten und Erfahrungen. Da sie nicht persönlich beteiligt sind, bewahren sie sich eine gewisse Distanz und können, dem Dharma Tag für Tag nahe, den Laien helfen, ihre Probleme aus der Sicht des Dharma zu betrachten.

Um sich auf die Tätigkeit als Berater vorzubereiten, benötigen Mönche und Nonnen zunächst die geeigneten äußeren Umstände, die besonders Nonnen gewöhnlich fehlen. Kurz nachdem ich mich beispielsweise für den buddhistischen Weg entschieden hatte, fragte ich mich, wie viele andere Frauen, wo man Lehrerinnen und weibliche Meditationsmeister finden könne. Es war nicht einfach, die Tatsache zu akzeptieren, daß es in der tibetischen Tradition keine Bhikṣuṇīs gibt, die Frauen als Vorbild dienen. Als Novizin empfand ich es als Rückschritt, mich in ungleicher Position inmitten einer großen Gemeinschaft vollordinierter Mönche ohne dieselben Rechte und Möglichkeiten wiederzufinden.

Es ist richtig, daß die Ordination überhaupt nichts mit dem Trachten nach gleicher Stellung im weltlichen Sinne zu tun hat und damit nicht verwechselt werden sollte. Der Entschluß zur Ordination sollte allein von dem Streben nach der Befreiung aus dem Daseinskreislauf motiviert sein. Wie auch immer, im Westen haben Frauen erfolgreich für ihre Gleichberechtigung gekämpft und reagieren mitunter recht irritiert, wenn diese grundlegenden Rechte nicht respektiert werden. Im Westen empfinden es viele junge Frauen, aber auch Männer, als großes Hindernis, wenn sie in der buddhistischen Welt mit einer Diskriminierung der Frau konfrontiert werden. Ihre Erwartungen sind enttäuscht, und wie andere Weltreligionen, die patriarchalisch und undemokratisch geleitet werden, erscheint ihnen der Buddhismus als altmodisch, auch wenn dies letztlich ein Trugschluß ist.

Nach vielen Jahren des Kampfes, der Diskussionen und des Nachdenkens gelangte ich schließlich zu der Überzeugung, daß der Buddha keinen Unterschied zwischen Männern und Frauen macht, noch zwischen hohen und niederen Kasten, verschiedenen Rassen und so weiter, sondern daß er wirklich die Absicht hat, Frauen gleiche Verantwortung und gleiche Möglichkeiten zur Dharma-

Praxis einzuräumen. Obgleich die soziale Wirklichkeit in der gegenwärtigen Welt manchmal von diesem Ideal abweicht, müssen wir vereint und in Harmonie zeigen, daß die revolutionäre Wahrheit, die Buddha lehrte, noch immer ernsthaft praktiziert wird.

Der Bhikṣuṇī-Orden hat in der heutigen Zeit eine große Chance, zu wachsen und sich zu entfalten. Außer in China, Vietnam und Korea, wo die Bhikṣuṇī-Überlieferungslinie bereits gut etabliert ist, werden wir etwas Neues aufbauen. Hierfür werden wir den Vinaya untersuchen, Nachforschungen über unsere jeweiligen Traditionen anstellen und die wichtige Gelegenheit wahrnehmen, zu entscheiden, wie die Praxis des Vinaya aussehen sollte. Es ist klar, daß sie der heutigen Zeit angeglichen werden muß.

Zum Beispiel gibt es eine Regel im Vinaya, die es uns verbietet, Geld zu berühren. In allen Ländern stellt diese Regelung heutzutage ein Problem dar. Es ist fast unmöglich, sie nicht zu übertreten. Mein Lehrer erklärte mir jedoch, daß dies zulässig sei, solange wir das Geld nicht zu unserem eigenen Nutzen berühren, sondern für andere Zwecke, wie zur Verbreitung des Dharma und zum Aufbau von Dharma-Zentren.

Als ich von meiner Bhikṣuṇī-Ordination in Taiwan nach Deutschland zurückkehrte, fühlte ich mich dafür verantwortlich, meine Regeln strikt zu befolgen, aber dabei stellten sich einige Probleme ein. Zum Beispiel war es mir nicht mehr länger erlaubt, Männer zu berühren, da dies eine Übertretung der Hauptregeln einer Bhikṣuṇī bedeuten würde, das heißt, einem Pārājika (Hauptverfehlung) sehr nahekäme, worin sich alle Traditionen einig sind. Einen Mann aus Verlangen zu berühren, hieße das Gelübde brechen und würde den Ausschluß aus dem Saṅgha nach sich ziehen. Ich erkannte daher, daß es am besten ist, sich dieser potentiell schwierigen Situation erst gar nicht auszusetzen und einen Mann besser überhaupt nicht zu berühren. Buddhisten können ein solches Verhalten, wenn man es ihnen erklärt, leicht nachvollziehen, aber wenn Neuinteressenten ein Dharma-Zentrum betreten, verhält es sich anders. Wie Sie wissen, reicht man sich in Deutschland immer zur Begrüßung die Hand. Kommt nun ein Mann zum ersten Mal in ein Zentrum und will einem die Hand geben, wäre es sehr unhöflich, diesen Gruß nicht zu erwidern. Es bleibt einem nichts anderes übrig, als die

Situation zu erklären. Ich müßte ihm also sagen, daß es mir nicht erlaubt ist, einen Mann zu berühren, und sofort wäre eine Barriere errichtet, eine unüberwindbare Mauer aufgebaut. Neuinteressenten fühlen sich sowieso schon ein bißchen unbehaglich und ängstlich, wenn sie zum ersten Mal in einen Tempel gehen. Sie wissen noch nicht, was es mit diesen seltsamen Buddhisten auf sich hat, aber sie sind interessiert. Gleich am Anfang einer Begegnung solch eine peinliche Situation zu schaffen, wäre nicht klug.

Als Seine Heiligkeit der Dalai Lama 1986 nach Deutschland kam, hatte ich Gelegenheit, ihn in dieser Sache um Rat zu fragen. Er sagte mir, daß ich zunächst etwas Geduld haben müsse. Wenn man mir die Hand reiche, solle ich den Gruß zunächst erwidern, jedoch selbst die Hand nicht zuerst entgegenstrecken. Bei wiederholten Begegnungen solle man dann versuchen, den Sachverhalt zu erklären. Mit der Zeit würde man sich auch im Westen daran gewöhnen, buddhistischen Nonnen nicht die Hand zu reichen. Manche westlichen Nonnen denken vielleicht, daß es unnötig sei, derartigen Vorschriften Bedeutung beizumessen. Aber ich denke, wir können sie nicht einfach ignorieren, da dies ein Schritt in Richtung Degeneration der Vinaya-Praxis wäre. Die Gründe, die Buddha Śākyamuni zur Aufstellung dieser Regeln hatte, sind noch immer gültig.

Auch gibt es im Westen manchmal Schwierigkeiten, wenn wir unser Ordensgewand in der Öffentlichkeit tragen. Schon öfter wurden Mönche von Punkern, Skinheads oder Betrunkenen angegriffen. Dies stellt ein großes Problem dar, da diese Menschen durch ihr Verhalten viel negatives Karma ansammeln.

Für Frauen ist das Tragen der Ordensgewänder nicht so problematisch, aber als Mann einen Rock zu tragen, wird als merkwürdig angesehen. Es scheint, daß Seine Heiligkeit einigen westlichen Mönchen die Erlaubnis gegeben hat, außerhalb von Dharmazentren oder Klöstern Laienkleidung zu tragen. In Asien würde das selbstverständlich bedeuten, daß man den Orden verlassen hat. Auch wenn das Tragen von Ordensgewändern keine Hauptregel ist, wird es doch als einer der drei Umstände gewertet, die zur Degeneration des Gelübdes beitragen. Ein Gelübde hängt aber nicht von der Kleidung ab, und man behält es, solange man keine Hauptverfehlung begangen hat.

Auch hier wurde, ähnlich wie zu Buddhas Lebzeiten, in einem bestimmten Fall eine spezielle Erlaubnis erteilt. Man muß sich entscheiden, wie man gewisse Situationen im Einklang mit den Lehren des Buddha meistert. Es sind unvorhergesehene Konsequenzen möglich, die im ausgesprochenen Gegensatz zu der ursprünglichen Absicht einer Vorschrift, eines Verbots oder einer Erlaubnis stehen, den drei Arten von Vinaya-Anweisungen. Heutzutage finden wir im Westen Mönche und Nonnen, die vom ersten Tag ihrer Ordination an Blue Jeans, Sonnenbrille und ziemlich langes Haar tragen, länger als der übliche kurze Haarschnitt. Sie sehen überhaupt nicht so aus, als seien sie ordiniert. Ich glaube wohl, daß sie ihr Gelübde einhalten, aber es fällt mir schwer, den Unterschied zwischen Ordinierten und Laien zu erkennen. Es ist auch durchaus verständlich, wenn sie von ihrer Umgebung nicht wie Mönche und Nonnen behandelt werden. In Zukunft wird man vielleicht ein Ordensgewand entwerfen, das dem Vinaya entspricht und gleichzeitig für die Menschen im Westen mehr akzeptabel ist. Solche Veränderungen mögen berechtigt sein, aber es stellt eine echte Gefahr dar, wenn man den Dingen nicht die Zeit gibt, sich zu entwickeln. Es könnte den Eindruck erwecken, daß die Regeln, wie sie im Vinaya erklärt werden, nicht mehr wichtig sind. Wir sehen also, daß sich die Praxis des Vinaya im Westen noch im Anfangsstadium befindet und der Weiterentwicklung bedarf. Andernfalls könnte das, was in Asien über Jahrhunderte bestanden hat, im Westen in einigen Jahrzehnten zerstört werden. Ich mache mir darüber Sorgen und denke, daß wir sehr vorsichtig sein müssen.

Die Frage ist nicht, ob wir uns schämen, im Ordensgewand nach draußen zu gehen. Kritisieren uns Leute auf der Straße, ist es unsere eigene Angelegenheit, wenn wir es als unangenehm empfinden. Das ist sicherlich auch zu Zeiten des Buddha geschehen und kann überwunden werden. Aber wenn man im Westen rote Roben trägt, wird man oft als »Bhagwan« (Rajneesh) bezeichnet und Theravāda-Mönche als Hare Krishnas. Hier geht es jetzt darum, ob das Tragen des Ordensgewandes trotz solcher Assoziationen der Verbreitung des Dharma dienlich ist.

Wir sollten uns indessen auch daran erinnern, daß die ersten Mönche und Nonnen christlicher und anderer Religionen sicherlich ähnliche Probleme hatten, ihre Orden jedoch inzwischen gesellschaftlich anerkannt sind.

Es ist der Mühe wert, zusammenzukommen, um die Vinaya-Regeln und ihre Anpassung zu diskutieren, denn viele komplizierte Punkte sind zu durchdenken und können nicht von einzelnen beurteilt werden. Vorteilhaft wäre es, wenn Komitees an der Lösung dieser Fragen auf nationaler und internationaler Ebene zusammenarbeiten würden. Wir haben es hier nicht nur mit der richtigen Interpretation von Regeln zu tun, sondern auch mit der Einführung des Buddhismus in nicht-buddhistische Länder. Ein Beispiel: Die Beichtformel (*Prātimokṣa-Sūtra*) in einer fremden Sprache zu rezitieren, ist sehr schwierig. Deswegen habe ich sie zunächst vom Englischen ins Deutsche übersetzt, in der Annahme, das Sūtra sei am besten in meiner eigenen Sprache zu rezitieren. Nun scheint jedoch bei internationalen Saṅgha-Treffen die Rezitation des Sūtras auf Englisch von Vorteil zu sein. Eine großartige Gelegenheit, die wir nutzen sollten. Wann immer wir alle aus verschiedenen Ländern zusammenkommen, könnten wir das *Prātimokṣa-Sūtra* in einer gemeinsamen Sprache rezitieren. Es ist bereits schwer genug, das Sūtra in irgendeiner Sprache auswendig zu lernen. Wir sollten daher, zumindest vorübergehend, alle ein und dieselbe zuverlässige Übersetzung benutzten. Ein Projekt, das die Bemühungen eines internationalen Komitees erfordert.

Ebenfalls wäre es günstig, wenn man Workshops über die Vinaya-Kommentare abhalten und die Praxis des Vinaya überprüfen könnte. Es ist wichtig, daß die Lehren des Buddha korrekt weitergegeben und auch richtig verstanden werden, und zwar auf eine Weise, die für Menschen der heutigen Zeit mit einer anderen Umgebung sinnvoll ist. Ich bin überzeugt, daß Klöster im Westen eine zunehmend größere Rolle spielen werden, insbesondere im Hinblick auf eine vollständige und authentische Übertragung des Buddhismus. Wahrscheinlich wird es im Westen nie so viele Mönche und Nonnen geben wie in Asien, aber wir sollten uns dafür verantwortlich fühlen, zu einem hohen Standard ihrer Arbeit beizutragen. Ausdauer bei dem Streben nach rechtem Verhalten auf dem Pfad, das in Einklang steht mit den Lehren, wird etwaige Vorurteile gegen Klöster abbauen helfen. Dann werden wir auch

Menschen antreffen, die von ganzem Herzen die Bestrebungen der Mönche und Nonnen verstehen und unterstützen. So wird deutlich, daß ein Leben nach dem Vinaya im Westen zwar bereits begonnen hat, sich aber noch in der Entwicklung befindet.

Eine andere Schwierigkeit, der wir uns im Westen gegenübersehen, ist die Tatsache, daß die verschiedenen buddhistischen Traditionen aus unterschiedlichen Kulturen stammen, und eine weitere, daß es uns an Klöstern mangelt. Es gibt bereits einige Klöster für Mönche, aber nur wenige für Nonnen. Ich meine, daß wir Nonnenklöster brauchen, von erfahrenen Bhikṣuṇīs geleitet, die nicht nur im Vinaya, sondern in allen Lehren des Buddha bewandert sind. Eine westliche Nonne in der tibetischen Tradition zu sein, heißt Verantwortung für eine gründliche Schulung auf sich zu nehmen und gleichzeitig beim Aufbau von Nonnenklöstern behilflich zu sein. Sicherlich werden wir bei der Einrichtung eines neuen Saṅgha für Nonnen auf viele Schwierigkeiten treffen, aber damit bietet sich uns eine großartige Gelegenheit. Wir beginnen jetzt mit etwas völlig Neuem und haben somit die Möglichkeit, von vornherein einen mittleren Weg für die Praxis des Vinaya zu finden, ohne bereits bestehende Traditionen verändern zu müssen. Oder mit anderen Worten: Wir können moderne Nonnenklöster auf dem Fundament alter Traditionen aufbauen. Etwas, das sicherlich einer Unterstützung wert ist.

8
Die Frage der Bhikṣuṇī-Ordination

Der Buddha hat zu seinen Lebzeiten den Frauen das Recht zur vollen Ordination verliehen und den Bhikṣuṇī-Saṅgha persönlich gegründet. Der Nonnenorden konnte in einigen Ländern bis in die heutige Zeit fortbestehen, in anderen dagegen ist er nicht mehr vorhanden. Wo immer er existiert, üben Nonnen im religiösen Leben der Gesellschaft eine nützliche Funktion aus. Wo es ihn jedoch nicht gibt, sind Frauen deutlich im Nachteil, da sie weniger Zugang zu Belehrungen und geistiger Anleitung haben.

Einige Beobachter bezweifeln, ob die volle Ordination als Bhikṣuṇī heutzutage überhaupt noch wichtig oder ratsam sei. Ihrer Meinung nach ist bereits die Einhaltung der fünf Regeln einer Laienfrau oder der zehn einer Novizin in Anbetracht der heutigen gesellschaftlichen Normen nicht nur ausreichend, sondern sogar ein anspruchsvolles Unterfangen. Wie dem auch sei – Tatsache ist, daß Männer die volle Ordination erhalten können, und es steht außer Frage, daß dies für Frauen ebenso gelten sollte. Gewiß hat nicht jede Frau Interesse daran, ein Leben lang über dreihundert Regeln auf sich zu nehmen, doch wer dies ernsthaft tun möchte, sollte auch die Gelegenheit dazu bekommen.

Welchen Nutzen hat die volle Ordination? Warum möchte eine Frau Bhikṣuṇī werden? Was ist durch einen solchen drastischen Schritt zu erreichen?

Der Wert ethischer Disziplin – als eine Basis für die Entwicklung von Konzentration und Weisheit – wurde bereits erörtert (siehe S. 70). Ebenso wurde die positive Auswirkung von Gelübden auf die persönliche Aufmerksamkeit im Alltag und die Förderung der Harmonie in der Gemeinschaft genannt. Durch die volle Ordination wird die Dharma-Praxis intensiviert, da Aspekte des alltäglichen Verhaltens geregelt werden und die Achtsamkeit der Praktizierenden dadurch beständig wächst. Je mehr Regeln eingehalten werden, desto geringer ist die Gefahr, negative Handlungen zu begehen und dadurch zukünftiges Leid zu erzeugen. Auf der Grundlage der vollen Ordination kann jede Handlung mit der Erleuchtungslehre des Buddha in Einklang gebracht werden. Ist die eigene Persönlichkeit gänzlich mit dem Dharma verbunden, ist kaum ein Fehltritt möglich. Die Ordination bringt zwar eine ungeheure Verantwortung mit sich, ist aber gleichzeitig eine außerordentliche Gelegenheit, Fortschritte auf dem Pfad zu machen.

Das Leben einer Bhikṣuṇī oder eines Bhikṣu gilt als ein letztlich reines und einfaches Leben – man ist »frei wie ein Vogel«. Es ist für die Dharma-Praxis so förderlich, daß gemäß den Überlieferungen viele erleuchtete Wesen sogar noch nach dem Erreichen der Arhatschaft die Ordination erhielten.

Das Befolgen der Gelübde hält den Menschen von sinnlosen und unnötigen Handlungen ab und sichert ihm Zeit, Ruhe und Freiraum für die spirituelle Praxis. Die radikale Umwandlung der äußeren Lebensweise in eine monastische bewahrt davor, sich auf die kurzfristigen Ziele dieses Daseins einzulassen und regt zu heilsamen Handlungen an. Gerade durch den Abstand zu den weltlichen Verstrickungen läßt sich oftmals die nötige Stärke und Objektivität besser entwickeln, um anderen bei ihren Problemen zu helfen. Durch Genügsamkeit und Freude an den Gelübden wird inneres Glück und Freiheit erfahren.

Zusätzlich zu den Vorteilen in diesem Leben soll das Einhalten einer reinen Ethik zu einer menschlichen Wiedergeburt in zukünftigen Existenzen führen. Auch heißt es, wo immer ordinierte Saṅgha-Mitglieder die Prātimokṣa-Disziplin einhalten, bleiben die Lehren des Buddha bestehen – eine bedeutsame Aussage in einer Welt, in der viele buddhistische Kulturen bedroht sind und um ihr bloßes Überleben kämpfen. Ebenso wichtig ist dies für die Ausbreitung des Buddhadharma in nicht-buddhistischen Ländern. Da sich der Begriff Saṅgha faktisch auf eine Versammlung von vier oder mehr vollordinierten Nonnen oder Mönchen bezieht, ist es offensichtlich, daß die Bhikṣuṇīs allein durch ihre bloße Gegenwart das

Gedeihen des Dharma fördern. Dies ist einer der Beiträge, die der Bhikṣuṇī-Saṅgha der Welt zu bieten hat.

Es stellt sich die Frage, warum in gewissen Ländern Einwände gegen die Gründung eines Bhikṣuṇī-Ordens vorgebracht werden. Obwohl ungern zugegeben, hat diese ablehnende Haltung sicherlich auch wirtschaftliche Gründe. In einigen Ländern gab es seit Jahrhunderten keine Bhikṣuṇīs, so daß die Bhikṣus alle Vorteile, Zuwendung und jeglichen Einfluß für sich allein genossen. Da Bhikṣus und Bhikṣuṇīs für ihren Lebensunterhalt gleichermaßen auf die Laienschaft angewiesen sind, würde die Gründung eines Bhikṣuṇī-Saṅgha ein Aufteilen der Mittel zur Folge haben. Dies mag eine der Ursachen für die Opposition gegen die Bhikṣuṇīs sein. Ihnen den gleichen Status zu verleihen, könnte das Ausmaß der Unterstützung für die Bhikṣus verringern. In vielen traditionellen Ländern des Buddhismus sind es meistens die Frauen, welche die Bhikṣus unterstützen. Wenn sie nun den Bhikṣuṇīs helfen würden, könnte ein Interessenkonflikt entstehen.

Andere Einwände gegen die Gründung des Bhikṣuṇī-Saṅgha können mit logischen Argumenten widerlegt werden. Der Haupteinwand richtet sich auf das Problem der Überlieferungslinie, die nach Meinung der Gegner heute nicht mehr vorhanden ist. Ganz offensichtlich jedoch existieren Bhikṣuṇī-Überlieferungslinien in mehreren Traditionen, nämlich der chinesischen, der koreanischen und der vietnamesischen. Andere Kritiker behaupten, diese seien keine durchgehenden Überlieferungslinien. Diese Behauptung ist schwer zu widerlegen, da man für den schlüssigen Beweis der ununterbrochenen Kontinuität einer tausendjährigen Überlieferungslinie allwissend sein müßte – aber die Aufgabe, das Gegenteil zu belegen, fällt eindeutig auf den Herausforderer. Warum sollten diejenigen, die Vertrauen in die Reinheit ihrer Überlieferungslinie haben, sich gezwungen sehen, dies stichhaltig zu begründen? Bis jetzt hat noch niemand den Beweis über einen Bruch in den bestehenden Bhikṣuṇī-Überlieferungslinien erbracht.

Gegner behaupten, daß der Buddha den Niedergang der Lehre prophezeit hat, falls man Frauen zum Orden zuließe. Dies bezieht sich auf eine heftig umstrittene Aussage, in der davor gewarnt wird, daß durch die Bildung des Bhikṣuṇī-Ordens die Lehren nach fünfhundert Jahren degenerieren und nach tausend Jahren verschwinden würden.[62] Manche sind der Meinung, daß die Entgegennahme der acht wichtigen Vorschriften (Gurudharmas)[63] durch die erste Bhikṣuṇī, Mahāprajāpatī, die vorausgesagten schrecklichen Konsequenzen zunichte machte. Andere wiederum zweifeln an der Echtheit dieser Prophezeiung des Buddha, da ja »der Dhamma nach fünfhundert Jahren ganz und gar nicht verschwunden, sondern auch heute noch, nach zweitausendfünfhundert Jahren, sehr lebendig und kraftvoll ist.«[64] Ich persönlich glaube, daß der Buddha in seiner Allwissenheit alle Phänomene der Vergangenheit, Gegenwart und Zukunft erkannte und daher zweifellos auch die ebenbürtigen geistigen Fähigkeiten der Frauen sowie die Dauer der Lehre. Die Vorstellung, daß der Buddha unter dem Druck von Ānanda wider besseres Wissen der Gründung eines Nonnenordens zustimmte, ist unsinnig und respektlos. Die Bhikṣuṇīs sind ein wichtiger Bestandteil des Saṅgha, und die buddhistische Gemeinschaft ist ohne sie nicht vollständig.

Einige Gegner erheben den Vorwurf, daß die Bemühungen, den Bhikṣuṇī-Saṅgha wiederzubeleben, dem schwerwiegenden Vergehen einer Saṅgha-Spaltung gleichkämen.[65] Auch dieser Vorhaltung kann man mit gelassener, klarer Logik begegnen. Zunächst einmal sind eindeutig die Gegner einer Wiederbelebung für die herbeigeführte Uneinigkeit verantwortlich. Selbstverständlich ist es kein Fehler, die Verfügungen des Buddha zu befolgen und eine ausgewogene Gemeinschaft von Bhikṣuṇīs, Bhikṣus und Laien zu schaffen. Wie bereits gesagt, kann eine Frau, ob ordiniert oder nicht, kein Schisma im Bhikṣu-Saṅgha hervorrufen. Es heißt ausdrücklich, daß nur ein vollordinierter Mönch ein solches Schisma erzeugen könne. Befürworterinnen des Bhikṣuṇī-Ordens müssen keine Sorge haben, ein schwerwiegendes Vergehen zu begehen.

Trotz der Opposition konservativer Gruppen in einigen Ländern, nimmt die Unterstützung für die volle Ordination buddhistischer Frauen rasch zu. Durch die Verbreitung der buddhistischen Lehren im Westen hat die Bhikṣuṇī-Frage an Bedeutung gewonnen. In der Vergangenheit blieben die Praktizierenden in den asiatischen Ländern des Buddhismus etwas isoliert. Mit der Geschichte der eigenen Tradition waren sie zwar vertraut, aber die historische Entwicklung in anderen buddhistischen Ländern war ihnen nicht bekannt. Bis vor kurzem waren sich viele nicht darüber im klaren, daß sich in den chinesischen, koreanischen und vietnamesischen Traditionen die Bhikṣuṇī-Überlieferungslinie unversehrt erhalten hat.

Die volle Ordination für Frauen in den verschiedenen Ländern wird immer leichter zugänglich. Bald werden wir einen weltweiten Bhikṣuṇī-Saṅgha entstehen sehen, eine Vereinigung von Bhikṣuṇīs aus vielen Ländern und Traditionen, die gemeinsam bemüht sind, den Dharma und die monastische Lebensweise zu fördern. Ein solches System gegenseitiger Hilfe wird sowohl einen Ansporn für kulturellen Austausch als auch eine Quelle für die weltweite Unterstützung der Nonnen bilden. Anregungen und Ideen können miteinander geteilt werden, um die Bedingungen für buddhistische Frauen allgemein zu verbessern. Im Laufe der Zeit könnte sich eine solche Vereinigung als eine offizielle Organisation formieren, die Informationen über anstehende Bhikṣuṇī-Ordinationen, verfügbare Schulungszentren sowie andere nützliche Dienste anbietet. Bis dahin gibt es unter der Leitung von Sakyadhītā für Frauen ein Kommunikationssystem, das Bhikṣuṇīs, Novizinnen und andere auf dem laufenden hält.

Die Notwendigkeit einer weltweiten Vereinigung der Bhikṣuṇīs wird darin spürbar, daß sie in einigen Ländern zwar akzeptiert werden, in vielen anderen jedoch die volle Ordination für Frauen noch jeglicher Anerkennung entbehrt. Durch die Kommunikation und moralische Hilfe ihrer Schwestern aus anderen Ländern werden die Bhikṣuṇīs dort, wo sie nur wenige sind und immer noch um Anerkennung kämpfen müssen, unterstützt. Ferner sind zum Beispiel in westlichen Ländern, in denen die Bhikṣuṇī-Ordination eine neuere Erscheinung ist, die Verbindungen mit älteren Bhikṣuṇīs aus traditionellen Ländern des Buddhismus wünschenswert, so daß die Anwärterinnen und die neu Ordinierten von diesen Meisterinnen lernen können. Es ist also für beide Seiten von Vorteil, wenn das Kommunikationsnetz erweitert und eine weltweite Solidarität unter den Bhikṣuṇīs erreicht wird. Ob als formelle Einrichtung oder als lockeres Netzwerk Gleichgesinnter, eine Vereinigung von Bhikṣuṇīs aus Ost und West wird denen, die ein monastisches Leben führen, Kraft und eine gemeinsame Zielsetzung geben. Damit wird auch die weithin als wichtig anerkannte Aufgabe der Erforschung und des Studiums des Bhikṣuṇī-Vinayas vorangetrieben.

Die auf der Konferenz vertretenen unterschiedlichsten Ansichten kommen durchweg von Menschen, die ernsthaft eine für alle buddhistischen Nonnen zuträgliche Lösung der Ordinationsfrage wünschen. Da die überwiegende Mehrheit der Nonnen aus Asien stammt, waren alle bemüht, die Zustimmung und Unterstützung der asiatischen Buddhisten, besonders der Mönche, zu erlangen. Es ist außerordentlich wichtig, daß der Bhikṣuṇī-Saṅgha im Einklang mit dem Bhikṣu-Saṅgha gegründet wird. Jene Mönche, die damit noch nicht einverstanden sind, müssen von der Lebensfähigkeit und Nützlichkeit eines starken und gut organisierten Nonnenordens überzeugt werden. Außerdem müssen wir die Gesichtspunkte aller Traditionen verstehen und die Zustimmung der Mönche durch überzeugende Argumente gewinnen.

Die Bemühungen um die volle Ordination buddhistischer Frauen sind nicht als Kampf um weltliche Ziele und Anerkennung zu verstehen. Frauen möchten nur ihren rechtmäßigen Platz in der Religion einnehmen, um anderen mehr nützen zu können und die geistige Entwicklung der Frauen innerhalb der buddhistischen Gemeinschaft zu fördern.

Einige Befürworter des Bhikṣuṇī-Saṅgha meinen, daß wir auf den zweifachen Ordinationsverlauf verzichten und die Bhikṣuṇī-Ordination nur mit Bhikṣuṇīs durchführen sollten, um die Teilnahme von Männern von vornherein zu umgehen. Dies ist jedoch nicht erlaubt, da es für eine Bhikṣuṇī eine Überschreitung der Vorschrift bedeutet, wenn sie ohne die Bestätigung durch den Bhikṣu-Saṅgha einer Frau die volle Ordination erteilt. Abgesehen davon, daß dies eine der acht wichtigen Vorschriften für Bhikṣuṇīs darstellt, ist die Ordination durch beide Saṅghas im Text über Ordinations-Verfahren festgelegt. Eine Ordination, die nur durch Bhikṣuṇīs erteilt wird, würde wohl in keiner buddhistischen Tradition Anerkennung finden.

Nach Meinung anderer Befürworter des Bhikṣuṇī-Saṅgha sollten wir auf die Anerkennung von Bhikṣuṇī-Ordinationen drängen, die nur durch Bhikṣus, ohne die Teilnahme von Bhikṣuṇīs, durchgeführt werden. Mönche aus einigen Ländern behaupten, daß dieses

Vorgehen zulässig sei. Solche Befürworter vertreten die Ansicht, daß eine allein durch Bhikṣus geleitete Ordinationszeremonie leichter zu organisieren und als ebenso gültig wie die zweifache Ordinationszeremonie anzusehen sei. Nach ihrer Beweisführung sind die Ordinationsregeln nicht in den Prātimokṣa-Regeln enthalten, sondern sind nur Nebenregeln, für die der Buddha eine Änderung erlaubt hat, wenn die Umstände es erfordern.

Auf diese Argumente gibt es mehrere Entgegnungen: Zunächst ist in allen noch vorhandenen Vinaya-Quellen die Vorschrift zu finden, daß die Bhikṣuṇī-Ordination sowohl durch den Bhikṣuṇī- als auch durch den Bhikṣu-Saṅgha erteilt werden sollte. Wie bereits dargelegt, ist es ratsam, in größtmöglicher Übereinstimmung mit dem Vinaya zu bleiben, nicht nur um sich an diese alten Texte und Traditionen zu halten, sondern um auch in konservativeren Ländern des Buddhismus die Anerkennung für den Bhikṣuṇī-Saṅgha zu erreichen.

Zweitens ist die zweifache Ordination aus feministischer Sicht empfehlenswert. Frauen sollten an der Ordination von Frauen beteiligt sein. Warum sollte man Nonnen von der Ordination anderer Nonnen ausschließen, da dies doch als ihr Recht und ihre Pflicht in den Vinaya-Texten dargelegt ist? Es ist richtig, daß Bhikṣuṇīs an der Bhikṣuṇī-Ordinationszeremonie teilnehmen sollten, nicht nur als Zuschauer und Helferinnen, sondern als Hauptpersonen in aktiven Rollen, den Bhikṣu-Ordinations-Meistern ebenbürtig. Nach den Vinaya-Texten soll das Gelübde durch den Bhikṣuṇī-Saṅgha erteilt und später am gleichen Tag durch den Bhikṣu-Saṅgha bestätigt bzw. nochmals erteilt werden. Ob die Ordination nur bestätigt oder ein zweites Mal erteilt wird, ist eine Frage, die je nach Tradition verschieden ausgelegt wird. Warum sollten Frauen auf ihr Recht verzichten, bei Ordinationen mitzuwirken? Im Gegenteil, wir sollten vereint dafür eintreten, daß dieses Recht dem Vinaya gemäß aufrechterhalten wird.

Nicht zuletzt infolge der durch die Konferenz geweckten Aufmerksamkeit legen gebildete und fortschrittliche Bhikṣus gegenüber der Bhikṣuṇī-Ordinationsfrage eine offenere Einstellung an den Tag. Einige Theravāda-Bhikṣus haben bereits mit der Tradition gebrochen und begonnen, in Indien und in den Vereinigten Staaten erstmals Śrāmaṇerikā-Ordinationen durchzuführen. Aufgrund verbesserter Transport- und Kommunikationsmöglichkeiten reisen Bhikṣus häufiger ins Ausland und werden dadurch auch mit den Gedanken der Gleichberechtigung westlicher Buddhistinnen konfrontiert. Viele dieser Bhikṣus sind in ihren Heimatländern hochangesehen. Sofern sie sich dieser Gedanken bewußt werden und sie an andere weitergeben, besteht durchaus Grund zur Annahme, daß in den traditionellen Ländern des Buddhismus allmählich eine liberalere Haltung gegenüber der Ordination von Frauen entstehen wird. Wesentliche Reformen sind auch in dem Maße zu erwarten, wie die kommende Generation jüngerer Bhikṣus verantwortungsvolle Aufgaben innerhalb der buddhistischen Hierarchie annimmt.

In bezug auf die Theravāda-Länder wurde vorgeschlagen, zunächst einmal eine Bhikṣuṇī-Ordination mit Unterstützung von Bhikṣus an einem neutralen Ort abzuhalten. Zum Beispiel könnten aufgeschlossene, in Indien oder in den Vereinigten Staaten lebende Mönche aus Sri Lanka zur Teilnahme an einer Ordinationszeremonie mit chinesischen Bhikṣuṇīs eingeladen werden. Dann könnte man sich schrittweise für die Anerkennung der Überlieferungslinie bei den Mönchen und der Gesellschaft in Sri Lanka einsetzen.

Es gibt Millionen buddhistischer Frauen, die ein beachtliches Potential öffentlichen Einflusses darstellen. In welchem Ausmaß Verbesserungen für buddhistische Frauen und Anerkennung für buddhistische Nonnen erzielt werden können, hängt großenteils von der Geschicklichkeit ab, mit der die gebildeten Frauen in der Öffentlichkeit vorgehen.

Ohne Bhikṣuṇīs ist eine buddhistische Gesellschaft nicht vollständig. Es fehlen qualifizierte Nonnen, die insbesondere Frauen geistliche Anleitung und religiöse Unterweisungen geben können. Das Streben nach dem Recht auf Ordination und einem Leben mit ethischen Vorschriften gemäß den Anweisungen des Buddha ist sicherlich heilsam, wenn es mit Geschick und Verstand geschieht. Es ist nichts damit gewonnen, wenn man die Gründung des Bhikṣuṇī-Saṅgha ablehnt und die Welt dadurch dieser Quelle qualifizierter Dharma-Lehrerinnen beraubt. Die gegenwärtige Periode gesteigerten Selbstbewußtseins der Frauen ist auch für Bhikṣuṇīs genau der richtige Zeitpunkt, um in der religiösen Struktur der

Gesellschaft ihren rechtmäßigen Platz einzunehmen. Ich hoffe, daß die hier aufgeführten Gesichtspunkte eine Anregung für einen verstärkten Dialog über diese wichtige Frage darstellen werden.

Die Rolle der Frau im Buddhismus

Dr. Chatsumarn Kabilsingh

Der Buddhismus war die erste Religion der Welt, die eine Gemeinschaft ordinierter Frauen gegründet hat.[66] Buddha lehrte, daß alle Menschen – Frauen gleichermaßen wie Männer – geistige Befreiung erlangen können. Heute neigen wir dazu, die Gründung des Nonnenordens unterzubewerten. Zu Buddhas Zeiten jedoch war sie eine Errungenschaft, denn die indische Gesellschaft richtete sich streng nach den Gesetzen des Manu: Junge Frauen unterstanden dem Schutz ihrer Väter, waren sie verheiratet, dem ihrer Ehemänner und als Witwen, dem ihrer Söhne. Frauen wurden als ihr Eigentum betrachtet, das die Männer einander weiterreichten. Söhne zu gebären wurde für Frauen zu einer religiösen und gesellschaftlichen Verpflichtung, deren Nichteinhaltung ihre Ehemänner dazu berechtigte, sich eine neue Frau zu nehmen. Auch durften Frauen keine religiösen Rituale selbständig durchführen, sondern waren in jeder Hinsicht von Männern abhängig.

Innerhalb dieses sozialen Milieus eröffnete der Buddhismus völlig neue Perspektiven. Als Buddhistinnen konnten sich Frauen der üblichen Unterdrückung entziehen und beginnen, sich ihren Aufgaben zu widmen, nicht nur den Aufgaben als Ehefrauen und Mütter, sondern gleichberechtigt neben den Männern auch als Verkünderinnen der neuen Religion.

Dieser soziale und geistige Fortschritt für Frauen war seiner Zeit weit voraus und rief viele Einwände von seiten der Männer, einschließlich der Mönche, hervor. Der Buddha selbst war sich bei der Gründung des Nonnenordens des Meinungsstreites sehr wohl bewußt, der sich aus dieser liberalen Haltung gegenüber den Frauen ergeben würde.

Frauen aus allen gesellschaftlichen Schichten traten zu Lebzeiten des Buddha dem Orden bei. Viele von ihnen erlernten mit Erfolg den Dhamma und wurden redegewandte Lehrerinnen, zu deren Zuhörern Minister und Könige zählten. Schon immer war die Unterstützung durch die Königshäuser für die Verbreitung einer Religion von entscheidender Bedeutung gewesen. Offensichtlich hatten buddhistische Nonnen viel zu der Bekehrung der Königsfamilien wie des Volkes beigetragen. Gewisse Nonnen, die sich durch Erinnerung an ihre früheren Leben, Einsicht, Befolgung des Vinaya und das Weitergeben der Lehre auszeichneten, wurden vom Buddha besonders gelobt.

Nonnen und Mönche sollten eine gleichwertige Rolle spielen. Unter Anpassung an die gesellschaftlichen Normen stellte der Buddha die Nonnen jedoch dem Schutz der Mönche anheim, gleich Schwestern, die von ihren älteren Brüdern beschützt werden sollten. Leider hat die Geschichte – infolge der brahmanischen Herkunft vieler Mönche – zahlreiche Vorfälle zu verzeichnen, bei denen die Nonnen eher als Untergebene oder Dienerinnen denn als geistige Schwestern behandelt wurden. Die Nonnen mußten in einem solchen Umfang Wäsche waschen und hinter den Mönchen herputzen, daß sie für ihre religiöse Praxis keine Zeit mehr fanden. Sobald dem Buddha dies berichtet wurde, gab er Richtlinien heraus, die es den Mönchen verboten, die Nonnen auszunutzen. Einmal nahm ein junger Mönch, der zu faul war, auf Almosengang zu gehen, einer 120 Jahre alten Nonne die Almosengabe weg. Nachdem die betagte Nonne ihn drei Tage lang mit ihrem Anteil versorgt hatte, brach sie vor Hunger zusammen. Als der Buddha davon erfuhr, erließ er eine Vorschrift, die es den Mönchen verbot, Almosenspeisen von den Nonnen anzunehmen. Solange der Buddha lebte, traf er Vorsorge, das Wohl der Nonnengemeinschaft zu schützen. Die Tatsache, daß die Nonnen weniger Unterstützung von den Laien erhielten als die Mönche, machte ihm Sorge. Dies kommt deutlich in einer Vorschrift zum Ausdruck, die eine gleichmäßige Verteilung der Gewänder unter dem Mönchs- und Nonnenorden vorsah. Doch nach dem Eingehen des Buddha ins *Parinibbāna* wurde die Leitung des Ordens von der Mönchsgemeinschaft übernommen – mit entsprechenden Konsequenzen.

Bereits beim Ersten Konzil, drei Monate nach dem Ableben des Buddha, läßt sich eine Benachteiligung der Nonnen erkennen. Das Konzil bestand aus fünfhundert erleuchteten Mönchen, doch keine der vielen gelehrten und erleuchteten Nonnen war eingeladen. Neben anderen Beanstandungen wurde Ānanda, dem Vetter und ständigen Begleiter des Buddha, vom Konzil vorgeworfen, daß er den Nonnen erlaubt habe, dem Buddha Ehrerbietung zu erweisen. Eine weitere Kritik richtete sich gegen seine Fürsprache bei der Gründung des Nonnenordens. Obwohl er diesen Vorwurf nicht zurückwies, gab Ānanda der Versammlung zu verstehen, daß er diese Handlungen nicht als Fehler betrachte. Trotzdem waren einige Mönche offensichtlich nicht glücklich darüber, daß Nonnen Seite an Seite mit ihnen lebten. Trotz der Gleichheitslehren des Buddha besteht in einigen Kreisen eine solche Geisteshaltung bis heute fort.

Der Nonnenorden

Der Buddha nennt vier Gruppen von Buddhisten, welche die Verantwortung für die Aufrechterhaltung und Verbreitung der Lehre tragen: Bhikkhus, Bhikkhunīs, Laienanhänger und Laienanhängerinnen. Die Gemeinschaft der Nonnen wurde zu Lebzeiten des Buddha unter der Leitung der Königin Mahāpajāpatī gegründet. Inschriften entnehmen wir, daß der Orden bis zur Invasion der türkischen Moslems im elften Jahrhundert fortbestand. Sowohl der Bhikkhunī- als auch der Bhikkhu-Saṅgha verschwanden nach dieser Zeit aus Indien. Im dritten Jahrhundert v. Chr., zur Zeit des Königs Asoka, wurde in Sri Lanka unter königlicher Schirmherrschaft ein Nonnenorden ins Leben gerufen. Viele ceylonesische Frauen erhielten von indischen Bhikkhunīs die volle Ordination, und der Orden blieb bis zur Invasion eines südindischen Herrschers im Jahre 1017 n. Chr. bestehen. Danach starben beide Orden aus. Der Mönchsorden wurde im Gegensatz zum Nonnenorden bald wiederbelebt.

Vor dieser Zeit, im Jahre 434 n. Chr., hatten Bhikkhunīs aus Sri Lanka in China einen Nonnenorden gegründet. Diese chinesische Überlieferungslinie ist die einzige, die bis zum heutigen Tag in China und Korea weiterbesteht. Während der Unterdrückung zur

Zeit der Kulturrevolution in China flohen einige Nonnen nach Taiwan, wo sie heute die größte Gemeinschaft vollordinierter Nonnen bilden. Die später geflohenen Mönche, die sich den Nonnen aufgrund ihrer Hilfe bei der Ansiedlung in Taiwan sehr verpflichtet fühlen und ihnen dankbar sind, erweisen der Nonnengemeinschaft gebührenden Respekt. Der Erfolg des Bhikkhunī-Saṅgha in Taiwan ist auf diese Kette von Ereignissen zurückzuführen.

In anderen buddhistischen Ländern wie Burma, Thailand, Nepal, Laos und Kambodscha scheint es niemals einen Bhikkhunī-Saṅgha gegeben zu haben. Jedoch haben buddhistische Frauen dort ihrem Wunsch Ausdruck verliehen, ein religiöses Leben führen zu wollen. Auch wenn sie keinen Zugang zur vollen Ordination hatten, bildeten sich in jenen Ländern doch Gruppen ordinierter Frauen. In Nepal halten sie zehn Regeln ein, tragen eine rosafarbene und eine braune, über die Schulter gelegte Robe und nennen sich Anāgārikās, wie auch die Nonnen der burmesischen Tradition. In Kambodscha und Thailand kleiden sie sich in weiße Roben und halten zehn beziehungsweise acht Regeln ein. In Sri Lanka haben sie zehn Regeln, ockerfarbene Roben wie die Mönche und werden als Dasasil Mātās bezeichnet. Alle diese Frauen tragen kurzgeschorene Haare zum Zeichen, daß sie das Familienleben hinter sich gelassen haben. In Sri Lanka scheint die gesellschaftliche Anerkennung am größten zu sein: Kürzlich unternahm die ceylonesische Regierung mit der Ausgabe von Personalausweisen an die Dasasil Mātās einen ersten Schritt zu ihrer formalen Anerkennung. Auch gibt es dort Bestrebungen, den Bhikkhunī-Orden wiederzubeleben.

In Ländern, in denen es keinen Bhikkhunī-Orden und daher auch keine Überlieferungslinie der vollen Ordination für Frauen gibt, können die Frauen, die als Nonnen leben, keiner der zuvor erwähnten vier Gruppen von Buddhisten zugeordnet werden. Im allgemeinen werden sie weder dem Saṅgha zugerechnet, noch sind sie Laienanhängerinnen im eigentlichen Sinne, da sie ja ihr Heim verlassen haben, um ihr Leben ganz der Religion zu widmen. In Thailand werden sie gesetzlich nicht als Laien mit Wahlrecht anerkannt. Gleichzeitig werden sie aber auch nicht als Verkünderinnen des Dhamma betrachtet und gehören somit nicht der Saṅgha-Gemeinschaft an. Kurz, sie bilden eine unbequeme Minderheit.

Die Stellung der tibetischen Nonnen ist einmalig. Aufgrund der geographischen Lage Tibets gab es dort zwar niemals eine Bhikkhunī-Überlieferungslinie, aber die Nonnen konnten die Ordination zur Novizin (Sāmaṇerī) erhalten. Als China vor nunmehr dreißig Jahren die Herrschaft über Tibet ergriff, hatte dies zumindest eine positive Konsequenz, nämlich daß sich der Buddhismus durch die Flucht vieler Tibeter in die verschiedensten Teile der Welt ausbreitete.

Das Resultat: Viele Menschen im Westen haben sich dem Buddhismus angeschlossen und jene westlichen Frauen, die ihr Leben stärker der Religion widmen wollen, haben begonnen, die volle Ordination in Taiwan, Hongkong oder Korea zu nehmen. In den Vereinigten Staaten wurde 1983 zum ersten Mal in der Geschichte des Buddhismus eine Ordinationszeremonie für westliche Nonnen abgehalten. Die Bestrebungen und Aktivitäten dieser Nonnen werden sich im Laufe der Zeit auch auf das Wiederaufleben des Nonnenordens im Osten positiv auswirken.

Die Theravāda-Buddhisten bestehen darauf, daß die Überlieferungslinie für Bhikkhunīs inzwischen ausgestorben und die volle Ordination nur dann rechtsgültig sei, wenn sie sowohl von der Bhikkhunī- als auch der Bhikkhu-Gemeinschaft erteilt werde. Sie erkennen die chinesische Bhikkhunī-Überlieferungslinie nicht an, da sie diese zum Mahāyāna zählen. Gemäß meinen Vinaya-Studien gab es zur Zeit König Asokas achtzehn (Vinaya-)Schulen, die Theravāda-Richtung unterteilte sich in zwölf und die des Mahāsāṃghika in sechs weitere. Die *Pāṭimokkha*-Gelübde, nach denen die chinesischen Nonnen leben, gehören zur Dharmagupta-Schule, einem Zweig des Theravāda. Somit folgen die chinesischen Nonnen eigentlich den Pāṭimokkha-Gelübden des Theravāda. Hinsichtlich der Überlieferungslinie der Ordination kann man also nicht von Theravāda und Mahāyāna sprechen. Es mag zwischen Theravāda und Mahāyāna Unterschiede hinsichtlich der Interpretationen der Lehre geben, aber in bezug auf Vinaya besteht, wie gesagt, kein solcher Unterschied. Daher ist es unlogisch, Aussagen über die Gültigkeit der Bhikkhunī-Überlieferungslinie auf derartige Vorurteile zu stützen. Da ich noch Laie bin, nehme ich mir die Freiheit, in aller Offenheit über diese Dinge zu sprechen.

Etliche Mißverständnisse gibt es auch in bezug auf die Entstehung dieser Bhikkhunī-Überlieferungslinie. Es wird zum Beispiel oft gesagt, daß der Buddha niemals einen Bhikkhunī-Saṅgha gewollt habe; da die Frauen ihn jedoch so hartnäckig drängten, mußte er ihnen die Ordination schließlich erlauben. Wahr ist, daß der Buddha zögerte, als ihn seine Tante um die Ordination bat. Er zögerte dreimal, und dreimal wiederholte Ānanda die Bitte.

Auch bei einer anderen Gelegenheit zögerte der Buddha. Nach seiner Erleuchtung hatte er Bedenken, ob er lehren sollte oder nicht; deswegen kommen wir ja auch nicht auf die Idee, die Fehlerlosigkeit des Dhamma anzuzweifeln. Ebensowenig wie man die Zurückhaltung des Buddha, bevor er mit seinen Unterweisungen begann, als Beweis für die Ungültigkeit der Lehren heranziehen kann, ebensowenig kann man die Tatsache, daß er Frauen nicht von Anbeginn bereitwillig zum Orden zuließ, als Grund für die Ablehnung des Nonnenordens anführen. Dies wäre unlogisch. Meiner Meinung nach konnte der Buddha gar nicht umhin, Frauen in den Orden aufzunehmen, da er bejahte, daß Frauen gleichermaßen wie Männer zur geistigen Befreiung befähigt sind.

Die Zukunft des Bhikkhunī-Saṅgha

Bis jetzt haben buddhistische Frauen die Rolle der Förderin und Praktizierenden gespielt, doch nun möchten sie, während sie ihre religiösen Ideale anstreben, auch als Verkünderinnen und Lehrerinnen des Dhamma ihre Dienste tun. Solche Zukunftsaussichten mögen vielen Mönchen Kopfschmerzen verursachen. Die Lehre zu verkünden sowie alle Rituale auszuführen, ist seit Jahrhunderten das Vorrecht der Mönche gewesen. Ganze Mauern religiösen Glaubens, gesellschaftlicher Sanktionen und traditioneller Tabus haben sich gegen die Teilnahme der Frauen an diesen Aktivitäten erhoben. Es ist an der Zeit, tolerant zu sein und das aufrichtige religiöse Bedürfnis und den Eifer der buddhistischen Frauen zu erkennen und den dazu fähigen Frauen den Weg zu öffnen, zum Wohle der Gesellschaft tätig zu werden.

Seit zwei Jahrzehnten kann man in vielen Ländern hier und dort das Aufkommen buddhistischer Nonnen in gelben Roben beobachten. Das ist ein glückverheißendes Bild. Buddhistische Frauen sind jetzt mehr denn je zu geistigem Wachstum bereit. Aber da es nur so wenige Nonnen gibt, müssen wir ihnen dabei helfen, ihre guten Eigenschaften zu bewahren und sich geistig, finanziell und in jeder anderen Hinsicht zu stärken. Ich betrachte diese Nonnen als Katalysatoren für das geistige Leben buddhistischer Frauen.

Die einzelne Stimme in dieser Phase mit so wenigen Nonnen wird leicht überhört. Wenn eine Bhikkhunī in Thailand und eine andere in Deutschland oder Schweden aktiv ist, wird man sie, solange sie voneinander isoliert leben, nicht hören. Wenn wir uns zusammentun und uns verbünden, werden wir Kraft und Einfluß gewinnen und unsere Position besser vertreten können.

Gleich welcher Nationalität, wir müssen unsere kulturellen Verschiedenheiten hinter uns lassen. Gerade jetzt müssen wir einträchtig beisammenstehen, also das Gemeinsame in den Unterschieden suchen. Wir müssen lernen, unser Ich und Mein beiseite zu lassen und zusammenzuarbeiten. Unser Ziel ist es, sowohl in praktischer als auch geistiger Hinsicht von Nutzen zu sein.

Dafür brauchen wir Selbstvertrauen. Um Selbstvertrauen zu erlangen, benötigen wir einen bestimmten wirtschaftlichen, bildungsfördernden und sozialen Rahmen sowie ein gutes öffentliches Ansehen und geistige Reife. Das Beste, was wir im Augenblick tun können, ist, den Nonnen zu einer guten Ausbildung zu verhelfen. Ich stelle mir einen Bhikkhunī-Saṅgha gebildeter und fähiger Frauen vor. Das Leben einer Bhikkhunī ist ernst zu nehmen, erfordert viel Hingabe und ist daher nicht jeder Frau zu empfehlen. Bhikkhunīs müssen eine gute buddhistische Ausbildung haben und jederzeit, wenn aufgefordert, in der Lage sein, Vorträge über den Dhamma zu halten oder Meditationsanleitungen zu erteilen. Auch sollten sie den Laienanhängern Ratschläge geben können, denn das ist es, was Laien von ihnen erwarten. Die Laien kommen mit allen möglichen Problemen zu den Mitgliedern des Saṅgha, um bei ihnen Rat zu suchen. Eine Nonne kann nicht einfach nur am Altar stehen. Sie muß gesellschaftliche Probleme verstehen und ihren Mitmenschen eine Orientierung geben können.

Professor Richard Gard, ein führender buddhistischer Gelehrter, sagte, wie wichtig es sei, daß Nonnen in der Lage sind, sich an eine

Zuhörerschaft zu wenden, in großen Versammlungen zu sprechen und Konferenzen und Seminare abzuhalten. Das erinnert wieder an das spezielle Interesse der tibetischen Nonnen, nämlich an einer guten Ausbildung. Der Nachholbedarf in dieser Hinsicht zeigt sich in allen Ländern. Nur wenn man eine Ausbildung hat, ist es möglich, die Menschen auf gleicher Ebene anzusprechen. Deshalb bin ich der Meinung, daß wir an potentielle Anwärterinnen für eine volle Ordination bestimmte Anforderungen stellen müssen. Zumindest in Thailand, wo wir heute in der Gesellschaft ein hohes Bildungsniveau vorfinden, ist es nicht vertretbar, daß eine Nonne, die nur vier Schulklassen absolviert hat, sich an eine große Versammlung wendet. In China hat man in den letzten Jahren verfügt, daß diejenigen, die eine Bhikkhunī-Ordination anstreben, zumindest Gymnasialbildung haben sollten. Natürlich kann man einwenden, daß es zu Buddhas Zeiten solche Anforderungen nicht gab, aber das war vor mehr als zweitausend Jahren. Damals konnte jeder dem Orden beitreten. Inzwischen haben sich die Zeiten sehr gewandelt; wir müssen mit der Gesellschaft Schritt halten – nicht an ihrer Seite, sondern um sie zu leiten. Um sie jedoch führen zu können, müssen wir ein bestimmtes geistiges Niveau besitzen.

Oft werde ich gefragt, warum ich mich so sehr mit den Problemen der Nonnen beschäftige, obwohl ich selbst keine bin. Der Grund hierfür ist, daß sich meiner Meinung nach die Spiritualität buddhistischer Frauen in den buddhistischen Nonnen widerspiegelt. Ich sehe, wie sich beide harmonisch ergänzen – Nonnen als religiöses Vorbild und Laienfrauen als diejenigen, die ihre Entwicklung unterstützen und ihnen nacheifern. Wenn wir die Nonnen vernachlässigen, wird unsere Gesellschaft unausgeglichen und ungesund sein. Das ist einer der vielen Gründe, die mir die Kraft geben, mich weiterhin mit der Frage der buddhistischen Nonnen zu befassen und ihnen auf jede mir mögliche Art bei der Einrichtung eines Ordens vollordinierter Nonnen zu helfen.

Wenn Laien und Ordinierte konstruktiv zusammenarbeiten, können sie voneinander Kraft und Inspiration gewinnen. Ich bin sicher, daß unser Ziel einer weltweiten Nonnen-Gemeinschaft auf diese Weise verwirklicht werden kann. Laßt uns die Tore öffnen, auf daß sich die vier Gruppen von Buddhisten zu einem Ganzen verbinden können und so der Geist der Gleichberechtigung siegt. Gebt den Frauen den Platz, auf den sie Anspruch haben. Mit welchem Recht hindert man das Wachstum einer religiösen Gemeinschaft von Frauen – ein Privileg, das ihnen vom Buddha selbst gewährt wurde?

Aussichten auf die Gründung eines internationalen Bhikṣuṇī-Saṅgha

Bhikṣuṇī Karma Lekshe Tso

Für die Erhaltung und Verbreitung des Dharma bildet der Saṅgha eine wichtige Grundlage. Man kann nicht ernstlich davon sprechen, daß die Lehre des Buddha in einem Land Fuß gefaßt hat, solange es dort keine starke Gemeinschaft von Ordinierten gibt. Da ich aus dem Westen stamme, habe ich großes Interesse, mit dafür Sorge zu tragen, daß sich der Dharma im Westen richtig etabliert, und dafür ist eine starke Ordensgemeinschaft unerläßlich.

In westlichen Ländern setzen sich die Frauen in vielen Bereichen für Gleichberechtigung ein, deshalb ist es wichtig, daß die Lehre in einer Form eingeführt wird, die Frauen und Männern gleiche Rechte und gleiche Chancen für eine höhere Ordination gewährt. Wir können beobachten, daß sich Frauen innerhalb der römisch-katholischen Kirche mutig für die volle Ordination von Frauen einsetzen. Wenn die Buddhisten in westlichen Ländern von Anfang an Gemeinschaften mit vollordinierten Bhikṣuṇīs und Bhikṣus gründen, werden sie solche Schwierigkeiten nicht auf sich nehmen müssen.

Die volle Ordination ist für asiatische wie für westliche Nonnen gleichermaßen wichtig. In Anbetracht der Tatsache, daß in bestimmten buddhistischen Ländern die Nonnen im allgemeinen eine Außenseiterposition einnehmen ohne die Möglichkeit, eine vollanerkannte Ordination zu erhalten, ist es nötig, alle Vorteile deutlich herauszustellen, die solche Nonnen für die Gesellschaft und den Dharma mit sich bringen. Um einen Bhikṣuṇī-Saṅgha in diesen Ländern gründen zu können, müssen wir außerordentlich vorsichtig vorgehen. Für die Bhikṣuṇī-Ordination Anerkennung zu erwarten, bevor die etablierten Bhikṣu-Saṅghas von ihrem Wert und ihrer Richtigkeit überzeugt sind, ist aussichtslos und würde unserer Sache eher schaden als nützen. Wir müssen den Vinaya studieren, die Sachverhalte klar verstehen und dabei auch konservative Ansichten innerhalb jeder Tradition in Betracht ziehen. Wenn wir so verfahren, werden wir im Hinblick auf die Bhikṣuṇī-Überlieferungslinie Glaubwürdigkeit erlangen und Anerkennung durch den Mönchsorden finden.

Die Geschichte des Bhikṣuṇī-Saṅgha

Der Bhikṣuṇī-Saṅgha, die Gemeinschaft vollordinierter Nonnen, wurde im sechsten Jahrhundert v. Chr. vom Buddha in Indien gegründet und scheint dort mindestens bis zum zehnten Jahrhundert n. Chr. fortbestanden zu haben. Die Überlieferungslinie wurde im dritten Jahrhundert v. Chr. von Indien nach Sri Lanka gebracht und überlebte dort bis zum elften Jahrhundert n. Chr. Von Sri Lanka aus reisten Bhikṣuṇīs im fünften Jahrhundert n. Chr. nach China, wo sie einen Bhikṣuṇī-Orden gründeten, der bis zum heutigen Tag besteht. Von China gelangte die Überlieferungslinie nach Korea und Vietnam.[67] Gegenwärtig existieren Bhikṣuṇī-Saṅghas in der chinesischen, koreanischen und vietnamesischen Tradition, nicht jedoch in der japanischen, tibetischen oder Theravāda-Tradition. Die Gültigkeit sowohl bestehender Bhikṣuṇī- als auch bestehender Bhikṣu-Überlieferungslinien in diesen Mahāyāna-Ländern wird von vielen Mönchen der Theravāda-Tradition in Frage gestellt.

Die Bhikṣuṇī-Frage verstehen lernen

Es ist hilfreich, sich zunächst die verschiedenen Ordinationsstufen zu verdeutlichen, welche den buddhistischen Saṅgha-Mitgliedern offenstehen. Eine Śrāmaṇerikā ist eine Novizen-Nonne und ein Śrāmaṇera ein Novizen-Mönch. Beide, sowohl Śrāmaṇerikā als auch Śrāmaṇera, erhalten die zehn Regeln eines Novizen.[68] Bevor eine Śrāmaṇerikā die volle Bhikṣuṇī-Ordination empfängt, ist es erforderlich, eine vorübergehende Ordination als Probe-Anwärterin, sogenannte Śikṣamāṇā, zu nehmen und diese Regeln zwei Jahre lang einzuhalten. Zwar unterscheiden sich die eigentliche Natur und Anzahl der Śikṣamāṇā-Regeln innerhalb der verschiedenen Vinaya-Schulen[69], aber in allen Traditionen stellt die Śikṣamāṇā-Ordination hauptsächlich eine Vorbereitung auf die volle Ordination dar. Für Mönche ist eine vergleichbare Ordination nicht erforderlich.

Wir sollten die Geschichte und die Gedankengänge kennen, die zu dieser Śikṣamāṇā-Ordination führten. Zur Zeit des Buddha verließen junge Frauen ihr Zuhause, um in das klösterliche Leben einzutreten und die Bhikṣuṇī-Regeln anzunehmen, wobei es jedoch vorkam, daß einige bereits schwanger waren. Auch wenn ihr Verhalten seit Beginn ihres Lebens als Nonne makellos war, so wurde ihre Schwangerschaft erst offenkundig, nachdem sie das Gelübde abgelegt hatten. Dies führte zu Mißverständnissen in der Laiengemeinde, da es für eine im Zölibat lebende Nonne sicherlich unangemessen war, schwanger zu werden. Deshalb ordnete der Buddha eine Zweijahresfrist für Nonnen an, um Vorkommnissen dieser Art vorzubeugen. Die Einrichtung der Śikṣamāṇā-Ordination war also keine diskriminierende Maßnahme, sondern eine Frage der Zweckmäßigkeit.

Während Novizen-Mönche und -Nonnen die gleiche Anzahl von Regeln auf sich nehmen, haben Bhikṣus und Bhikṣuṇīs unterschiedlich viele.[70] Auch der äußere Ablauf der vollen Ordination ist für Bhikṣus ein anderer als für Bhikṣuṇīs. Für sie ist eine zweifache Ordination erforderlich. Der historische Grund dafür ist nicht ganz klar, aber Vinaya-Texte weisen darauf hin, daß eine Bhikṣuṇī-Anwärterin nach zweijähriger Einhaltung der Śikṣamāṇā-Regeln zuerst die volle Bhikṣuṇī-Ordination von Bhikṣuṇīs erhält und diese am gleichen Tag in einer von den Bhikṣus geleiteten Zeremonie bestätigt wird. Bei diesem Ablauf müssen jeweils zehn Bhikṣuṇīs[71] und zehn Bhikṣus anwesend sein. Wie die Ordination ausgeführt werden soll, ist klar dargelegt im *Bhikṣuṇī-Karman*, einem Text, der die »Handlungen« des Saṅgha erklärt. Mit »Handlungen« sind die Verfahren gemeint, die das Bekenntnis von Verfehlungen, die der Ordination, der Sommerklausur usw. regeln. Wenn die Ordination unter der Aufsicht von zwanzig qualifizierten Bhikṣus und Bhikṣuṇīs[72] gegeben wird, ist sie korrekt empfangen worden, und die betreffende Person wird als Mitglied der Saṅgha-Gemeinschaft betrachtet.

Gemäß Vorschrift[73] sollte eine Bhikṣu-Ordination von zehn Bhikṣus erteilt werden. In einer abgelegenen Gegend sind fünf Bhikṣu-Meister, im Extremfall sogar nur vier erlaubt, niemals jedoch weniger als vier. Eine von drei Bhikṣu-Meistern ausgeführte Bhikṣu-Ordination würde in jedem buddhistischen Land als fragwürdig betrachtet werden. Das korrekte Verfahren sollte deutlich geworden sein: Wenn die Umstände es erlauben, sollte eine Bhikṣu-Ordination von zehn Bhikṣus ausgeführt werden. Für eine vorschriftsmäßige Bhikṣuṇī-Ordination ist die volle Anzahl von zehn Bhikṣu- und zehn Bhikṣuṇī-Ordinationsmeistern erforderlich, in einem abseits gelegenem Gebiet würden für eine Bhikṣuṇī-Ordination fünf Bhikṣus und fünf Bhikṣuṇīs genügen.[74]

In einigen Ländern gibt es weder Bhikṣuṇīs noch Śrāmaṇerikās. In Sri Lanka, Thailand und Burma zum Beispiel können Frauen acht oder zehn Regeln annehmen und als Nonnen leben, aber sie werden nicht als Śrāmaṇerikās bezeichnet. In diesen Ländern ist man der Meinung, daß zur Erteilung einer Śrāmaṇerikā-Ordination Bhikṣuṇīs unerläßlich sind. Da es dort jedoch keine Bhikṣuṇīs gibt, kann auch keine Ordination stattfinden. In den Vinaya-Texten ist von Bhikṣuṇī-Meisterinnen die Rede, welche die Frauen unterweisen und die Śrāmaṇerikā-, Śikṣamāṇā- und Bhikṣuṇī-Ordinationen erteilen. In den Mahāyāna-Ländern China, Korea und Tibet ist man jedoch der Meinung, daß auch ein Bhikṣu-Meister die Śrāmaṇerikā-Ordination geben darf, da die zehn Regeln für Śrāmaṇerikās und Śrāmaṇeras die gleichen sind.

Obwohl es zwischen den Formen der Praxis und der Auslegung der Lehrmeinung im Theravāda und Mahāyāna Unterschiede gibt, trifft dies auf die Vinaya-Texte, denen sie folgen, nur in geringem Maße zu. Ursprünglich setzte der Buddha die Übungsregeln so fest, wie es das Fehlverhalten einzelner Mönche und Nonnen erforderlich machte. Diese wurden zu Präzedenzfällen, nach denen korrektes und inkorrektes Verhalten des Saṅghas entschieden wurde. Nach dem Ableben des Buddha entstanden als Folge der unterschiedlichen Auslegungen von Lehre und Disziplin achtzehn Schulen. Die

Abweichungen hinsichtlich der Disziplin sind jedoch relativ gering. Jedenfalls betrachtet man allgemein die Mūlasarvāstivāda-Schule, der die Tibeter nachfolgen, und die Dharmagupta-Schule, nach der sich die Chinesen, Koreaner und Vietnamesen richten, beide als Ableger des ursprünglichen Theravāda[75], der Schule, die heute noch in Burma, Sri Lanka und Thailand vorherrscht. Im Sinne des Vinaya sind diese Schulen sehr eng verwandt.

In Tibet gab es seit der Einführung des Buddhismus im achten Jahrhundert nie genügend qualifizierte Bhikṣuṇī-Meisterinnen, um eine Ordination zu leiten. Hinweise auf Bhikṣuṇīs sind in tibetischen historischen Dokumenten zu finden, aber ihre Nationalität und die Umstände, unter denen sie ordiniert wurden, sind unklar. Ob diese Ordinationen allein durch Bhikṣus erteilt wurden oder ob sie möglicherweise chinesische Bhikṣuṇī-Ordinationsmeisterinnen miteinbezogen, bleibt eine Sache der Spekulation. Es ist jedoch bekannt, daß die Gültigkeit solcher Ordinationen umstritten war, und daß eine offiziell anerkannte Bhikṣuṇī-Überlieferungslinie niemals in Tibet existiert hat.

Obwohl es keine Indizien dafür gibt, daß die Bhikṣuṇī-Überlieferungslinie jemals von Indien nach Tibet gelangte, sind die relevanten Vinaya-Texte für Bhikṣuṇīs aus der Mūlasarvāstivāda-Schule vom Sanskrit in die tibetische Sprache übersetzt worden und im tibetischen Kanon (*Kangyur*) enthalten. Es gab eine große Anzahl von Śrāmaṇerikās, die bis in die jüngste Zeit überall in Tibet in Nonnenklöstern lebten. In Übereinstimmung mit dem Vinaya halten jedoch tibetische Meister eine Erteilung der Bhikṣuṇī-Ordination allein durch Bhikṣus nicht für richtig. Eine meiner Lehrerinnen, die Ehrw. Khechok Palmo, eine englische Bhikṣuṇī, wurde in Hongkong mit der Erlaubnis ihres Lehrers, S. H. Gyalwa Karmapa ordiniert. Daher hatte ich irrtümlich angenommen, daß das Bhikṣuṇī-Gelübde in der tibetischen Tradition verfügbar sei.

1977 wurde ich in Frankreich Śrāmaṇerikā und fing 1980 an, Forschungsmaterial über die Bhikṣuṇī-Überlieferungslinie und Bhikṣuṇī-Ordination zu sammeln, zunächst in den Vereinigten Staaten, dann in Korea und Taiwan. Ich stellte leicht unterschiedliche Ansichten in den verschiedenen Traditionen fest, vor allem in der koreanischen, chinesischen, tibetischen und der des Theravāda.

Um zu einem richtigem Verständnis der Bhikṣuṇī-Frage zu kommen, sollten wir nicht nur wissen, wie viele und welche Regeln es in jeder Tradition gibt, sondern auch, wie sie auszulegen sind. Weiterhin müssen wir die äußeren Abläufe der Ordination ebenso wie die Bedeutung und die Natur der Gelübde untersuchen. Wenn wir die Ansichten über Vinaya-Fragen innerhalb der verschiedenen Traditionen verstehen, werden wir lernen, wie wir am wirksamsten für die Einrichtung des Bhikṣuṇī-Saṅgha arbeiten können.

Zur Anerkennung der Bhikṣuṇī-Überlieferungslinie

Manche Bhikṣus zögern, die Überlieferungslinien der Bhikṣuṇī-Ordinationen in Korea, Hongkong, Taiwan und Vietnam als gültig anzuerkennen. Einige westliche Buddhistinnen sind der Meinung, daß Frauen gegen diesen Widerstand unabhängig in Aktion treten können, um ihren eigenen Orden vollordinierter Nonnen zu gründen. Ich glaube, daß dies ein gewaltiger Fehler wäre. Die Traditionen des Buddhadharma sind mehr als zweitausendfünfhundert Jahre alt und der Vinaya ist ein wesentlicher Bestandteil des Tripiṭaka, des Dharma, zu dem wir Zuflucht nehmen. Wir können uns nicht einfach des Vinaya entledigen, indem wir nach Belieben die Prozedere und Regeln ändern. Es ist sicherlich keine leichte Aufgabe, den Vinaya zu studieren und die nötige Forschungsarbeit zu leisten, aber meiner Ansicht nach ist dies der einzige Weg, wenn wir die allseitige Anerkennung der Überlieferungslinie erreichen wollen.

In der chinesischen Tradition besteht kein Problem hinsichtlich der Anerkennung. Es gibt einen riesigen Bhikṣuṇī-Saṅgha in Taiwan und in Hongkong. Sogar auf dem chinesischen Festland lebt noch immer eine große Anzahl vollordinierter Nonnen, ebenso in den chinesischen Überseegemeinden Singapur, auf den Philippinen, in Indonesien, sowie in den Vereinigten Staaten und in anderen westlichen Ländern mit einem großen chinesischen Bevölkerungsanteil. Auch in Korea und Vietnam existieren seit mehreren Jahrhunderten Bhikṣuṇī-Überlieferungslinien. Alle werden innerhalb ihrer eigenen Traditionen voll akzeptiert.

In den Ländern, in denen die tibetische Form des Buddhismus praktiziert wird, findet man, obwohl das Gelübde der Bhikṣuṇī in der Vergangenheit nicht dorthin überliefert wurde, Verständnis dafür, daß ein starker weiblicher Saṅgha der Verbreitung des Dharma dienlich wäre. Seine Heiligkeit der Dalai Lama hat der Meinung Ausdruck verliehen, daß es von großem Nutzen wäre, wenn sich vollordinierte Nonnen für den Dharma einsetzten. Er hat einer Reihe von Nonnen die Erlaubnis erteilt, nach Taiwan und Hongkong zu reisen, um die Bhikṣuṇī-Ordination zu empfangen. Er betonte jedoch, daß er als Einzelperson nicht die Befugnis habe, im Namen eines Konzils tibetischer Bhikṣus zu sprechen. Seine Erlaubnis stellt daher keine offizielle Anerkennung der Bhikṣuṇī-Überlieferungslinie dar. Aber er scheint darauf zu vertrauen, daß die Bhikṣuṇīs mit der Zeit ganz selbstverständlich umfassende gesellschaftliche Anerkennung erlangen werden.

Vom tibetischen Gesichtspunkt aus wäre es einfacher, wenn es eine Bhikṣuṇī-Überlieferungslinie der Mūlasarvāstivāda-Schule gäbe. Dann könnten die in derselben Vinaya-Schule ordinierten Bhikṣu- und Bhikṣuṇī-Saṅghas gegebenenfalls die Ordinations-, Bekenntnis- und Sommerklausur-Zeremonie zusammen durchführen. Wenn man die ununterbrochene Kontinuität der Überlieferungslinie nachweisen könnte und darüber hinaus die Verfahren der Śikṣamāṇā-Ordination sowie der zweifachen Bhikṣuṇī-Ordination einhielte, würde eine solche Überlieferungslinie bereitwillig die Zustimmung der Vinaya-Meister finden. Aber auch eine gültige Überlieferungslinie einer anderen Schule würde unter Tibetern wahrscheinlich Anerkennung finden. Allen Lebewesen zu nützen, ist das endgültige Ziel des Mahāyāna-Systems, zu dem sich die Tibeter zählen. Da der Bhikṣuṇī-Saṅgha der Gesellschaft Nutzen bringen wird, ist nicht zu erwarten, daß seine Gründung auf harten Widerstand trifft. Vielmehr werden ihn viele herzlich willkommen heißen.

Die Frage, wie man Anerkennung in den Theravāda-Ländern erlangt, ist um einiges schwieriger. Die Bhikṣus in diesen Ländern sind der Meinung, daß eine Ordination nur dann als gültig angesehen werden kann, wenn die Nonnen durch die volle Anzahl von Bhikṣus und Bhikṣuṇīs ordiniert werden. Der Theravāda-Bhikṣuṇī-Orden starb aber im elften Jahrhundert aus und die Bhikṣuṇī-Überlieferungslinien in den Mahāyāna-Ländern werden von vielen nicht anerkannt. Trotzdem gibt es einen guten Grund für die Einführung der Bhikṣuṇī-Überlieferungslinie aus China, da jene ursprünglich von Sri Lanka, das in erster Linie ein Theravāda-Land ist, nach China gebracht wurde.

Es ist wichtig zu wissen, daß der Buddha keine unterschiedlichen Vinaya-Schulen gelehrt oder verfochten hat. Die achtzehn Schulen mit ihren variierenden Aufzählungen der Regeln entwickelten sich lange nach seinem Eingehen ins Parinirvāṇa. Mit den von ihm eingeführten Bestimmungen beabsichtigte er, die Zölibatgemeinden positiv zu beeinflussen, um sowohl innerhalb des Ordens als auch zwischen den ordinierten Praktizierenden und der Laiengemeinde die Harmonie zu fördern.

Eine ordinierte Person hat die Verpflichtung, die im Verlauf einer gültigen Ordinationszeremonie erhaltenen Regeln zu rezitieren und einzuhalten. Die Unterschiede in den Traditionen zeigt folgendes Beispiel:

Die 227 im Pāli *Bhikṣu-Prātimokṣa-Sūtra* aufgezählten Regeln werden von einem Bhikṣu der Theravāda-Tradition genommen. Ein tibetischer Bhikṣu der Mūlasarvāstivāda-Tradition erhält dagegen 253.[76] Eine chinesische oder koreanische Bhikṣuṇī rezitiert und befolgt die 348 Regeln, die ihr in einer Ordination der Dharmagupta-Tradition auferlegt werden, statt der 311 Regeln, wie sie im *Bhikṣuṇī-Prātimokṣa-Sūtra* des Pāli-Kanon zu finden sind.

Die Reinheit dieser Vinaya-Überlieferungslinien aufrechtzuerhalten, sollte nicht als Sektierertum ausgelegt werden, sondern einfach als eine Beibehaltung und Übermittlung derjenigen Vorschriften, die man auf sich genommen hat. Die Alternativen, entweder die Schulen zu vermischen und dadurch die Regeln aller Schulen studieren, rezitieren und befolgen zu müssen, oder aber sie gänzlich außer Acht zu lassen, sind weder praktikabel noch korrekt.

In der Tat ist es ein idealer Zustand, daß die in China, Hongkong, Taiwan, Korea und Vietnam ordinierten Bhikṣuṇīs alle derselben Überlieferungslinie angehören und derselben Vinaya-Schule folgen, nämlich der Dharmagupta-Schule. Dies kann eine starke, einende Kraft sein. Wenn Nonnen erst einmal die volle Ordination entweder in Taiwan, Hongkong oder Korea erhalten haben, werden sie sich alle nach dem Dharmagupta-Vinaya richten und die Bekenntnis-, Ordinations- und anderen Zeremonien gemeinsam durchführen können – ohne Rücksicht auf die jeweilige Nationalität oder die Tradition der Meditationspraxis der einzelnen. Da die Dharmagupta-Schule historisch als ein Zweig der frühen Theravāda-Schule[77] betrachtet wird, ist zu hoffen, daß die Theravada-Länder im Laufe der Zeit den mit ihnen verwandten Bhikṣuṇī-Orden gründen werden.

Am Vollmondtag versammelte sich während der Konferenz in Bodhgaya ein kompletter Saṅgha von zehn Bhikṣuṇīs (mich inbegriffen) aus Kanada, Taiwan, den Vereinigten Staaten und Deutschland, um das halbmonatliche Bekenntnis der Verfehlungen und die Lesung des *Bhikṣuṇī-Prātimokṣa-Sūtra* durchzuführen. Da man den Bhikṣuṇī-Orden in Indien seit etwa dem zehnten Jahrhundert für ausgestorben hält, stellte dieses Ereignis die erste *Upoṣadha*-Zeremonie eines vollständigen Bhikṣuṇī-Saṅgha dar, die in diesem Land seit etwa eintausend Jahren abgehalten wurde.

Wenn Bhikṣuṇīs aus verschiedenen Ländern und Traditionen in der Praxis des Vinaya erst einmal vereint sind, werden sie alle Praktiken gemeinsam vornehmen können, und es wird keine Schwierigkeiten geben, die aus der Zugehörigkeit zu verschiedenen Schulen erwachsen. Die Bhikṣuṇī-Saṅghas in den einzelnen Ländern werden im Grunde genommen dem gleichen Orden angehören und damit eine internationale Einheit unter buddhistischen Nonnen bestärken.

Bis man die dargelegten Fragen bezüglich des Vinaya gründlich erforscht und die Bhikṣuṇī-Überlieferungstradition fest verankert hat, wo sie bislang noch nicht existiert, ist es für uns wichtig, die Texte gut zu studieren, die Regeln gewissenhaft einzuhalten und eine einwandfreie Disziplin zu üben. Bevor ein weltweiter Bhikṣuṇī-Saṅgha Realität wird, stehen wir noch außerhalb des Schutzes der etablierten buddhistischen Hierarchie und müssen durch Rede und Verhalten Beispiel geben, um unserer Sache zu dienen.

Die Ordination empfangen

Wenn man die volle Ordination erwägt, muß man wissen, daß sie in den chinesischen und koreanischen Traditionen für Bhikṣuṇīs und Bhikṣus gleichermaßen eine Bindung auf Lebenszeit darstellt und eine strenge vegetarische Lebensweise beinhaltet. Das Zurückgeben des Gelübdes wird als großes Unglück angesehen, genauso wie ein Verstoß dagegen. Wer nicht klar motiviert und entschlossen ist, die Regeln ein Leben lang einhalten zu wollen, sollte erst gar nicht daran denken, nach Taiwan, Hongkong oder Korea zu gehen. Wenn die Regeln nur von ein paar Nonnen nicht ernst genommen werden, wirft das auf den Bhikṣuṇī-Orden als Ganzes ein schlechtes Licht.

Die Disziplin für die Mitglieder des Saṅgha ist in diesen Ländern äußerst streng. Die richtige Art zu gehen, zu sprechen und andere Verhaltensweisen werden sehr sorgfältig beachtet. Wir müssen im Westen Möglichkeiten schaffen, um Frauen in dieser Disziplin zu schulen und auf die Bhikṣuṇī-Ordination vorzubereiten. Da wir noch keine derartigen Institutionen haben, sollten Anwärterinnen einplanen, schon vor der Ordinationszeremonie einige Monate in Taiwan, Hongkong oder Korea zu verbringen, um sich an die klösterliche Umgebung zu gewöhnen und eine vorbereitende Schulung zu durchlaufen. Wenn das nicht möglich ist, sollten sie vorsehen, danach noch einige Zeit für eine weitere Schulung im Lande zu bleiben. Auf diese Weise wird die Ordination für den einzelnen nicht nur mehr Bedeutung haben, sondern auch zur Glaubwürdigkeit ausländischer Nonnen beitragen, die zum Zweck einer höheren Ordination angereist sind. Wenn diese Nonnen aus verschiedenen Ländern eine gute Disziplin zeigen, werden andere in der Zukunft auch willkommen sein.

Wichtiger als eine große Anzahl von Bhikṣuṇīs ist die Disziplin der Bhikṣuṇīs. Diejenigen, die eine Bhikṣuṇī-Ordination in Erwägung ziehen, sollten sich bewußt sein, daß sie den Saṅgha repräsentieren werden. Die volle Ordination stellt für jeden einzelnen eine große Verantwortung dar, und das persönliche Verhalten strahlt auf die ganze Saṅgha-Gemeinschaft zurück. Es ist von zweifelhaftem Wert, die Ordination zu nehmen und dann so weiterzuleben wie zuvor. Die ausgezeichnete Schulung in einigen Klöstern vor der Ordinationszeremonie trägt dazu bei, überall für Bhikṣuṇīs einen hohen Standard zu setzen.

In Hongkong ist es möglich, die Ordination in einer Fünf-Tage-Zeremonie zu erhalten, die jedes Jahr abgehalten wird. Die Regeln werden gegeben, aber die Schulung ist so kurz, daß ich von dieser Ordination abraten würde. Ich empfehle entweder die einmonatige Schulung in Taiwan, die jedes Jahr in Zusammenhang mit der vollen Ordination gegeben wird, oder die sechswöchige Schulung während der ausgedehnten Ordinationszeremonie, die alle drei Jahre in Hongkong stattfindet. Letztere ist die Ordination, die eine Gruppe von vier tibetischen Nonnen 1984 im Po Lin Tempel in Hongkong empfangen hat. Sie nahmen, soweit bekannt, als erste Nonnen in der tibetischen Geschichte an einer solchen Bhikṣuṇī-Ordination teil. Eine andere Gruppe von vier Nonnen aus Indien, Bhutan und Sikkim erhielt das Gelübde 1987 im Po Lin Tempel in einer ähnlich ausgedehnten Ordinationszeremonie. Eine ausgedehnte Ordination fand im Dezember 1988 in Los Angeles im Hsi Lai Tempel statt, die erste in den Vereinigten Staaten.

Da der Bhikṣuṇī-Saṅgha wächst, gewinnen die Vinaya-Studien zunehmend an Bedeutung. Es ist nicht ausreichend, die Regeln anzunehmen. Wir müssen auch ihren Sinn sowie die wörtliche Bedeutung genau verstehen und eine gründliche Kenntnis des gesamten Bhikṣuṇī-Vinaya haben. Die Bhikṣus werden uns in dieser Hinsicht immer überprüfen. Jede Nonne, die ordiniert wurde oder es in Betracht zieht, sollte mit dem Studium derjenigen Vinaya-Texte beginnen, die bereits auf Englisch verfügbar sind. Die Vinaya-Texte und Kommentare sollten möglichst in allen Sprachen erforscht und vor allem aus dem Pāli, aus dem Tibetischen und dem Chinesischen ins Englische übersetzt werden.

Die volle Ordination für Frauen ins Rampenlicht rücken

Über eine Zeitspanne von mehr als zweitausendfünfhundert Jahren intakt bestehen zu bleiben, wäre für jede Tradition schwierig. In einer von Männern beherrschten Gesellschaft wird eine Einrichtung, die nur Frauen umfaßt, unvermeidlich auf Hindernisse stoßen. Daß die volle Ordination für Nonnen durch den Bhikṣuṇī- und Bhikṣu-Saṅgha erteilt werden soll, hat es für Frauen umso schwieriger gemacht, sich ordinieren zu lassen. Als zweitrangige Mitglieder der klösterlichen Gemeinschaft fehlte den Frauen oft die notwendige wirtschaftliche Unabhängigkeit und gesellschaftliche

Beweglichkeit, um die lange und häufig mühsame Reise zum Ort der Ordination zu unternehmen, besonders, wenn sie in einem anderen Land stattfinden sollte. Der Bhikṣuṇī-Orden befand sich daher in einer unsicheren Position, hat aber trotz großer Nachteile überlebt. Sogar die Existenz des Bhikṣu-Ordens wurde in der Geschichte unzählige Male bedroht. Die Bestimmung der doppelten Ordination für Bhikṣuṇīs hat die Überlebenschancen des Bhikṣuṇī-Ordens verringert und somit auch das Fortbestehen der Bhikṣuṇī-Überlieferungslinie.

Es gibt verschiedene Ansichten über eine gültige Bhikṣuṇī-Ordination. In den chinesischen und koreanischen Traditionen werden die allein von Bhikṣus durchgeführten Ordinationen üblicherweise als gültig angesehen, da die Bhikṣus die höchste Autorität für die Bestätigung der Bhikṣuṇī-Ordination innehaben. Das *Bhikṣuṇī-Prātimokṣa-Sūtra* verdeutlicht, daß es für Bhikṣuṇīs ein Vergehen ist, ohne vorhergehendes Einverständnis und nachfolgende Bestätigung durch den Bhikṣu-Saṅgha die Bhikṣuṇī-Ordination durchzuführen. Es gibt keinen speziellen Hinweis, daß im umgekehrten Falle eine alleinige Ordination durch Bhikṣus unwirksam oder ein Verstoß wäre.

Der Hauptunterschied der verschiedenen Traditionen in dieser Hinsicht ist der, daß die allein durch Bhikṣus vorgenommene Bhikṣuṇī-Ordination im allgemeinen von Meistern der koreanischen wie der chinesischen Tradition als gültig betrachtet wird, wohingegen diese weder in der tibetischen noch in der Theravāda-Tradition als vollkommen legitim angesehen wird.

Es kann historisch belegt werden, daß ursprünglich ein einziger Mönch den Bhikṣuṇī-Orden gründete. Denn: die Königin Mahāprajāpatī und ihr Gefolge von fünfhundert Hofdamen wurden durch den Buddha selbst ordiniert. Dies stellt einen Präzedenzfall für eine gültige Bhikṣuṇī-Ordination dar, die ohne Bhikṣuṇī-Ordinationsmeisterinnen abgehalten wurde. Eben dieser Präzedenzfall wurde während der frühen Tage der Überlieferung des Dharma nach China im vierten Jahrhundert von dem Meister Gunavarnam, einem angesehenen Lehrer aus Kaschmir zitiert. Er sagte: »An Orten, wo die Bedingungen vollkommen sind, muß man den Vorschriften gemäß handeln... Es ist ein Verstoß, wenn Bhikṣuṇīs an einem Ort, wo der Bhikṣuṇī-Saṅgha existiert, ihre volle Ordination nicht sowohl durch einen Abt als auch eine Äbtissin empfangen.«

Allerdings: »Wenn sich in einem Land nicht beide Orden gleichzeitig befinden, könnten Anwärterinnen ihre volle Ordination allein von einem Bhikṣu-Orden erhalten; dies würde als legitim angesehen werden.«

Der Beweis für diesen Standpunkt findet sich im *Cūllavagga X* des Pāli-Kanon: »Dann wandte sich bei diesem Anlaß der Erhabene Buddha, nachdem er eine wohlbedachte Unterweisung gegeben hatte, an die Mönche und sagte: ›Ich erteile euch die Erlaubnis, ihr Mönche, daß Nonnen von Mönchen ordiniert werden dürfen.‹« Weiter unten im gleichen Abschnitt finden wir: »›Ich erteile euch die Erlaubnis, ihr Mönche, die Ordination durch eine Mittelsperson zu geben, die eine erfahrene und kompetente Nonne ist.‹« Nach diesen Zitaten hat es den Anschein, daß unter bestimmten Umständen die Bhikṣuṇī-Ordination allein durch Bhikṣus gestattet war.

Tatsache ist, daß weltweit etwa fünfzehntausend oder mehr Bhikṣuṇīs in der heutigen Zeit auf diese Weise ordiniert wurden. Leider kamen einigen Gegnern der vollen Ordination für Frauen die Unterschiede des Ordinationsverfahrens gelegen, um die rechtmäßige Stellung der Nonnen in der religiösen Hierarchie abzustreiten.

Natürlich ist es wichtig, daß der Saṅgha die Methoden, die im *Karman* und den verwandten Vinaya-Texten niedergelegt sind, nach bestem Können befolgt. Es ist jedoch auch wahr, daß der Buddha seine Richtlinien der Zeit und den Umständen anpaßte. Nach zweieinhalbtausend Jahren der historischen, gesellschaftlichen und kulturellen Entwicklung ist es klar, daß bestimmte Verfahrensweisen und Ratschläge, die in den Vinaya-Texten ausführlich dargelegt sind, den verschiedenen klimatischen und sonstigen Bedingungen anderer Länder angeglichen werden müssen. Mit der heutigen komplexen, gesellschaftlichen Organisation und dem zunehmend verwickelten Lebensstil der modernen Zeit würde es sich als schwierig erweisen, all die minutiös und detailliert beschriebenen Vinaya-Anweisungen genauestens zu befolgen, die sich auf die Sommerklausur, das Markieren der Grenzen, das Bekenntnis usw. beziehen. Es ist zweifelhaft, ob irgendeine Saṅgha-Gemeinschaft heutzutage in der Ausübung aller Einzelheiten als absolut unfehlbar bezeichnet werden könnte, wenn man sie anhand der ursprünglichen, vor so vielen Jahren aufgestellten Regeln überprüfen würde.

Ein Beispiel ist die vorgeschriebene Praxis des halbmonatlichen Bekenntnisses und des Vorlesens des *Prātimokṣa-Sūtra*. In einigen Tempeln und Traditionen ist sie gänzlich erloschen, in anderen hat sich allmählich eine Veränderung der Zeremonie entwickelt. Viele Gebete, die nicht im *Karman* enthalten sind, werden während des Bekenntnisrituals rezitiert, wohingegen bestimmte angeordnete und wichtige Rezitationen ausgelassen werden, ganz besonders das Lesen des *Prātimokṣa-Sūtra*, das ja gerade den Hauptanlaß für die Versammlung gibt. Manchmal wird nur eine verkürzte Version des *Prātimokṣa-Sūtra* gelesen. Obwohl dies von einigen Gelehrten verteidigt wird, ist in den Texten eine Kürzung nur unter zehn mildernden Umständen, wie Feuer, Diebstahl, Wahnsinn usw. gestattet. Der andere Hauptgrund für die Versammlung bei der Bekenntniszeremonie ist das öffentliche Bekenntnis der eigenen Verstöße vor versammelter Gemeinschaft. Wenn Vorschriften überschritten worden sind, sollten sie der Gemeinschaft vorgetragen und durch den korrekten Ritus für jede besondere Kategorie der Überschreitung bereinigt werden. Wenn z. B. ein Pārājika (Kardinalvergehen) begangen wurde, muß der Schuldige sofort aus dem Saṅgha ausgeschlossen werden. Für geringere Vergehen sind andere Vorgehensweisen vorgeschrieben. Seltsamerweise ist keiner der von mir Befragten aus unterschiedlichen Traditionen irgendwann bei einem solchen Bekenntnis vor der Versammlung Zeuge gewesen. Kann man deshalb davon ausgehen, daß kein Mitglied der Gemeinschaft jemals einen solchen Fehler begangen hat?

Obgleich jede Tradition nach bestem Vermögen die Vinaya-Anweisungen einhalten mag, kommen doch Fehltritte und Unregelmäßigkeiten in der alltäglichen Praxis vor. Wenn Fehler in der Einhaltung des Prozedere die Bhikṣu-Überlieferungslinie nicht abwerten oder sie ungültig werden lassen, sollten auch nicht Verfahrensunterschiede zum Anlaß genommen werden, die Bhikṣuṇī-Überlieferungslinie für ungültig zu erklären. Das wäre nicht nur unlogisch, sondern würde in der modernen Zeit, in der wir leben, als Beispiel geschlechtlicher Diskriminierung angesehen werden.

Standpunkte

Die Ansichten der Vinaya-Meister der chinesischen und koreanischen Traditionen hinsichtlich des Begriffs der »Übertragung« verdienen in Erwägung gezogen zu werden. Meister dieser Traditionen akzeptieren besonders in der Zen-Schule die Vorstellung einer Geist-zu-Geist-Übertragung vom Meister direkt zum Schüler. Sie verneinen jedoch, daß dies auf die Prātimokṣa-Ordination zutreffe. Ihre Auslegung der Geist-zu-Geist-Übertragung ähnelt derjenigen, die bei tantrischen Ermächtigungen vorkommen kann. Der Unterschied besteht darin, daß ein Zen-Meister normalerweise eine Übertragungslinie nur an einen einzigen Schüler weitergibt. Es könnte zwar zu einer bestimmten Zeit mehr als eine Zen-Übertragungslinie vorhanden sein, aber die Praxis, daß ein Meister eine Linie an eine große Schülerzahl weitergibt, wie es bei den Prātimokṣa-Ordinationen der Fall sein kann, ist unbekannt.

Mehrere der chinesischen Meister, die ich befragt habe, sagten, daß in China von den an der Lehrmeinung orientierten buddhistischen Schulen alle außer zweien in einer ununterbrochenen Überlieferung bis heute überlebt hätten. Sie erwähnten, daß die Übertragungen der Yogācāra-Schule und der tantrischen Schule in China unterbrochen waren, die verlorenen tantrischen Überlieferungslinien jedoch aus Tibet und der Mongolei wiederbelebt wurden. Normalerweise fanden derartige Übertragungen wie in der Zen-Schule vom Oberhaupt einer bestimmten Schule auf einen einzelnen ernannten Nachfolger statt. Im Gegensatz dazu kann die Prātimokṣa-Ordination an viele Schüler weitergegeben werden. Dennoch wurde in der Vinaya-Schule die Ermächtigung zur Durchführung von Ordinationen nur einer begrenzten Anzahl von Schülern verliehen, wodurch jeder von ihnen zum Vinaya-Meister ernannt wurde.

In den traditionellen männerbeherrschten Gesellschaften waren die am höchsten geachteten Vinaya-Meister in der Regel Bhikṣus. Folglich sah man ihre Autorität als die oberste und ausschlaggebende an und hielt sie für in höchstem Maße dazu befähigt, Bhikṣuṇī-Ordinationen durchzuführen und zu bestätigen. Eine allein durch Bhikṣu-Meister erteilte Ordination pflegte deshalb als authentisch akzeptiert und durch eine offizielle, von einem staatlich anerkannten Saṅgha ausgegebene Urkunde bescheinigt zu werden, die jedem neuordinierten Mitglied überreicht wurde.

Mehrere chinesische Meister waren der Meinung, daß hinsichtlich der Prātimokṣa-Ordination die Vorstellung einer Weitergabe der Überlieferungslinie nicht zutrifft. Sie nahmen an, daß die Tibeter den Begriff der Überlieferungslinie auf die Prātimokṣa-Ordination angewandt haben, weil er bei den tantrischen Übertragungen eine wichtige Rolle spielt. Die chinesischen Meister bestritten, daß man ein Prātimokṣa-Gelübde von einem anderen Menschen erhält. Sie behaupteten vielmehr, daß die Prātimokṣa-Gelübde ebenso wie die Bodhisattva-Gelübde von dem Buddha selbst, in einer visualisierten Ansammlung von Buddhas und Bodhisattvas werden. Bei der Diskussion über die Reinheit der Ordination betrachteten sie die moralische Reinheit der Ordinationsmeister als wesentlich; eine direkte Übertragung der Gelübde von einem Menschen auf einen anderen war für sie unwichtig.

Dialog

Der folgende Austausch zwischen einem tibetischen buddhistischen Gelehrten und mir veranschaulicht die traditionelle tibetische Ansicht bezüglich der Weitergabe der Überlieferungslinie.

Frage: Behauptet man, daß die Bhikṣuṇī-Überlieferungslinie, um gültig zu sein, seit der Zeit des Buddha Śākyamuni bis zum heutigen Tag von Bhikṣuṇī zu Bhikṣuṇī weitergegeben worden sein muß, was ist dann der Übertragungsvorgang? Gehen die Gelübde vom Geist des Lehrers auf den Geist der Schüler über?
Antwort: Nichts wird übertragen.

F: Aber nach dem Abhidharmakoṣa sind Gelübde Form, nicht wahr?
A: Ja, Gelübde sind Form.

F: Aber sie sind unsichtbar?
A: Ja, sie sind unsichtbare Form.

F: Also geht die unsichtbare Form vom Lehrer auf den Schüler über?
A: Nichts geht vom Geist des Lehrers auf den Geist des Schülers über.

F: Wie fassen Sie es dann auf, daß die Überlieferungslinie seit der Zeit des Buddha Śākyamuni bis zum heutigen Tag notwendig von Bhikṣuṇī zu Bhikṣuṇī weitergegeben worden sein muß?
A: Die Gelübde müssen von einer Bhikṣuṇī an eine andere Bhikṣuṇī weitergegeben werden, die ihrerseits ihre Gelübde von einer Bhikṣuṇī erhalten hat, die ihrerseits wiederum ihre Gelübde von einer Bhikṣuṇī erhalten hatte, die ganze Linie zurück bis zur Zeit des Buddha Śākyamuni. Der Vinaya sagt, daß die Bhikṣuṇīs durch eine volle Anzahl von Bhikṣus ebenso wie durch eine volle Anzahl von Bhikṣuṇīs ordiniert werden müssen, damit die Ordination als gültig angesehen wird.

F: Wenn also eine Bhikṣuṇī durch eine volle Anzahl sowohl von Bhikṣus als auch von Bhikṣuṇīs ordiniert wird, so wie ich in Korea, dann wird die Ordination als gültig angesehen, oder nicht?
A: Nein, nicht nur das, sondern die Bhikṣuṇīs, die Ihnen die Ordination gaben, mußten gleichfalls sowohl durch Bhikṣus als auch durch Bhikṣuṇīs ordiniert worden sein, usw., die ganze Linie zurück bis zur Zeit des Buddha.

F: Der äußere Ablauf der Bhikṣuṇī-Ordination ist sehr klar im *Bhikṣuṇī-Karman* beschrieben. Die Bhikṣuṇīs sollen am Morgen durch eine volle Anzahl von Bhikṣuṇīs ordiniert werden und am Nachmittag durch eine volle Anzahl von Bhikṣus. Auf diese Weise werden sie als Bhikṣuṇīs anerkannt und in den Saṅgha aufgenommen. Daß eine Anwärterin für die Bhikṣuṇī-Ordination prüfen muß, welche Form der Ordination ihre Ordinationsmeisterinnen erhalten hatten, steht nicht zur Debatte. Ist es nicht absurd zu behaupten, daß eine neue Bhikṣuṇī die Verantwortung auf sich nehmen muß, die korrekten Ordinationsverfahren von zweitausendfünfhundert Jahren auf ihre Richtigkeit hin zu überprüfen?
A: Das korrekte Verfahren muß eingehalten werden.

F: Selbstverständlich müssen die korrekten äußeren Abläufe befolgt werden. Aber in neuerer Zeit werden selbst die eigentlichen Regeln in vielen Fällen nicht streng eingehalten. Zum Beispiel dürfen Mönche (und Nonnen) kein Geld berühren oder zu unangemes-

sener Zeit Essen zu sich nehmen. Ist es heutzutage nicht schwierig, Mönche (und Nonnen) zu finden, die diese Regeln strikt befolgen?
A: Dies sind nur untergeordnete Regeln.

F: Sicher, diese Regeln gehören einer sekundären Kategorie an. Trotzdem müssen sie, wenn gegen sie verstoßen wurde, vor der Bhikṣu-Versammlung bekannt und den korrekten Verfahren entsprechend bereinigt werden. Wenn das nicht geschieht, dann kann von einem Bhikṣu nicht gesagt werden, daß er vollkommene Sittlichkeit[78] bewahrt. Um das Gelübde in reiner Form zu übertragen, ist es wichtig, daß die Ordinationsmeister eine makellose Disziplin eingehalten haben und den Vorschriften strengstens folgen. Sonst könnte die Gültigkeit der an ihre Schüler erteilten Ordination in Frage gestellt werden. Gemäß den Meistern der chinesischen, koreanischen und thailändischen Traditionen ist es gerade die Reinheit der von den Ordinationsmeistern eingehaltenen Disziplin, die das Hauptkriterium bei der Beurteilung der Reinheit einer Überlieferungslinie bildet, also nicht nur eine Angelegenheit der bloßen Übertragung von Gelübden vom Meister auf den Schüler. Es wäre für uns unmöglich, die vollkommen zuverlässige Einhaltung der Regeln und die vollständige Beachtung jeder Einzelheit der Saṅgha-Formvorschriften von seiten der Bhikṣus über Jahrtausende buddhistischer Geschichte hin zu überprüfen. Mehr noch, dies zu verlangen, würde die Institution des buddhistischen Saṅgha selbst bedrohen. Der Hauptpunkt für die Saṅgha-Mitglieder ist, sich aller Aspekte korrekten Verhaltens bewußt zu sein, um ihre eigene Lebensführung mit den Leitsätzen des Buddha in Einklang zu bringen und, noch wichtiger, in Einklang mit dem eigentlichen Sinn jener Leitsätze.

Schlußfolgerungen

Wenn eine Unregelmäßigkeit beim Ordinationsablauf als Grundlage dafür verwendet wird, die Gültigkeit einer ganzen Bhikṣuṇī-Überlieferungslinie zu bestreiten, sei es eine chinesische, koreanische oder vietnamesische, dann müßte man zwangsläufig dasselbe Verdikt auch auf den Bhikṣu-Orden anwenden. Keineswegs jedoch würde die Verneinung der Gültigkeit einer Bhikṣu- oder Bhikṣuṇī-

Überlieferungslinie dem Dharma oder den Interessen der Menschen dienlich sein.

Überdies ist die Tatsache, daß eine Bhikṣuṇī zu irgendeinem Zeitpunkt in der Geschichte der Überlieferungslinie möglicherweise nicht durch beide Saṅghas ordiniert wurde, etwas, das nicht geändert werden kann. Für eine Bhikṣuṇī heutzutage ist es auch nicht von besonderer Bedeutung, wenn sie selbst das Gelübde nach dem vorschriftsmäßigen Ablauf erhalten hat und aufrichtig bemüht ist, jene Regeln als die Grundlage ihrer Praxis einzuhalten.

Fünf Empfehlungen möchte ich an dieser Stelle anführen:

1. Qualifizierte Nonnen sollten dazu ermutigt werden, an Saṅgha-Vereinigungen heranzutreten, die gegenwärtig eine Ordination anbieten, und um die volle Ordination und eine tiefgehende Schulung bitten, um den Bhikṣuṇī-Saṅgha zu stärken.
2. Diese Nonnen sollten überall die Verwaltungsleiter des Saṅgha ernsthaft darum ersuchen, die Bhikṣuṇī-Ordination jedes Jahr mit zweifacher Zeremonie durchzuführen und sie dadurch für mehr Frauen zugänglich zu machen, als nur gelegentlich, wie es im allgemeinen der Fall ist.
3. Die Śikṣamāṇā-Ordination sollte wieder überall eingeführt werden, um die Verfahrensweisen mit den Verfügungen im *Bhikṣuṇī-Karman* in Einklang zu bringen, so daß der Bhikṣuṇī-Saṅgha vom Theravāda-Saṅgha die volle Anerkennung erlangen kann.
4. Jede Art von Unterstützung, finanzieller und sonstiger Art, sollte den Klostergemeinschaften gegeben werden, um diese Ziele zu ermöglichen.
5. Die Rechtsgültigkeit des Status von über fünfzehntausend *de facto* Bhikṣuṇīs sollte anerkannt werden, ohne Rücksicht auf die Art der Ordination, die diese Saṅgha-Mitglieder erhalten haben.

Die Vorteile des Bhikṣuṇī-Saṅgha

Eine nicht nachweisbare Überlieferungslinie birgt zwar einige Gefahren, aber innerhalb der buddhistischen Traditionen steht an erster Stelle die weiterreichende Frage des Nutzens für die Lebewesen. Ein starker und sittlich einwandfreier Saṅgha ist wichtig für die stabile Etablierung der Lehren des Buddha auf der ganzen Welt und kann durch die volle Mitwirkung ordinierter Frauen wesentlich gefestigt und bereichert werden. Die Schaffung eines Bhikṣuṇī-Saṅgha und die Wiederherstellung der Śikṣamāṇā-Ordination in der tibetischen und Theravāda-Tradition würden die sieben Arten von Prātimokṣa-Ordinationen vervollständigen. Gerade auf dieser festen und egalitären Basis der moralischen Disziplin kann jede buddhistische Tradition gedeihen. Im Laufe der Zeit könnte sich sogar eine gültige Synthese der Traditionen entwickeln.

Bis jetzt haben sämtliche buddhistischen Traditionen hartnäckig die Reinheit ihrer eigenen Überlieferungslinie behauptet, gleichzeitig aber Argumente vorgebracht, um die Gültigkeit anderer Traditionen anzuzweifeln. Sich über diese Dinge zu erheben und konstruktive Schritte auf eine Anerkennung der Bhikṣuṇī-Überlieferungslinie hin zu unternehmen, wäre für jede Gemeinschaft eine Geste der Fortschrittlichkeit, der Humanität und Großmütigkeit, die zur Einheit innerhalb der buddhistischen Familie beitragen würde. An diesem kritischen Punkt in der Geschichte wäre eine Einigkeit zwischen der Vielfalt der buddhistischen Traditionen eine praktische Demonstration religiöser Harmonie und eine gewaltige Kraft für den Weltfrieden.

In allen Ländern den gleichen Zugang zur vollen Ordination herzustellen, wäre eine Anerkennung der wesentlichen Rolle, die weibliche aufrichtig Praktizierende innerhalb der buddhistischen Gemeinschaft ausüben. Es würde sie zu stärkerer Teilnahme anspornen und dadurch den wertvollen Beitrag mit ausschöpfen, den Frauen für die weltweite religiöse Gemeinschaft leisten können. Jetzt, da der Buddhadharma ganz frisch in westliche Kulturen übermittelt wird, ist es wichtig, daß die gleichen Möglichkeiten zur vollen Ordination von Anfang an festgelegt werden.

Wenn korrekte Ordinationsverfahren auf eine Weise eingeführt werden, daß der Bhikṣuṇī-Saṅgha von Anbeginn an in westlichen Ländern von allen Traditionen anerkannt wird, werden wir später nicht die langwierigen Kämpfe um die volle Ordination für Frauen führen müssen, in welche andere religiöse Traditionen derzeit verwickelt sind.

Da das Thema der vollen Ordination für Frauen auf weltweites Interesse stößt, ist die Gründung eines lebensfähigen und international anerkannten Bhikṣuṇī-Saṅgha von großer Bedeutung. Gibt es eine für qualifizierte Frauen zugängliche volle Ordination, könnten die mannigfaltigen buddhistischen Traditionen wahrhaft behaupten, daß sie glaubhafte, positive Maßnahmen ergreifen, um geschlechtliche Diskriminierung sowohl innerhalb der eigenen Reihen als auch in der Gesellschaft überhaupt auszumerzen. In Verbindung mit gleichen Chancen für religiöse Erziehung könnte die geistige Entwicklung der weiblichen Praktizierenden überall sowohl in qualitativer als auch quantitativer Hinsicht Fortschritte machen.

Reine Motivation und ein von allen Mitgliedern des Saṅgha unterstütztes Handeln können sicherstellen, daß der vor so langer Zeit durch Buddha Śākyamuni gegründete Bhikṣuṇī-Orden wiederbelebt wird und bald in der modernen Welt zum Blühen kommt. Dies kann nur dazu dienlich sein, den spirituellen Bestrebungen aller Lebewesen Nutzen zu bringen.

Die Gründung des buddhistischen Nonnenordens und seine Entwicklung auf Sri Lanka

Kusuma Devendra

Die Einrichtung des Bhikkhunī-Saṅgha durch den Buddha

Als der Buddha in seiner ersten Rede in Benares die vorherrschenden Tendenzen in der indischen Gesellschaft beschrieb, gab er ein treffendes Urteil darüber ab. Wir dürfen dementsprechend eine kurze Bewertung der Stellung der Frauen in jener Zeit anfügen. In der indischen Gesellschaft, die sich der Sinnlichkeit hingab, war die Frau in der üblen Lage, schon in jungen Jahren zur Heirat gezwungen zu werden. Daraus folgte, daß sie keine Gelegenheit hatte, viel

Wissen oder Bildung zu erwerben. Sie war somit sicherlich kein ebenbürtiger Partner für den hochgebildeten Mann, der in den Veden belesen und bedeutend älter war als sie selbst.

Die entgegengesetzte Tendenz in der indischen Gesellschaft war das strenge Asketentum, das die Priesterkasten praktizierten. Die Zustände der tiefen Versenkung und die übernatürlichen Kräfte, die sie mit viel Zeit und Mühe erlangten, waren jedoch von kurzer Dauer. Da sie durch eine bewußte Unterdrückung sinnlicher Begierden erreicht worden waren, reichte der bloße Anblick oder die Stimme einer Frau oft aus, um ihre geistigen Kräfte zu zerstören. Demzufolge verachteten die Priesterasketen die Frauen und schauten auf sie herab, als ob sie die eigentlichen Zerstörerinnen ihrer vervollkommneten Seelen wären. Der Buddha kritisierte diese beiden Richtungen in der Gesellschaft und trat als Verfechter eines mittleren Weges auf. Für dieses Bestreben war der nach der Vinaya-Disziplin ordinierte Saṅgha die ideale Lösung.

Es ist eine Binsenwahrheit, daß selbst ein Buddha eine Mutter braucht, um eine menschliche Geburt anzunehmen. Je hochstehender die geistigen und menschlichen Werte der Frauen, desto hochstehender auch jene der Gesellschaft, denn es sind die Mütter, die diese Werte ihren Kindern vermitteln. Obwohl dem Buddha diese Tatsachen durchaus bekannt waren, machte er niemals den Versuch, die festgelegte gesellschaftliche Ordnung zu sprengen oder die Sitten zu ändern. Er ermahnte jene, die seinem Orden beitreten wollten, nicht leichthin ihre vorigen Lehrer oder religiösen Glaubensüberzeugungen aufzugeben. Er zögerte sogar, den Menschen seinen radikalen Dhamma zu predigen, und war erst nach der Aufforderung des Mahā Brahma dazu bereit.

Vor diesem Hintergrund ist die Annahme berechtigt, daß der Buddha niemals der Bitte entsprochen hätte, den religiösen Status der Frauen zu erhöhen, wenn er überzeugt gewesen wäre, daß dies Nachteile für die Gesellschaft mit sich bringen würde. Damit kann das anfängliche Widerstreben des Buddha erklärt werden, einen Bhikkhunī-Orden einzurichten, welcher die bestehende gesellschaftliche Ordnung wesentlich verändert hätte. Die Frau war der Grundstock der Gesellschaft; daher war dies eine heikle Angelegenheit, an die er mit großer Umsicht herangehen mußte.

Es gibt keinen anderen Lehrer, der den Wert der Frau höher schätzte als der Buddha, und Mutterschaft stellte er auf die höchstmögliche Stufe. Er besuchte den Tuṣita-Himmel, um seiner Mutter, Mahamāyā, Belehrungen zu geben, und erwies auch seiner Pflegemutter viel Respekt. Als die Bhikkhunī Mahāpajāpatī Gotamī und ihr Gefolge von fünfhundert Bhikkhunīs vor ihrem endgültigen Hinscheiden vom Buddha Abschied nahmen, wandte sich der Buddha mit liebevollen Worten an sie und bat sie, ihre verschiedenen übernatürlichen Kräfte vorzuführen. Schließlich folgte er ihnen als Zeichen seiner Dankbarkeit sogar bis vor das Klostertor. Dies ist das einzige überlieferte Beispiel, wo man den Buddha in dieser Art und Weise hinter einer anderen Person herschreiten sieht. Wir können auch nicht den ergreifenden Vorfall unberücksichtigt lassen, als der Buddha nach seiner Erleuchtung zunächst Kapilavatthu besuchte und sich Yasodharā weigerte, zu seinem Empfang herauszukommen; in seinem Großmut suchte er sie jedoch in ihren Gemächern auf.

Der Buddha erkannte das Ausmaß der Unterdrückung der Frauen, die im sechsten Jahrhundert v. Chr. in Indien durch die Brahmanengesellschaft ausgeübt wurde. Bei einem Versuch, ihren Status zu erhöhen, wies er häufig in seinen Reden in höchst respektvoller Form auf Frauen hin: »Mutter und Vater sind Brahma selbst«, »man muß seiner Mutter und seinem Vater Respekt erweisen«, »die Freundin im Haus ist die Mutter«, »Frauen können auch eine intellektuelle Rolle ausüben«, »eine Ehefrau ist eine echte Freundin«.

Die Kraft der Ermahnungen des Buddha in bezug auf die natürlichen geistigen Fähigkeiten der Frauen, ihren ausgeprägten Sinn für Mitgefühl und ihr Geschick, mit Männern zusammenzuarbeiten, bereitete ein günstiges Klima für die Errichtung des Bhikkhunī-Ordens vor. In der Folge traten eine große Anzahl von männlichen Ordinierten und Laienschülern auf, die frei waren von Eitelkeit und Neid gegenüber den Errungenschaften der Frauen. Im Gegenteil, sie waren voller Freude und Entgegenkommen. Als der Buddha erklärte: »Eine menschliche Wiedergeburt ist außerordentlich selten und schwer zu erlangen«, betonte er damit ausdrücklich, daß die menschliche Existenz nur unter großen Schwierigkeiten und ohne Rücksicht auf ein spezielles Geschlecht erreicht wird. Transzendentaler Frieden könne gleichermaßen von Männern und Frauen erzielt werden. Die Errichtung beider Saṅghas für Bhikkhus und Bhikkhunīs bestätigt dies.

Überdies gibt es keinen Zweifel daran, daß der Buddha die Notwendigkeit einer vierfach strukturierten buddhistischen Gesellschaft aus Bhikkhus, Bhikkhunīs, Upāsakas und Upāsikās für die Stabilität der Lehre (Sāsana) betonte.[79] Dies wurde im Laufe der Geschichte durch die Tatsache bewiesen, daß religiöse und kulturelle Errungenschaften sowohl in Indien als auch in Sri Lanka erst ihren Höhepunkt erreichten, als eine derartige Gesellschaft gedieh. Die Gefahr für das gegenwärtige religiöse System kann trotz des höchsten gesellschaftlichen Fortschritts zum großen Teil dem Zusammenbruch des Vier-Stände-Systems zugeschrieben werden.

Die Bhikkhunīs konnten den Leistungen der großen Bhikkhus nacheifern und mit ihnen Schritt halten; daher wurde ihnen eine ebenbürtige Stellung als Mitglied des Saṅgha angetragen. Ein hervorstechendes Merkmal des Ordens war die Rangordnung, die durch das Ordinationsalter bestimmt wurde. Da die Bhikkhus nahezu fünf Jahre länger ordiniert waren, gab man ihnen den Vorrang, ohne daß damit eine Überlegenheit ausgedrückt werden sollte. Bestimmte Strukturen mußten in das religiöse System eingebaut werden, nicht nur zur Stabilisierung des Systems, sondern zur Sicherung seiner gesellschaftlichen Dauerhaftigkeit. Insbesondere sollte die Struktur des Ordens in eine Gesellschaft hineinpassen, in der sich Männer schon früh durchgesetzt hatten und Frauen sogar dazu übergegangen waren, dies als funktionierendes Prinzip zu akzeptieren. Daher war es in der Tat eine logische und zusammenhaltgebende Verfügung, den Bhikkhus eine Vorrangstellung im Orden zuzuschreiben. In ihren Vinaya-Regeln wird an die Bhikkhus jedoch die Forderung gestellt, dem weiblichen Orden durch Dienstleistungen Schutz zu bieten. Eine Vinaya-Regel der Bhikkhus sagt, daß ein Mönch mit besonderen Fähigkeiten für die Beratung von Nonnen ernannt werden soll. Sogar heute noch wird den Mönchsversammlungen zu Uposatha die Frage gestellt: »Verehrte Mönche, habt Ihr Bhikkhunīs beraten?« worauf die Antwort gegeben wird: »Da keine Bhikkhunīs hier sind, Verehrter, haben wir auch keine Bhikkhunīs beraten.«

Um das reibungslose Zusammenwirken beider Orden in der Zukunft zu sichern, machte der Buddha einige Zugeständnisse, indem er dem Mahā-Saṅgha die volle Verantwortung übertrug, bestehende kleine Vinaya-Regeln im Interesse der Sāsana zu ändern. Er lehnte es ab, jemanden zu ernennen, der den Saṅgha nach seinem Tod leiten sollte. »Der Dhamma wird euer Führer und Lehrer sein«, waren einige seiner letzten Worte.

In Theravāda-Ländern wie Burma, Thailand und Sri Lanka gibt es verschiedene Ansichten hinsichtlich einer Erklärung, die der Buddha unmittelbar nach der Gründung des Bhikkhunī-Ordens abgegeben hat. Er sagte folgendes: »Wenn, Ānanda, die Frauen nicht den Auszug aus dem Heim in die Hauslosigkeit im Dhamma und in der vom Wahrheitsfinder verkündeten Disziplin erreicht hätten, dann, Ānanda, würde der Reine Lebenswandel lange angedauert haben, würde der Wahre Dhamma eintausend Jahre lang überdauert haben. Da jedoch, Ānanda, die Frauen hinausgezogen sind ... in den Dhamma und in die vom Wahrheitsfinder verkündete Disziplin, wird nun, Ānanda, der Reine Lebenswandel nicht lange andauern, wird der Wahre Dhamma nur fünfhundert Jahre lang überdauern.«[80]

Das *Samantapāsādikā,* ein Vinaya-Kommentar von Buddhaghosa, erläutert diese Erklärung des Buddha in großer Ausführlichkeit. Der relevante Teil kann folgendermaßen übersetzt werden: »Ein ergiebiges Wasserreservoir wird, wenn es nicht zum Schutz von allen Seiten eingegrenzt wird, kein Wasser mehr haben. Zuerst muß die Eindämmung gemacht werden, damit das Wasser verbleibt. Gleichermaßen hat der Erhabene die Gurudhammas verkündet, um für die Nicht-Überschreitung der noch nicht entstandenen falschen Praktiken Vorsorge zu treffen. Wenn er diese nicht verkündet hätte, wäre der Auszug der Frauen aus den Familienleben die Ursache für das Andauern des Reinen Lebenswandels für nur fünfhundert Jahre gewesen. Deshalb wurden diese Gurudhammas im voraus verkündet. Nun, da sie verkündet sind, wird der Reine Lebenswandel weitere fünfhundert Jahre andauern. Der Reine Lebenswandel wird also eintausend Jahre andauern, wie zuerst kundgetan. In diesen tausend Jahren werden Arahats erscheinen, die im Besitz der vier höchsten ›analytischen Kenntnisse‹ (*Catu-paṭsambhidā*) sind. Danach, in den nächsten tausend Jahren, werden Arahats des ›trockenen Vipassanā‹ (*Sukkhavipassaka*) erscheinen. In den nächsten tausend Jahren werden die Niewiederkehrenden auftreten, und dann wird es die Einmalwiederkehrenden geben und dann die In-den-Strom-Eingetretenen. Auf diese Weise wird sich der Reine Lebenswandel, der aus den Früchten der Befreiung (*Paṭivedha dhammo*) besteht, fünftausend Jahre lang behaupten.«[81]

In dieser Erklärung von Buddhaghosa findet man keinen Hinweis, daß die Lebensdauer des Sāsana aufgrund der Ordination von Frauen auf fünfhundert Jahre beschränkt wäre. Im Gegenteil, es wird angedeutet, daß die Früchte des Sāsana fünftausend Jahre dauern werden.

Viele Hinweise im Kanon zeigen deutlich, daß die Einhaltung der Disziplin-Regeln für die Langlebigkeit des Sāsana ausschlaggebend ist. Der Buddha, mit seiner Kenntnis der Drei Welten, hätte niemals den Bhikkhunī-Orden gegründet, wenn dies letztlich zu einem Verfall der Grundsätze seiner Lehre geführt hätte. Die Tatsache, daß so viele Vorschriften hinsichtlich der Disziplin für Bhikkhus und Bhikkhunīs proklamiert wurden, deutet darauf hin, daß es seine Absicht war, das Fortbestehen des Ordens zu gewährleisten. Dies bestätigt sich auch in seiner letzten Rede, wo auf die vierfach strukturierte Gesellschaft Bezug genommen wird, einschließlich der Erwähnung der Bhikkhunīs.

Nonnen auf Sri Lanka

Meine Forschungen über die Entstehung des buddhistischen Nonnenordens und seiner Entwicklung in Sri Lanka über einige Jahre hinweg ermöglichten es mir, über zweihundert Nonnenklöster zu besuchen und in allen Teilen Sri Lankas Hunderten von buddhistischen Nonnen zu begegnen. Während dieser Besuche sammelte ich Daten und Informationen über ihren Lebensunterhalt und bekam einen gewaltigen Schrecken, als mir plötzlich bewußt wurde, daß die Nonnen auf Sri Lanka sich in einer Außenseiterposition befinden: Sie gehören weder zum Saṅgha noch zur Laienschaft.

Es ist ungefähr ein Jahrhundert her, seit die Dasasil-Mātā-Bewegung nach Sri Lanka kam. Allerdings war die Unterstützung für ihre

Entwicklung die ganze Zeit über nur gering. Wenn diese Nonnen die Roben anlegen, nehmen sie zehn Regeln auf sich. Die gleichen Regeln können jedoch von Laien eingehalten werden; sie bekommen nicht die Pabbajjā-Dasasila, d. h. die Vorschriften für eine Sāmaṇerī und somit auch keine anerkannte Ordination. Sie sind keine Bhikkhunīs, keine *Sikkhamānās*, noch nicht einmal Sāmaṇerīs. In Wirklichkeit gehören sie dem Orden überhaupt nicht an. Sie haben den Status von Laienanhängerinnen, die ihr Heim zurückgelassen und ein monastisches Leben aufgenommen haben.

Wer einen Tempel auf Sri Lanka besucht, wird feststellen, daß neunzig Prozent der dort ihre Verehrung Erweisenden Frauen sind. Sie unterstützen die Bhikkhus, weil sie glauben, daß der Saṅgha das Verdienstfeld ist und sie durch ihre Unterstützung den höchsten Nutzen und Verdienst ernten werden. Selbst wenn eine unserer Nonnen den Zustand eines In-den-Strom-Eingetretenen, eines Einmalwiederkehrenden oder sogar eines Arahats erreichen sollte, würde sie nicht in das Verdienstfeld miteinbezogen werden, weil sie nicht dem Saṅgha angehört. Das ist der Grund, weshalb die Nonnen sich in einer Außenseiterposition befinden; das Problem ist tief in der Tradition verwurzelt.

Die Nonnen sind aufgrund ihrer eigenen Weisheit in den Orden eingetreten, aufgrund ihres Entschlusses, die Regeln zu beachten und den Pfad zu beschreiten, den der Buddha befürwortet hat. Sie glauben, daß ihre Motivation, dem Orden trotz großer Schwierigkeiten mit solcher Begeisterung beizutreten, auf eine gleichartige Entsagung in früheren Leben zurückzuführen ist. Die Frauen Sri Lankas lieben langes Haar; daher stellt das Abschneiden der Haare und das Anlegen der Roben einen großen Verzicht dar.

Sie tun dies trotz der Proteste seitens ihrer Familien. Die Nonnen auf Sri Lanka haben solch einen niedrigen gesellschaftlichen Status, daß keine Familie einem jungen Mädchen bereitwillig die Erlaubnis zum Beitritt in den Orden geben würde. Es gibt nur wenige Ausbildungsmöglichkeiten in den Nonnengemeinschaften, und keine vermögende, einflußreiche, qualifizierte Frau mit englischer Schulbildung würde sich der Bewegung normalerweise anschließen. Die meisten Nonnen haben kein Geld, um zu reisen; wenn Unterrichtsstunden in einigen traditionellen buddhistischen Schulen, den sogenannten Pirivenas abgehalten werden, fehlen ihnen die Mittel, daran teilzunehmen. Zudem besitzen sie auch nicht die notwendige Grundausbildung, um dem Unterricht folgen zu können. Im Moment stagniert diese Bewegung in jeder Hinsicht.

Einige dieser Nonnen fassen kein Geld an. Sie haben keine gemeinsame Organisationsform und sie erhalten keine Unterstützung von zu Hause, von den Bhikkhus oder den Laienanhängern. In ihrer isolierten Situation muß jede dieser Nonnen ihre Entwicklung auf eigene Art vorantreiben. Sie müssen sich auf ihre Charakterstärke verlassen, um sich eine kleine Gruppe von Anhängern aufzubauen, die sie unterstützen, und dann versuchen, ein Leben nach den Erwartungen ihrer Helfer zu führen.

Durch diese gegen sie wirkenden Kräfte sind sie einem großen psychischen Streß unterworfen. Ihre Außenseiterposition und der Mangel an Unterstützung seitens der Mönche sowie der Gesellschaft im allgemeinen haben in ihnen einen ziemlichen Widerstand gegen jegliche Organisation erweckt. Jede von ihnen hat unabhängig gearbeitet und als Einzelperson in ihrer besonderen Umgebung einen gewissen Grad von Anerkennung erlangt, so daß sie nicht gewillt ist, sich irgendeiner äußeren Autorität zu unterwerfen. Die Nonnen zu organisieren ist unter diesen Umständen sehr schwierig. Die einzige Lösung scheint, den Bhikkhunī-Orden wiederherzustellen.

Eine Parallele hierzu findet sich im Indien des sechsten Jahrhunderts v. Chr. Zu jener Zeit hatten Frauen überhaupt keine Möglichkeiten geistiger Entfaltung, daher gründete der Buddha einen Bhikkhunī-Orden, und die Bhikkhunīs befolgten dreihundertelf Regeln. (Gemäß der Theravāda-Tradition folgen die Bhikkhus zweihundertsiebenundzwanzig Regeln.) Es war der letzte Wunsch des Buddha, daß alle vier Gruppen von Schülern und Schülerinnen - Bhikkhus, Bhikkhunīs, Upāsakas und Upāsikās - auch weiterhin in gegenseitiger Ausgewogenheit existieren sollten, damit der Orden und der Dhamma in der Zukunft erhalten blieben. Die Vinaya-Regeln bestimmen das Verhalten der Mönche und Nonnen und sorgen für einen gewissen Ausgleich innerhalb des Saṅgha. Da der Buddha selbst alle nur möglichen Vorschriften für Personen mit Fehlverhalten festgelegt hat, ist es nicht erlaubt, ihre Anzahl zu erhöhen oder zu vermindern. Bis jetzt hatten diese Vinaya-Regeln einen gewissen Einfluß darauf, die einzelne Bhikkhunī sowie die Bhikkhus zu schützen und ihre Zusammenarbeit in einer positiven Atmosphäre zu unterstützen. Der männliche und der weibliche Zweig des Saṅgha können den Laien die nötige spirituelle Führung geben.

Als eine sechsfache Mutter weiß ich, was für ein Vorrecht es für Frauen bedeutet, die kommende Generation junger Menschen aufzuziehen. Meistens sind es Frauen, welche die Kinder lehren, was richtig und was falsch ist, was sie tun und was sie unterlassen sollten. Eine Mutter ist mit dieser Verantwortung betraut. Es ist nicht der Vater, der sich um die Kinder kümmert. Dieser nimmt morgens seine Tasche und geht zur Arbeit, während wir bei den Kindern bleiben, um sie von einem Augenblick zum anderen zu leiten und zu führen.

Um diese verantwortungsvolle Aufgabe in richtiger Weise zu erfüllen, müssen Frauen ausgebildet sein. Soweit es die Dharma-Erziehung betrifft, könnten sie sich leichter den Bhikkhunīs als den Bhikkhus anvertrauen. Deshalb würden Frauen mehr Unterstützung in ihren Bemühungen erfahren, wenn es gut ausgebildete Bhikkhunīs gäbe, von denen sie Anleitung erhielten. Nur so können Bhikkhunīs ihr Wissen an die Frauen des Landes weitergeben, die dann ihre Kinder entsprechend erziehen. Ihr ethisches Verhalten ist wesentlich für das Wohlergehen zukünftiger Generationen.

Ich behaupte, daß es dringend notwendig ist, die Stellung der Nonnen auf Sri Lanka aufzuwerten. Den Beauftragten für Buddhistische Angelegenheiten muß ich hier meine Anerkennung aussprechen, weil es vor kurzem möglich war, daß mehrere Dasasil Mātās Vipassanā-Meditationsseminare besuchen konnten. Ich möchte auch die innere Disziplin dieser Nonnen hervorheben. Wenn sie nun auch die Vinaya-Regeln gewissenhaft befolgen, werden sie sowohl die Unterstützung der Bhikkhus als auch der Bevölkerung erhalten. Ihr Ansehen wird zunehmen, und sie werden besser in der Lage sein, positiv auf die Gesellschaft einzuwirken.

Notwendig für die Gründung eines Bhikkhunī-Ordens ist die richtige organisatorische Kraft, staatliche Unterstützung und nicht zuletzt der wohlwollende Einfluß und die Anleitung durch Bhikkhus. Glücklicherweise gibt es einige Ältere im Bhikkhu-Orden, deren Herzen voller Qualitäten sind. Da sie den Beitrag der weiblichen Einsiedlerinnen vollständig verstanden haben, müssen sich diese ehrwürdigen Mönche der Herausforderung stellen und helfen, den Bhikkhunī-Orden wieder einzurichten. Diejenigen Mönche, die davon überzeugt sind, daß Frauen ihren rechtmäßigen Platz innerhalb der Gemeinschaft der Ordinierten einnehmen sollten, müssen den Verantwortlichen entsprechende Ratschläge geben. Hat der Buddha den Orden nicht ermächtigt, die Nebenregeln im Interesse des Sāsana zu verändern?

Es ist eine ermutigende Tatsache, daß der gegenwärtige ceylonesische Minister für kulturelle Angelegenheiten den Wert und die unbedingte Notwendigkeit der Wiederbelebung des Bhikkhunī-Ordens auf Sri Lanka in ihrer ganzen Komplexität verstanden hat und diese Angelegenheit auf jede erdenkliche Weise unterstützt. Und wir dürfen hoffen, daß diese außerordentlich wichtige Versammlung in den heiligen Bezirken von Bodhgaya an der Spitze einer Renaissance-Bewegung steht, die dazu beitragen wird, den Bhikkhunī-Saṅgha in allen vier Himmelsrichtungen zu etablieren.

Ein Interview mit Seiner Heiligkeit dem Dalai Lama

Am 14. Februar 1987, dem vierten Tag der Internationalen Konferenz Buddhistischer Nonnen, traf sich Seine Heiligkeit der Dalai Lama mit fünfzehn namhaften Nonnen aus Burma, Kambodscha, Kanada, Hongkong, Japan, Nepal, Sri Lanka, Taiwan, Thailand, Tibet, den Vereinigten Staaten und Westdeutschland zu einer privaten Audienz in Bodhgaya. Unter anderem gab er Ratschläge und beantwortete Fragen zum Bhikṣuṇī-Thema. Folgendes ist eine Niederschrift des Gedankenaustausches.

Frage: Während der Konferenz diskutierten wir verschiedene Themen, die buddhistische Nonnen betreffen. Heute besprachen wir das Bhikṣuṇī-Problem. Einige der Teilnehmer fragen sich, welche Richtung sie in der Diskussion mit den Bhikṣus einschlagen sollten, um einen internationalen Bhikṣuṇī-Saṅgha zu bilden. Viele Menschen sind an dieser Frage interessiert. Wir auf der Konferenz stimmen alle darin überein, daß wir langsam und sorgfältig vorgehen sollten, um die Zustimmung des Bhikṣu-Saṅgha in den einzelnen Ländern zu erhalten. Was sollten wir aus tibetischer Sicht als nächstes tun?

Seine Heiligkeit der Dalai Lama: Wie wir bereits diskutiert haben, ist es nach der Mūlasarvāstivāda-Tradition etwas schwierig, eine Bhikṣuṇī zu werden. Wie dem auch sei, es gibt verschiedene Schulen des Vinaya - insgesamt achtzehn. Auch wenn es also nach der Mūlasarvāstivāda-Tradition ein spezielles Ordinationsverfahren gibt, so existieren doch auch noch andere Ordinationsverfahren.

Ich halte es für sehr wesentlich, diese Frage in all jenen Ländern, die eine starke Vinaya-Praxis haben, gleichzeitig anzugehen. Unglücklicherweise befinden sich Kambodscha und Laos zur Zeit in einer schwierigen Situation. Deshalb denke ich, daß es zu Beginn vor allem in diesen drei Ländern - Sri Lanka, Thailand und Burma - wichtig ist, diese Aufgabe in Angriff zu nehmen.

F: Würden Sie tibetischen Nonnen die Erlaubnis erteilen, nach Hongkong zu gehen, um dort das Bhikṣuṇī-Gelübde zu nehmen?

SHDL: Ja. Es gibt einige Nonnen, die dies bereits getan haben.

F: Wird man sie offiziell als Bhikṣuṇīs anerkennen?

SHDL: In erster Linie hängt die religiöse Praxis von der eigenen Initiative ab. Es ist eine persönliche Angelegenheit.

Ob nun die volle Ordination offiziell anerkannt wird oder nicht, so ist doch auf alle Fälle eine Art von gesellschaftlicher Anerkennung in der Gemeinschaft vorhanden, was äußerst wichtig ist. In Tibet gibt es z. B. auch nicht-buddhistische Religionen, wie Bön, obwohl die Mehrheit der Bevölkerung Buddhisten sind. Gegenwärtig ähnelt die Praxis des Bön der buddhistischen, aber ursprünglich wich sie sehr von ihr ab. Dennoch wurde die ursprüngliche Bön-Religion akzeptiert. Die Menschen anerkannten oder übernahmen sie einfach. Gleichermaßen gab es Moslems und einige Christen. Das war kein Problem. Eine Überlieferungslinie der Bhikṣuṇī-Ordination stand den Nonnen in Tibet bislang nicht zur Verfügung, aber jetzt wird sie nach und nach aus anderen buddhistischen Ländern eingeführt. Mit der Zeit wird man diese Bhikṣuṇīs akzeptieren. Das ist kein Problem. Wichtiger ist vielmehr, daß wir die drei grundlegenden Praktiken - Durchführung und Auflösung der Sommerklausur und Bekenntnis-Zeremonie - einrichten müssen, wenn wir die volle Ordination für Bhikṣuṇīs übernehmen. Wenn wir uns für die Überlieferungslinie der chinesischen Tradition entscheiden und die entsprechenden Texte auf Chinesisch verfaßt sind, ist es notwendig, diese ins Tibetische zu übersetzen, weil es sicherlich nicht angebracht wäre, die Rituale in chinesischer Sprache durchzuführen.

Zuerst werden wir eine Übersetzung des *Bhikṣuṇī-Prātimokṣa-Sūtra* anfertigen müssen, sodann des Vinaya-Rituals[82] und schließlich auch der Texte, die mit der Bekenntnis-Zeremonie in Verbindung stehen. Wenn durch die Übersetzung aller dieser Texte deutlich geworden ist, wie die Ausübung der Vinaya-Regeln für Bhikṣuṇīs in dieser Tradition beschaffen ist, sollte man Untersuchungen zur Überlieferung des Gelübdes anstellen.

Eine weitere Frage ist die der Schulzugehörigkeit. Die Verfahrenspraxis wird durch die jeweilige Schule überliefert. Wenn klar geworden ist, wie sich das Gelübde in einer bestimmten Schule bis heute überliefert hat, gibt es mit der Ausübung keine Probleme. Es wäre unsinnig zu behaupten, diese oder jene Ausübung stimme nicht mit der Mūlasarvāstivāda-Schule überein. Das sagt auch niemand. Ein anderes Problem, über das wir nachdenken müssen, sind die Roben. In den einzelnen Traditionen gibt es unterschiedliche Gewänder hinsichtlich Farben und Flickengrößen. Solche Richtlinien, für die man eindeutige Quellen finden kann, sollten übernommen werden. Ist die Quelle für bestimmte Gebräuche in einer Tradition jedoch nicht eindeutig, dann sind sie nur zulässig, wenn allgemein mit den Regeln des Vinaya vereinbar.

Entscheidungen dieser Art können nicht nur von wenigen Personen getroffen werden. Die Autorität liegt auch nicht bei einer einzelnen Person. Die höchste Autoritätsbefugnis besitzt der Saṅgha. So war es früher sowohl in Indien wie auch in Tibet. Zum Beispiel hat Atīśa gesagt, wenn etwas sehr Wichtiges unmittelbar zu tun ist, müsse in einem gemeinsamen Austausch entschieden werden, ob dies nach dem Tripiṭaka verboten sei oder nicht. Zusätzlich fragte man sich im Vikramaśīla-Kloster auch noch, ob es nach irgendeinem der Bodhisattva-Sūtras verboten sei. Deshalb sollten Streitfragen in Übereinstimmung mit den Vorschriften geklärt werden, die durch die Beratungen des Saṅgha, das heißt der Ordensgemeinschaft, festgelegt wurden.

Als zum Beispiel die tibetischen Schulen in den frühen sechziger Jahren in Indien neu eingerichtet wurden, ordinierte man eine beträchtliche Anzahl Schüler und Schülerinnen zu Novizen und Novizinnen. Als Studenten dieser Schulen mußten sie von Zeit zu Zeit an gesellschaftlichen Aktivitäten teilnehmen, wie tibetischem Tanz und Theater, oder anderen derartigen Veranstaltungen. So mußte entschieden werden, ob diese Aktivitäten im Widerspruch zum Vinaya stehen oder nicht. Dies war eine Angelegenheit, die in Dharamsala nicht allein von mir oder meinen beiden Tutoren beantwortet werden konnte. Ich gab diese Frage nach Buxa weiter (in Assam, östliches Indien), da die Mehrheit der Tripiṭaka-Meister, die vor den Kommunisten fliehen konnte, dort versammelt war. Die Ordensgemeinschaft überdachte den Sachverhalt genau und bestimmte, was statthaft ist und was nicht. Aufgrund ihrer Empfehlung wurde dann in dieser Angelegenheit entschieden. Das ist der angemessene Weg.

F: Wir haben heute beschlossen, innerhalb Sakyadhītā (International Association of Buddhist Women) einige Komitees zu bilden, um eine vergleichende Studie des Vinaya und der geeigneten Ordinationsverfahren für Bhikṣuṇīs vorzunehmen. Unser Plan geht dahin, die Ergebnisse in einer Forschungsarbeit niederzuschreiben und später eine weitere Konferenz abzuhalten, zu der wir die Mönche der verschiedenen Traditionen einladen würden, um ihnen Einblick in die Forschungsergebnisse zu gewähren und ihre Zustimmung zu erhalten. Glauben Sie, daß das eine gute Vorgehensweise ist?
SHDL: Ja, das wäre gut. Aus unserem kurzen Austausch habe ich den Eindruck gewonnen, daß die Situation auf Sri Lanka und in Thailand schwieriger ist und Vorsicht erfordert. Ich denke, daß in diesen Ländern heutzutage noch viel Arbeit geleistet werden muß. Soweit es die Tibeter selbst betrifft, sind wir erstens Flüchtlinge. Zweitens folgen wir dem Bodhisattva-Ideal und haben dadurch eine größere Flexibilität.

F: Viele tibetische Nonnen würden sich gerne vollordinieren lassen, doch für sie alle ist eine Reise nach Hongkong zu teuer. Denken Sie, daß es in einigen Jahren möglich sein wird, zum Beispiel hier in Bodhgaya eine Bhikṣuṇī-Ordination von zehn tibetischen Bhikṣus und zehn chinesischen Bhikṣuṇīs zusammen durchführen zu lassen?

SHDL: Einerseits sollten grundsätzlich die Aufrechterhalter des Tripiṭaka (die Ordinierten) darüber diskutieren. Darüber hinaus geben die Tibeter das Gelübde nach einer anderen Tradition, nämlich nach der Mūlasarvāstivāda-Tradition. Aber wenn allmählich in der tibetischen Gemeinschaft die erforderliche Anzahl von Bhikṣuṇīs das Gelübde der chinesischen Überlieferung besitzt, kann es von den Tibetern selbst verbreitet werden.

F: Aber dann würden wir immer noch einer anderen Vinaya-Schule angehören. Wäre das denn möglich?

SHDL: Ja, das ist möglich. Beispielsweise war der große Meister Atīśa ein Bhikṣu der Mahāsāṃghika-Schule. Obwohl die Ordinierten in Tibet der Mūlasarvāstivāda-Schule angehören, nahm auch er an ihrer Sommer-Klausur teil. Ordinationen hat er aber nicht gegeben.

Als der chinesische Gelehrte Hsuan Tsang und später I Ching Kaschmir besuchten, herrschten die Traditionen der Bodhisattvas und der Śrāvakas beide gleichermaßen vor, und innerhalb dieser gehörten die buddhistischen Mönche außerdem verschiedenen Vinaya-Traditionen an. Diese Traditionen haben anscheinend in der Gemeinschaft harmonisch nebeneinander existiert. Im Hinblick auf die Bekenntnis-Zeremonie vermitteln die Chroniken über Atīśas Leben den Eindruck, er habe an den Ritualhandlungen der Mūlasarvāstivāda-Schule teilgenommen, obwohl er zu einer anderen Vinaya-Schule gehörte. Entscheidend hierbei ist, daß er allein oder nur mit einigen wenigen Schülern dieser Schule angehörte. Mit einer ausreichenden Zahl hätten sie ihre eigenen getrennten Bekenntnis-Zeremonien durchführen können.

Angenommen, wir hätten in der tibetischen Gemeinschaft vier oder fünf Ordinierte der Dharmagupta-Schule, so erhebt sich die Frage, ob sie ihre Bekenntnis-Zeremonien getrennt von den Ordinierten der Mūlasarvāstivāda-Schule abhalten müssen oder sie mit den anderen gemeinsam durchführen könnten. Darüber muß noch gesprochen werden. Das ist ein Problem.

F: Wenn Sie sagen, daß es bei genügender Anzahl Bhikṣuṇīs eine Bhikṣuṇī-Ordination in der tibetischen Tradition geben könne, wollen Sie dann damit zum Ausdruck bringen, daß die Bhikṣuṇīs die Ordination ohne Bhikṣus erteilen könnten?
SHDL: Sie müssen die Ordination nach den Verfahrensweisen ihrer speziellen Tradition durchführen. Zum Beispiel würden Sie, die Sie in Hongkong und Taiwan ordiniert wurden, der Dharmagupta-Tradition folgen. In der Mūlasarvāstivāda-Tradition werden beide Saṅghas, einer von zehn Bhikṣus und einer von zehn Bhikṣuṇīs benötigt und zusätzlich noch zwei weitere Bhikṣuṇīs: eine, die als Äbtissin der Ordination vorsteht und eine, die das Ritual leitet. Im ganzen also zweiundzwanzig Personen, vorausgesetzt es handelt sich um ein Zentrales Land. Wird eine Ordination eingeführt, dann muß sie nach der übernommenen Tradition vollzogen werden. In dem Dokument, das Sie mir überreichten, ist ein Zitat aus einem Pāli-Text angegeben, das besagt, wo die Bedingungen vollständig erfüllt sind, sollte die Ordination in einer zweifachen Zeremonie abgehalten werden, wenn jedoch nicht, könnte die Bhikṣuṇī-Ordination durch Bhikṣus allein durchgeführt werden. Wenn dieses Zitat in der Pāli-Quelle der Theravāda-Tradition ausfindig gemacht werden kann, dann sollten Sie die Meinung der Thai-Mönche hierzu einholen.

F: Die Theravāda-Mönche auf Sri Lanka stimmen dem nicht zu.
SHDL: Wenn es im Pāli-Kanon eindeutig festgelegt ist, dann sollten sie es akzeptieren.

F: Aber sie sind nicht so flexibel wie Eure Heiligkeit.
SHDL: Wenn die Erklärung eindeutig im Pāli-Kanon gegeben wird, dann sollten sie einverstanden sein.

F: Die erweiterte Ordinations-Zeremonie wird nur alle drei Jahre in Hongkong abgehalten, sie findet jedoch jedes Jahr auf Taiwan statt. Was halten Sie davon, wenn tibetische Nonnen nach Taiwan gehen, um die Bhikṣuṇī-Ordination zu erhalten?

SHDL: Das ist kein Problem.

F: Vielleicht wäre es möglich, die benötigte Anzahl Theravāda-Mönche in den Vereinigten Staaten zu versammeln, um eine Bhikṣuṇī-Ordination abzuhalten. Wenn angesehene Mönche dort einer solchen Ordination wohlwollend gegenüberständen, könnte man hoffen, daß die Mönche auf Sri Lanka sie akzeptierten, da sie derselben Tradition angehören.
SHDL: Vielleicht gibt es einzelne Bhikṣus, die toleranter sind.

F: Viele tibetische Nonnen fragen sich, wenn in Hongkong und Taiwan die Ordination allein durch Bhikṣus und nicht in einer zweifachen Zeremonie durchgeführt wird, warum das nicht auch durch Eure Heiligkeit als Manifestation von Avalokiteśvara zusammen mit einigen tibetischen Bhikṣus geschehen kann, um auf diese Weise innerhalb der tibetischen Tradition selbst eine Bhikṣuṇī-Tradition zu gründen.
SHDL: Die Praxis des Vinaya muß so ausgeführt werden, wie der Buddha sie vorgeschrieben hat. Es heißt, daß es in einer Lehre nur einen Stifter gibt und nicht zwei. So müssen wir uns also nach dem richten, was der Buddha im Vinaya gelehrt hat.

Im Bodhisattva-Fahrzeug kann das Bodhisattva-Gelübde auch dann genommen werden, wenn der geistige Lehrer nicht anwesend ist, und zwar vor einem Bildnis, oder indem man ihn visualisiert. In bezug auf das Tantra-Gelübde kommt es bei in Tantra hochverwirklichten Personen vor, daß sie eine direkte Schauung eines *Maṇḍalas* haben. In diesem Fall muß die Überlieferungslinie des Gelübdes nicht aus der Zeit des Buddha stammen.

Mich haben schon mehrere Personen gefragt, ob ich die Bhikṣuṇī-Ordination durchführen kann, aber ich habe immer geantwortet, daß es sich hier anders verhält, da wir Tibeter zur Mūlasarvāstivāda-Schule gehören. Wir müssen uns auf das *Prātimokṣa-Sūtra* verlassen, wie es auf Sanskrit erhalten ist, und darüber hinaus auf das *Vinaya-Sūtra* von Gunaprabha. Dieses Thema wird sehr ausführlich im 13. Band des tibetischen Kanons (*Kangyur*) behandelt. Darin wird das Ordinationsverfahren für Bhikṣuṇīs nach der Mūlasarvāstivāda-Tradition sehr klar beschrieben.

F: Auch wenn wir verschiedenen Traditionen angehören und unterschiedliche Roben tragen, wäre es dennoch eine großartige Sache, einen internationalen Bhikṣuṇī-Saṅgha zu haben; denn dies würde einige Diskriminierungen aus der Welt schaffen, die gegenwärtig unter den verschiedenen buddhistischen Schulen existieren. Unterschiede in den Gewändern und in der Praxis sind nicht so bedeutsam, und wir wären in einem Bhikṣuṇī-Saṅgha vereint. Das würde doch die buddhistische Einheit fördern.
SHDL: Es gibt einige Unterschiede. Zum Beispiel wird in der Mūlasarvāstivāda-Schule eindeutig erklärt, daß Ordinierte keine Ärmel tragen dürfen. Trotzdem tragen die Bhikṣus in der Mongolei Ärmel. Als der Buddhismus von Tibet aus in die Mongolei übertragen wurde, paßte man die Robe dem unterschiedlichen Klima und den dort herrschenden Bedingungen an. Wie dem auch sei, ich frage mich, warum in Thailand und auf Sri Lanka die Nonnen Ärmel tragen, wo doch das Klima so heiß ist.

F: Von Frauen wird verlangt, daß sie Ärmel tragen, nicht jedoch von Männern. Dies muß auf dem kulturellen Hintergrund gesehen werden. In ihrer Gesellschaft akzeptiert man nicht, daß der weibliche Körper gezeigt wird. Sie deuteten die Möglichkeit an, die Vinaya-Schule zu untersuchen, der die vietnamesischen Bhikṣuṇīs folgen.
SHDL: Ein Freund von mir, ein deutscher Mönch, erwähnte mir gegenüber in Frankreich, daß in der vietnamesischen buddhistischen Tradition eine Mūlasarvāstivāda-Überlieferungslinie existieren würde.[83] Es wäre gut, dieser Angelegenheit nachzugehen. Wieviele Regeln haben die Nonnen auf Sri Lanka?

F: Zehn.
SHDL: Und in Thailand?

F: Acht. Sie sind eigentlich Upāsikās.
SHDL: Und in Nepal?

F: Zehn.
SHDL: Dann sind sie Śrāmaṇerikās, so wie auf Sri Lanka, nicht wahr?

F: Obwohl sie zehn Regeln folgen, werden sie durch den Bhikṣu-

Saṅgha nicht als Śrāmaṇerikās anerkannt. Man erlaubt ihnen nicht, zum Bekenntnis zu gehen oder an anderen Zeremonien der Ordensgemeinschaft teilzunehmen, aber sie halten zehn Regeln ein.
SHDL: Was sind sie in Wirklichkeit - Ordensangehörige?

F: Die Mönche sagen, daß Śrāmaṇerikās nur von Bhikṣuṇīs das Gelübde erhalten könnten und daß es keine Bhikṣuṇīs gäbe. Deshalb werden sie nicht Śrāmaṇerikās genannt.
SHDL: Und in Kambodscha?

F: Zehn Regeln. Erziehung ist der Schlüssel zur Weiterbildung der Nonnen. Wir würden Ihnen gerne einige Ideen unterbreiten, die wir zu einem Institut buddhistischer Frauen haben. Im Laufe der Zeit würden wir solche Institute gerne in vielen Ländern eingerichtet sehen, aber wir dachten, damit in Indien anzufangen.
SHDL: Soweit es die tibetischen Nonnen betrifft, wäre es gut, wenn wir mit einem solchen Studienprogramm in den bereits schon existierenden Nonnenklöstern beginnen könnten.

F: Aber dann wäre es nicht wirklich international, denn alles wäre in tibetischer Sprache und es würde auch nicht im Schulsystem als höherer Abschluß anerkannt werden.
SHDL: Es wäre gut, wenn Sie Schulen einrichten können, wie es Ihren Zielen entspricht, doch manchmal, wenn die Ideen und Pläne zu hochgesteckt sind, lassen sich keine Fortschritte in dieser Richtung machen, wohingegen es einfach ist, solche Schulen, falls sie bereits existieren, weiterzuentwickeln.

F: Halten Sie es für nützlich, daß tibetische Nonnen das Institut für buddhistische Dialektik besuchen?
SHDL: Das wäre sehr gut, aber die Nonnen des Geden Choeling Nonnenklosters in Dharamsala haben bereits mit einem eigenen Studienprogramm für Dialektik begonnen.

F: Würde Eure Heiligkeit eine Einladung zur Internationalen Konferenz Buddhistischer Nonnen auf Sri Lanka annehmen?
SHDL: In der gegenwärtigen politischen Situation ist es für Tibeter schwierig, Sri Lanka zu besuchen.[84]

F: Diese Konferenz ist sehr erfolgreich, weil Eure Heiligkeit die

Versammlung mit Eurer Anwesenheit beehrt hat. Wären Sie in der Lage teilzunehmen, wenn die nächste Konferenz in Bangkok stattfände?
SHDL: Ja, aber meine Anwesenheit ist nicht so wichtig. In den Theravāda-Ländern, in denen es hinsichtlich des Nehmens des Bhikṣuṇī-Gelübdes Schwierigkeiten gibt, muß mehr Arbeit geleistet werden - auf ruhige Weise, bis die Menschen an die Idee, Bhikṣuṇīs zu haben, gewöhnt sind. Wo auch immer die nächste Konferenz stattfinden wird, die Bhikṣuṇī-Frage wird die meiste Aufmerksamkeit innerhalb dieses Landes erhalten und die Menschen werden mit dem Thema mehr vertraut werden. Artikel müssen hierzu geschrieben werden, um Publizität zu schaffen und um Samen zu säen, die zu Setzlingen heranwachsen.

9
Der Lebensunterhalt des Saṅgha

Nun kommen wir zu einem heiklen Thema, das jedoch für buddhistische Nonnen von entscheidender Bedeutung ist. Wie sieht ihr Lebensunterhalt aus? Wie finden sie sich als Almosenempfängerinnen in der Arbeitswelt des zwanzigsten Jahrhunderts zurecht? Woher bekommen sie ihre Lebensmittel? Wer bezahlt ihre Krankenversicherung? Wie begegnen sie in einem Beruf ohne Entgelt dem harten Überlebenskampf?

Bei der Einteilung der Teilnehmer an den verschiedenen Fachdiskussionen auf der Konferenz war es sehr schwierig, jemanden zu finden, der über den Lebensunterhalt des Saṅgha zu sprechen bereit gewesen wäre. Mehrere asiatische Nonnen lehnten ab und erklärten, daß dies kein Thema für sie sei, da sie ja in Tempeln lebten, wo für ihre täglichen Bedürfnisse gesorgt würde. Etliche westliche Nonnen verhielten sich abweisend mit der Begründung, daß sie als Ordinierte von Anbeginn mit größten Schwierigkeiten kämpfen mußten, um ihren Lebensunterhalt zu bestreiten und daß sie bis jetzt keine Lösung für das Problem gefunden hätten. Schließlich gelang es uns, einige Sprecher zu gewinnen und lebhafte Diskussionen in Gang zu bringen, die aber nur an der Oberfläche des Problems blieben.

Allgemein kann man sagen, daß die Menschen in traditionellen buddhistischen Ländern gewöhnt sind, den Saṅgha zu unterstützen, im Gegensatz zu den neuen Buddhisten im Westen. Für die Erfahrungen der Nonnen bezüglich ihres Unterhalts eine strikte Ost-/Westgrenze zu skizzieren, wäre eine zu grobe Vereinfachung. Es gibt westliche Nonnen, die von Eltern, Freunden oder Tempeln unterstützt werden, und es gibt Nonnen in bestimmten asiatischen

Ländern, die buchstäblich zum Betteln gezwungen sind. Dennoch wird in buddhistischen Ländern im allgemeinen für die ordinierten Saṅgha-Mitglieder gesorgt, wohingegen dies in anderen Ländern normalerweise nicht der Fall ist.

Es heißt, daß jeder aufrichtig Praktizierende - ob Nonne oder Mönch - am täglich Lebensnotwendigen keinen Mangel haben wird. Dies kommt zum Ausdruck in der bekannten Passage aus den Sūtras: »Wer sich um den Dhamma kümmert, um den wird sich der Dhamma kümmern. Wer sich um die Sittlichkeit sorgt, für den wird auch die Sittlichkeit Sorge tragen.«

In den meisten buddhistischen Ländern wird die Tatsache, daß jemand die Robe angelegt hat, als unterstützenswert angesehen. In vielen Fällen jedoch wird das Tragen der Robe bei den männlichen Praktizierenden als unterstützenswerter beurteilt als bei den weiblichen. Zum Teil hängt das mit ihrer Ordinationsstufe zusammen, denn nach traditionellem Glauben sind Gaben an Vollordinierte verdienstvoller als an Novizen.

Dieser Glaube beeinflußt das Ausmaß der Großzügigkeit des Spenders, mit dem Ergebnis, daß die Mönche dort, wo sie im Gegensatz zu den Nonnen meist vollordiniert sind, natürlich auch mehr Hilfe erfahren. Spenden können in Geld oder in Naturalien bestehen, wobei die Menge normalerweise dem Spender überlassen bleibt. Empfänger der Gaben sind einzelne oder ein Kloster als Ganzes, das sie zur Versorgung der Allgemeinheit oder zur Verteilung unter den Insassen benutzt.

Hier erhebt sich die Frage nach der Lebensweise und dem Ausmaß der Unterstützung der Saṅgha-Mitglieder. Welcher Lebensstandard ist für Nonnen und Mönche zufriedenstellend? Was können wir für ihre Gesundheit und ihr Wohlbefinden tun und sie gleichzeitig bestärken, an den Vinaya-Regeln festzuhalten? Bis zu welchem Grad sollte ihr Lebensstil mit dem Standard der anderen Gesellschaftsmitglieder im Einklang sein? Werden sich heutzutage kompetente Frauen, die an bequeme Lebensart gewöhnt sind und ansehnliche Gehälter auf dem Arbeitsmarkt erzielen könnten, mit einem Beruf abfinden, der nur die dringendsten Bedürfnisse deckt? - Dies sind Fragen, die Nonnen und potentielle Nonnen in allen Ländern und Traditionen betreffen.

Natürlich haben Menschen aus unterschiedlichen Lebensbereichen auch verschiedene Antworten auf diese Fragen, verschiedene Erwartungen und Toleranzstufen. Wenn man zum Beispiel eine Ordination erwägt, erscheinen eine einzige Garnitur Kleidungsstücke zum Wechseln, ein einfacher Speiseplan und eine kahle Schlafmatte sehr attraktiv. Aber was tun, wenn sich ein paar Jahre später die Gesundheit meldet und man feststellt, daß man nicht mehr mit derartigen spartanischen Bedingungen auskommt? Eine Frau aus einfachen Verhältnissen wird die Umstände im Kloster denen sehr ähnlich finden, die sie gewöhnt ist; für eine Frau dagegen aus einer reichen, städtischen Familie mag sich die Umstellung als eine wahre Tortur oder sogar als völlig unerträglich erweisen. Ein Leben der Entsagung hat für jeden einzelnen eine ganz unterschiedliche Bedeutung, sowohl in bezug auf die materiellen Gegebenheiten als auch auf die psychologische Wandlung. Angesichts großer Herausforderungen auf der materiellen Ebene kann das Fehlen der gewohnten Bequemlichkeit und Sicherheit die innere Entwicklung des Menschen zu einem beachtlichen Grad beschleunigen, ihn andererseits aber auch über die Grenze des Erträglichen hinausstoßen.

Es läßt sich einfach nicht vorhersagen, wie eine Frau nach der Ordination auf die veränderten Umstände, die ihr durch ihre Entscheidung auferlegt werden, reagieren wird. Ideal ist natürlich - im Überfluß und in der Armut, in üppigen Zeiten wie in Notzeiten - Gelassenheit zu bewahren und alles als gleichermaßen unbeständig zu erkennen. Die meisten jedoch brauchen Zeit, um so einen lobenswerten Gleichmut zu erreichen.

Buddhistische Bettelmönche oder -nonnen sollen keine Reichtümer anhäufen, aber sie müssen auch kein Leben in äußerster Armut führen. Um Anhaftung entgegenzuwirken und geistige Ruhe zu fördern, werden sie angeleitet, nach Einfachheit im täglichen Leben zu streben, - wobei »Einfachheit« ein relativer Begriff ist, der einen gewissen Spielraum gibt. Wenn man weniger Dinge um sich hat, die Verlangen erwecken und Ablenkung verursachen, lernt man leichter, sich geistig zu konzentrieren, wohingegen ein üppiges Leben zu Beginn der Praxis offensichtlich für das Einüben der Entsagung nachteilig ist. Es geht darum, einen Mittelweg anzusteuern mit gesunden Lebensbedingungen, die der geistigen Entwicklung und altruistischem Handeln angemessen sind, und sich dabei zu vergegenwärtigen, daß der größte Reichtum innere Zufriedenheit ist.

Es gibt buddhistische Nonnen, die sehr große Schwierigkeiten mit ihrem Lebensunterhalt haben, andere, die überhaupt keine kennen, und solche, die irgendwie halbwegs zurechtkommen. Einige ziehen Nutzen aus den ungünstigen Umständen, andere halten trotz dieser Widrigkeiten durch, und wieder andere geben auf. Manche Nonnen kämpfen mit unglaublichen Widerständen, einfach um zu überleben. Ihre Wohnverhältnisse sind erschreckend, sie bringen die Mittel für ihren Lebensunterhalt nur mit einem ungeheuren physischen und geistigen Energieaufwand auf und sind infolgedessen sehr niedergeschlagen. Wieder andere in ähnlichen Verhältnissen freuen sich darüber, daß sie nur einen einzigen Mund zu füttern und nur einen Körper zu bekleiden haben und leben zufrieden mit dem, was gerade kommt. Es ist klar, daß die Erstgenannten oftmals ihre Gelübde zurückgeben, während Letztere eher weiterhin Nonnen bleiben. Materielle Bedingungen sind eine Sache - die geistige Einstellung ihnen gegenüber eine andere. Wie die Umstände auch sein mögen - innere Stärke ist für ein monastisches Leben eindeutig von Vorteil.

Obwohl die Nonnen in Hongkong und Taiwan heutzutage durch den hohen Lebensstandard und die Großzügigkeit der Spender keinen Mangel leiden, arbeiten die meisten von ihnen sehr hart und halten bewußt eine einfache Lebensweise ein. Die Ehrwürdige Shig Hiu Wan, eine führende chinesische Bhikṣuṇī-Meisterin, erzieht ihre Schülerinnen sehr streng und lehrt sie Genügsamkeit. Sie sagt ihnen oft: »Das Leben einer Nonne ist ein Leben der Entbehrungen; wer Entbehrungen nicht ertragen kann, sollte besser keine Nonne werden.« Sie ermahnt die Nonnen zu einer reinen und gewissenhaften Praxis, um der von ihnen täglich verzehrten Kost würdig zu sein. Dies ist unter buddhistischen Praktizierenden ein durchaus üblicher Rat in bezug auf die Nahrungsaufnahme. Arbeit ist für jeden Klosterinsassen ein wesentlicher Bestandteil des Tagesprogramms. Als Zeichen der Selbstversorgung wird Gemüse angebaut, was für große Klöster in China typisch ist. Das Motto ihres Ausbildungsinstituts im Norden Taipeis lautet: »Wer aufrichtig nach Erleuchtung strebt, ist willkommen; den übrigen wird empfohlen, sich anderswo zu bewerben.«

Die Nonnenklöster in Korea bekommen von den Laien Spenden und haben manchmal auch ein Einkommen aus eigenem Besitz. Die ansässigen Nonnen werden von ihren Klöstern mit Essen, Kleidung und allem Notwendigen versorgt. Außerdem erhalten sie bei Bedarf die Mittel für medizinische Behandlung und Reisen. Diese Vorteile sind abhängig von einem rigorosen Arbeits- und Praxisplan. Ein Großteil der Nahrung wird von den Nonnen selber angebaut und verarbeitet.

In Japan werden in den größeren Nonnenklöstern die Bedürfnisse der Nonnen durch Spenden und andere Einkommen der Gemeinschaft gedeckt. In den kleineren Tempeln dagegen trägt allein die jeweils zuständige Nonne die persönliche Verantwortung für den gesamten Ablauf und die finanzielle Verwaltung. Sie führt religiöse Zeremonien für die Förderer des Tempels durch, wobei die Spenden sowohl für ihren eigenen Bedarf als auch für die Erhaltung des Tempels reichen müssen. Nonnentempel haben im allgemeinen eher weniger Unterstützung und ein geringeres Einkommen als Mönchstempel.

In den Ländern des Theravāda scheint der Lebensstandard der Nonnen deutlich mit der Tatsache zusammenzuhängen, daß sie nicht vollordiniert sind und daher auch nicht als Saṅgha-Mitglieder betrachtet werden. In Burma gehen die Nonnen, die keine private Unterstützung haben, auf Almosengang, aber sie dürfen keine gekochte Speisen entgegennehmen wie die Mönche. Auf dem Kopf tragen sie eine Schale für die Gaben wie ungekochten Reis und andere Nahrungsmittel, die sie dann zum Kloster zurücktragen und selber zubereiten. Normalerweise verbringen sie einen Tag in der Woche damit, in den umliegenden Dörfern von Haus zu Haus zu gehen und Vorräte zu sammeln. Dabei legen kleinere Gruppen von Nonnen ihre Vorräte zusammen und kochen dann gemeinsam im Kloster. Es ist selten, daß ein ganzes Kloster genügend Vorräte hat, um auf einer kontinuierlichen Basis für alle gemeinsam zu kochen. In Sri Lanka dürfen Nonnen zubereitete Speise und Almosen empfangen sowie auch für sich selber kochen. Wer gebildet ist und gut in der Gesellschaft auftreten kann, kommt ganz gut zurecht; andere haben ziemliche Schwierigkeiten mit ihrem Unterhalt. Wie ein Regierungsbeamter es sagt: »In Sri Lanka ist der Lebensunterhalt einer Nonne kein Problem, vorausgesetzt sie hat gute und annehmbare Umgangsformen, dazu Kenntnisse im Dhamma und die Fähigkeit, religiöse Zeremonien durchzuführen. Tatsächlich wird die Gesellschaft die Sorge für solche Nonnen eher als große Ehre und nicht als Verpflichtung ansehen.« Das Rezept zur Verbesserung des Lebensstandards der Nonnen besteht deshalb in der Anhebung ihres Bildungsstandards und damit ihres Ansehens in der Öffentlichkeit.

Die Nonnen in Thailand erhalten nur wenig öffentliche Unterstützung und sind für ihren Unterhalt fast immer auf Ersparnisse und private Hilfe angewiesen. Da man ihnen nur den Status einer Laienanhängerin zuerkennt, müssen sie im allgemeinen für Unterkunft und Verpflegung in den Tempeln bezahlen. Diejenigen, die von der Familie oder anderen Wohltätern Hilfe erhalten, können immer in einem Tempel bleiben und sich der religiösen Praxis widmen. Einige unter ihnen studieren oder nehmen an Meditationskursen teil. Viele andere Nonnen jedoch bleiben in einem Tempel, bis ihre privaten Ersparnisse erschöpft sind, legen dann die Robe ab, um eine Arbeit zu bekommen und so lange zu arbeiten, bis sie wieder genug Geld für die Ordination haben, um erneut eine Zeitlang im Tempel zu leben. Nach thailändischem Brauch dürfen sie in dieser Weise die Robe ablegen und sich dann abermals ordinieren lassen; dies jedoch wiederholte Male tun zu müssen, wird fraglos ihr geistiges Leben untergraben.

Die Bedingungen für westliche Nonnen sind unterschiedlich. In chinesischen oder koreanischen Klöstern wird für ihre Bedürfnisse im allgemeinen gesorgt. Unter anderen Umständen müssen sie für sich selbst sorgen. Einige Nonnen werden regelmäßig von ihren Eltern oder Freunden unterstützt, manche leben von gelegentlichen Spenden, und wieder andere müssen eine bezahlte Arbeit annehmen, um ein Einkommen zu haben. In wenigen Klöstern ihrer Heimatländer können sie kostenlos leben. Nonnen und Mönchen werden im Westen oft Meditationskurse und Dharma-Belehrungen in Rechnung gestellt, eine bedauernswerte Abwendung von buddhistischen Gewohnheiten. Eine befriedigende Lösung für das Problem des Lebensunterhalts des Saṅgha im Westen steht noch aus.

Wo immer die buddhistische Kultur lebendig war, wurden die Ordinierten bisher durch die Laienschaft unterstützt. Die Nonnen und Mönche übten ihrerseits gewissenhaft ihre Praxis und ihre monastischen Pflichten aus und sorgten für die von den Laienspendern erbetenen Dienste. Es bleibt abzuwarten, ob sich dieses traditionelle System gegenseitiger Abhängigkeit auch in der westlichen Leistungsgesellschaft mit ihrer ausgeprägten Arbeitsethik durchsetzen wird. Dem Anschein nach müssen buddhistisch Ordinierte im Westen mehr Selbständigkeit entwickeln, gemäß der Zen-Maxime: »Ein Tag ohne Arbeit ist ein Tag ohne Essen.«

Die Rolle des Saṅgha

Abhaya Weerakoon

In Sri Lanka kümmern sich alle Laien um den Saṅgha, daher haben die Mönche keine Schwierigkeiten, ihren Lebensunterhalt zu beschaffen, aber es werden auch bestimmte Erwartungen an sie gestellt.

Die Ehre und der Respekt, mit dem die Mitglieder des Saṅgha überschüttet werden – manchmal in einem Ausmaß, das sie geradezu in Verlegenheit bringt – sind ein grundlegender Aspekt der dortigen Kultur und ein wesentlicher Bestandteil des Lebens. Wir sprechen von den Drei Juwelen: dem Buddha, einem verehrungswürdigen Wesen – dem Dhamma, der verehrungswürdigen Lehre, die er dargelegt hat – und dem Saṅgha, der verehrungswürdigen Ordensgemeinschaft. Sich dieser Ehre würdig zu erweisen, ist eine große Verantwortung, die dem Saṅgha auferlegt ist.

Die Verehrung für den Saṅgha spiegelt sich in Sri Lanka auch in der Sprache wider. Wir verwenden besondere Ausdrücke, wenn wir uns auf die Handlungen der Mönche beziehen, zum Beispiel benutzen wir bei einem Laien für »essen« das Wort »kanawa«, bei einem Mönch hingegen »valandinawa«. Es wird also bei der Anwendung von Wörtern für die gleiche Tätigkeit ein Unterschied gemacht, je nachdem, ob sie von Mitgliedern der Laien- oder der Ordensgemeinschaft ausgeführt wird. Auch der Begriffsinhalt der einzelnen Wörter ist unterschiedlich. So kann ein Laie wo und wie auch immer im Stehen essen, aber von einem Ordinierten wird erwartet, daß er sich voller Geduld niedersetzt, in dieser Haltung verweilt und achtsam sein Essen zu sich nimmt. Es besteht also ein großer Unterschied in der Handlungsweise zweier Menschen verschiedener Zugehörigkeit. Dasselbe gilt für das Gehen: Ein Laie darf laufen, tanzen oder sich auf alle möglichen Arten fortbewegen, aber ein Mönch muß mit einer ganz bestimmten, gemessenen Haltung einherschreiten. Die Leute schauen zu ihm auf. Etwas Edles drückt sich in seinem Gang aus.

Diese Tradition der Verehrung gegenüber dem Saṅgha ist von Generation zu Generation überliefert worden und trägt erhabene Züge. Das Verhalten der Mönche und ihre Fähigkeit, andere mit Weisheit zu leiten, wie sie es aus dem Tipiṭaka gelernt haben, erweckt bei der Laienschaft außerordentlich viel Respekt und Achtung für den Saṅgha, für den zu sorgen daher keine Last oder Pflicht, sondern eine Freude ist. Wenn wir den Laien verständlich machen können, welch großer Verdienst es ist, sich um den edlen Saṅgha zu kümmern, dann wird diese Gemeinschaft auch weiter existieren. Der Saṅgha wird sich der Belange der Laiengemeinschaft annehmen, und die Laien werden ihrerseits für den Saṅgha sorgen.

Rechter Lebensunterhalt für Mönche und Nonnen

Bhikṣuṇī Karma Lekshe Tsomo

Mit der Einführung der buddhistischen Lehren in die westliche Welt des 20. Jahrhunderts ist gegenwärtig ein einzigartiger historischer Übertragungsprozeß im Gange. Diese alten Lehren werden durch ein faszinierendes Aufgebot kultureller Medien weitergegeben, das sie an den Lebensstil und die psychologische Ausrichtung der heutigen Menschheit anpaßt. Im Laufe dieses Prozesses fühlt sich eine zunehmende Anzahl von Menschen spontan dazu hingezogen, den Anweisungen des Buddha zu folgen und die Mönchs- oder Nonnengelübde zu nehmen. Das Klosterleben, das als wesentliche Grundlage für die Umsetzung der Lehre angesehen wird, entwickelt sich langsam. Aber weil sich die Bedingungen der modernen Welt beträchtlich von denen unterscheiden, die zur Zeit des Erhabenen Buddha herrschten, stehen viele ordinierte Sangha-Mitglieder Problemen hinsichtlich des materiellen Unterhalts gegenüber. Da die Errichtung und Erhaltung von Gemeinschaften männlicher und weiblicher Dharmapraktizierender im Zölibat von Anfang an wesentliche Bestandteile buddhistischen Lebens gewesen sind, verdient die Frage des Lebensunterhalts für den ordinierten Sangha in der heutigen Zeit sorgfältige Betrachtung.

Zu Buddhas Lebzeiten führten ordinierte Mönche und Nonnen ein sehr einfaches Dasein und waren bereit, für das Streben nach geistigen Zielen materielle Härten in Kauf zu nehmen. Tatsächlich werden bei der höheren Ordination die *Niśrayas* (Richtlinien) oder Grundlagen des Lebensunterhalts dargelegt, und man wird bei jeder einzelnen gefragt, ob man damit einverstanden ist. Für einen Bhikṣu gibt es vier Richtlinien: Kleider aus Lumpen von einem Kehrrichthaufen zu tragen, erbettelte Speise zu essen, am Fuße eines Baums zu übernachten und Salmiakgeist als Medizin zu benutzen. Eine Bhikṣuṇī ist von der dritten dieser Regeln - am Fuße eines Baumes zu schlafen - befreit, weil es für eine Frau als gefährlich gilt, im Freien zu übernachten. Die erste Richtlinie zum Beispiel, deren Gegenstand die Kleidung ist, wird der Nonne während der vollen Ordination folgendermaßen erläutert: »O höre, Tochter aus guter Familie! Aus dem Verlangen, allen reichlich Nutzen zu bringen, hat der Tathāgata Arhat Samyaksaṃbuddha die drei Grundlagen des Lebensunterhalts für die Gruppe der Śrāvakas genau erklärt und festgelegt. Den Töchtern aus guter Familie, die geduldig im Ertragen und aufrechten Herzens sind, wird die Upasaṃpadā-Ordination gegeben. Wenn sie nicht geduldig im Ertragen sind, erhalten sie die Upasaṃpadā-Ordination nicht. Welches sind die drei Niśrayas? Kleider aus Flicken (*Pāṃśukūla*) sind Belanglosigkeiten, sie sind einfach zu bekommen, sind geeignet, und es ist nichts Verkehrtes daran, daher sollten sie von Bhikṣuṇīs getragen werden. Man kann

Bhikṣuṇī werden, wenn man sie anzieht, das Heim verläßt, um in den Orden einzutreten, und die Upasaṃpadā-Ordination erhält. Kannst du dies daher dein Leben lang erdulden und Flickenkleider tragen?«[85]

Die anderen Grundlagen des Lebensunterhalts werden ähnlich kommentiert, mit gleichlautendem Text für Bhikṣus und Bhikṣuṇīs. Daraus wird klar, daß der Buddha von Anbeginn zu verstehen geben wollte, daß das Leben eines Ordinierten alles andere als luxuriös ist, sondern in Einfachheit und Demut geführt werden müsse, mit der Kraft, alle erdenklichen Schwierigkeiten zu ertragen. Nachdem der Kandidat sich bereiterklärt hat, solche einfachen Lebensumstände geduldig auf sich zu nehmen, wird der jeder Grundlage angefügte Zusatz erläutert, was über das Minimum hinaus zulässig ist. Hinsichtlich der Kleidung ist es erlaubt, außer Lumpen Gewänder aus Wolle, Baumwolle, Seide, Hanf oder Leinen anzunehmen, wenn sie angeboten werden. Sofern sich die Gelegenheit ergibt, darf man bei der Nahrung außer Almosen auch Einladungen und Mahlzeiten zu bestimmten Tagen akzeptieren. Zusätzlich zum Salmiakgeist können auch zerlassene Butter (*Ghee*), Öl, Melasse, Butter, Schmalz usw. als Medizin benutzt werden. Einem Bhikṣu ist es gestattet, auf Einladung auch in Vihāras (Tempeln) und Privathäusern zu übernachten statt unter Bäumen; für Bhikṣuṇīs sind nur Vihāras und Haushalte zulässig.

Das Wesentliche dieser Erklärung scheint zu sein, daß ein ordinierter Mönch oder eine Nonne bereit sein sollte, mit den allerdürftigsten materiellen Bedingungen auszukommen, um den Geist für religiöse Ziele freizumachen und sich von materiellen Verhaftungen zu lösen. Wer dann zufällig mehr oder etwas Besseres als das Mindestmaß erhält - schön. Das darf man annehmen.

Die in den Vinaya-Texten erläuterten Bestimmungen für den Lebensunterhalt scheinen eine geschickte Methode zu sein, um Abhängigkeit, Gier und Geiz abzuwenden sowie Genügsamkeit im Gemüt der ordinierten Praktizierenden zu erzeugen. Sie dient auch dazu, die materielle Belastung der Laiengemeinschaft zu beschränken, von deren Großzügigkeit die ordinierte Gemeinschaft abhängt. Eine logische Folgerung daraus wäre, daß man besser keine Ordination anstreben, sondern als Laie weiterpraktizieren sollte, wenn man nicht zu einer einfachen, unbelasteten Lebensweise mit etwaigen gelegentlichen Schwierigkeiten bereit ist und sich nicht in der Lage fühlt, gewisse materielle Opfer zu bringen.

Im Anschluß an das Parinirvāṇa des Buddha, als die Anzahl der Anhänger des Buddhismus wuchs, stellten Laienanhänger in zunehmendem Maße Unterkünfte und andere materielle Erfordernisse für den Sangha zur Verfügung. Während die buddhistischen Lehren sich über verschiedene Länder in ganz Asien ausbreiteten, glichen sich die Gesellschaften nach und nach an dieses traditionelle System der Unterstützung an und betrachteten die materielle Versorgung der Mönche und Nonnen, in Übereinstimmung mit den Erklärungen des Buddha, als besonders tugendhaft und als Möglichkeit für die Laien, Verdienste anzusammeln.

Großzügigkeit gegenüber dem Sangha wurde höchst populär und ist in buddhistischen Ländern und in ihren Gemeinden im Ausland immer noch deutlich sichtbar. In traditionell buddhistischen Ländern ist die Hingabe, mit der die Laien Lebensmittel und Kleidung spenden, sehr inspirierend. Außerdem erzeugt sie im Geist des Empfängers eine demutsvolle Haltung und wirkt als Ansporn für die Praxis, da man sich verpflichtet fühlt, sich so zu verhalten und zu üben, daß man einer solchen aufrichtigen Opfergabe würdig ist. Die ihnen erwiesene Großzügigkeit erkennen die Sangha-Mitglieder mit Unterricht oder Gebeten zugunsten der Spender und ihrer Familien an.

Heute sind in den meisten buddhistischen Ländern die Lebensbedingungen für Mönche und Nonnen ausreichend[86] und sichern ihnen eine stabile, den Studien und Übungen förderliche Grundlage. In einigen Ländern ist aufgrund der Tatsache, daß die Tempel und Klöster von Laien-Wohltätern mit genügend Essen und Bedarfsgegenständen versorgt werden, die Praxis des Almosengangs nahezu verschwunden. Zusätzlich zu den lebensnotwendigen Dingen, die gleichmäßig verteilt werden, dürfen ab und zu besondere Opfergaben und Einladungen entgegengenommen werden. Es kommt mitunter vor, daß ein Ordinierter in Einsamkeit oder Zurückgezogenheit lebt und von Einzelpersonen oder Familien unterstützt wird. Gelegentlich mag auch ein wohlhabender oder gut versorgter Mönch oder eine Nonne denjenigen etwas spenden, die weniger begünstigt sind. Wo materielle Unterstützung aus solchen Quellen zur Verfügung steht, sind Fälle von bedürftigen Ordinierten selten, und es besteht keine Notwendigkeit, Arbeit zu suchen. Tatsächlich wird in den meisten buddhistischen Ländern die Absicht eines Sangha-Mitglieds, Geschäfte zu betreiben oder einer gewöhnlichen Arbeit nachzugehen, allgemein mißbilligt oder untersagt. Wofür braucht man ein Gehalt zu beziehen, wenn alles Nötige vom Kloster bereitgestellt wird?

In den Bhikṣu- und Bhikṣuṇī-Prātimokṣa-Regeln ist es ausdrücklich verboten, in Geschäftsverbindungen einzutreten, womit die Rechtmäßigkeit einer bezahlten Beschäftigung Vollordinierter in Frage gestellt ist. Es mag gewisse Ausnahmen geben, wie im Falle eines Mönchs oder einer Nonne, die als Lehrer tätig sind und dafür eine Vergütung bekommen, aber normalerweise würden die Beweggründe für den Wunsch, in einer bezahlten Stellung zu arbeiten, als fragwürdig angesehen werden.

Heutzutage breitet sich der Buddhadharma mit großer Geschwindigkeit in Länder aus, die gegenwärtig oder traditionell nicht buddhistisch sind. In solchen Ländern ist der Brauch des Almosengebens an Sangha-Mitglieder noch nicht eingeführt. Das hat die Frage aufgeworfen, wie Mönche und Nonnen ihren Lebensunterhalt beschaffen sollen. Es gibt zur Zeit eine große Anzahl von Mönchen und Nonnen, die als Flüchtlinge in fremden Ländern leben, wo sie auf große Schwierigkeiten stoßen, Beköstigung und Bedarfsgüter zu bekommen, und einige fanden es notwendig, einer bezahlten Arbeit nachzugehen. Zum Beispiel leben mehr als sechstausend tibetische Mönche und Nonnen in Indien, Nepal, der Schweiz und anderen Ländern im Exil. Auch leben Hunderte von vietnamesischen, kambodschanischen und laotischen Mönchen und Nonnen als Flüchtlinge in Frankreich, Kanada und den Vereinigten Staaten. Wenn Spenden von neu angesiedelten und oft völlig mittellosen Mitgliedern ihrer jeweiligen Gemeinde nicht ausreichen, können sie mit der Alternative konfrontiert sein, entweder die Robe abzugeben oder eine Arbeit anzunehmen, um für sich selber zu sorgen.

Eine andere Gruppe, die vor diese Entscheidung gestellt sein könnte, sind westliche buddhistische Mönche und Nonnen. Obwohl Hunderttausende von Menschen im Westen den Buddhismus angenommen haben, ist die Bevölkerung in diesen Ländern im allgemeinen christlich oder gar nicht religiös. Daraus resultiert für die Ordinierten eine Reihe von Schwierigkeiten: Frauen mit geschorenen Köpfen und Männer in langen Gewändern können gelegentlich Feindseligkeit hervorrufen, und jemand, der um Almosen bittet, kann sogar festgenommen werden!

Wenn man nicht finanziell unabhängig ist oder von einem Wohltäter unterstützt wird, erhebt sich mit Sicherheit die Frage des Lebensunterhalts.

Viele Anhänger des Buddhismus im Westen sind jung oder ihr Einkommen liegt an der Grenze des Existenzminimums. Im allgemeinen scheint es, daß die Notwendigkeit und Wichtigkeit, westliche Sangha-Mitglieder zu unterstützen, noch nicht voll erkannt worden ist. In demokratischen und wohlhabenden Staaten herrscht die Meinung vor, daß der einzelne für seinen Lebensunterhalt selbst verantwortlich ist und bereit sein sollte, alleine zurechtzukommen, und daß Ordinierte davon nicht ausgenommen sein sollten. Tatsächlich wird es heftig kritisiert und als unschicklich angesehen, nicht zu arbeiten und sich auf andere zu verlassen. Westliche Sangha-Mitglieder befinden sich in einem Zwiespalt zwischen ihren Gelübden und ihrer kulturellen Umgebung.

Die Behauptung, daß es im Westen keine Tradition gibt, Mönche und Nonnen zu unterstützen, trifft jedoch nicht zu. Die römischkatholischen Orden haben jahrhundertelang ihre ordinierten Geistlichen vollständig mit allem Nötigen versorgt. Es versteht sich natürlich von selbst, daß von den Mitgliedern dieser Orden erwartet wird, entsprechende Verhaltensregeln zu beachten und ihre Dienste zur Verfügung zu stellen, aber so ist jedenfalls für ihren Lebensunterhalt gesorgt. Auch in den protestantischen Gemeinden wird den Geistlichen zum Ausgleich für die geleisteten Dienste ein ausreichendes Gehalt gewährleistet, um ihre Lebenshaltungskosten zu decken. Rabbis, die in der jüdischen Tradition als geistige Oberhäupter Dienst tun, werden gleichfalls mit Unterkunft und den übrigen Lebensnotwendigkeiten versorgt.

Die Verfahrensweisen in westlichen und östlichen religiösen Orden entsprechen sich also in hohem Maße. In beiden wird von den Mitgliedern erwartet, daß sie zusätzlich zu ihren jeweiligen Gelübden bestimmte Regeln und Verhaltensweisen einhalten und die Pflichten erfüllen, welche die entsprechenden Orden von ihnen verlangen, wenn sie deren Einrichtungen und Unterstützung in Anspruch nehmen.

Im Moment herrscht die Situation vor, daß es ordinierten westlichen Mitgliedern verschiedener buddhistischer Orden häufig an Einrichtungen und Unterstützung fehlt. Bisher gibt es überraschend wenig Mönchs- und Nonnenkloster in westlichen Ländern. Selbst jemand, der die starke Neigung zur Ordination verspürt, tut gut daran, sich die Frage des Lebensunterhalts gründlich zu überlegen, bevor er oder sie sich entscheidet, die Gelübde zu nehmen. Viele haben dies vorschnell getan und mußten später entdecken, wie schwer es sein kann, dann genügend zu essen und einen Ort zum Leben zu finden. Klöster und Pläne dafür entstehen allmählich, aber viele existieren bisher nur in der Vorstellung, und alle stehen unvermeidlich vor finanzieller Ungewißheit.

Man hofft, daß sich die westlichen Buddhisten der Wichtigkeit eines starken Sangha bewußt werden und daß dies zum Entstehen einer soliden materiellen Basis zur Förderung von Klöstern für Männer wie Frauen in westlichen Ländern beiträgt. Solche Klöster sind nicht nur für die Schaffung einer angemessenen Grundlage des Buddhismus nötig, sondern sollten auch als Zufluchtsstätten für die Laiengemeinschaft dienen, der sie Unterweisung, Rat und Klausurmöglichkeiten bieten.

Wie sollen wir uns in der Zwischenzeit verhalten? Vielleicht ist meine eigene Erfahrung ganz interessant. Nachdem mir die Erlaubnis, die Gelübde zu nehmen, gewährt worden war, habe ich selbst die Ordination aus Geldmangel verschoben. Es erschien lächerlich, heute ordiniert zu werden und morgen eine Perücke aufzusetzen und zur Arbeit zu gehen. Ich beschloß, gewissenhaft eine Tätigkeit auszuüben und das ganze Geld zu sparen, um dann in Indien zu studieren. Der Betrag, den ich in sechs Monaten verdiente, deckte den Preis meines Flugzeugtickets und meine Lebenshaltungskosten in Indien für ein Jahr nach meiner Ordination.

Im folgenden Jahr kam ich mit dem Geld aus, das ich durch meine Einkommensteuerrückzahlung und den Verkauf meiner Gitarre erhielt, aber danach wurde es schwieriger. Indem ich von gelegentlichen Geldspenden von Freunden und von dem Essen lebte, das bei Pūjās verteilt wird, konnte ich zwei weitere Jahre überstehen, aber es bekam meiner Gesundheit nicht besonders gut. Ich kehrte nach Hawaii zurück und arbeitete als Übersetzerin in unserem dortigen Dharma-Zentrum, das mich mit Unterkunft und Verpflegung versorgte. Für Fahrtkosten und persönliche Ausgaben war es jedoch nötig, eine Teilzeitbeschäftigung als Dolmetscherin in einer medizinischen Institution anzunehmen. Ich habe das Gefühl, daß diese Arbeit keineswegs meine Gelübde gefährdete; es schien sogar so, daß sie mir mein Verhalten und meine Identität als Nonne bewußter machte. Außerdem war es ein Dienst an den Menschen, also eine gute Möglichkeit für die Entwicklung von Mitgefühl und die Verwirklichung buddhistischer Werte.

Danach begleitete ich für sechs Monate einen meiner Lamas auf einer Vortragsreise an die Westküste. Im Anschluß an diese Reise erhielt ich von meinen Lehrern die Erlaubnis zur Bhikṣuṇī-Ordination und beschloß, zu diesem Zweck nach Taiwan zu fahren. Eine liebe Freundin spendete großzügig Flugticket und Geld für weitere Ausgaben. Auf dem Weg konnte ich Mönchs- und Nonnenklöster in verschiedenen buddhistischen Ländern besuchen und mit eigenen Augen sehen, wie Mönche und Nonnen in Japan, Korea, Taiwan, Hongkong und Thailand mit dem Lebensnotwendigen versorgt werden. Zur Zeit studiere ich weiter in Indien und lebe von Spenden, die ich von Freunden und von meiner Familie bekomme.

Aus meinen Erfahrungen habe ich eine Reihe von vorläufigen Schlußfolgerungen gezogen. Zunächst einmal ist es unerläßlich für jemanden, der eine Ordination in Erwägung zieht, die Frage des Lebensunterhalts ernsthaft in die Überlegungen miteinzubeziehen, bevor er oder sie die Gelübde nimmt.

Die Annahme, daß notwendigerweise Unterstützung kommt, sobald man seine Haare abrasiert hat, ist zu idealistisch und ein bißchen naiv. Sollte man nicht zufällig reich und finanziell unabhängig sein, ist es realistischer, seinen Unterhalt zu regeln, bevor man die Gelübde nimmt.

Vor der Ordination zu arbeiten und zu sparen, um die Versorgung für einige Zeit sicherzustellen, ist eine praktische Alternative. Die ersten paar Jahre des Ordiniertenlebens erfordern sowieso genügend Umstellung, auch ohne die zusätzliche Belastung durch finanzielle Sorgen. Diese ersten Jahre sollten als eine Zeit zur Stabilisierung der eigenen religiösen Praxis angesehen werden, so weit wie möglich von allen weltlichen Aktivitäten entfernt. Da man sehr wenig braucht, um so einfach zu leben, wie man es als Mönch oder Nonne sollte, wird ein verantwortungsbewußter Mensch lieber Schritte unternehmen, sein materielles Auskommen vorzubereiten, als während dieser kritischen Eingewöhnungsphase mit Mittellosigkeit oder den Ablenkungen einer Beschäftigung draußen konfrontiert zu sein. Eine andere Alternative wäre, eine ansehnliche Summe zu sparen, vorsichtig zu investieren und von den Dividenden zu leben, die einem daraus zufallen. Falls Freunde, Verwandte oder ein Dharma-Zentrum Absichten über eine persönliche Patenschaft äußern, ist es besser, Art und Ausmaß dieser Unterstützung im voraus zu klären, um Mißverständnisse und Enttäuschungen zu vermeiden. Die Verhältnisse der Menschen ändern sich, und schon so mancher Mönch und manche Nonne saßen auf dem Trockenen, wenn den Paten das Glück verließ.

Zweitens sollte man, nachdem man die Gelübde genommen hat, einfach leben und bereit sein, im Laufe der geistigen Anstrengungen ein gewisses Maß an materieller Härte hinzunehmen. Jemand, der ordiniert wird, ohne unnötige weltliche Verwicklungen hinter sich gelassen und übermäßige Habsucht abgelegt zu haben, hat offensichtlich die falsche Laufbahn gewählt. Das Leben eines Entsagenden erfordert Entschlossenheit, Aufrichtigkeit und Demut, und nur wenn man diese Werte im Geiste übt, kann man erwarten, von der Laiengemeinschaft Unterstützung zu erhalten. Hält man das neueste Modell eines Schlafsacks und Feinschmeckerkost bei jeder Mahlzeit für nötig, besteht wenig Hoffnung, daß die Laienschaft diese Neigungen unterstützt. Was immer man an Spenden bekommt, sollte bescheiden, genügsam und dankbar genutzt werden. Weil es eine der Hauptverantwortungen eines Ordinierten ist, ein Vorbild für tugendhaftes Verhalten zu sein, sollten wohlhabendere Mönche und Nonnen den Praktizierenden ein Beispiel geben und ihren Reichtum mit den ärmeren teilen. Wenn sie freiwillig daran arbeiten, extreme Vermögensunterschiede zu verringern, können Buddhisten konstruktiv zur menschlichen Entwicklung beitragen und Ausgewogenheit, Harmonie und Wohlergehen in ihren jeweiligen Gemeinschaften verwirklichen.

Drittens hat ein Sangha-Mitglied die ausdrückliche Verpflichtung, sich vorbildlich zu verhalten, die Gelübde so gut wie möglich zu befolgen und von jeglicher Handlungsweise abzusehen, die den Sangha in schlechten Ruf bringen könnte. Zusätzlich hat man die stillschweigende Verpflichtung den Bedürfnissen der Laiengemeinschaft in geistlicher Hinsicht zu dienen und die Pflichten zu erfüllen, die in der eigenen Gemeinschaft anfallen. Kurz gesagt, wird es erwartet, daß man durch würdiges Verhalten gütige Wohltäter inspiriert. Dies bedeutet hingegen nicht, daß man zu einem vollkommenen Wesen wird, lediglich wenn man sich die Haare schert und Roben anzieht. Die Kleider zu wechseln, beseitigt nicht automatisch Verunreinigungen, die sich dem Bewußtsein eingeprägt haben. Trotzdem sind Roben ein Symbol für bestimmte Ideale und sie zu tragen bringt die Verantwortung mit sich, die Lehren Buddhas anzustreben. Ordinierte Sangha-Mitglieder haben die Pflicht, ihr Leben auf eine Weise zu führen, die materielle Unterstützung rechtfertigt, und wir wollen hoffen, daß ihre Aufrichtigkeit und eifrige Übung spontan solche Unterstützung hervorruft.

Abschließend bin ich der Meinung, daß man nur dann bereit sein sollte, Arbeit gegen Bezahlung anzunehmen, wenn es unbedingt notwendig ist. Seine Gelübde aus Geldmangel aufzugeben, wäre sehr verhängnisvoll, nicht nur vom Gesichtspunkt des Karma aus, sondern auch hinsichtlich der richtigen Verbreitung des Buddhadharma im Westen. Nach wie vor sollte man eine bezahlte Tätigkeit nur dann ausüben, wenn man völlig mittellos ist und es wirklich keine Alternative gibt. Mönche und Nonnen werden am Arbeitsplatz wie Laien behandelt und könnten ihr Selbstverständnis als Sangha-Mitglied zu verlieren beginnen. Da sich ihr Lebensstil dann wenig von dem ihrer Kollegen unterscheidet, fangen sie an, ihre Identität und die Gründe für ihre Ordination in Frage zu stellen, und als Resultat können manche ihre Gelübde verlieren. Jobs bringen bisweilen soziale Verpflichtungen mit sich, bei denen man unter Druck gesetzt wird, zu tanzen oder zu trinken, wobei sexuelle Anzüglichkeiten unvermeidbar sind. Häufig ist es nicht möglich, bei der Arbeit Roben zu tragen, und Laienkleidung setzt Mönche und Nonnen einer undefinierbaren psychologischen Verletzbarkeit aus. Das mag sich prüde oder eigenartig anhören, aber die jüngsten Entwicklungen in katholischen Orden verdienen Aufmerksamkeit. Es ist zum Beispiel beobachtet worden, daß Nonnen mit Make-up und kurzen Röcken leicht in weltliche Angelegenheiten verwickelt oder dadurch verunsichert werden und in der Folge oft ihre Ordensgelübde verlieren. Weil buddhistische Orden im Westen so neu sind, kann es für uns von Nutzen sein, aus diesen Erfahrungen zu lernen.

Bevor man auf eine bezahlte Arbeit zurückgreift, gibt es noch gewisse andere Maßnahmen, die man ausprobieren kann, um zu Einnahmen zu gelangen. Von wenig oder gar nichts zu leben, kann schon von sich aus Spenden bewirken, ohne daß ein Wort darüber nötig ist. Es heißt schließlich, der Buddha habe geschworen, daß kein Mönch und keine Nonne, die wahrhaft seine Lehre ausüben, jemals vor Kälte oder Hunger sterben werden. Wenn man Aufrichtigkeit und Entschlossenheit zeigt, trotz Armut seine ganze Zeit der Praxis zu widmen, zieht das wahrscheinlich Spenden an und bestätigt die allgemeine Regel, daß Tugend gerechten Lohn einbringt. Obwohl Skeptiker spotten mögen, ist das Gebet eine weitere wirksame Methode, die Beachtung verdient. In der tibetischen Tradition sieht man vor allem die Gottheit Jambhala als besonders geneigt an, materielle Mittel zu beschaffen, wenn sie demütig darum gebeten wird. Ich hatte zufällig eine kleine Statue von Jambhala auf dem Altar aufgestellt, während ich als Teil der »Vorbereitenden Übungen« Niederwerfungen machte, und unerklärlicherweise trafen in jener Woche vier Schecks ein. Auch die Grüne Tārā ist bekannt dafür, Dharma-Praktizierenden zu materiellen Mitteln zu verhelfen, wenn man sie darum ersucht.

Viele westliche Mönche und Nonnen haben das Problem des Lebensunterhalts verringert durch Verlegung ihres Wohnsitzes nach Indien, wo die Lebenshaltungskosten niedrig sind, oder in buddhistische Länder, wo es leicht für sie ist, Essen und Unterkunft zu bekommen. Obwohl die Disziplin strikt ist und viel von einem verlangt, hat diese Möglichkeit den weiteren Vorteil, daß sie Neuordinierten sowohl eine ausgezeichnete Schulung als auch psychologische Unterstützung gewährleistet. Aber es ist immer noch keine dauerhafte Lösung für das hauptsächliche Problem, wie westliche Buddhisten ihre eigenen Mönche und Nonnen versorgen können. Es besteht die Hoffnung, daß Lehrer in ihren Schülern das Verantwortungsbewußtsein wecken, für ihren eigenen ordinierten Sangha aufzukommen, und ihnen die karmischen wie auch die praktischen Vorteile erklären, die sich aus der Unterstützung von Mönchen und Nonnen ihrer eigenen Nationalität ergeben.

Eine weitere Möglichkeit ist, sich direkt an Freunde und Verwandte um Hilfe zu wenden. Oftmals wären sie froh, etwas beisteuern zu können, wenn sie wüßten, daß ein Bedarf besteht. Es scheint vielen gar nicht aufzufallen, daß diejenigen materielle Versorgung benötigen, deren (wenn auch unbezahlter) Hauptberuf Mönch oder Nonne ist. In Tibet gab es früher ein System, nach dem jeweils sieben Familien die Verantwortung für die Versorgung eines einzelnen Mönchs oder einer Nonne übernahmen, und alle zu gleichen Teilen dazu beitrugen, ihren grundlegenden Bedarf zu decken. Dieses System funktioniert auch heute noch in vielen Gegenden Ladakhs. Vielleicht könnte ein solches Verfahren entwickelt werden, um den Unterhalt westlicher Mönche und Nonnen zu gewährleisten und ihnen materielle Sicherheit zu verschaffen, ohne einzelne Geldgeber zu sehr zu belasten. Im Notfall sollte man nicht zu stolz sein, seine Bedürftigkeit mitzuteilen. Freigebigkeit ist wichtig für die Ansammlung von Verdienst, und als Empfänger dieser Großzügigkeit spielen Sangha-Mitglieder eine Rolle. Mit Dankbarkeit und Würde empfangen zu lernen, ist für die Bettelnonne zudem auch eine gute Übung, Demut zu entwickeln, jedoch erfordert die Bitte um Hilfe, ob direkt oder indirekt, Geschick und Taktgefühl. Ohne die richtige Motivation, angemessenes Benehmen und Zurückhaltung kann der Brauch, um materielle Hilfe zu bitten, leicht ausgenutzt werden.

Sollte man tatsächlich gezwungen sein zu arbeiten, ist es wichtig, den Job sorgfältig auszuwählen. Alle Buddhisten, gleich ob Ordinierte oder Laien, sind zu rechtem Lebensunterhalt als einem Teil des Achtgliedrigen Pfades verpflichtet. Deshalb ist jede Arbeit, die mit Töten, Betrug, Unterschlagung und Drogen zu tun hat oder auf sonst irgendeine Weise eine der fünf buddhistischen Grundregeln verletzt, völlig ungeeignet. Wenn sogar Laien sich an die fünf Vorschriften halten müssen, sollten Ordinierte natürlich noch weitaus gewissenhafter in deren Beachtung sein. Im weiteren Sinne sollte man Arbeit vermeiden, die mit Kriegsmaterial verbunden ist oder andere ausnutzt. Eine Stellung, die es erfordert, die Wahrheit zu verdrehen, oder die die Gelübde gefährdet, ist für jeden Buddhisten unpassend, geschweige denn für Mönche und Nonnen. Eingedenk der eigenen Übungen tut man gut daran, besonders angespannte, aufregende oder sinnliche Situationen zu vermeiden, wenn man nicht bereits einen hohen Grad an Verwirklichung erreicht hat. Selbstverständlich kommen Bedienung in Lokalen oder ähnliche Berufe, in denen man gezwungen ist, Alkohol auszuschenken oder aufreizende Kleidung zu tragen, nicht in Frage.

Kurz gesagt ist es am besten, sich eine Stelle zu suchen, die rechtschaffend, wenig nervenaufreibend und von Nutzen für andere ist. Es empfiehlt sich, die geringste Anzahl von Stunden zu arbeiten, die nötig sind, um seinen Lebensunterhalt angemessen zu decken und so bald wie möglich wieder damit aufzuhören. Beispiele für Beschäftigungen, die sich mit der Lebensweise von Ordinierten vereinbaren lassen, sind Unterrichten, Krankenpflege, Kinder hüten oder beratende Tätigkeiten; diese Aufzählung ist aber keineswegs vollständig. Zwei Möglichkeiten für klösterliche Gemeinschaften, die Autarkie anstreben, sind Handwerk oder Lebensmittelerzeugung.

Letztlich sind Motivation und Achtsamkeit von höchster Bedeutung. In diesen Pionierzeiten der buddhistischen Entwicklung im Westen muß viel Bedacht und Sorgfalt darauf verwendet werden, Mittel des Lebensunterhaltes zu finden, die es dem ordinierten Sangha erlauben, sich an die gegenwärtigen Bedingungen anzupassen, ohne Gelübde und Grundsätze aufzugeben. Möge bald der Tag kommen, an dem der Buddhadharma fest im westlichen Boden verankert ist und alle Ordinierten getreu den klösterlichen Richtlinien des Buddha Śākyamuni leben können.

10
Als Nonne im Westen leben

Seit die Lehre des Buddha in den Westen gelangt ist, kommt es hier immer wieder vor, daß sich Menschen zu einem Leben im Zölibat motiviert fühlen und die Ordination anstreben. Der Wunsch, sich ordinieren zu lassen, kann ein spontaner augenblicklicher Impuls sein oder eine wohlüberlegte Entscheidung, die auf praktischen Erwägungen basiert. In beiden Fällen liegt gewöhnlich ein aufrichtiges Engagement für den Dharma vor und das Verlangen, der spirituellen Praxis mehr Zeit zu widmen. Fast alle nehmen das Gelübde mit den besten Absichten auf sich, doch kann ihr Leben sehr wohl nach der Ordination in unterschiedlichen Richtungen verlaufen.

Es ist schwierig, die Folgen abzuschätzen, die ein ernsthafter Schritt nach sich zieht. Nichts ist genau so, wie wir es uns vorstellen. Die Ordination hat eine tiefe Auswirkung auf unseren Geist und das häufig auf eine nicht auszudrückende und kaum wahrnehmbare Weise. Die Erfahrungen unterscheiden sich, und das hängt größtenteils davon ab, inwieweit wir uns in Beurteilungen, Benennungen und Erwartungen verfangen. Wir wachen am nächsten Tag auf und sehen uns und die Welt in einem neuen Licht. Wir stehen neuen Gefühlen und praktischen Realitäten gegenüber, die in sich vielschichtig sind und durch die Reaktionen der Menschen in unserer Umgebung noch intensiviert werden. Selbst wenn sich nichts besonders verändert, werden doch Erfahrungen auf eine neue Art und Weise aufgenommen.

Ob wir in einer liebevollen und hilfreichen Gemeinschaft leben oder uns selbst überlassen bleiben, so ist oft das erste, was wir nach der Ordination lernen, daß wir alleine geboren werden und alleine sterben müssen. Es gibt nun niemanden und nichts mehr, an den oder an das wir uns anlehnen können. Ein Leben als Nonne oder Mönch zu führen bedeutet im wesentlichen, die Lehren zu verinnerlichen und auf sich selbst gestellt zu sein. In einem gewissen Sinne können sich Menschen aus dem Westen mit ihrer Erziehung zur Unabhängigkeit leichter in ein solches Leben hineinfinden. Das Gefühl des Alleinseins, das auch in einer Gemeinschaft von Ordinierten besteht, ist für asiatische Menschen viel schwerer zu ertragen, da sie im allgemeinen an ein enges Familienleben mit starken gegenseitigen Abhängigkeiten gewöhnt sind. Wenn sie das »Leben in der Hauslosigkeit« aufgenommen haben, wird die klösterliche Gemeinschaft häufig zu einer Art Familienersatz.

Die Schwierigkeiten, denen sich ordinierte Menschen aus dem Westen gegenübersehen, stehen häufiger in Zusammenhang mit Disziplin, emotionalen Konflikten und äußeren Umständen. Ein hoher Prozentsatz kehrt zurück ins Laienleben. Wenn das Leben als Ordinierter so hilfreich für die Praxis ist und wenn die Menschen, die ein solches Leben führen, soviel Hingabe an die Lehre des Buddha besitzen, was führt dann zu dieser hohen Aussteigerquote? Diese Frage erfordert eine gründliche Untersuchung und sollte nicht zu sehr verallgemeinert werden. Hier handelt es sich um eine persönliche Angelegenheit eines jeden einzelnen, doch mögen einige Gedanken zu diesem Thema angebracht sein.

Es liegt wohl auf der Hand, daß die Entscheidung, ein zölibatäres Leben aufzugeben, mit den Schwierigkeiten zu tun hat, das Zölibat aufrechtzuerhalten. Einige geben offen zu, daß sie sich »verliebt haben«. Andere lassen sich ordinieren, ohne zuvor genügend Erfahrungen in Beziehungen gesammelt zu haben und geben später ihrer Neugier nach. Manche finden nach der Ordination Enthaltsamkeit als einengend, obgleich sie vielleicht vor der Ordination nie ein Problem darstellte.

Eine andere Schwierigkeit bilden Disziplin und kulturell geprägte Wertsysteme. Eine gültige Prātimokṣa-Ordination kann man nur innerhalb einer bestimmten Vinaya-Schule erhalten, die zum jetzigen Zeitpunkt wiederum nur durch eine buddhistische Tradition aus Asien übermittelt werden kann. Die Sitten und Gebräuche als Begleiterscheinung einer traditionellen Überlieferungslinie können den individuellen Lebensstil westlicher Menschen bereichern oder aber damit in Konflikt stehen. Letztere Erfahrung scheint häufig vorzukommen.

So sehr wir auch anerkennen und respektieren, wieviel wir den asiatischen Kulturen verdanken, brauchen wir westlichen Buddhisten doch Zeit und Abstand, um unseren eigenen Weg zu finden. Wir müssen strikt sein, aber nicht unbeugsam, offen und flexibel, aber nicht nachlässig. Wir müssen von den buddhistischen Vorbildern aus Asien lernen, ohne uns von der kulturellen Komponente Asiens überwältigen zu lassen. Wir wollen Übungsformen entwikkeln, welche die Essenz der Lehren des Buddha bewahren und dennoch mit der westlichen Zivilisation vereinbar sind. Wir sollten uns bemühen, die besten Werte aus Ost und West beizubehalten.

Wenn wir uns zum Buddhismus bekennen, bedeutet das nicht, daß wir die positiven Aspekte unseres eigenen religiösen und kulturellen Erbes außer Acht lassen, doch wenn wir Nonne oder Mönch werden, heißt das, buddhistische Werte auf authentische Weise zu übernehmen. Empfehlenswert ist, sich in den ersten Jahren eines Lebens als Ordinierte in einem asiatischem Kloster einer gründlichen Schulung zu unterziehen. Die Anpassung an die westlichen kulturellen und gesellschaftlichen Bedingungen kann dann auf einer festen Grundlage des Verstehens erfolgen. Eine solche Schulung ist eine höchst wertvolle Erfahrung und erfordert, wie in den Kampfkünsten, Bescheidenheit und Ausdauer. Einige verweisen auf die Härte der traditionellen klösterlichen Disziplin und die kulturelle Anpassung als Gründe für das Aufgeben der Gelübde, während andere paradoxerweise den Mangel an einer solchen Schulung als Grund angeben. Mit Sicherheit ist ein gewisses Maß an Erfahrung mit traditioneller Schulung für Nonnen und Mönche wichtig, da sie wesentlich dazu beitragen, die traditionellen buddhistischen Institutionen an die Gegebenheiten im Westen anzupassen.

Es besteht kein Zweifel daran, daß der Buddhismus für eine große Zahl westlicher Menschen ein wertvoller geistiger Weg ist. Doch erhebt sich die Frage, ob die Ordination der richtige Schritt ist, wenn es erst so wenige Klöster im Westen gibt, in denen Ordinierte wohnen und geschult werden können? Ist es eine realistische Alternative, auf sich allein gestellt zu leben? Welche Modelle sollten wir uns zum Vorbild nehmen, wenn wir klösterliche Schulungszentren aufbauen, und welche Schwierigkeiten sind dabei zu erwarten? Wessen Aufgabe ist es, solche Zentren zu errichten, und wann fangen wir damit an? Es besteht Einigkeit darüber, daß wir Zentren brauchen, in denen sich Nonnen und Frauen, die Nonnen werden wollen, an ein klösterliches Leben gewöhnen können. Eine chaotische Umgebung ist einer formalen Meditationspraxis und einem disziplinierten Verhalten nicht förderlich. Wenn man für sich allein lebt, ohne die Unterstützung einer Ordensgemeinschaft und den Versuchungen des weltlichen Lebens ständig ausgesetzt ist, kann man besonders in den ersten Jahren leicht aus dem Gleichgewicht geworfen werden. Ordinierte Frauen benötigen Klöster, in denen sie studieren und versuchen können, nach dem Vinaya zu leben; Laienfrauen brauchen eine geschützte Umgebung, um sich auf die Ordination vorzubereiten und Erfahrungen hinsichtlich klösterlicher Werte zu sammeln, bevor sie eine lebenslange Verpflichtung eingehen.

Zum einen wissen wir, daß Schulungszentren unerläßlich sind, wir wissen aber auch, daß sich die Klöster für Menschen im Westen in wichtigen Aspekten von den asiatischen buddhistischen Modellen unterscheiden werden. Zum anderen haben wir Sorge, daß bedeutende altehrwürdige Traditionen auf der Grundlage oberflächlicher Eindrücke aufgegeben werden. Auch wenn sie anfangs exotisch, unwesentlich und einschränkend wirken, so besitzen einige Traditionen doch eine symbolische oder psychologische Bedeutung, die für unsere Praxis von großem Wert sein kann. Weisheit und ein reifes Urteilsvermögen sind erforderlich, um zu unterscheiden, was letzten Endes unserem geistigen Wachstum Nutzen bringt und was ihm schadet. Nonnen, Mönche und andere Personen, die sich jahrelanger formeller Schulung unterzogen haben, tragen eine besondere Verantwortung dafür, Traditionen zu verstehen und sie für andere zu interpretieren. Sie können als kulturelle Brücken dienen, die dazu beitragen, den Übergang von der alten zu einer modernen Praxis sanft zu vollziehen.

Einige traditionelle Übungen stoßen besonders leicht auf Widerstand - beispielsweise das Verbeugen. Es ist üblich, daß sich Nonnen vor Mönchen verbeugen; das ist eine der acht wichtigen Regeln für vollordinierte Nonnen, die westliche Frauen nur unter größten Schwierigkeiten gutheißen können. Das ist verständlich. Westlichen Menschen fällt es sowieso schwer, sich vor irgend etwas zu verneigen, ganz besonders aber vor einem Menschen, sei er weiblich oder männlich. Der buddhistische Brauch, sich vor Statuen von erleuchteten Wesen zu verbeugen, wurde weithin als »Götzenanbetung« mißverstanden; das hat zu großen Mißverständnissen geführt, da dies einem der Zehn Gebote des judäo-christlichen Glaubens widerspricht. Tatsächlich wird mit der Verbeugung die Achtung vor dem Potential der Erleuchtung ausgedrückt, das in allen Lebewesen und uns selbst ruht. Es geht hierbei also ganz und gar nicht um Anbetung oder Unterwürfigkeit. Verbeugungen werden auch als Praxis eingesetzt, um Bescheidenheit zu schulen. In einigen buddhistischen Ländern wird die Sitte, sich vor älteren Nonnen oder Mönchen zu verbeugen, noch weithin geübt; in anderen Ländern beschränkt man sich auf Ehrerbietung gegenüber gelehrten oder realisierten Meistern. Den Älteren Achtung zu erweisen, war ein alter indischer Brauch. Im heutigen Sri Lanka und in Indien verbeugen sich guterzogene Kinder noch jeden Morgen vor ihren Eltern.

Im Gegensatz dazu sind westliche Menschen weniger geneigt, dem höheren Alter Respekt zu erweisen. Die meisten sind es gewöhnt, ihre Entscheidungen selbständig zu treffen und leisten Autoritäten und Strukturen grundsätzlich Widerstand, es sei denn es geht um spürbare Belohnungen und Strafen. Das hohe Maß an gesellschaftlicher, wirtschaftlicher und akademischer Freiheit in den modernen westlichen Kulturen regt individuelle Kreativität an, ja sogar Genialität, tut aber wenig zur Förderung persönlicher Disziplin. Häufig wird Disziplin als unterdrückend, hemmend und autoritär bezeichnet. Wer ernsthaft an Selbstdisziplin interessiert ist, wird durch eine Schulung in traditionellen asiatischen Klöstern viel lernen. Es gibt auch einige Klöster im Westen, wie die Stadt der Zehntausend Buddhas in der Nähe von Ukiah, in Kalifornien, wo man sich schulen lassen kann. Letztlich geht es darum, neuartige und kreative, funktionsfähige Strukturen zu entwickeln, die den Fähigkeiten und dem Temperament der Mitglieder neuer klösterlicher Gemeinschaften entsprechen. Wer Widerwillen gegen jede Art von Disziplin hat und nicht zur Anpassung bereit ist, wird nicht für ein klösterliches Leben geeignet sein.

Wahrscheinlich werden westliche buddhistische Klöster eigene Organisationsmodelle entwickeln. Möglicherweise werden sie nicht streng den asiatischen klösterlichen Einrichtungen entsprechen, doch könnten Grundzüge traditioneller Vorbilder übernommen werden, die mit unserem Leben im Westen vereinbar sind. Wir sollten die Strukturen existierender meditativer Gemeinschaften erforschen und Erfahrungen sammeln, damit wir feststellen können, welche Merkmale uns erstrebenswert scheinen. Wir könnten sie versuchsweise einführen und dann entscheiden, welche von ihnen in den neuen klösterlichen Gemeinschaften am besten funktionieren. Einige werden angemessen sein, andere können angepaßt werden, ungeeignete wird man ablehnen, auf jeden Fall wird diese Synthese uns bereichern. Es ist sicherlich auch sinnvoll, einen Blick auf die Organisationen der christlichen klösterlichen Einrichtungen zu werfen, die über Generationen für Menschen des Westens entwikkelt wurden.

Für mich wäre das ideale westliche buddhistische Kloster eine einfühlsame Mischung aus asiatischen und westlichen Elementen, ein Ort, an dem alle sich wohlfühlen, und der auch einer intensiven Praxis förderlich ist. Ich sähe es beispielsweise gerne, wenn irgendwo in Nordamerika ein internationales Frauenkloster entstünde, das keiner spezifischen Tradition angehört. Dort könnten Nonnen und solche die es werden wollen, sich einer Schulung unterziehen und lernen, nach dem Vinaya zu leben. Eine Meditationshalle nach chinesischem, japanischem oder koreanischem Vorbild, die Vinaya-Disziplin des Theravāda und ein Studienprogramm nach dem tibetischen Muster mit Einzelzimmern im westlichen Stil und vegetarischer Kost - diese Kombination wäre einen Versuch wert. Aufgrund jahrelanger Erfahrung mit dem Gemeinschaftsleben halte ich sorgfältige Aufnahmekriterien und kleine Anfänge für geraten. Ich würde gerne mit einer Gruppe von Frauen anfangen, die alle die Vinaya-Richtlinien für das gemeinschaftliche Leben akzeptieren. Diese Richtlinien können dann im Laufe der Zeit den westlichen Lebensbedingungen angepaßt werden.

Das Konzept einer solchen Gemeinschaft bestünde darin, die wertvollen Aspekte der traditionellen Strukturen miteinzubeziehen, Spielraum für die Freiheit des Ausdrucks zu lassen und sehr viel menschliche Wärme zu schaffen. Kleidung, Praxis oder Klosterorganisation brauchen eine Übergangsperiode der Anpassung.

Die westlichen Gesellschaften verändern sich heutzutage so schnell, daß sowohl von unserer Seite als auch von anderen Erwartungen hochgeschraubt sind. Unsere Knopfdruckmentalität bestärkt unsere Neigung, es mit der Erleuchtung sehr eilig zu haben, doch um vollkommene Bewußtheit zu erlangen, braucht man unendlich viel Geduld. Wenn wir die alten Richtlinien als Grundlage nehmen und von großen lebenden Meistern Kommentare dazu erhalten, können wir versuchen, den ursprünglichen Sinngehalt der buddhistischen Lehren zu entdecken und sie auf eine Weise zu nutzen, die der Umwandlung des Geistes westlicher Menschen förderlich ist.

Heute ist die Zeit günstig für Frauen, die neue Wege erforschen möchten. Gleichzeitig empfinden viele das Bedürfnis, bedeutende Traditionen in voller Reinheit zu bewahren. Wenn wir die Schönheit all dieser buddhistischen Traditionen erleben, werden wir auch die Schönheit der buddhistischen Kultur als Ganzes zu schätzen wissen. Es scheint insbesondere in (Nord-)Amerika die Gefahr zu bestehen, Dinge anzunehmen oder abzulehnen, bevor man sie genügend verinnerlicht hat. Wenn wir zu einer respektvollen Haltung gegenüber diesen alten Kulturen raten, dann nicht nur von einem anthropologischen Gesichtspunkt aus - mit der Übermittlung des Dharma in den Westen kann etwas von großer historischer Bedeutung verlorengehen. Als erste Generation[87] westlicher Buddhisten müssen wir uns zuerst gewissenhaft die vollständigen, authentischen Lehren jeder Tradition aneignen, bevor wir damit beginnen können, sie korrekt in unsere eigene kulturelle Erfahrung zu übertragen. Wir hoffen, daß religiöse Gemeinschaften von Frauen eine besondere Rolle bei diesem Vorgang der religiösen und kulturellen Überlieferung spielen werden.

Chinesische Nonnen in Los Angeles

Bhikṣuṇī Shi I Han

Meine Erfahrung, wie man als Nonne im Westen lebt, habe ich in Verbindung mit dem Hsi Lai Tempel gemacht. Dieser Tempel liegt in Hacienda Heights, Los Angeles, und ist dem Fo Kuang Shan Tempel in Taiwan angeschlossen. Er heißt offiziell The International Buddhist Progress Society. Der Aufbau sowie alle Aktivitäten des Tempels stehen unter der weisen Leitung des Ehrwürdigen Shing Yun; die gegenwärtige Verantwortung tragen die Ordensmitglieder unter der Führung der Bhikṣuṇī Hsin Kuang. Wir beide wurden 1987 nach Los Angeles gesandt, um hier eine kleine buddhistische Organisation zu gründen. Die Ehrwürdige Hsin Kuang ist die älteste Schülerin und Ordinierte meines Meisters und eine fähige Verwalterin. Sie promovierte an der buddhistischen Universität in Japan und spricht fließend japanisch.

Unsere erste Aufgabe in Los Angeles war es, einen geeigneten Ort für einen Tempel ausfindig zu machen. Nach langem Suchen fanden wir eine lutherische Kirche in Gardena, in der dreihundert Menschen Platz haben und die zum Verkauf stand. Unser Meister war mit dem Erwerb der Kirche einverstanden; so zogen wir gleich darauf in das Pfarrhaus ein. Die Ehrwürdige Hsin Kuang kehrte nach Taiwan zurück und somit war ich für die nächsten sechs Monate für den Tempel verantwortlich. In einer Sprachschule lernte ich Englisch, stellte einen Antrag auf eine unbefristete Aufenthaltserlaubnis und fing mit den Formalitäten an, die für die Gründung eines neuen Tempels notwendig sind. Dies war mit viel Papierkrieg verbunden. Nach sechs Monaten kehrte die Ehrwürdige Hsin Kuang mit drei Bhikṣuṇīs zurück. Bald war unser Terminplan mit Aktivitäten ausgefüllt. Wir hielten Vorträge, gaben Anweisungen zur Meditation, unterrichteten Sutras und führten Zeremonien durch. Aber nicht alle unsere Pflichten waren religiöser Natur, wir verrichteten auch sämtliche Renovierungsarbeiten und hielten das Tempelgelände instand. Jede Woche mußten wir ungefähr einhundertsiebzig Quadratmeter Rasen mähen, im Garten arbeiten, saubermachen, fegen und streichen. Das Grundstück war von einem schwarzen Zaun umgeben, den wir fünf Nonnen umgestalteten und mit dreißig Buddha-Bildern jeweils in einem goldenen Kreis von mehr als einem Meter Durchmesser bemalten. Nicht nur die chinesisch-buddhistische Gemeinschaft, sondern auch die Nachbarn begannen, uns Respekt zu erweisen, denn sie sahen, daß wir fünf Nonnen alle Arbeiten alleine machten. Unser Meister kam im Juni 1979 zu der Eröffnungszeremonie.

1980 kauften wir sechs Hektar hügeliges Gelände in Hacienda Heights, einem Vorort von Los Angeles. Zuerst bauten wir das alte Haus auf dem Grundstück in einen vorläufigen Tempel um. Dann fingen wir an, Pläne für ein großes Kloster zu zeichnen mit getrennter Unterbringung für Mönche und Nonnen. Die Bauzeichnungen stießen sofort auf Widerstand, denn die Bürger von Hacienda Heights erhoben starke Einwände. Sie befürchteten, die vorgesehene sechs Hektar große Klosteranlage würde wegen ihrer riesigen Ausmaße womöglich viele Touristen anlocken, wodurch die besondere Atmosphäre der Gegend zerstört werden könnte.

Wir verkauften daraufhin die Kirche in Gardena, erwarben eine größere christliche Kirche in Maywood und holten noch drei Bhikṣuṇīs zu uns. Zur Zeit (1987) wohnen vier von uns in Hacienda Heights und vier in Maywood, wo die meisten religiösen Aktivitäten stattfinden.

In den letzten sechs Jahren haben wir an sechs Gerichtsverhandlungen und vielen Besprechungen mit der Baubehörde aus der Kreisstadt Los Angeles sowie mit Mitgliedern der Hauseigentümer-Genossenschaft von Hacienda Heights teilgenommen. Schließlich erhielten wir im letzten Januar die Genehmigung für den Bau der vorgesehenen Klosteranlage.

Das Gelände des Hsi Lai Tempels umfaßt eine Gesamtfläche von sechs Hektar. Die geplante Bebauungsfläche beträgt ungefähr fünfhundertfünfzig Quadratmeter. Der Baustil wird der eines traditionellen chinesisch-buddhistischen Klosters sein, für das wir jedoch moderne Materialien benutzen werden. Die Tempelgebäude umfassen den Haupttempel, den Meditationssaal, einen Saal für die fünf großen Bodhisattvas, einen Vortragssaal, eine Bibliothek, Unterrichtsräume, Büroräume, Wohnräume, eine Küche, ein Museum mit Ausstellungsraum, einen Gedenksaal und einen Konferenzsaal, der mit Anlagen für Simultanübersetzungen in drei Sprachen (Englisch, Mandarin und Kantonesisch) ausgestattet ist. Wohnmöglichkeiten für Mönche und Nonnen sind vorgesehen sowie Parkplätze für etwa einhundertneunzig Autos. Mit dem Bau wurde im März 1986 begonnen, und er soll laut Plan Ende 1987 abgeschlossen sein.

Wir schätzen es sehr, daß uns die Regierung und die Bürger der Kreisstadt Los Angeles die Baugenehmigung für unseren Tempel gegeben haben. Es ist ein Beweis dafür, daß die Regierung der Vereinigten Staaten wirklich demokratisch ist und daß die Amerikaner in der Tat entgegenkommend und warmherzig sind. Im Laufe der letzten sechs Jahre haben unzählige Menschen entweder unterstützende Briefe an die Kreisregierung geschickt oder bei Gerichtsverhandlungen für uns gesprochen. Wir erhielten die Unterstützung von verschiedenen Mitgliedern des Südkalifornischen Saṅgha-Rats. Sogar fremde Menschen in Supermärkten und Einkaufszentren unterschrieben gern die Bittschriften zur Förderung unseres Projekts, und in verschiedenen Zeitungen und Zeitschriften ist über unsere Auseinandersetzung genau berichtet worden.

Während der Hsi Lai Tempel im Bau ist, organisieren wir vorübergehend sonntags Zeremonien, geben Meditationsunterricht, Seminare über Buddhismus und Unterweisungen über buddhistische Schriften. Wir halten chinesische Sprachkurse, Kung Fu und Unterricht in Volkstanz ab, führen Hochzeits- und Beerdigungszeremonien durch, geben Familienberatung und übernehmen Gemeindearbeiten. Außerdem kochen wir jeden Sonntag ein Mittagessen für zwei- bis dreihundert Laien. Inzwischen haben wir den Ruf, ein wohlschmeckendes vegetarisches Essen zuzubereiten. Unsere Nonnen nehmen alle englischen Sprachunterricht in einer höheren Schule.

Obwohl unsere Äbtissin, die Ehrwürdige Hsin Kuang, noch im Alter von fünfzig Jahren neben ihren unzähligen Pflichten angefangen hat, Englisch zu lernen, ist sie nach nur zwei Jahren schon darin versiert. Alle unsere Nonnen sind nicht nur in praktischen Dingen sehr bewandert, sondern auch in Dharma und Meditation. Mit einem ruhigen, klaren Geist arbeiten zu können, ist auch eine Art Meditation.

Es ist unser Wunsch, positive Beziehungen zu unseren Nachbarn zu pflegen. Da der Buddhismus eine der größten Religionen der Welt ist und gesellschaftliche Harmonie sowie geistige Reinheit betont, hoffen wir, dem amerikanischen Volk nützlich zu sein. Alle sind herzlich eingeladen, unser Kloster jederzeit zu besuchen. Hsi Lai Tempel bedeutet: »Das Kloster, das vom Osten nach Westen gebracht worden ist.« Der Name bezieht sich auf die Tatsache, daß der Buddhismus von Indien in den Fernen Osten gelangte und sich jetzt auf die Vereinigten Staaten ausbreitet.

Ein besonderes Merkmal des Hsi Lai Tempels sowie des Fo Kuang Shan Tempels in Taiwan ist, daß beide hauptsächlich Nonnen beherbergen, von denen die meisten Bhikṣuṇīs sind. Diese Nonnen erhalten die gleiche Ausbildung, Verantwortung und Chancen wie die Mönche. Der Ehrwürdige Shing Yun zieht ausschließlich unsere Fähigkeiten und Kenntnisse in Betracht, nicht unser Geschlecht, daher haben Nonnen sehr wichtige Positionen in der Organisation inne.

Wir Mönche und Nonnen haben zwar unser angestammtes Zuhause verlassen, uns aber in eine religiöse Familie begeben, in der wir alle Geschwister sind. Mit zunehmendem Verständnis und unserer Beteiligung an diversen Wohltätigkeitsarbeiten wird uns deutlich, daß unsere Mitbürger ein Teil dieser Familie sind - alle Älteren sind unsere Eltern und Großeltern, alle Kinder unsere Kinder. Ob wir im Osten oder Westen leben, wir sollten uns weder in eine Höhle oder Hütte zurückziehen, noch gleichgültig den Sorgen der Welt gegenüberstehen. Der Schlüssel zu einem erfüllten religiösen Leben liegt darin, daß man ständig nutzbringende, wertvolle Tätigkeiten ausübt, und zwar mit der buddhistischen Haltung altruistischen Gebens, das auf das Wohl anderer gerichtet ist. Wir müssen die Befreiung der anderen anstreben, ehe wir unsere eigene zu erreichen suchen. Den jungen Menschen sollten wir helfen, Kranke pflegen und in Gefängnissen Unterricht erteilen. Es ist wichtig, Waisenhäuser und Altersheime einzurichten und uns für Bildung, Wohltätigkeit und kulturelle Entwicklung einzusetzen. Durch solche altruistischen Aktivitäten werden wir Glück und religiöse Erfüllung erfahren. Wir müssen von der Theorie zur Praxis schreiten und Buddhismus auf praktische, menschenfreundliche Weise in die

Tat umsetzen, damit das Licht des Buddha allen Wesen in der Welt leuchte. Der Brunnen des Dharma wird jedem Geschöpf Lebenskraft spenden und ein Reines Land erschaffen.

Es gibt noch zwei andere Ziele unseres buddhistischen Lebens, nämlich zu studieren und zu meditieren. Das akademische Studium des Buddhismus sowie solcher Sprachen wie Sanskrit, Pāli und Japanisch ist unerläßlich. Unser Meister erwartet, daß wir mindestens vier Jahre an einer buddhistischen Hochschule studieren, sogar nach erfolgter Promotion. Aus diesem Grund setzten wir unsere buddhistischen Studien in den Vereinigten Staaten fort. In unserem Kloster finden tägliche Rezitationen und Meditationen statt, damit wir den Ursprung unserer Religion nicht vergessen.

Wir leben in einem Zeitalter großen Wandels, der besonders im Bereich der Kultur sichtbar ist. Der Bau des Hsi Lai Tempels dient nicht nur den Zwecken unserer buddhistischen Mönche und Nonnen, dem Rezitieren von Schriften und Fortführen unserer traditionellen buddhistischen Andacht. Wir hoffen auch, ein bedeutsames kulturelles und religiöses Zentrum für die südkalifornische und darüber hinaus für die weltweite Gemeinschaft zu sein.

Wir möchten hiermit noch einmal an einzelne wie auch Gruppen die Einladung richten, den Hsi Lai Tempel in Los Angeles zu besuchen und an unseren Zeremonien und unserem Leben teilzunehmen.

Den eigenen Weg finden

Sylvia Wetzel

Westliche Frauen, die sich dem Buddhismus zuwenden und Nonne werden, sind ein provozierendes Thema. Es geht darum, sich als Frau in einer immer noch äußerst männerorientierten Gesellschaft durchzusetzen, und zum anderen als religiöse Frau in materialistischen, unreligiösen, ja sogar antireligiösen Bevölkerungskreisen des Westens zu leben, das heißt also, in einem materiell entwickelten Land mit hohem Lebensstandard und einer Gesellschaft mit einem ausgeprägten Verständnis von individueller Freiheit, die sie aufs höchste schätzt.

Frau sein. Wir alle leben gegenwärtig in patriarchalischen Gesellschaften, und es scheint heutzutage keine anderen zu geben. Deshalb sind für uns Ergebnisse und Wirksamkeit ausschlaggebend, wir messen Prestige, Karriere, Logik, Rationalismus und weltlichem Erfolg großen Wert bei. Eine solche Orientierung führt, wenn sie unbehindert bleibt, zur Ausbeutung von Ressourcen und Menschen. Werden die mehr den Frauen zugeschriebenen fürsorgerischen und pflegerischen Eigenschaften vernachlässigt, sehen wir uns großen sozialen, ökonomischen und ökologischen Problemen gegenüber.

Es ist eine Herausforderung, als Frau in einer patriarchalischen Gesellschaft zu leben, doch hat es seit dem letzten Jahrhundert vor allem in den westlichen Ländern positive Entwicklungen für Frauen gegeben. Sie haben Zugang zur allgemeinen Bildung erlangt und studieren und lehren heute an Universitäten. Sie üben Tätigkeiten und Berufe aus, die noch vor nicht allzu langer Zeit als für sie ungeeignet angesehen wurden. Insbesondere in den letzten beiden Jahrzehnten sind Frauen im Westen in den Genuß gewisser Freiheiten gekommen, und sie können beinahe jeden gewünschten Beruf ergreifen. Diese Fortschritte wurden unter großen Anstrengungen und Schwierigkeiten und gegen beträchtliche Widerstände seitens vieler Männer errungen, doch sind die Ergebnisse ermutigend. Heutzutage befinden sich Frauen in einer Position, wo sie aufgerufen und fähig sind, einschneidende Veränderungen herbeizuführen.

Eine religiöse Frau sein. Es ist ebenfalls eine große Herausforderung, als religiöse Frau in einer sehr materialistischen, unreligiösen Gesellschaft zu leben. Und das gilt nicht nur für mich als Buddhistin, als Praktizierende einer asiatischen Religion. Ich werde nie das Gespräch mit einer katholischen Nonne vergessen, die zu mir sagte: »Du bist die erste, die versteht, warum ich Nonne geworden bin.« Sie lebt in äußerst konservativer, katholischer Umgebung in Bayern und selbst dort, meinte sie, verstehe niemand, warum sie Nonne geworden sei. Eltern und Verwandte, Bekannte und Nachbarn fragten sie damals: »Du bist hübsch und intelligent. Warum wirst du denn Nonne?« Die Menschen im modernen Westen haben oft das

Gefühl, ein Leben als Nonne bedeute, man habe tiefsitzende Probleme und möchte ihnen ausweichen. Es gibt wenig Unterstützung für einen solchen Weg, nicht einmal für christliche Nonnen. Daher sind Ermutigung und hilfreiches Verständnis auch so selten.

Andererseits befinden sich in letzter Zeit viele Menschen in einer Lebenskrise. Sie fühlen sich irritiert und leiden an quälender Unzufriedenheit, die sie schließlich zu religiösen Fragen hinführt. Wenn wir Menschen in einer solchen Atmosphäre auf der Suche nach dem Sinn ihres Lebens begegnen, können wir als Nonnen im Westen von großem Nutzen sein.

Dann wird die Tatsache, daß wir unterschiedliche Wege beschreiten, keine Schranken und Mauern zwischen uns aufrichten. Obwohl ich als buddhistische Nonne Anhängerin einer asiatischen Religion bin, spürten die oben erwähnte katholische Nonne und ich unsere beiderseitige Anerkennung und Unterstützung. Gleichgültig welcher religiösen Tradition wir folgen, als echte Praktizierende empfinden wir eine tiefe Wertschätzung füreinander. Wie Seine Heiligkeit der Dalai Lama häufig betont, ziehen alle religiösen Praktizierenden am gleichen Strang; wir müssen gemeinsam ziehen und uns gegenseitig helfen.

Eine westliche Frau sein. Auch wenn wir als buddhistisch praktizierende Frauen aus verschiedenen Ländern und Traditionen kommen, aus den Ländern des Westens, aus Sri Lanka, Nepal, Indien, Taiwan und Japan, haben wir doch viel gemeinsam. Bei aller Anerkennung gleicher Interessen sehe ich dennoch auch gewisse Unterschiede im Hinblick auf unsere Lebensumstände und Erfahrungen. Es ist wichtig, daß wir uns dessen bewußt werden, um so zu tieferem Verständnis und gegenseitiger Würdigung zu gelangen.

Einige dieser Unterschiede sind eher oberflächlicher Art, sie spiegeln jedoch die voneinander abweichenden Lebensbedingungen und Orientierungen wider. Beispielsweise kann das Verhalten westlicher Nonnen unsere asiatischen Schwestern befremden. Uns scheint es oft an Disziplin und Achtung für andere zu fehlen. Unsere ganze Einstellung gegenüber Methoden, Regeln, Vorschriften und Verhalten ist offenbar grundsätzlich anders. Dies ist meines Erachtens darin begründet, daß wir westlichen Nonnen einen langen Prozeß der kulturellen Entwicklung hinter uns haben, der darauf ausgerichtet ist, uns unserer eigenen Bedürfnisse, unserer Individualität bewußt zu werden und nicht einfach einem kollektiven Regelsystem zu folgen. Wir haben gelernt, Individualität besonders hoch zu schätzen. Es ist zu einfach zu sagen, daß die Herausbildung der modernen individuellen Persönlichkeit lediglich zu einem krassen Egoismus geführt hat, den es zu zerstören gilt. Natürlich gibt es egoistische Bestrebungen, die wir mitsamt Gier, Haß und Unwissenheit beseitigen müssen. Es ist richtig, daß wir verzweifelt an künstlichen Selbstbildern festhalten und zwanghaft nach einem solide existierenden »Ich« oder »Selbst« zu greifen versuchen. Doch geht es bei dem für die westlichen Länder so kennzeichnenden Individualisierungsprozeß um mehr als nur reinen Egoismus, und das sollten wir überprüfen. Dieser Prozeß trägt die Möglichkeit in sich, individuelle Verantwortung für unser Handeln zu übernehmen, erste Schritte zu einem intuitiven Erwachen zu tun, und unsere Fähigkeit zu entfalten, auf unsere innere Weisheit zu hören und die Richtung zu verstehen, in die wir gehen.

Den eigenen Weg finden. Vom ersten Tag an, als ich Ende der siebziger Jahre mit dem Buddhismus in Kontakt kam, spürte ich, daß ich sehr vorsichtig sein müsse, meinen Erfahrungen nicht einfach neue Interpretationsmuster überzustülpen. Ich wollte keine neue Struktur übernehmen, sondern eher im Dialog mit meinem Hintergrund als westliche Frau buddhistische Werte in mein Leben einbeziehen. Ich hatte nie die Absicht, den Rest meines Lebens in Indien oder Nepal zu verbringen. Die zwei Jahre meines Aufenthalts in Asien sah ich stets als Lehrzeit an, die mich auf die Rückkehr in mein Land vorbereiten sollte, um hier zu versuchen, die dort gefundene Weisheit in meiner kulturellen Umgebung im Westen anzuwenden. Ein solcher Dialog erfordert großen Mut, da es für uns noch keine einheimischen Rollenvorbilder gibt.

Wir sind in der glücklichen Lage, daß wir im Osten großen spirituellen Meistern begegnen können. Einige dieser wunderbaren Lehrer hatten und haben ein hohes Maß an Verständnis für unsere endlosen Fragen und würdigen den dringenden Wunsch, Art und Weise der Praxis an unser eigenes kulturelles Milieu anzupassen. Mein eigener Lehrer, Lama Thubten Yeshe, äußerte oft: »Das mag ich ganz besonders an euch Westlern, immer stellt ihr alles in Frage.

Wenn ich euch etwas sage, und ihr mich nach dem Warum fragt, und ich dann antworte: ›Weil der Buddha das gesagt hat‹ oder ›Weil Lama Tsongkhapa das gesagt hat‹, dann akzeptiert ihr das nicht einfach. Ihr braucht und ihr fordert eine Erklärung. Ihr wollt wissen, wie es funktioniert.« Lama Yeshe mochte diese wißbegierige Haltung sehr gerne. Wir Menschen aus dem Westen wollen wissen, wie die Dinge vor sich gehen, wie der Dharma in unserem eigenen Geist funktioniert. Viele von uns können keine Pūjās, Meditationen, Niederwerfungen und Gabendarbringungen machen, ohne nach dem Sinn eines solchen Tuns zu fragen. Wir wollen die Praxis verstehen und begreifen, wie sie unseren Geist umwandelt.

Meine Lehrer aus der tibetischen Tradition unterstützen diese Haltung sehr. Sie geben uns ein hohes Maß an Freiheit, uns selbst zu erforschen und selbständig zu entdecken, wie wir die Lehren am besten nutzen können. Diese Freiheit mag erklären, warum unsere Disziplin nicht dem asiatischen Niveau entspricht. Ich betrachte das als Wachstumsschmerz auf dem Weg, den Dharma im Westen zu verwurzeln. Ich bitte die eher traditionellen Buddhisten um Geduld und Verständnis, denn wir wollen weder unhöflich noch dreist sein. Wir achten das kostbare Geschenk des Dharma, doch müssen wir unsere eigenen Wege finden, es für unser Leben sinnvoll zu machen.

Für westliche Schülerinnen und Schüler bewährt es sich selten, einem Regelsystem zu folgen, ohne zu begreifen, wie es funktioniert und wie die Vorschriften unser Wachstum fördern. Lama Yeshe hat immer wieder betont, daß unsere Umwandlung nicht so gründlich ist, wenn wir etwas nicht richtig begreifen. Praxis auf der Grundlage von bloßem Vertrauen ist nützlich, weil sie dazu beiträgt, weniger negatives Karma zu schaffen, doch ist die Umwandlung viel tiefgreifender, wenn unser Vertrauen auf Vernunft, eigener Erfahrung und echtem Verständnis beruht. Es ist hilfreich, wenn wir die Sūtras kennen, sie auswendig lernen, sie zitieren können – doch ist es weit wichtiger, sie wirklich zu verstehen.

Praxis in Ost und West. Viele asiatische Menschen lernen für ihr Leben gern Texte auswendig, westliche Menschen haben eher ein Bedürfnis nach stiller, kontemplativer Meditation. Diese Erfahrung haben viele Saṅgha-Mitglieder gemacht, die in Dharma-Gemeinschaften leben. Geht es um den Tagesablauf im Kloster oder in einem Dharma-Zentrum, so wissen wir, daß die tibetische Tradition eine Stunde Pūjā am Morgen und Abend vorsieht, doch das entspricht vielen von uns nicht. Wenn ich morgens eine Stunde lang eine Puja rezitiere, dann fühle ich mich hinterher während des Tages nicht klar, offen und aufnahmefähig, sondern einfach angefüllt. Viele Ordinierte und Laien aus dem Westen haben das Gefühl, daß eine einstündige stille Sitzmeditation am Morgen eine bessere Vorbereitung für den Tag ist und dazu beiträgt, die täglichen Aktivitäten auf friedvolle und positive Weise zu motivieren. Viele von uns haben erfahren, daß eine stille Praxis eher geeignet ist, unseren Geist zu öffnen und zu konzentrieren. Wenn Rezitation anderen guttut, so ist das schön, doch bei allem Respekt, sie eignet sich nicht für alle.

Ein anderer Punkt ist der, daß einige Traditionen des Buddhismus, beispielsweise die *Gelug*-Tradition des tibetischen Buddhismus, sehr viel Gewicht auf das Studium legen. Schüler erhalten traditionell pro Tag sechs und mehr Stunden Belehrungen, und das manchmal monate- und jahrelang.

Tibetische Schüler scheinen bei diesem Unterricht zu gedeihen, doch viele westliche Menschen haben Schwierigkeiten, so viele Unterweisungen auf einmal zu verarbeiten. Wir scheinen Pausen dazwischen zu brauchen, um sie auf uns wirken lassen zu können. Das mag daran liegen, daß unser Bildungssystem in erster Linie intellektuelle Schulung vorsieht. Wir haben so viele Schuljahre hinter uns, in denen man uns Konzepte beibrachte, ohne sie wirklich verdauen zu können, daß manche sich intellektuell überfüttert fühlen. Wenn wir nun mit intellektueller Schulung fortfahren, ohne Meditationsperioden, um das Gehörte zu integrieren, laufen wir Gefahr, oberflächlich an den Buddhismus heranzugehen und schließlich in eine Sackgasse zu geraten.

In der Tat ist beispielsweise Deutschland berühmt für seine buddhistische Gelehrsamkeit. Einige Personen besitzen große Kenntnisse des Buddhismus und können die Schriften ausführlich zitieren. Wenn dieses Wissen jedoch nicht aus dem Herzen kommt, wenn es das Wesen der Person nicht verwandelt hat, so stelle ich den Wert eines solchen Wissens in Frage. Wir müssen unterschiedliche Ansätze ausprobieren und ein Gleichgewicht finden zwischen Studium, analytischer Kontemplation, konzentrativer Meditation und den Zeiten, in denen wir die Lehren zu einem echten Verstehen verarbeiten können.

Viele Methoden der buddhistischen Psychologie eignen sich gut für die Probleme westlicher Menschen. Viele praktische Verfahren, mit Verblendungen wie Gier, Haß und Unwissenheit umzugehen, sowie die Erklärungen über Unbeständigkeit und karmische Zusammenhänge usw. sind im therapeutischen, beratenden Bereich enorm hilfreich. Auch wenn ich keine spezielle Ausbildung in psychologischer Beratung habe, sind meine Erfahrungen mit Meditationen über Tod und Unbeständigkeit, Karma, Motivation und innere Einstellungen, Liebe und Mitgefühl, doch sehr wertvoll, um mir selbst und anderen bei Anhaften, Trauer, Feindseligkeit und dergleichen zu helfen. Es ist noch viel zu tun, wenn wir westliche Methoden der Psychotherapie und angewandte buddhistische Psychologie auf Parallelen und Unterschiede untersuchen wollen. Unsere westlichen Systeme bieten einen Reichtum an Methoden, doch gibt es auch ganz einfache buddhistische Lehren, die hier in einer Beratungssituation angewandt und leicht verstanden werden können.

Kurz gesagt: Obgleich es schwierig ist, im Westen ohne die Unterstützung einer starken Gemeinschaft und als Nonne ohne den Schutz und den Ansporn eines Klosters zu praktizieren, bin ich froh, zu den Pionieren zu gehören, und ich möchte gerne zusammen mit anderen herausfinden, wie man die Lehren des Buddhismus am besten im Westen leben und weitergeben kann. Ich vertraue darauf, daß wir mit der Zeit im Westen eine geeignete und wirksame Lebensgestaltung finden werden, in der Laien und ordinierte Praktizierende einander auf neue Weise inspirieren und beistehen können.

Nonnenklöster im Westen

Interview

Die folgenden Fragen und Antworten stammen aus einer informellen Diskussion über den Aufbau von Nonnenklöstern für westliche Frauen. Zwei Nonnen wurden befragt, die als Pionierinnen auf diesem Gebiet Erfahrung gesammelt haben: Ehrwürdige Ayya Khema, Direktorin der Parappuduwa-Nonneninsel in Sri Lanka und Bhikṣuṇī Pema Chodron, Direktorin des Klosters Gampo Abbey in Nova Scotia, Kanada.

Frage: Ayya Khema, könntest du uns bitte etwas über deine Erfahrungen mit dem Aufbau eines buddhistischen Zentrums für Frauen sagen?
Ayya Khema: Das erste Zentrum, das ich aufgebaut habe, war Wat Buddhadhamma in der Thai-Tradition, außerhalb von Sydney, Australien. Es war für Mönche und Nonnen gedacht, entwickelte sich aber nicht zu meiner Zufriedenheit, da die monastische Tradition von Thailand Nonnen sehr wenig Raum läßt, sich zu entfalten. Obgleich das Zentrum gedeiht und ich froh bin, es gegründet zu haben, wollte ich nicht dort bleiben, da ich nicht die Gelegenheit hatte, das zu tun, was ich wirklich gern getan hätte.

Das nächste Zentrum, das ich gründete, war das International Buddhist Women's Centre (Internationale Zentrum für Buddhistische Frauen) in Sri Lanka, das ich dann Nonnen aus Sri Lanka als Studienzentrum übergab. Ich sorgte dafür, daß ihnen ein Haus mit einer großen Halle und mehreren Räumen sowie einer Bibliothek zur Verfügung gestellt wurde. Das war ihnen eine große Hilfe, da sie zuvor keinen Ort hatten, an dem sie sich treffen und Belehrungen abhalten konnten.

Das dritte Zentrum, die Parappuduwa-Nonneninsel, gründete ich speziell als Nonnenkloster. Der Gedanke dahinter war, im Osten einen Ort zu haben, wo Frauen aus dem Westen die Lehren in ihrer eigenen Sprache – Englisch und Deutsch – praktizieren und verstehen können, und wo die Lebensumstände für westliche Menschen geeignet sind. Eine solche Situation findet man im Osten nicht so leicht. Die Nonneninsel wurde im Juli 1984 eröffnet und steht Frauen aus dem Westen für die Sommerklausur zur Verfügung. Etwa dreißig Personen haben in den letzten drei Jahren (d. h. bis 1987) an dieser Dreimonats-Klausur teilgenommen.

Meines Wissens ist dieses das erste für Frauen bestimmte und von ihnen geleitete Kloster in Sri Lanka, doch bislang war das Interesse, Nonne zu werden, nicht gerade groß. Laien kommen für mindestens drei Monate und viele bleiben solange sie wollen. Wer die Robe trägt, erhält alles kostenlos, Laien geben eine Spende.

F: Könntest du bitte etwas über deine Vorstellungen sagen, als du das Kloster in Australien aufbautest, und erklären, warum deine Erwartungen nicht erfüllt wurden?
AK: Als ich Wat Buddhadhamma gründete, ging es mir nicht um ein Nonnenkloster, sondern um ein Kloster, das auch Nonnen aufnimmt. Das war die erste große Kontroverse, die entstand. Das Zentrum ist riesig, 220 Morgen Land gehören dazu; meine Vorstellung war daher, auf der einen Seite die Nonnen und auf der anderen die Mönche anzusiedeln. Ich war der Meinung, daß ich, wenn ich das Zentrum gründe und einen Mönch bitte, als Abt zu fungieren, auch meine Ideen einbringen könnte, wie das Zentrum geführt werden sollte. Das stellte sich als völlig naiv heraus. Eine Umgebung, in der alle Autorität bei einem Abt liegt, erwies sich als ungeeignet für mich als Nonne.

F: Welche Vorstellung hattest du, als du das Kloster auf der Nonneninsel gegründet hast?
AK: Meine Vorstellung bei der Gründung der Nonneninsel war, eine Situation zu schaffen, in der westliche Frauen Dhamma praktizieren können. Viele westliche Frauen kommen in den Osten auf der Suche nach einem Ort, wo sie Unterweisung in spiritueller Disziplin finden können. Doch sind die äußeren Bedingungen häufig ungünstig. Als ich den Osten bereiste, hatte ich selbst Schwierigkeiten, einen Ort mit genießbarem Essen und sauberen Toiletten zu finden. Bei Belehrungen war ich völlig von den Übersetzern abhängig. Diese Erfahrung machte ich sowohl in Thailand als auch in Sri Lanka. So dachte ich, es wäre schön für westliche Frauen,

wenn es einen Ort im Osten gäbe, wo auf Englisch gelehrt wird, das Essen annehmbar ist und die sanitären Einrichtungen ihre Funktion erfüllen. Ich hatte gehofft, daß unter diesen guten Bedingungen auf Parappuduwa einige Frauen im Laufe der Zeit Nonnen würden, doch bislang ist das nicht geschehen.

F: Kommen die Frauen wieder, um dort zu studieren?
AK: Anfangs konnten sie jederzeit kommen, doch die ständigen Bewohnerinnen beklagten sich darüber, daß die Atmosphäre mehr und mehr einem Hotel gliche, in dem man nach Belieben ein- und ausgeht. Dann legte ich fest, daß sie zur Sommerklausur kommen sollten, das heißt in der Zeit von Juli bis September. Viele kommen zu diesem Zweck und diejenigen, die für den Rest des Jahres dableiben sind entweder Nonnen oder solche, die es werden wollen, auch wenn das nur wenige sind. Ich dachte, wenn sich die Frauen drei Monate aufhielten, würden sie merken, wie schön das Leben hier ist und gern Nonnen werden, doch das ist kein einziges Mal geschehen. Vielleicht finden sie es schwierig, weil wir der Disziplin eines Nonnenklosters folgen. Wir beginnen morgens um vier Uhr mit Meditation und das finden sie ein wenig früh. Vielleicht muß ich das für die Menschen aus dem Westen ändern, da es ihnen schwerfällt, sich an eine strikte klösterliche Disziplin zu halten.

F: Wie sind die äußeren Bedingungen?
AK: Die Nonneninsel ist ein Paradies. Es ist eine Insel in einem See, die zweieinhalb Morgen umfaßt und den Nonnen ganz allein gehört. Ich erhielt diese Insel von der Regierung von Sri Lanka auf 99 Jahre zur Pacht. Die Gebäude sind wunderbar. Die Nonnen oder die, die es werden wollen, haben ihre eigene *Kuti* (Hütte), das heißt ein Zimmer mit angeschlossenem Bad und einen kleinen Garten. Drei Bedienstete kümmern sich um alle anfallende Arbeit. Der Ort ist phantastisch, doch gibt es ständig Klagen. Entweder bin ich zu nachsichtig oder nicht nachsichtig genug.

F: Kann man dort seine eigene Praxis machen, ohne am täglichen Programm teilzunehmen?
AK: Natürlich. Es steht jeder Person offen, das zu praktizieren, was sie will – doch muß es Praxis sein. Solange die Frauen praktizieren,

können sie in ihrer Kuti bleiben und sich sogar dort ihre Mahlzeiten servieren lassen.

F: Gab es Probleme mit Personen, die den Tagesablauf dort nicht einhalten konnten? Viele Zentren im Westen machen diese Erfahrung und ich frage mich, ob das im Osten genauso häufig geschieht?
AK: Ja, ich habe viele Besucher mit emotionalen und psychischen Problemen. Ich führe dieses Nonnenkloster ausschließlich zum Nutzen anderer, doch brauchen viele Personen professionelle Hilfe, und ich bin doch weder Psychotherapeut, noch Psychoanalytiker oder Psychiater. Ich habe keine Ausbildung auf diesem Gebiet. Ich bin eine Meditations- und Dhamma-Lehrerin. Ich habe dreizehn Jahre Erfahrung mit Meditation, doch ich bin kein Psychiater, und es überschreitet ganz einfach meine Möglichkeiten, mich mit diesen Fällen zu befassen.

Manchmal erscheinen Personen völlig normal, wenn sie eintreffen, und nach ein, zwei Monaten flippen sie völlig aus. Häufig nehme ich nicht wahr, daß sie ernsthafte Probleme haben. Manche haben eine lange Geschichte mit geistig-seelischen Problemen hinter sich, die immer wieder auftauchen, und manchmal scheinen diese Probleme durch intensive Praxis aktiviert zu werden.

Meiner Erfahrung nach kommen die Verblendungen vor allem in den ersten beiden Jahren intensiver Meditation sehr machtvoll zum Vorschein. Das kann zu großen Problemen führen. Je mehr man an sich arbeitet, desto mehr Konflikte werden deutlich. Im Laufe der Zeit jedoch lösen sie sich auf, man reinigt sich, und es gibt einen Lichtblick. Doch westliche Menschen aus unserer Knopfdruck-Gesellschaft sind sehr ungeduldig. Sie sind daran gewöhnt, daß etwas geschieht, wenn man Knöpfe drückt, und plötzlich gibt es keine Knöpfe!

Einmal gab der Ehrwürdige Mahasi Sayadaw einen Meditationskursus in der Schweiz. Obgleich er Englisch kann, bediente er sich eines Übersetzers für die Interviews. Er gab den ganzen Nachmittag Interviews, und als diese beendet waren, wandte er sich an seinen Übersetzer und fragte ihn: »Junger Mann, sagen Sie mir bitte, was sind emotionale Probleme?« Das deutet auf einen Unterschied zwischen Ost und West hin. Menschen in Asien haben Probleme, doch sie sprechen nicht darüber. Westliche Menschen sprechen über Probleme, selbst wenn sie keine haben.

F: Bei westlichen Menschen kommen andere Dinge, eben emotionale Probleme, in der Praxis auf. Ich bin vermutlich nicht die einzige Person, die sich mit einem Problem an einen asiatischen Lehrer gewandt hat und herausfand, daß er einfach nicht verstand, worüber ich sprach. Das ist einer der Gründe, warum wir westliche Zentren und westliche Nonnenklöster brauchen, denn so können wir die Praxis unseren Bedürfnissen anpassen. Wir müssen zugeben, wo wir als westliche Menschen mit unseren vielen emotionalen Problemen stehen und mit ihnen umgehen lernen.
AK: Damit stimme ich voll und ganz überein, und aus diesen Gründen habe ich die Nonneninsel gegründet, doch es war mir nicht klar, daß dann *ich* diejenige bin, die sich mit all diesen emotionalen Problemen befassen muß. Ich glaubte, daß wir durch Meditation und das Kennenlernen des Dhamma die Probleme selbständig durcharbeiten könnten.

Frage: Pema Chodron, was waren deine Vorstellungen, als du dazu beitrugst, Gampo Abbey zu gründen?
Pema Chodron: Es gab vieles, das für die Gründung von Gampo Abbey sprach, doch hauptsächlich war uns daran gelegen, dem klösterlichen Saṅgha die Möglichkeit zu geben, nach dem Vinaya zu leben. Wir wollten einen Ort schaffen, wo sich eine solche Energie sammeln konnte, daß sie, einem Magneten gleich, mehr Menschen für ein klösterliches Leben anziehen würde.

F: Wie können westliche Menschen eine Praxis und einen Lebensstil finden, der für sie geeignet ist?
PC: Es gibt zur Zeit im Westen verschiedene buddhistische Traditionen, doch ist man sich der Gefahr bewußt, die darin besteht, sie zu vermischen. Amerikaner scheinen besonders zum Herumexperimentieren zu neigen. Es besteht allgemein die Ansicht, daß die verschiedenen Übertragungslinien und Traditionen bewahrt werden sollten, aber auch an die kulturellen Gegebenheiten angepaßt werden müßten.

Es wird ebenfalls erkannt, daß wir noch keine westlichen Lehrer haben, die in Klarheit und Format an die asiatischen Lehrer heranreichen. Solange sie uns fehlen, müssen wir den asiatischen Lehrern vertrauen und uns von denen leiten lassen, die eine bestimmte Stufe der geistigen Entwicklung erreicht haben. Trungpa Rinpoche schlug beispielsweise vor, im *Oriyoki*-Stil zu essen und brachte Elemente aus dem Zen-Buddhismus ein. Seine Schüler vertrauten seiner Empfehlung, weil sie der Klarheit seines Geistes und seiner Weisheit vertrauten. Wenn westliche Lehrer mit der Zeit an Klarheit und Format gewinnen, könnten sie diejenigen sein, die mit Weisheit Veränderungen einleiten.

Westlichen Menschen scheint es oft an Disziplin und dem Wunsch, sie weiterzuentwickeln, zu fehlen. Wenn wir ordiniert werden und eine klösterliche Disziplin auf uns nehmen, dann weil wir wissen, daß wir sie brauchen. Wir sollten uns später nicht über die Disziplin beklagen, sondern uns von Anfang an bewußt werden, was zu einem klösterlichen Leben gehört, und gewillt sein, unser Bestes zu geben. Wir müssen uns an die Klöster anpassen und nicht erwarten, daß die Klöster sich uns anpassen. Wir sollten uns gestatten, durch den Dharma verändert zu werden, und nicht erwarten, daß sich der Dharma für uns verändert.

Schlußfolgerungen

Seit der Zeit des Buddha haben buddhistische Nonnen in zwölf Ländern ihre religiösen Ziele zu verwirklichen gesucht - den Frieden des Nibbāna, den Pfad des Bodhisattva und Buddhaschaft in einer Lebenszeit. Meist unverkündet und unbekannt, haben viele ihr Ziel erreicht. Auch wenn sie eine weniger bedeutende Rolle innerhalb der religiösen Hierarchie gespielt haben als die Mönche und nicht wie sie in den Genuß vieler Vorteile gelangten, belegen doch die Schriften, daß viele ordinierte Frauen in Indien und anderen Ländern geistige Höhen erklommen haben. Manche wurden berühmt, doch die Mehrheit praktizierte in aller Stille und mit Ausdauer, auch unter kargen Bedingungen und ohne öffentliche Unterstützung.

Bis zu diesem Jahr war die Kommunikation unter Nonnen eher sporadisch, doch jetzt finden Veränderungen statt, die für zukünftige Generationen von Frauen im Buddhismus von Bedeutung sind. In einer Zeit, in der zweifelhafte Werte vorherrschen, kamen Frauen zur Ersten Internationalen Konferenz buddhistischer Nonnen zusammen, um darüber zu sprechen, wie sie eine Wende einleiten könnten. Sie überlegten praktische Maßnahmen, um Frauen einen Platz im Bereich der Religion zu sichern und fragten sich, wie ihre Praxis den größten Nutzen für die Menschheit bringen könne. Um die Arbeit buddhistischer Frauen international zu koordinieren und pragmatische Lösungen einzuführen, gründeten sie Sakyadhītā (International Association of Buddhist Women).

Überall werden heutzutage heroische Anstrengungen unternommen, um das Wirken von Frauen auf allen Gebieten zu dokumentieren. Wir mögen fragen, warum es nötig sein soll, Beweise für unsere Fähigkeiten zu liefern und warum wir sie überhaupt je angezweifelt haben. Es ist jedoch offensichtlich, daß Frauen aufgrund der früher vorherrschenden Abwertung ihres Geschlechts auch heute noch Ermutigung brauchen. Insbesondere im Bereich geistiger Bestrebungen wurden Frauen größtenteils übersehen. Wir können einander helfen, innere Stärke zu entwickeln und uns unserer Fähigkeiten bewußt zu werden. Gleich jungen Pflanzen, bedarf unser geistiges Wachstum besonderer Zuwendung und Nahrung.

Das ernsthafte religiöse Engagement von Frauen ist überall auf der Welt an heiligen Stätten sichtbar. In der Geschichte findet man viele anerkannte weibliche Heilige und Mystikerinnen. Geistige Fähigkeiten zu belegen, ist jedoch ein schwieriges Unterfangen, da innere Verwirklichung nur schwer zu bestimmen ist. Wir können auf herausragende religiöse Meisterinnen verweisen und sie uns zum Vorbild nehmen, doch ist es schwierig oder gar unmöglich, den Grad der Verwirklichung anderer zu beurteilen. Eine solche Einschätzung ist auch belanglos, es sei denn, sie dient als Anstoß für unsere eigene geistige Arbeit. Haben wir erst einmal Vertrauen in unsere geistige Kraft gewonnen, brauchen wir keine weiteren Nachweise. Wenn wir die Botschaft wirklich verstanden haben, geht es nur noch darum, unser Potential zum Ausdruck zu bringen. Solange wir Extreme von Stolz und Selbstverachtung vermeiden und uns ganz darauf ausrichten, Bewußtheit zu entwickeln, wird unsere Lebensführung unsere innewohnenden Fähigkeiten erkennen lassen.

Der wirksamste Weg also, Frauen im Bereich der Religion einen Platz zu sichern, besteht darin, geistige Werte zu verkörpern und ein wahrhaft religiöses Leben zu führen. Nichts ist für uns selbst und andere so überzeugend, wie unseren Möglichkeiten zur geistigen Entfaltung entsprechend zu leben. Zwar gilt dies für Männer sowohl als für Frauen, doch blickt die Welt heute wie nie zuvor gerade auf die Frauen.

Gehen wir von der Tatsache aus, daß beide gleichermaßen geistige Verwirklichungen erreichen können, so folgt daraus, daß Frauen ebenfalls dazu befähigt sind, andere auf dem Weg zu führen. Wir brauchen unbedingt Frauen, die in der Lage sind, Fragen zur buddhistischen Philosophie präzise zu beantworten, die Schüler zuverlässig auf den Stufen der Meditation anzuleiten und sie in ihren Problemen des täglichen Lebens beraten zu können. Alles spricht dafür, daß sie die höchsten Qualifikationen erlangen können, um andere in ihrer geistigen Entwicklung verantwortungsvoll zu lenken. Wir werden das Entstehen weiblicher Vorbilder und einer Generation von Frauen beobachten können, die füreinander Achtung empfinden und sich als spirituelle Freundinnen, Lehrerinnen und Schülerinnen schätzen.

Hiermit gelangen wir zu einem Thema, das jeden religiös praktizierenden Menschen betrifft und das auf allen buddhistischen Frauenkonferenzen auftaucht - die Wahl des Lehrers. In den buddhistischen Traditionen setzt die Lehrbefugnis ausgedehnte Studien und tiefe Verwirklichungen voraus. Denn um wirksam unterrichten zu können, muß man sowohl mit der Theorie als auch der Praxis der Tradition, die man vertritt, vollkommen vertraut sein.

Ob Mann oder Frau, bevor man die grundlegenden buddhistischen Lehren völlig gemeistert und in die Praxis umgesetzt hat, ist es sehr riskant, mit dem Unterrichten zu beginnen, geschweige denn Lehrmethoden zu verändern. Ohne hinreichende Vorbereitung besteht die Gefahr, den Dharma falsch zu interpretieren und andere in ihrer geistigen Entwicklung in die Irre zu führen. Diese Gefahr vergrößert sich, wenn man den Dharma in ein neues Land bringt, wo die Menschen noch unbeeinflußt sind und die Richtigkeit der Lehre schwer abwägen oder einschätzen können.

In einer solchen Situation müssen Schülerinnen und Schüler höchste Vorsicht walten lassen, wenn sie einen Lehrer wählen. Heutzutage werden viele Konzepte, Übungen und Verhaltensweisen unter dem Etikett »Dharma« verkauft, die wenig oder gar nichts mit dem Dharma zu tun haben. Auch wenn man menschliches Versagen in Betracht zieht, gibt es doch ethische Regeln, die beim Lehren eine Rolle spielen. Genauso haben diejenigen, die unterrichtet werden, ein gewisses Maß an individueller Verantwortung. Kluge Menschen tun gut daran, diese Dinge zu berücksichtigen und sich darüber klarzuwerden, was bei der Wahl eines Lehrers mitspielt. Das dient ihrem eigenen psychischen Wohlbefinden und fördert auch eine positive Entwicklung des Buddhismus im Westen. Es gibt Zeiten, in denen es weise und heilsam ist, Urteile beiseite zu lassen und andere Zeiten, wo dies ins Unglück führt. Daher ist es sehr wichtig, die Wahl eines Weges und eines Lehrers ohne Übereilung vorzunehmen. Vernünftig begründete Anpassungen der buddhistischen Lehren und Traditionen an die Bedingungen im Westen werden westlichen Menschen sehr zugute kommen, doch ein nachlässiger Import, eine naive Aufbereitung oder sogar das Fabrizieren neuer Doktrinen und schamloses Verhalten können eine problematische Mischung ergeben, die mehr Schaden als Nutzen bringt.

Eine Entwicklung im Westen, die man nicht guten Gewissens unerwähnt lassen kann, ist die Tendenz, Spiritualität und Sexualität zu verwechseln oder gar gleichzusetzen. Insbesondere Frauen sind Opfer sexueller Manipulation geworden. Gleichgültig um welche Tradition es geht, sei es eine buddhistische oder eine andere, ist es wichtig, daß die Frauen ihren gesunden Menschenverstand einsetzen und sich vor Ausnutzung schützen - ob sexueller, finanzieller oder anderer Art. Menschen brauchen heutzutage so dringend geistige Anleitung, daß sie sich bedauerlicherweise nicht genügend Zeit nehmen, die Qualifikation eines Lehrers gründlich genug im vorhinein zu überprüfen. Dies kann ernste Konsequenzen nach sich ziehen.

Wenn wir uns in medizinische Behandlung begeben, halten wir Ausschau nach der erfolgreichsten Therapie und einem zuverlässigen Arzt, und wir überprüfen häufig verschiedene Möglichkeiten, bevor wir entscheiden, wem wir uns anvertrauen. Gesundheit betrifft lediglich unser körperliches Wohlbefinden für ein kurzes Dasein.

Unsere innere Entwicklung und psychische Gesundheit sind aber weit wichtigere Anliegen, deren Auswirkungen nicht nur eine, sondern unzählige zukünftige Lebenszeiten betreffen. Wir sollten daher sehr sorgfältig vorgehen, wenn wir einen geistigen Lehrer auswählen und unsere Entscheidung nicht nach oberflächlichen Kriterien, wie angenehmem Äußeren, Charisma, Beredsamkeit oder Sprachkenntnis treffen.

Besonders in Amerika kann heutzutage jede Person ein Institut gründen und praktisch alles lehren. Allerdings kann niemand für den Charakter dieser Person garantieren oder mit Sicherheit sagen, wohin der Weg führt. Manche Experimente sind vielleicht harmlos, doch im Fall geistiger Entwicklung laufen Pfuscher Gefahr, große innere Verwirrung anzurichten. An diesem kritischen Kreuzweg ist es ratsam, über die Grenzen der Nationalität und anderer äußerlicher Merkmale hinauszugehen und sich auf einen qualifizierten

Lehrer mit einer überprüfbaren Übertragungslinie zu stützen, die dafür bekannt ist, in der Vergangenheit verwirklichte Menschen hervorgebracht zu haben. Vertrauen in den Weg und in die Person, die uns anleitet, sind ebenso wichtig wie Selbstvertrauen. Dieses Vertrauen sollte jedoch auf einem vernünftigen Urteil beruhen, ohne dabei zu vergessen, daß selbst dies falsch sein kann. Solange wir nicht die volle Erleuchtung erlangt haben, können uns in der Wahrnehmung von uns selbst und anderen Irrtümer unterlaufen.

In allen buddhistischen Traditionen ist vollkommene Moral die wesentlichste Qualifikation eines Lehrers. Sie ist die Grundlage aller Verwirklichungen. Beispielsweise muß ein Vinaya-Lehrer, um Nonnen unterrichten zu können, nach der Pāli-Tradition acht spezielle Eigenschaften haben,[88] ein Mahāyāna-Guru zehn[89] und ein Lehrer des Tantra weitere zehn,[90] wobei in allen Fällen reine Moral eine Vorbedingung darstellt. Sich des Tötens, des Stehlens, sexuellen Fehlverhaltens, des Lügens und der Berauschung (beispielsweise durch Alkohol) zu enthalten, sind Vorschriften für buddhistische Laien und eigentlich grundlegende Verhaltensregeln für alle rechtschaffenen Menschen. Es ist selbstverständlich, daß diejenigen, die den Anspruch erheben, spirituelle Lehrer zu sein, über solchem Fehlverhalten stehen sollten. Da Mißbrauch von Autorität heutzutage unglücklicherweise an der Tagesordnung ist, sollten spirituell Suchende in der Wahl derer, die sie anleiten, Umsicht an den Tag legen.

Im Falle von Tantra ist die Sachlage noch ernster, da man bestimmte Verpflichtungen auf sich nimmt, wenn das Band zwischen Meister und Schüler erst einmal geknüpft ist. Selbst nach einer einfachen Einweihung sind wir an diese Verpflichtungen gebunden, daher sollten wir vor einer solchen Zeremonie mit großer Sorgfalt die Eigenschaften eines Lehrers einschätzen. Man darf das Verhalten eines eventuellen Lehrers selbst bis zu zwölf Jahren beobachten und seine Eigenschaften überprüfen, bevor man eine Meister-Schüler-Beziehung eingeht. Es ist meine wohlüberlegte Meinung, daß in einer Zeit, wo Vertrauen häufig kraß mißbraucht wird, insbesondere Frauen gut beraten sind, mit Vorsicht und vernünftigem Urteilsvermögen vorzugehen. Der Wert von Gelübden ist in diesem Zusammenhang offensichtlich.

Jetzt, da der Buddhismus in den Westen gelangt, ist es unsere Pflicht, die Lehren im Licht der neuen Entdeckungen in Physik, Astronomie, Neurologie, Psychologie und allen verfügbaren Wissensgebieten zu betrachten. Das hilft uns, die Lehren zu bestätigen und Einsicht in die wahre Essenz des Dharma zu gewinnen, die individuelle und kulturelle Vorurteile hinter sich läßt. In einer Botschaft, die insbesondere für westliche Schüler von Bedeutung ist, sagte Seine Heiligkeit der Dalai Lama kürzlich: »Wir müssen die buddhistischen Lehren anhand erfahrbarer Tatsachen überprüfen. Wo auch immer Aussagen in den Schriften der Wirklichkeit widersprechen, dürfen wir die Authentizität solcher Aussagen zu Recht in Frage stellen.« Dieser Rat ist von besonderer Bedeutung für Frauen, die frauenfeindliche Äußerungen in buddhistischen Schriften untersuchen.

Unter der großen Zahl von Schriften, aus der sich die buddhistische Literatur zusammensetzt, gibt es einige wenige, die bestreiten, daß Frauen fähig sind, die volle Buddhaschaft zu erreichen. Doch nirgendwo hat der Buddha selbst ihnen die Fähigkeit abgesprochen, Befreiung oder Erleuchtung zu erlangen. Im Gegenteil; er hat in unmißverständlichen Worten ausgedrückt, daß Frauen alle Anlagen für geistige Verwirklichungen besitzen. Es ist offensichtlich, daß der Buddha in seiner allumfassenden Weisheit das geistige Potential der Frauen erkannte. Dies wird auch von Frauen unter Beweis gestellt, die es zur Arhatschaft und anderen Verwirklichungsstufen gebracht haben.

Das Selbstbewußtsein der Frauen nimmt in den westlichen Ländern immer mehr zu. Dieser Wachstumsprozeß ist sehr positiv, sehr schmerzhaft und sehr kraftvoll. Mit Sicherheit werden daraus bedeutsame Veränderungen in religiösen Einrichtungen hervorgehen – Veränderungen, die den Frauen für ihre persönliche Entwicklung und für ihre religiöse Einsicht bislang ungeahnte Möglichkeiten bieten werden. Eines Tages werden Frauen vielleicht die neuen Möglichkeiten als selbstverständlich hinnehmen. Ich bitte die buddhistischen Frauen deshalb, in diesem revolutionären Prozeß an ihre asiatischen Schwestern zu denken und aktives Mitgefühl für jene zu beweisen, die immer noch um Voraussetzungen für ihre geistige Entwicklung kämpfen. Viele Frauen in den Ländern der

Dritten Welt sind sich nicht einmal der Nachteile bewußt, unter denen sie leben und arbeiten. Selbstverachtung und Minderwertigkeitskomplexe der früheren Frauengenerationen herrschen in vielen Teilen der Welt immer noch vor, und es wird Zeit erfordern, davon loszukommen.

Viele Nonnen und andere buddhistische Frauen haben eine armselige Vorstellung von sich selbst und halten an dem Vorurteil fest, sie besäßen geringere Fähigkeiten. In Kulturen, in denen Bescheidenheit einen hohen gesellschaftlichen Wert hat, sind sogar die Selbstbewußtesten unter ihnen eingeschüchtert, und es kostet sie große Anstrengungen, ihre Meinung auszusprechen. Damit der Dharma jedoch den Frauen in Asien echten und vollen Nutzen bringt, muß man ihre Stimmen vernehmen und auf sie hören. In einigen Ländern ist das Bhikṣuṇī-Thema in einem solchen Ausmaß politisiert worden, daß sich viele Frauen aus Angst vor Diffamierung und sozialer Entfremdung nicht mehr zu äußern wagen. Es führt auch leicht zu einer Spaltung unter den Frauen selbst und vertieft noch die Kluft zwischen den gebildeten und unterprivilegierten.

Die Frage der Emanzipation ist für religiöse Frauen höchst vielschichtig und sehr heikel; sie müssen gut informiert sein und mit Geschick vorgehen. Dieses Buch macht darauf aufmerksam, wie notwendig eine einfühlsame Lösung dieser Probleme ist. Jemand, der allen Lebewesen Nutzen bringen möchte, kann nicht einfach über die dynamische spirituelle Kraft Millionen buddhistischer Frauen in Asien hinwegsehen. Welch ein Verlust für die Welt!

Der buddhistische Weg ist nur einer von vielen, doch hat er sich für zahllose Wesen als geistiger Gewinn erwiesen. Daher hoffen wir, daß Frauen vermehrt Zugang zu den buddhistischen Lehren erhalten und mehr Ermutigung in ihrer religiösen Praxis erfahren. Werden die guten Anlagen der Frauen gepflegt und offenkundig, können sie auf positive Weise zur Verbesserung der allgemeinen Lebensqualität der Menschen auf dieser Welt beitragen. In diesem Geist trat die erste Internationale Konferenz Buddhistischer Nonnen zusammen. Ihr Anliegen war, den buddhistischen Schwestern eine Möglichkeit zu geben, ihre Hoffnungen und Träume miteinander zu teilen. Im Verlauf der Konferenz erkannten wir, daß bloßes

Reden nicht ausreicht, um diese Träume zu verwirklichen – wir müssen anfangen, unsere Bestrebungen auf reale, faßbare Weise in die Tat umzusetzen. Trotz unserer Unerfahrenheit in Angelegenheiten internationaler Organisationen gründeten wir Sakyadhītā, um einen ständigen Dialog über Fragen in bezug auf Frauen und Dharma sicherzustellen.

Niemand kann das geistige Potential von Frauen leugnen. Im Gegenteil, ihr Erwachen kann zu einer mächtigen Kraft für den Frieden in der Welt werden. Wenn wir, Ordinierte und Laienpraktizierende gleichermaßen, damit aufhören, uns in belanglosen Betätigungen zu verlieren, und beschließen, alle unsere Talente auszuschöpfen, um das Leiden der Menschheit zu beseitigen, wo immer es existiert, können wir echte Veränderungen in der Welt hervorbringen. Die Wandlung beginnt in unserem Herzen und wird sich langsam den Menschen um uns herum mitteilen. Mögen die Lehren vielen Menschen Trost spenden und die geistig interessierten Frauen in der Welt motivieren, sich den guten Kräften anzuschließen, um den inneren und den äußeren Frieden zu verwirklichen.

Sarva mangalam

Aussprache der Pāli- und Sanskritwörter

Es gelten folgende vereinfachte Regeln:

a i u : kurz
ā ī ū : lang
e o : lang
g *d b* : stimmhaft wie in groß, der, Bär
c : wie *tsch* in deutsch
j : wie *dsch* in Dschungel
ṃ : vor *s* als *ng*, vor *b* als *m*
ṅ : wie ng in lange
ñ : wie *nj* in Sonja
s : wie *s* in ist
ṣ ś : wie *sch* in Schule

v : wie *w* in Wasser
y : Wie *j* in Sonja

kh gh ch jh ṭh ḍh th dh ph bh sind als aspirierte Konsonanten auszusprechen, wie z. B. *kh* in Bankhaus, *dh* in Landhaus.

Bei *ṭ ṭh ḍ ḍh ṇ ḷ* preßt man die Zunge gegen den Gaumen.

Tibetische Begriffe und Namen werden wie englische Wörter ausgesprochen. Transliteration erfolgt nach dem System von Turell Wylie.

Anmerkungen

1 Siehe zum Beispiel die beiden Bücher von Diana Paul, *Die Frau im Buddhismus. Das Bild des Weiblichen in Geschichten und Legenden*, Papyrus, Hamburg 1981, und *The Buddhist Feminine Ideal*, American Academy of Religious Dissertation Series Nr. 30, Minnesota 1980.
2 Die fünf Skandhas oder Aggregate sind: Körperliches (*Rūpa*), Empfindungen (*Vedanā*) Unterscheidung (*Saṃjñā*), gestaltende Faktoren (*Saṃskāra*) und Bewußtsein (*Vijñāna*).
3 Die Schätzung enthält nicht die Nonnen in der Volksrepublik China und im heutigen Vietnam, da für diese Länder keine Statistiken erhältlich sind.
4 Die Bedingungen, die erfüllt sein müssen, um eine Spaltung des Ordens zu erzeugen, werden in I. B. Horners Übersetzung des *Vinayapiṭaka*, Bd. V, S. 285-87 erklärt. Nur ein »richtiger Mönch«, ein Bhikṣu, kann eine Spaltung des Mönchsordens erzeugen: »Upāli, eine Nonne spaltet den Orden nicht, selbst wenn sie eine Spaltung betreibt...eine Probe-Anwärterin...ein Novize...eine Novizin...ein Laienanhänger...eine Laienanhängerin spaltet den Orden nicht, selbst wenn sie eine Spaltung betreibt. Nur ein richtiger Mönch, der zur selben Gemeinschaft gehört und innerhalb derselben Grenzen lebt, spaltet den Orden.«
5 *The Blue Annals* (tibetische Geschichts-Chroniken) gibt als Sanskritnamen Bhikṣuṇī Lakṣmī an (Anm. d. Übs.).
6 Durch diese Übung werden die falschen Vorstellungen bezüglich des Ichs sozusagen »abgeschnitten» und die Geistesplagen gestillt (Anm. d. Übs.).
7 Prātimokṣa (tibetisch *So-so thar-pa*) kann als »persönliche Befreiung« übersetzt werden. Die Vinaya-Texte zählen sieben Stufen von Prātimokṣa-Gelübden auf: vollordinierter Mönch (Bhikṣu), vollordinierte Nonne (Bhikṣuṇī), Probe-Anwärterin (Śikṣamāṇā), Novize (Śrāmaṇera), Novizin (Śrāmaṇerikā), Laie (Upāsaka) und Laienfrau (Upāsikā). Der *Abhidharmakoṣa* nennt noch eine zusätzliche Kategorie, das vierundzwanzig Stunden Fastengelübde (*Upavasatha*), das nicht in der Vinaya-Aufzählung enthalten ist, weil es kein lebenslanges Gelübde ist. Von den drei Arten von Nonnen

erhält die Śrāmaṇerikā zehn Regeln (in der tibetischen Tradition werden diese zehn zusätzlich in sechsunddreißig Schulungsregeln aufgeteilt), eine Śikṣamāṇā sechs (zwölf in der Mūlasarvāstivāda-Schule und achtzehn in der Mahāsāṃghika-Schule). Eine Bhikṣuṇī erhält nach dem Pāli-Kanon der Theravāda-Schule 311 Regeln, 290 in der Mahāsāṃghika-Schule, 348 in der Dharmagupta-Schule und nach den tibetischen Texten der Mūlasarvāstivāda-Schule 371, einschließlich der sieben *Adhikaraṇa*-Regeln.

8 Nach dem Mūlasarvāstivāda-Vinaya in tibetischer Übersetzung ist es nur unter bestimmten Umständen erlaubt, die Roben aufzugeben, zum Beispiel während einer Hungersnot, wenn man nicht in der Lage ist, ausreichende Nahrung zu bekommen; während eines Krieges, wenn man nicht am Ort bleiben kann und unter Androhung des Todes.

9 Siehe Richard Sherburnes Übersetzung von *A Lamp of the Path and Commentary*, George Allen und Unwin, London 1983, S. 74.

10 Die Novizenordination sollte normalerweise im Alter von über fünfzehn Jahren empfangen werden. Unter besonderen Umständen kann sie jedoch früher erlangt werden, »falls der Kandidat fähig ist, Krähen aufzuscheuchen«. Für die volle Ordination muß eine Person mindestens zwanzig Jahre alt sein.

11 Es gibt auch das sogenannte Nicht-Gelübde, wie den Eid zu töten, den man auf sich nimmt, wenn man sich der Armee anschließt. Dies wird im *Abhidharmakosa* erklärt.

12 Die sechs Daseinsbereiche, von denen hier gesprochen wird, sind die Bereiche der Hölle, hungriger Geister, der Tiere, der Menschen, der Halbgötter und der Götter.

13 In der Theravāda-Tradition werden diejenigen, die nach Buddhaschaft streben, Bodhisattvas genannt. Sie erfahren notwendigerweise eine Bestätigung dieses hohen Strebens nach Erleuchtung. Davon gibt es drei Typen, die jeweils eine andere Eigenschaft betonen und eine bestimmte Zeitdauer benötigen, um die Buddhaschaft zu erreichen: Der erste Typ betont Weisheit und benötigt vier Perioden von unzählbaren Zeitaltern und 100 000 große Äonen; der zweite Typ betont Vertrauen und benötigt vier Perioden von unzählbaren Zeitaltern und 100 000 große Äonen; der dritte Typ betont Tatkraft und benötigt sechzehn Perioden von unzählbaren Zeitaltern und 100 000 große Äonen.

14 Siehe Hopkins Erläuterung in *Meditation on Emptiness*, S. 366 und S. 393-397.

15 *Encyclopedia of Buddhism*, Bd. 11, Ceylon Government Press 1966, S. 41.

16 Zitiert aus *Aṅguttara Nikāya*.

17 Aus dem Text *Itivuttaka Pāli*: »*...araham hōti khināsavā vusitavā katakaraṇiyo ohita-bhāro anuppattasadatto parikkhīṇa bhavasaṃyojano...*«.

18 Aus *Aṅguttara Nikāya*, Bd. IV, S. 453, Pāli Text Society Ausgabe: »*...sandiṭṭhiko, akāliko, ehipassiko, opanayiko, paccattam veditabho viññuhi...*«.

19 Die vier vortrefflichen Eigenschaften oder »Wohnstätten Brahmas« (Brahma Vihāra) sind liebevolle Zuneigung (Mettā), Mitgefühl (*Karuṇā*), altruistische Freude (*Muditā*), und Gleichmut (*Upekkhā*).

20 Aus dem *Anattalakkhana Sutta, Vinaya*, Bd. I, S. 13-14, Pāli Text Society.
21 Aus dem *Khaggavisāna Sutta*, dritte Lehrrede von *Uragavagga, Sutta Nipāta*, Pāli Text Society.
22 *Vinaya*, Bd. V, S. 354, Pāli Text Society.
23 Der Pfad und die Frucht jeder Stufe der Heiligkeit, nämlich eines In-den-Strom-Eingetretenen, eines Einmalwiederkehrenden, eines Niewiederkehrenden und eines Vollkommen-Heiligen, insgesamt acht.
24 Kapitel XXVI, Strophen 68-69.
25 Das Pāli Wort *Thūpa* oder *Cetiya* bezeichnet ein Hügelgrab oder Denkmal, das errichtet wird zum Andenken an die großen Taten wertvoller Wesen, wie etwa *Tathāgatas* und Arahats, und ihre Asche enthält.
26 Hirakawa bringt ausdrücklich das Enstehen des Mahāyāna-Buddhismus mit der *Stūpa*-Anbetung der Laien in Verbindung. Vgl. hierzu sein »Rise of Mahāyāna Buddhism and Its Relationship to the Worship of Stupas«, *Memoirs of Toyo Bunko*, Bd. 22, 1963, S. 57-106.
27 I. B. Horner, *Women Under Primitive Buddhism*, Motilal Banarsidass, Delhi 1975, S. 2.
28 C. A. F. Rhys Davids, *The Book of Kindred Sayings*, Luzac, 1959, Bd. 1, S. 111.
29 Meena Talim, *Women in Early Buddhist Literature*, University of Bombay, 1972, S. 121.
30 Horner, S. 26.
31 Horner, S. 41.
32 Horner, S. 94.
33 T. W. Rhys Davids, *Dialogues of the Buddha*, Teil 2, Pāli Text Society, London 1975, S. 102-105.
34 Horner, S. 109.
35 T. W. Rhys Davids, S. 154.
36 Diana Paul, *Women in Buddhism*, Lancaster Miller, 1980, S. 169-171 bzw. *Die Frau im Buddhismus*, Papyrus, Hamburg 1981, S. 176-78.
37 F. Max Muller, Übersetzer, *The Bon-so-wa-ei Gappei Jodo Sambukyo*, Taitong Press, 1961, S. 390.
38 Paul, englische Ausgabe, S. 230; deutsche, S. 234.
39 Paul, englische Ausgabe, S. 79; deutsche, S. 92.
40 N. A. Falk und Rita Gross, *Unspoken Worlds: Women's Religious Lives in Non-western Cultures*. »The Case of the Vanishing Nuns: The Fruits of Ambivalence in Ancient Indian Buddhism«, Harper and Row, New York 1980, S. 223
41 D. K. Barua, *Vihāras in Ancient India*, Calcutta 1969, S. 191.
42 Die Zeit der Ch'an-Schule wird traditionell beim Eintreffen des Bodhidharma in China im sechsten Jahrhundert angesetzt. Eine der fünf Ch'an-Schulen Chinas, Fa-yen, wurde später nach Korea verpflanzt.
43 Dies bezieht sich auf wildwachsende Gemüse und Kräuter, die normalerweise von den Dorfbewohnern geerntet werden (Anm. d. Übs.).
44 Sie bringen oft mehrere Säcke Reis ins Kloster zurück. Auf diese Art werden die Nonnen von ihren Familien versorgt (Anm. d. Übs.).

45 Die jungen und älteren Nonnen dürfen den Mönchen Almosen überreichen (Anm. d. Übs.).

46 Martha Sentnor, *Statistical Figures on the Order of Bhikkhunīs in China*, New York 1984.

47 Aus Zeitmangel war es mir nicht möglich, die Provinzen zu besuchen, die für buddhistische Aktivitäten allgemein und insbesondere für buddhistische Nonnen bekannter sind, nämlich Sezchuan, Fujian, Hubei und Shanzi. Alle, die ich über Nonnen befragte, machten auf die berühmte Gelehrte Long Lien aufmerksam, die dreiundsiebzig Jahre alt war und im Chendo Nonnenkloster auf dem Berg Ome in der Provinz Sezchuan lebte. Auch ihr Buch über *Madhyamaka* wurde von einigen meiner Gesprächspartnerinnen erwähnt. Sie schien landesweit die am höchsten geachtete Nonne zu sein. Ich erfuhr auch, daß Bhikkhunī Long Lien und einige ihrer Mitbewohnerinnen während der Kulturrevolution im Kloster hatten bleiben dürfen, aber zum Anbau der notwendigen Lebensmittel gezwungen waren.

48 Auch in anderen Ländern war dies, wie in Sri Lanka, einer der Gründe zum Eintritt in den Orden.

49 In Sri Lanka glaubt man allerdings, daß nur die Ordination eines Sohnes diesen Vorteil einbringe.

50 Ausnahmen sind gewisse historische buddhistische Stätten, die restauriert wurden und vorwiegend als Museen dienen – zum Beispiel der Guang Xiao Tempel, Residenz von Hui Neng, dem Sechsten Patriarchen des Zen-Buddhismus in China.

51 Aus einer Rede von Herrn Chao Puchu, Leiter der chinesischen buddhistischen Delegation, während der 14. Konferenz der World Fellowship of Buddhists in Colombo, 1984.

52 S. W. Pachow, »Ancient Cultural Relations Between Ceylon and China«, *University of Ceylon Review*, Bd. XI, Nr. 3 und 4, und Hema Goonatilake, *The Impact of Some Mahāyāna Concepts on Sri Lankan Buddhism*, Dissertation, University of London 1974.

53 P. Suwanbubbha in ihrer Dissertation: *A Comparative Study of the Status and Roles of Theravāda Buddhist and Roman Catholic Nuns in the Community of Bangkok*, S. 85.

54 Prakhong Singhanartnitirak: *Roles of Maejis in Social Development*, Dissertation, Thammasat University 1973, S. 42.

55 Inzwischen erhalten auch die Nonnen vom Jangchub Choeling-Nonnenkloster in Mundgod und Jamyang Choeling-Nonnenkloster in Dharamsala Unterricht in Logik und Philosophie (Anm. d. Übs.).

56 Die von buddhistischen Laienanhängerinnen und -anhängern einzuhaltenden Regeln sind: Abzustehen vom Töten, Stehlen, Lügen, von sexuellem Fehlverhalten und berauschenden Getränken.

57 Obwohl der Ausdruck »Saṅgha« heutzutage im Westen gewöhnlich in bezug auf Dharma-Praktizierende allgemein angewendet wird, ist damit eigentlich eine Versammlung von vier oder mehr vollordinierten Nonnen oder Mönchen gemeint.

58 Diese These ist umstritten. (Anm. d. Übs.).

59 Akira Hirakawa, *Monastic Discipline for the Buddhist Nuns*, K. P. Jayaswal Research Institute, Patna 1982, S. 3.

60 Jeffrey Hopkins, *Meditation on Emptiness*, Wisdom Publications, London 1983, S. 713-719.

61 Holmes Welch, *The Practice of Chinese Buddhism: 1900-1950*, Harvard University Press, Cambridge 1967, S. 4.

62 Die Passage, die diese Prophezeiung enthält, ist im *Cūllavagga* zu finden, in der Übersetzung von T. W. Rhys Davids und Hermann Oldenberg in *Vinaya Texts*, Teil III, S. 325.

63 Die acht Gurudharmas sind nach der Übersetzung und Erläuterung von Akira Hirakawa in *Monastic Discipline for the Buddhist Nuns* (Patna, 1982, S. 47-98) folgende: 1. Wenn eine Bhikṣuṇī, sei sie auch seit hundert Jahren ordiniert, einen neuordinierten Bhikṣu trifft, so sollte sie sich erheben, sich vor ihm verbeugen und ihm huldigen. 2. Eine Bhikṣuṇī soll zwei Jahre lang vor der Upasaṃpadā-Ordination studieren und die Ordination sowohl von Bhikṣuṇīs wie auch Bhikṣus erhalten. 3. Eine Bhikṣuṇī darf einen Mönch nicht wegen seiner Vergehen ermahnen, wohingegen ein Bhikṣu eine Bhikṣuṇī wegen ihrer Vergehen ermahnen darf. 4. Eine Bhikṣuṇī darf Nahrung, Unterkunft, Lagerstätte und Kissen nicht eher als ein Mönch erhalten. 5. Wenn eine Bhikṣuṇī einen Gurudharma überschreitet oder eine Saṃghāvaśeṣa-Zuwiderhandlung begeht, muß sie einen halben Monat lang das *Mānatva* vor dem Bhikṣu- und dem Bhikṣuṇī-Orden durchführen. 6. Am Upoṣadha-Tag sollten die Bhikṣuṇīs um Belehrungen durch den Bhikṣu-Orden bitten. 7. Eine Bhikṣuṇī sollte die Sommerklausur nicht an einem Ort verbringen, wo es keine Bhikṣus gibt. 8. Nach der Sommerklausur sollten die Bhikṣuṇīs die Bekenntnis-Zeremonie vor beiden Orden durchführen.

Manche behaupten, daß die acht, angeblich vom Buddha festgelegten Vorschriften nicht als Diskriminierung der Frauen, sondern als Vorsichtsmaßnahme gedacht waren, um das reibungslose Zusammenleben der männlichen und weiblichen Klostergemeinschaften zu sichern. Die Gründung von zölibatären Männer- und Frauen-Ordensgemeinschaften auf engem Raum ist ein riskantes Unternehmen. Daher hat der Buddha als Maßnahme gegen unerwünschte Konsequenzen und als Schutz für den weiblichen Orden die acht Vorschriften zur Regelung des Verhaltens und Zusammenlebens von Bhikṣu- und Bhikṣuṇī-Saṅgha erlassen.

Anhand von drei Beispielen wird versinnbildlicht, wie durch die Zulassung von Frauen der Orden anfälliger für Krisen und einen frühzeitigen Niedergang werden würde. Die acht wichtigen Vorschriften wurden zur Abwehr eines solchen Unglücks eingeführt: »Und so, Ānanda, wie man um ein großes Wasserbecken zur Vorsicht einen Damm errichtet, damit das Wasser nicht wegfließen kann, genauso, Ānanda, habe ich zur Vorsicht diese ›Acht Hauptvorschriften für die Bhikkhunīs‹ niedergelegt, die sie ihr Leben lang nicht übertreten sollen.« (*Vinaya Texts*, Teil III, S. 326).

64 Zitiert aus dem Artikel »Bhikkhunī Order« von D. Amarasiri, erschienen im *Sunday Observer*, Sri Lanka, 8. Juli 1984. Eine Reihe führender Gelehr-

ter, darunter Bhikkhu Khantipalo und Yuchi Kajiyama, betrachten diese Regeln als spätere Hinzufügung. Akira Hirakawa, ein herausragender Spezialist für Vinaya-Texte, sagt hierzu: »Gemäß dem *Bhikkunī-kkhandaka* gab der Buddha den Frauen als Antwort auf die Bitte von Mahāprajāpatī Gotamī die Erlaubnis, Bhikkhunīs zu werden, und er legte auch die acht Gurudharmas fest. Ihrem Inhalt nach zu schließen sind sie jedoch tatsächlich erst später formuliert worden.« (*Monastic Discipline for the Buddhist Nuns*, S. 37).

65 Die fünf schwerwiegenden Vergehen sind Vatermord, Muttermord, einen Arhat zu töten, absichtlich das Blut eines Buddha zu vergießen, und eine Spaltung im Saṅgha zu verursachen.

66 »Der Führer der Jinas, Mahāvira, ein Zeitgenosse des Buddha, gründete auch einen Nonnenorden. Daß der Buddha und Mahāvira je einen Nonnenorden gründeten, war durchaus ein revolutionärer Akt.« Aus *Wissen und Wandel*, 1989, XXXV 3/4, S. 88. Vgl. auch I. B. Horner *Women under Primitive Buddhism*, S. 108 (Anm. d. Übs.).

67 Nach dem Ehrwürdigen Dr. Thich Man Giac, Abt des vietnamesichen Klosters in Los Angeles, haben die Bhikkhunīs aus Sri Lanka *auf dem Weg nach China* erst in Vietnam Halt gemacht und dort die volle Ordination an Frauen erteilt. Siehe *Dharma Voice (Quarterly Bulletin of the College of Buddhist Studies)*, Los Angeles, April/Juli 1988, S. 20-22 (Anm. d. Übs.).

68 Die zehn Regeln einer Novizin oder eines Novizen sind: 1. sich des Tötens enthalten; 2. sich des Nehmens dessen enthalten, was einem nicht gegeben wurde; 3. sich sexuellen Kontaktes enthalten; 4. sich des Lügens enthalten; 5. sich der Einnahme von Rauschmitteln enthalten; 6. sich des Tanzens, Singens und anderer Zerstreuungen enthalten; 7. sich der Verschönerung durch Schmuck und Kosmetik enthalten; 8. sich des Gebrauchs hoher luxuriöser Sitze und Betten enthalten; 9. sich des Umgangs mit Silber und Gold enthalten; 10. sich der Nahrungsaufnahme zu unangemessener Zeit enthalten.

69 In den Theravāda- und Dharmagupta-Vinaya-Schulen bestehen die Śikṣamāṇā-Regeln aus den ersten fünf und der zehnten Regel für Novizen, die in Anmerkung 68 genannt wurden. In der *Monastic Discipline for the Buddhist Nuns* (S. 53-55) erwähnt Hirakawa die sechs Śikṣamāṇā-Regeln der Sarvāstivāda-Schule als die ersten vier der Noviz-Regeln sowie der letzten zwei Bhikṣuṇī-Pārājikas. Zusätzlich vermerkt er, daß es sechs Śikṣamāṇā-Regeln in der Mahīśāsika-Schule gibt, sechs Haupt- und sechs Nebenvorschriften in der Mūlasarvāstivāda-Schule und achtzehn Regeln in der Mahāsāṃghika-Schule.

70 Nach Waldschmidts *Bruchstücke des Bhikṣuṇī-Prātimokṣa der Sarvāstivādins* (S. 2-3) werden von Bhikṣuṇīs und Bhikṣus der verschiedenen Vinaya-Schulen jeweils die folgende Anzahl von Regeln eigehalten:

Vinaya-Schule	Bhikṣuṇī-Regeln	Bhikṣu-Regeln
Pāli (Theravāda)	311	227
Dharmagupta	348	250

Vinaya-Schule	Bhikṣuṇī-Regeln	Bhikṣu-Regeln
Mahāsāṃghika	290	218
Mahīśāsika	380	251
Sarvāstivāda (Chinesisch)	355	257
Sarvāstivāda (Sanskrit)	–	263
Mūlasarvāstivāda (Chinesisch)	354	245
Mūlasarvāstivāda (Tibetisch)	371	262

71 Gemäß den tibetischen Texten der Mūlasarvāstivāda-Schule sind zwölf Bhikṣuṇīs erforderlich.

72 Gemaß den tibetischen Texten insgesamt zweiundzwanzig.

73 Dies bezieht sich auf ein »Zentrales Land«, eine Gegend, in der die vier Kategorien von Schülern existieren - womit gewöhnlich Bhiksus, Bhikṣuṇīs, Upāsakas und Upāsikās gemeint sind.

74 In der tibetischen Tradition wären fünf Bhikṣus und sechs Bhikṣuṇīs erforderlich.

75 Zu der Aufsplitterung in verschiedene Unterschulen gibt es unterschiedliche Standpunkte. Dieses Thema bedarf noch weiterer Nachforschung (Anm. d. Übs.).

76 Der *Bhikṣuṇīvinayavibhaṅga* soll nach Eimer nicht dem Vinayapiṭaka der Mūlasarvāstivāda-Schule entstammen, sondern einer anderen Schule: *Zur Textreihenfolge in der Abteilung des Vinaya*, Zentralasiatische Studien 20, Harrassowitz, Wiesbaden 1987 (Anm. d. Übs.).

77 Nach tibetischen Quellen (Vinītadevas und Śākyaprabhas Version) gehören die Dharmaguptakas und die Mūlasarvāstivādins zur Schule der Sarvāstivādins und nicht zur Theravāda-Schule (Anm. d. Übs.).

78 Hier gehen Fragende und Antwortender offensichtlich von einer unterschiedlichen Definition »vollkommener Sittlichkeit« aus. Nach einer weniger engen Auslegung tibetischer Tradition bedeutet die Übung »vollkommener Sittlichkeit«, daß man nicht durch Hauptübertretungen Schaden genommen hat und sich davor hütet, Handlungen durchzuführen, die von Natur her unmoralisch sind. Die Diskussion kann daher nicht als abgeschlossen betrachtet werden (Anm. d. Übs.).

79 Das Sāsana besteht aus den Lehren (Pariyatti), ihrer Anwendung in der Praxis (Paṭipatti) und den Früchten der Heiligkeit (Paṭivedha).

80 I. B. Horner, *The Book of the Discipline*, Bd. 5, Pāli Text Society, S. 356.

81 *Samantapāsādikā* (auf Pāli) von Buddhaghosa, S. 1291.

82 Hier: Bhikṣuṇī-Ordinationsritual (*'Dul-ba'i Las-chog*) (Anm. d. Übs.).

83 Eine spätere Untersuchung hat ergeben, daß es gegenwärtig keine Mūlasarvāstivāda-Überlieferungslinie in der vietnamesischen Tradition gibt. Die Mönche und Nonnen der vietnamesischen Tradition halten die Regeln gemäß der Dharmagupta-Tradition ein, die nach vietnamesischer und tibetischer Auffassung eine Unterschule der Sarvāstivāda-Schule ist.

84 Dies ist eine Folge des von der Volksrepublik China geübten Druckes.

85 A. Hirakawa, *Monastic Discipline for the Buddhist Nuns*, Patna 1982, S. 66.

86 Eine Ausnahme sind die Nonnen mit den acht und den zehn Regeln in Thailand und Sri Lanka, wo man weder die Śrāmaṇerikā- noch die Bhik-

ṣuṇī-Ordination bekommen kann und wo die Bedingungen für weibliche Praktizierende ziemlich schwierig sind.

87 Das gilt möglicherweise für Nordamerika; in Deutschland sind wir mindestens die dritte Generation (Anm. d. Übs.).

88 Die acht Eigenschaften eines Vinaya-Lehrers, der Nonnen unterweisen kann, werden in I. B. Horners Übersetzung wie folgt dargestellt, *The Book of Discipline*, Bd. 2, S. 265-67: »Ich erlaube euch, Mönche, einen Mönch zu wählen, der die Nonnen unterrichtet. Er muß acht Eigenschaften besitzen: 1. er ist tugendhaft, 2. er lebt maßvoll nach den Vorschriften des Pāṭimokkha, 3. er hat gutes Benehmen und ist vertrauenswürdig, 4. in der geringsten Verfehlung sieht er Gefahr, 5. wenn er Regeln annimmt, übt er sie aus, 6. er ist sehr gelehrt, 7. er hat die Texte auswendig gelernt, 8. er hat einen reichen Wissensschatz... Weiterhin muß er ein Bhikṣu sein, der mindestens zwanzig Jahre ordiniert ist und keine Hauptverfehlung begangen hat.« Die Quellen weichen in diesem Punkt voneinander ab, jedoch scheinen alle Traditionen darin übereinzustimmen, daß ein solcher Mönch tugendhaft, gelehrt und nicht weniger als zwanzig Jahre vollordiniert sein muß.

89 In der *Guru-Pūjā* vom 1. Panchen Lama, Lobsang Chokyi Gyaltsen, finden wir eine Zusammenfassung der zehn erforderlichen Eigenschaften eines Mahāyāna-Meisters und die zusätzlichen eines Vajrayāna-Meisters. Die des Mahāyāna-Meisters kommen aus dem *Mahāyāna-sūtralankara* von Maitreya. Diese zehn sind: 1. durch ethische Selbstdisziplin wohl gezähmt, 2. durch geistige Ruhe wohl gezähmt, 3. durch Weisheit wohl gezähmt, 4. mehr Wissen als die Schüler, 5. immer bereit zu lehren, 6. gewandt im Verstehen und Weitergeben der Lehren, 7. Einsicht und Verständnis der Leerheit, 8. weise und geschickt in der Darlegung der Lehren 9. ausgestattet mit großem Mitgefühl, 10. unermüdlich (für die Schüler) tätig.

90 Die weiteren Eigenschaften eines Vajrayāna-Meisters findet man in der *Guru-Pūjā*. Sie kommen aus den *Fifty Verses of Guru Devotion (Die fünfzig Verse der Hingabe an den Guru)* von Aśvaghoṣa: 1. wohl gezügelt im Verhalten, 2. in der Sprache, 3. im Geist, 4. von großem Verstand, 5. geduldig, 6. ehrlich, 7. ohne Heuchelei und Hehl, 8. das Mantra und die Tantras kennend, 9. ausgestattet mit zwei mal zehn Vorzügen des Tantra (zehn innere und zehn äußere), 10. geschickt im Zeichnen und Unterweisen.

Über die Autorinnen

Bhikṣuṇī Pema Chodron ist 54 Jahre alt und hat zwei erwachsene Kinder. Früher war sie Grundschullehrerin. 1973 erhielt sie in Schottland die Śrāmaṇerikā-Ordination von S. H. Gyalwa Karmapa und 1981 in Hongkong die Bhikṣuṇī-Ordination. Gegenwärtig leitet sie Gampo Abbey, ein Kloster für westliche Mönche und Nonnen in Nova Scotia in Kanada.

Śrāmaṇerikā Lobsang Dechen wurde 1960 als Kind tibetischer Flüchtlinge in Manali in Indien geboren. Sie besuchte die Schule des tibetischen Kinderdorfs in Dharamsala und erhielt 1975 die Śrāmaṇerikā-Ordination durch den Ehrw. Lati Rinpoche. 1982 erwarb sie den Grad eines Bachelor of Arts am St. Bede College in Simla und 1983 den eines Bachelor of Education an der Universität Chandigarh. Seit 1984 ist sie Lehrerin an der Schule des tibetischen Kinderdorfs in Dharamsala.

Kusuma Devendra hatte ein Stipendium an der Indiana Universität und studierte anschließend Buddhismus an der Sri Jayaradenapura Universität in Sri Lanka, wo sie auch ihren Abschluß in Pāli, Buddhismus und Englisch machte. Ihren Master of Arts schloß sie in Buddhistischen Wissenschaften ab. Sie promovierte in Sri Lanka mit einer Doktorarbeit über buddhistische Nonnen. Beruflich war sie als Lehrerin in wissenschaftlichen Fächern tätig, wobei sie auch an der Universität gelehrt hat.

Bhikkhunī Dhammawati wurde 1934 in Patan, in der Nähe von Kathmandu in Nepal geboren. Ihre Schulausbildung absolvierte sie in Burma, wo sie den Grad einer Sāsana Dhaja Dhammacariya erwarb. In Nepal gründete sie nach ihrer Rückkehr das Dharmakirti-Vihar in Kathmandu, als dessen Vorsteherin sie derzeit auch tätig ist. Ebenso ist sie Vorsitzende des Dharmakirti Buddhist Study Circle. Sie gibt eine buddhistische Monatszeitschrift heraus und hat über fünfundzwanzig Bücher auf Newari verfaßt, von denen viele ins Nepalesische übersetzt sind. 1988 erhielt sie die Bhikkhunī-Ordination im Hsi Lai Tempel, Los Angeles.

Bhikṣuṇḍī Shih I Han wurde 1947 in Taiwan geboren. Nach Erhalt ihres Diploms arbeitete sie als Schreibkraft am amerikanischen Luftstützpunkt in Taiwan. Inspiriert von den Lehren des Buddha und von ihrer Mutter ermutigt, gab sie ihren Beruf auf und studierte Buddhismus im Fo Kuang Shan Kloster. 1973 erhielt sie durch den Ehrwürdigen Shing Yun die Śrāmaṇerikā- und 1976 die Bhikṣuṇī-Ordination. Nach vier Jahren Studium am Fo Kuang Shan Buddhist College wurde sie in die Vereinigten Staaten geschickt, um in Los Angeles eine buddhistische Vereinigung zu begründen. Gegenwärtig spezialisiert sie sich an der California State University in Psychologie und ist nebenbei als Schriftführerin des Hsi Lai Tempels in Los Angeles tätig.

Dr. Chatsumarn Kabilsingh studierte an Visva Bharati (Santiniketan), an der McMaster Universität in Kanada und promovierte zum Doktor der Philosophie an der Magadha Universität in Indien. Seit 1973 lehrt sie asiatische Philosophie und Religion an der Thammasat Universität in Bangkok. Sie hat eine Reihe von Büchern über Buddhismus in thailändischer Sprache verfaßt sowie *A Comparative Study of the Bhikkhunī-Pāṭimokkha* (eine vergleichende Studie der Bhikkhunī-Regeln in den verschiedenen Vinaya-Traditionen) in englischer Sprache. Seit 1984 ist sie Herausgeberin der *NIBWA (Newsletter of the International Buddhist Women's Association).*

Bhikṣuṇḍī Shih Yung Kai ist auf dem chinesischen Festland geboren und in Hongkong aufgewachsen. Sie studierte in Kanada und erwarb den Grad eines

Bachelor of Science an der Universität von Toronto. Nach ihrem Abschluß arbeitete sie drei Jahre lang als Kinderpflegerin für psychisch gestörte Kinder. 1983 begann sie am Fo Kuang Shan Tempel in Taiwan Buddhismus zu studieren und erhielt 1984 die Ordination. Derzeit arbeitet sie als Leiterin des Internationalen Ressorts von Fo Kuang Shan.

Ehrw. Ayya Khema wurde 1923 in Berlin geboren. Auf ihren Reisen durch Asien kam sie mit dem Buddhismus in Berührung und nach Jahren der Ausbildung in Burma, Thailand, den Vereinigten Staaten und Australien begann sie, 1975 Meditation und die Lehre des Buddha in der Theravāda-Tradition zu vermitteln. 1978 gründete sie in Australien unweit von Sydney das Waldkloster Wat Buddhadhamma. 1979 wurde sie in Sri Lanka als Nonne ordiniert. Zwei Jahre später gründete sie das International Buddhist Women's Center nahe Colombo. 1984 schuf sie mit ihrem Frauenkloster und Meditationszentrum auf einer der Island Hermitage benachbarten kleinen Insel im Südwesten Sri Lankas eine internationale Stätte für Studium und Praxis des Buddhismus. Aufgrund ihrer Inspiration und Anregung entstand 1989 im Allgäu das Buddha-Haus, dessen spirituelle Leiterin sie ist. Sie ist die Verfasserin vieler Dhamma- und Meditationsbücher in Deutsch und Englisch.

Bhikṣuṇḍī Sangye Khandro (Kathleen McDonald) wurde 1974 von Kyabje Song Rinpoche in Nepal als Śrāmaṇerikā ordiniert. Seitdem praktiziert sie unter dem (inzwischen verstorbenen) Ehrwürdigen Thubten Yeshe und dem Ehrwürdigen Thubten Zopa Rinpoche und arbeitet für die Foundation for the Preservation of the Mahāyāna Tradition (FPMT) in Nepal in Kathmandu. Sie half über mehrere Jahre mit, das Dorje Pamo-Nonnenkloster in Frankreich aufzubauen und lehrte zwei Jahre lang am Buddha-Haus in Adelaide in Australien. Außerdem ist sie die Verfasserin des bekannten Buchs *Wege der Meditation*, Diamant Verlag. Sie wurde 1988 im Hsi Lai Tempel, Los Angeles, Bhikṣuṇī.

Ehrw. Tessho Kondo beendete 1944 ihr Studium an der Japan Women's University. Nach ihrem Abschluß erhielt sie die Ordination als buddhistische Nonne; sie studierte und praktizierte zwei Jahre lang am Nun's Training Center of the Pure Land (Jodo) School (Ausbildungszentrum für Nonnen der Reinen Land-Schule (Jodo)). Nach ihrer Ordination studierte sie buddhistische Philosophie an der Otani Universität und machte 1953 den Magisterabschluß. Derzeit ist sie Oberpriesterin des Shorinin-Tempels in Kyoto sowie Leiterin des Ausbildungszentrums für Nonnen, an dem sie zuvor studiert hatte (Jodoshu Niso Dojo).

Śrāmaṇerikā Thubten Lhundrup (Hilary Clarke) wurde 1986 in Nepal durch den Ehrwürdigen Thubten Zopa Rinpoche im Kloster von Kopan, Kathmandu, Nepal, als Nonne ordiniert. Sie war früher Offizier der Königlichen Australischen Luftwaffe. Vor ihrer Ordination arbeitete sie in einer Klinik im australischen Brisbane als Massagetherapeutin und in der Rezeption.

Der Ehrwürdige Nyāṇaponika, ein deutscher Bhikkhu, der als die gegenwärtig höchste Autorität in Bezug auf Pāli angesehen wird, hat zahlreiche Texte aus dem Pāli ins Deutsche und Englische übertragen. Seine eigenen Bücher in Deutsch und in Englisch gelten als Standardwerke über die Theravāda-Praxis. Er ist 90 Jahre alt und wohnt auf Sri Lanka.

Daw Su Su Sein ist eine nicht ordinierte Buddhistin, die bei den Nonnenklöstern in den Sagaing Bergen in Burma zurückgezogen in Meditation lebt.

Bhikṣuṇḍī Heng-ching Shih wurde 1943 in Taiwan geboren. Sie erwarb den Bachelor of Arts in Fremdsprachen an der Soochow Universität und lehrte dann drei Jahre lang an einer High School, bevor sie an der Rhode Island University ihren Magister in Erziehungswissenschaften erhielt. 1975 wurde sie in San Francisco als Bhikṣuṇī ordiniert. Sie hat an der University of Wisconsin-Madison über buddhistische Studien promoviert und hat nun eine Professur im Fachbereich Philosophie an der National Taiwan University inne.

Bhikṣuṇḍī Jampa Tsedroen war bis zu ihrer Ordination zur buddhistischen Novizin unter ihrem bürgerlichen Namen Carola Roloff als kaufmännisch-praktische Arzthilfe beschäftigt. Seit 1980 arbeitet, lebt und studiert sie im Tibetischen Zentrum in Hamburg unter der geistigen Leitung des tibetischen Meisters, des Ehrwürdigen Geshe Thubten Ngawang, der sie 1981 auch zur Śrāmaṇerikā ordinierte. 1985 erhielt sie die volle Ordination zur Bhikṣuṇī in Taiwan. Seit 1981 studiert sie buddhistische Philosophie nach dem traditionellen tibetischen System mit Debatten in tibetischer Sprache. Diese Art der Ausbildung erfordert ein mindestens fünfzehnjähriges Studium mit jährlichen Prüfungen.

Bhikṣuṇḍī Karma Lekshe Tsomo erwarb ihren Magister of Arts in Asiatischen Studien an der University of Hawaii als eine Ost-West-Stipendiatin. 1977 erhielt sie die Śrāmaṇerikā-Ordination durch S. H. Gyalwa Karmapa und 1982 die Bhikṣuṇī-Ordination in Korea und Taiwan. Sie studierte unter dem Ehrwürdigen Geshe Ngawang Dhargyey an der Library of Tibetan Works and Archives in Dharamsala und danach weiter Prajñāpāramitā am Institute of Buddhist Dialectics, ebenfalls in Dharamsala.

Bhikṣuṇḍī Shig Hiu Wan ist die Begründerin und Leiterin des Institute for Sino-Indian Buddhist Studies (ISBS) in Taipei, Taiwan, sowie die Leiterin des Institute for the Study of Buddhist Culture. Sie ist Mitglied der China Academy und der International Association of Buddhist Studies (IABS) und hat eine Professur an der Chinese Cultural University. Ihre Fachgebiete sind die T'ien-t' Lehre und Meditation, buddhistische Erziehung, Ch'an Meditation und Ch'an Malerei. Sie hat zahlreiche Essays über buddhistische Kunst und Philosophie verfaßt und hat fünfmal die International Conference on Buddhist Education (ICBE) in Taiwan organisiert. Sie ist aktiv am Aufbau einer buddhistischen Höheren Schule beteiligt und setzt sich für eine aufgeklärte buddhistische Erziehung ein.

Sylvia Wetzel wurde in Deutschland geboren. Seit 1973 lehrt sie Politische Wissenschaften und Sprachen. 1977 begann sie ein zweijähriges Studium des Tibetischen Buddhismus in Dharamsala in Indien und im Kloster von Kopan in Nepal. Von 1980 bis 1988 war sie Leiterin des Aryatara Instituts, einem buddhistischen Meditationszentrum in Deutschland; seit 1984 arbeitet sie im Vorstand der Deutschen Buddhistischen Union. Sie hat zwei Jahre als Nonne praktiziert.

Glossar

Indische buddhistische Texte sind mit wenigen Ausnahmen in zwei Sprachen erhalten, nämlich Sanskrit (in der Mahāyāna-Tradition) und Pāli (in der Theravāda-Tradition). Pāli- und Sanskritwörter werden hier in der international üblichen Schreibweise wiedergegeben.

Abhidhamma (P)	Das höhere Wissen von der Beschaffenheit der Phänomene, d. h. das Wissen, das zur Befreiung führt.
Abhidhamma-Piṭaka	Die Abteilung des buddhistischen Kanons, in der das höhere Wissen behandelt wird.
Abhidharma (Skt)	Siehe Abhidhamma.
Abhidharmakoṣa	*Schatzhaus des Höheren Wissens*, eine berühmte Schrift des indischen Meisters Vasubandhu (5. Jh. n. Chr.).
Achtgliedriger Pfad	Die letzte der Vier Edlen Wahrheiten, nämlich der Pfad, der zur Beendigung des Leidens führt: Rechte Erkenntnis, rechte Gesinnung, rechte Rede, rechte Tat, rechter Lebenserwerb, rechte Anstrengung, rechte Achtsamkeit und rechte Sammlung.
Anāgāmī (P)	»Niewiederkehrender«; hat die dritte Stufe der vier Befreiungsstadien verwirklicht und wird das letzte Ziel, die Befreiung, nicht als Mensch, sondern in einer höheren Wiedergeburt erreichen.
Anāgārikā (P/Skt)	Die »Hauslose«; eine Laienfrau, die ein Leben lang acht Regeln einhält und wie eine Nonne lebt.
Anuttarayoga-Tantra (Skt)	Höchstes Yoga-Tantra.
Arahat od. Arahant (P)	Der »Heilige« ist vollkommen frei von Begierde (Rāga), Haß und allen Stufen der Abneigung (Dosa) und geistiger Verblendung (Moha) und hat sich damit von den Fesseln des Daseinskreislaufs befreit.
Arhat (Skt)	Siehe Arahat.
Asoka (P)	König in Indien (ca. 272-236 v. Chr.), der das

	erste indische Großreich begründete und den Buddhismus innerhalb und außerhalb seines Reiches verbreitete und förderte. Siehe auch Mahinda und Saṅghamittā.
Aśoka (Skt)	Siehe Asoka.
Bhikkhu (P)	Vollordinierter buddhistischer Mönch.
Bhikkhunī (P)	Vollordinierte buddhistische Nonne.
Bhikṣu (Skt)	Siehe Bhikkhu.
Bhikṣu-Saṅgha	Eine Gemeinschaft von mindestens vier vollordinierten Mönchen.
Bhikṣuṇī (Skt)	Siehe Bhikkhunī.
Bhikṣuṇī-Saṅgha	Eine Gemeinschaft von mindestens vier vollordinierten Nonnen.
Bodhi-Baum	Der Baum in Bodhgaya, unter dem der Buddha die Erleuchtung erlangte.
Bodhicitta (Skt)	Das altruistische Streben nach Erleuchtung.
Bodhisattva (Skt)	Eine Person, die zum Wohle aller Lebewesen die volle Erleuchtung eines Buddhas anstrebt.
Brahma-König	König oder höchstes Wesen im Form-Bereich.
Buddha (P/Skt)	Ein Erleuchteter, d. h. jemand, der alle Fehler beseitigt und alle Tugenden verwirklicht hat; eines der drei Zufluchtsobjekte der Buddhisten: Buddha, Dharma, Saṅgha.
Cakravartin (Skt)	Weltenherrscher.
Ch'an (Chin)	Siehe Zen.
Ḍākinī (Skt)	»Himmelsgeherin«; hier: verwirklichte oder erleuchtete Frau.
Dasasil mātās	Frauen in Sri Lanka, die wie Nonnen leben, zehn Regeln einhalten und nicht offiziell zum Saṅgha gehören.
Dhamma (P)	Hier: die Lehre des Buddha, die in die Vier Edlen Wahrheiten zusammengefaßt werden kann; das hauptsächliche der drei Zufluchtsobjekte der Buddhisten: Buddha, Dhamma, Saṅgha.
Dharma (Skt)	Siehe Dhamma.
Dharmakāya (Skt)	Wahrheitskörper eines Buddha; Sphäre des Dharmakāya: Sphäre der letztendlichen Realität.
Drei Bereiche	Es gibt drei Bereiche im Daseinskreislauf, in die Lebewesen geboren werden können: Bereich der Begierde, Form-Bereich und Formloser Bereich. Siehe auch Sechs Bereiche.
Drei Schulungen	Schulung der Ethik, Konzentration und Weisheit.
Einmalwiederkehrender	Siehe Sakadāgāmī.

Gurudhamma (P)	(Pāli auch Garudhamma) Die acht Vorschriften oder Verpflichtungen, die Mahapajapati nahm, um in den Orden aufgenommen zu werden. Sie regeln das Verhältnis der Nonnen zu den Mönchen. (Siehe auch Anm. 63.)
Gurudharma (Skt)	Siehe Gurudhamma.
In-den-Strom-Eingetretener	Siehe Sotāpanna.
Karma (Skt)	»Tat«; Handlung von Körper, Rede oder Geist. Jede Handlung hinterläßt einen Eindruck im Geistkontinuum eines Lebewesens und wirkt sich später als leidvolle, glückliche oder neutrale Erfahrung aus.
Kleśa (Skt)	Leidverursachende Emotion, Geistesplage, besonders Begierde, Haß und Verblendung.
Maeji	Frau in Thailand, die wie eine Nonne lebt, fünf, acht oder zehn Regeln einhält und nicht offiziell zum Saṅgha gehört.
Mahākāla (Skt)	Zornvolle Erscheinung von Avalokiteśvara.
Mahākaruṇā (Skt)	»Großes Mitgefühl«; Avalokiteśvara.
Mahāpajāpatī (P)	Die Stiefmutter des Buddha und die erste Bhikkhunī.
Mahāprajāpatī (Skt)	Siehe Mahāpajāpatī.
Mahasiddha (Skt)	Ausübender des Tantra, der hohe Stufen der Verwirklichungen erreicht hat.
Mahāyāna (Skt)	Das »Große Fahrzeug« oder der Bodhisattva-Pfad zur Erleuchtung.
Mahinda (P)	Der Sohn von König Asoka; er führte im 3. Jahrh. v. Chr. die Bhikkhu-Ordination in Sri Lanka ein.
Maṇḍala (Skt)	Hier ist der Palast und die Umgebung einer Meditationsgottheit gemeint.
Mantra (Skt)	Sanskrit-Silben von essentieller Bedeutung, die in der tantrischen Meditation rezitiert und visualisiert werden.
Mantra-Fahrzeug	Der tantrische Pfad zur Buddhaschaft.
Māra-König	Herrscher über die Sinneswelt.
Manu (Skt)	Legendärer Urheber des indischen Gesetzbuches und der sittlichen Ordnung.
Mettā (P)	Liebende Güte.
Nibbāna (P)	Das Erlöschen aller Begierde, Haß und geistigen Verblendung; die Befreiung aus dem Kreislauf von Wiedergeburt, Altern und Sterben, Elend und Leiden.

Niewiederkehrender	Siehe Anāgāmī.
Nirmāṇakāya (Skt)	Eine Ausstrahlungsform oder Manifestation des Buddha, z. B. der historische Buddha Śakyamuni, der als höchster Nirmāṇakāya angesehen wird.
Nirvāṇa (Skt)	Siehe Nibbāna.
Pabbajjā (P)	Entsagung vom weltlichen Leben; Eintritt ins klösterliche Leben.
Pārājika (Skt)	Hauptübertretung der Verbote für Mönche bzw. Nonnen. Hat eine Ausschließung aus dem Orden zur Folge.
Parinibbāna (P)	Das »völlige Nibbāna«; Eingehen des Buddha in die völlige Leidfreiheit bei seinem Tod.
Parinirvāṇa (Skt)	Siehe Parinibbāna.
Pāṭimokkha (P)	Individuelle Befreiung.
Pirivena (Singh)	Traditionelle buddhistische Schule in Sri Lanka.
Prātimokṣa (Skt)	Siehe Pāṭimokkha.
Pratyekabuddha (Skt)	»Alleinverwirklicher«; ein Erleuchteter, der die Befreiung erreicht, indem er vorwiegend allein und zurückgezogen meditiert.
Pūjā (Skt)	Rezitation von Gebeten.
Reiner Lebenswandel	Brahmacarya (Skt). Hier: die Lebensweise der Ordinierten.
Reines Land	Bereich jenseits des Daseinskreislaufs; Buddha-Land.
Sakadāgāmī (P)	»Einmalwiederkehrender«; hat die zweite der vier Stufen des Befreiungswegs verwirklicht und will als Mensch im nächsten Leben das letzte Ziel erreichen.
Śakra (Skt)	Name des Hindu-Gottes Indra.
Sakyadhītā (P)	»Töchter des Buddha«; Name der buddhistischen Frauenorganisation, die im Anschluß an die Konferenz buddhistischer Nonnen 1987 gegründet wurde.
Sakyamuni (P)	Der historische Buddha, der vor etwa 2500 Jahren in Indien gelebt und seine Lehre verbreitet hat.
Śākyamuni (Skt)	Siehe Sakyamuni.
Sāmaṇerī (P)	Novizin.
Samantapāsādikā	Vinaya-Kommentar von Buddhaghosa.
Samatha (P)	»Geistige Ruhe«. In Verbindung mit besonderer Einsicht bildet sie die Voraussetzung für eine direkte Erkenntnis der Selbstlosigkeit, welche die Wurzel des Daseinskreislaufs schneidet.
Saṃghāvaśeṣa (Skt)	Zweitschwerste Übertretung der Verbote für

	Mönche bzw. Nonnen. Hat eine zeitweilige Ausschließung aus dem Orden zur Folge.
Saṃsāra (P/Skt)	Der leidhafte Kreislauf des Daseins oder der unfreiwilligen Wiedergeburt; auf eine Person bezogen bedeutet Samsara die befleckten Aggregate (s. Skandha), die aufgrund der Geistesplagen (Begierde, Haß und Verblendung) immer wieder neu angenommen werden.
Samyaksaṃbuddha (Skt)	Der vollkommen Erleuchtete und Gründer der Lehre.
Saṅgha (P/Skt)	Die geistige Gemeinschaft; eine Gemeinschaft von mindestens vier vollordinierten Mönchen oder Nonnen.
Saṅghamittā (P)	Die Tochter von König Asoka; sie führte im 3. Jahrh. v. Chr. die Bhikkhunī-Ordination in Sri Lanka ein.
Sāsana (P)	Die buddhistische Lehre.
Sechs Bereiche	Im Bereich der Begierde (siehe Drei Bereiche) gibt es wiederum sechs Bereiche, in denen Lebewesen Wiedergeburt annehmen können: in einem göttlichen Bereich; als Halbgötter, die neidisch auf die Götter sind; als Mensch; als Tier; als hungriger Geist; in einem Höllenbereich.
Sechs Vollkommenheiten	Freigebigkeit, Ethik, Geduld, freudige Anstrengung, Konzentration, Weisheit.
Sesshin (Jap)	Intensive Meditationspraxis in der Zen-Tradition.
Siddhattha, Prinz (P)	Der Name des Buddha Sakyamuni vor seiner Entsagung.
Siddhārtha (Skt)	Siehe Siddhattha.
Sikkhamānā (P)	Probe-Anwärterin für die Bhikkhunī-Ordination.
Śikṣamāṇā (Skt)	Siehe Sikkhamānā.
Skandha (Skt)	»Aggregat«; die fünf Aggregate, welche die Grundlage der Person bilden: Körper, Empfindung, Unterscheidung, gestaltende Faktoren und Hauptbewußtsein.
Sojong (Tib)	Siehe Upoṣadha.
Sotāpanna (P)	»In-den-Strom-Eingetretener«; hat die erste der vier Stufen zur Befreiung verwirklicht und wird das Ziel der Heiligkeit oder Befreiung nach höchstens sieben Wiedergeburten erreichen.
Śramaṇa (Skt)	Einsiedler.
Śrāmaṇera (Skt)	Novize.
Śrāmaṇerikā (Skt)	Novizin.
Śrāvaka (Skt)	»Hörer«; strebt die persönliche Befreiung aus dem Daseinskreislauf an.

Śrāvikā (Skt)	»Hörerin«. Siehe Śrāvaka.
Stūpa (Skt)	Ein Monument, das die inneren Qualitäten des Buddha symbolisiert.
Sūtra (Skt)	Eine Lehrrede des Buddha.
Sutta (P)	Siehe Sūtra.
Sutta-Piṭaka	Eine Abteilung des buddhistischen Kanons.
Tantra-Pfad	Die Wandlung unserer unreinen Aggregate in einen reinen Zustand durch die Meditation über eine Gottheit. Tantra wird auf der Grundlage von Entsagung, altruistischer Geisteshaltung und rechter Ansicht (Erkenntnis der Leerheit) geübt.
Tathāgata (P/Skt)	Der »So-Gegangene«, der Buddha.
Theravāda (P)	»Lehre der Ordensälteren«, die in Pāli überlieferte Fassung der Buddhalehre.
Tipiṭaka (P)	Die drei »Körbe« oder Abteilungen der Lehre: Vinaya, Sutta, Abhidhamma.
Tripiṭaka (Skt)	Siehe Tipiṭaka.
Tuṣita (Skt)	Ein Götterbereich, in dem die Mutter des Buddha Śākyamuni nach ihrem Hinscheiden wiedergeboren wurde.
Upāsaka (P/Skt)	Buddhistischer Laienanhänger.
Upasampadā (P/Skt)	Volle Ordination.
Upāsikā (P/Skt)	Buddhistische Laienanhängerin.
Upavasatha (Skt)	Ein achtteiliges Gelübde, das für vierundzwanzig Stunden eingehalten wird und zur Ansammlung von heilsamen Anlagen im Geist förderlich ist.
Upoṣadha (Skt)	Halbmonatliche Beichtfeier der Mönche und Nonnen.
Uposatha (P)	Siehe Upoṣadha.
Vaibhāṣika	Eine philosophische Schule des Hīnayāna, d. h. des »Kleinen Fahrzeugs« oder der Śrāvakas.
Vajrayāna	Mantra- oder Tantra-Pfad zur Buddhaschaft.
Varṣā (Skt)	Sommerklausur der Ordinierten.
Vassa (P)	Siehe Varṣā.
Vier Edle Wahrheiten	Die Wahrheit des Leidens, seiner Ursache, seiner Beendigung und des Pfades zur Beendigung des Leidens.
Vihāra (P/Skt)	Kloster, Tempel.
Vinaya (P/Skt)	1) Kurzform von Vinaya-Piṭaka. 2) Ursprüngliche Bedeutung: Zähmung von leidverursachenden Emotionen und Zähmung von Übertretungen (der Ordensregeln).
Vinaya-Piṭaka (P/Skt)	Abteilung des buddhistischen Kanons zur ethischen Disziplin.

Vipassanā (P)	Besondere Einsicht; das intuitive Erkennen der Vergänglichkeit, des Leidens und der Unpersönlichkeit aller körperlichen und geistigen Daseinserscheinungen.
Yaśodharā (Skt)	Die ehemalige Gattin des Buddha.
Yi-dam (Tib)	Meditationsgottheit.
Yoginī (Skt)	Eine Tantra-Ausübende mit Verwirklichungen.
Zazen (Jap)	Sitzmeditation nach der Zen-Tradition.
Zen (Jap)	Chinesisch »Ch'an«, Skt. »Dhyāna«, Pāli »Jhāna«; bedeutet im weitesten Sinne Meditation. Zen ist von Buddha direkt gelehrt worden, wurde von Bodhidharma nach China überliefert und gehört zum Mahāyāna-Buddhismus. Zen-Meditation ist im besonderen Maße auf die Buddha-Natur gerichtet und wendet Mittel an, um durch die Überwindung des begrifflichen Denkens eine direkte Einsicht in die letztliche Realität zu erlangen.

Literatur

Allione, Tsültrim: Tibets weise Frauen, Capricorn dianus, 1986.

Braun, Claudia: Die Metamorphose der Geschlechter – Mann und Frau im Buddhismus (RadioInterview mit Ayya Khema v. 13. 5. 1988), in: Bodhi Baum 1989, S. 55-60.

Dargyay, Lobsang: Die Legende von den sieben Prinzessinnen. Saptakumārikā-Avadāna. Arbeitskreis für Tibetische und Buddhistische Studien Universität Wien 1978 (Wiener Studien zur Tibetologie und Buddhismuskunde, Heft 2).

Debes, Paul: Über die Frauenfrage, in: Wissen und Wandel 1983, S. 375-379.

Debes, Paul: Mann und Weib, in: Wissen und Wandel 1983, S. 380-382.

Emanationsprozeß von Soto-Nonnen im modernen Japan, in: Zen 1988, Nr. 2, S. 13-21.

Hecker, Dr. Hellmut: Mann und Frau in der Lehre des Buddha, in: Wissen und Wandel 1989 XXXV 3/4.

Hermann-Pfandt, Adelheid: Frauen im Buddhismus, in: Der Kreis, Nr. 185, Okt-Dez. 1987, S. 22-34 = Tibet Forum 1986, Nr. 2 (aus: Diss. Religionsgeschichte und Mythologie der Dakinis).

von Hinüber, Oskar (Mainz): Kulturgeschichtliches aus dem Bhikshuni Vinaya: die Samkakshika, 1975.

Neumann, Karl Eugen: Die Lieder der Mönche und Nonnen Gotamo Buddhos, München 1923 (Piper-Verlag).

Paul, Diana Mary: Die Frau im Buddhismus, Hamburg 1981 (Papyrus Verlag).

Pitzer-Reyl, Renate: Die Frau im frühen Buddhismus, Berlin 1984, S. 104 (Marburger Studien zur Afrika- und Asienkunde Bd. 7).

Roloff, Carola (Bhikṣuṇī Jampa Tsedroen): Das Wiedererwachen buddhistischer Frauenorden, in: Universale Religion, Nr. 4, 1988, S. 55-62.

Roloff, Carola (Bhikṣuṇī Jampa Tsedroen): Die Rolle der Frau im Buddhismus, in: Bodhi Baum, Nr. 4, Wien 1989, S. 6-11.

Roloff, Carola (Bhikṣuṇī Jampa Tsedroen): Tibetische Frauen, das Gemeinwohl und praktizierter Buddhismus. Abschrift eines Vortrages in der Deutsch-Tibetischen Kulturgesellschaft, St. Augustin 6. 10. 1990.

Schmidt, Kurt: Buddha und die Frauen. Die Warnung vor dem Weibe im Mahaparinirvana-Sutta unecht, in: Buddh. Weltspiegel 1921/22, S. 319-322 = Leer ist die Welt, Konstanz 1954, S. 113-116.

Schoenwerth, Christine: Die Stellung der Frau in frühbuddhistischer Sicht, in: Yana 1981, S. 8-17, 45-57, 75-83, 120-128.

Schreiber, Max: Buddha und die Frauen, Tübingen 1903, S. 109.

Schumann, Sabine: Zur Stellung der Tibetischen Frau in Religion, Gesellschaft und Familie (Diss.), März 1989.

Seidenstücker, Karl: Die Buddhalehre und die Frau, in: BWS 1921/22, S. 407-421.

Taring, Rinchen Dolma: Daughter of Tibet, Autobiography, Wisdom Publications, London 1986.

Willis, Janice D.: The Feminine Ground. Essays on Women and Tibet, Snow Lion, New York 1989.

Wilson, Martin: In Praise of Tara. Songs of the saviouress, Wisdom Publications, London 1986.

Wöss, Fleur: Die Frau im Amida-Buddhismus - Vom »Boten der Hölle« zum bevorzugten Erlösungsobjekt, in: L. Slanik (Hrsg.), Die Japanerin in Vergangenheit und Gegenwart, Wien 1981, S. 27-45.

Zotz, Simone: Die Frau im Buddhismus, in: Damaru (Wien) 1989, S. 13-18

Zotz, Simone: Die Frau im Shin-Buddhismus, in: a. a. O., S. 49-57.

Adressen

Für weitere Informationen und Mitgliedschaft können Sie sich an folgende Stellen wenden:

in Deutschland:

Sakyadhītā
Internationale Vereinigung
Buddhistischer Frauen
c/o Bhikṣuṇī Jampa Tsedroen
Hermann-Balk Str. 106
D-2000 Hamburg 73

in den Vereinigten Staaten:

Sakyadhītā
International Association of
Buddhist Women
c/o Bhikṣuṇī Karma Lekshe Tsomo
400 Hobron Lane, #2615
Honolulu, HL 96815, USA

Kontaktadressen von Schwesternzentren in Europa:

Verein zur Förderung der Kultur
und Weisheit Tibets
(Phuntsog Rabten)
Gernotstr. 8
8000 München 40

Rabten Choephel Ling
c/o Ewald Spiess
Dorfg. 20b
A-6020 Innsbruck

Letzehof (Tashi Rabten)
A-6800 Feldkirch

Rabten Choeling Basel
Schachentalweg 14
CH-4243 Dittingen

Rabten Samphel-Ling Bern
Königbergstr. 6
CH-3097 Liebefeld

Tharpa Choeling Geneve
Rue du Lac 14
CH-1207 Geneve

Rabten Chöling, Centre des Hautes
Etudes Tibétaines
CH-1801 Le Mt. Pèlerin (VD)

Centro Rabten Ghe Phel Ling
Via Villoresi 26
I20143 Milano

Centro Rabten Maitri
Via Salvatore Farina 5
I-10134 Torino

John Snelling

Buddhismus

Ein Handbuch für den westlichen Leser

Aus dem Englischen von Karl-Heinz Golzio

464 Seiten, Leinen

Das außergewöhnlich rasch anwachsende Interesse am Buddhismus in der westlichen Welt gab den Anstoß zu diesem Handbuch. Entsprechend hat der Autor die Schwerpunkte gesetzt:

Ein historischer Überblick behandelt Leben und Lehre des Buddha, die Entwicklung des Buddhismus in Indien, seine Ausbreitung nach Tibet, China, Japan und Südostasien.

Viel Raum widmet John Snelling der heutigen Verbreitung buddhistischer Schulen in Europa, Australien und Nordamerika, ihrer inhaltlichen Ausrichtung und ihrer Besonderheiten.

Das Buch enthält eine Adressenliste buddhistischer Zentren im Westen und eine Fülle an praktischen Informationen, einschließlich einem *Who's Who in Buddhism*, das Wissenschaftler und Vertreter des modernen Buddhismus vorstellt.

Durch seine Tätigkeit als Generalsekretär der Buddhist Society und später als Herausgeber von *The Middle Way*, der buddhistischen Zeitschrift mit der wohl größten Verbreitung im Westen, erfüllt John Snelling die idealen Voraussetzungen, dem Anfänger oder interessierten Außenstehenden eine überparteiische Orientierungshilfe an die Hand zu geben.